DE

L'ÉDUCATION

PHYSIQUE ET MORALE

DES FEMMES.

DE
L'ÉDUCATION

PHYSIQUE ET MORALE

DES FEMMES,

AVEC

UNE NOTICE ALPHABÉTIQUE

De celles qui se sont distinguées dans les différentes carrieres des Sciences & des Beaux-Arts, ou par des talens & des actions mémorables.

Mulierem fortem quis inveniet ? Procul & de ultimis finibus pretium ejus. *Ex prov. Salom. cap.* 31.

BRUXELLES,

Et se trouve

A PARIS,

Chez les Freres ESTIENNE, Libraires, rue Saint-Jacques, à la Vertu.

M. DCC. LXXIX.

AUX FEMMES.

SEXE choisi par l'Eternel, pour être la plus brillante preuve de sa toute-puissance, pour faire les délices & le bonheur du monde, je veux briser vos chaînes, vous empêcher d'être éternellement asservies par l'orgueilleuse présomption des hommes. Agréez mes efforts. Mon but est d'épurer vos vertus, d'ajouter de nouveaux attraits à vos charmes, & d'assurer vos justes droits sur des appuis inébranlables. Que ne m'est-il possible de répandre sur mon style ces graces qui vous sont si naturelles! Sûr de persuader, qu'il me seroit aisé de faire triompher la raison!

Dans les réflexions que j'ose mettre au jour, j'entreprends de démontrer que la fatale oisiveté & la honteuse ignorance auxquelles les femmes paroissent condamnées, sont les sources des maux qui accablent & dégradent l'espece humaine.

J'essaie en même tems de prouver combien il est nécessaire de les voir rentrer dans l'exercice des talens & des facultés dont l'Etre suprême leur a si libéralement départi tous les germes.

A l'appui de ces réflexions, je donne des exemples multipliés des droits naturels que les Femmes ont aux sciences, aux beaux-arts, aux actions de vertu, de force & de courage.

Je laisserai sans doute beaucoup à dire encore à ceux qui voudront avoir la gloire de perfectionner mes idées ; mais pourvu que ces élans de mon zele puissent seulement ouvrir la carriere & engager à la courir ; quels sentimens délicieux n'éprouverai-je pas, si j'ai, du moins, ainsi contribué à faire naître enfin l'aurore si désirée des plus beaux, des plus heureux jours de l'humanité !

DE L'EDUCATION

DE L'ÉDUCATION

PHYSIQUE ET MORALE

DES FEMMES.

EN examinant sans préjugés l'éducation que l'on donne aux femmes chez
presque tous les peuples de la terre, il
semble que cette partie si essentielle du
genre humain ne soit qu'une seconde
classe, & qu'elle ne mérite ni la même
distinction, ni la même attention que
les hommes. Pour eux sont, en effet,
tous les soins, toutes les leçons de
vertu, de générosité, de vaillance, de
force, de curiosité & de science. Les
femmes, au contraire, abandonnées,
dès leur naissance, à des esprits bas,
timides & superstitieux, en contractent
tous les vices. Il est, pour ainsi dire,
de l'essence de leur institution, de leur
inspirer une lâche timidité qui les rende
incapables de se défendre d'aucuns

A

dangers ; une molle oifiveté qui s'op-
pofe au développement & à l'accroiffe-
ment de leurs forces ; une aveugle fuperftition qui, des chofes les plus faintes
ou les plus naturelles, leur faffe des
phantômes ou des monftres ; un fol
amour-propre qui porte en elles jufqu'à
l'excès, le defir de plaire, le goût des
vaines parures, une averfion décidée
pour tout ce qui gêne l'efprit & l'affu-
jettit à des regles.

Où les premieres femences de cette
injuftice ont-elles pu prendre naiffance ?
Les femmes font-elles formées d'une
matiere moins parfaite, moins précieufe que celle dont l'homme eft compofé ? Des oracles du Ciel les ont-ils
exclues de toutes ces fublimes études,
de ces profondes méditations qui forment les Héros, les Savans, les Philofophes ? Les ont-ils condamnées aux
feules occupations de l'aiguille & du
fufeau ? Parcourons les Annales les plus
accréditées du genre humain ; nous n'y
trouverons point de quoi former des
doutes fur ces objets. L'homme, difent
les plus anciens, les plus facrés, les plus
révérés Hiftoriens, fut pétri d'un limon
groffier que l'Être fuprême anima de fon

souffle, & ce fut de cette sublime préparation, que la Sageffe éternelle jugea qu'elle devoit tirer de quoi former la femme. Ce divin procédé établit-il une prérogative en notre faveur? n'annonceroit-il pas plutôt, que si le souverain Créateur n'avoit pas eu deffein de rendre la femme le plus parfait de ses ouvrages, il eût débuté par sa création, avant de s'occuper de celle de l'homme? Ah! sa conduite, n'en doutons pas, a été la même qu'il a observée en formant, des parties épurées de la terre, toutes ces pierres précieuses dont nos yeux ont tant de peine à soutenir le brillant éclat, les feux étincellans.

Loin de nous les idées absurdes de la secte aveugle qui, à la honte de l'esprit humain, a su ranger sous l'étendart du Croiffant une des plus vastes parties de l'univers! L'ame des femmes ne peut pas être d'une autre nature que celle des hommes. Or, toute intelligence d'où dérivent nos idées & les principes de nos actions, résidant dans l'ame seule, pourquoi donc l'ame des femmes seroit-elle moins capable que celle des hommes de s'adonner aux sciences, aux arts, à la philosophie, & de s'y distinguer par

les plus grands fuccès ? Pour les en ex-
clure, on fe rejette envain fur la délicatesse de leur constitution, fur la foibleffe de leur tempérament. Le favant
Naturalifte eft en état de démontrer que
cette foibleffe de tempérament, chez
les femmes, vient du défaut de ces
exercices qui rendent celui des hommes
fort & robuste. La délicateffe de la conftitution des femmes ne fert, comme le
penfoit Ariftote, qu'à prouver qu'étant
moins chargées de matieres, les organes
de leur intelligence n'en font que plus
dégagés, pour pénétrer toutes les fciences, tous les arts, avec moins d'efforts,
avec plus de rapidité que les hommes.

Confidérons de bonne foi les funeftes
conféquences de cette fupériorité que
nous nous fommes arrogée fur les femmes, & que, dans nos faux principes,
nous nous étudions fi conftamment à
perpétuer. Développons leur intelligence
par les fecours d'une bonne éducation.
Les exercices qui en feront partie éta-
bliront leurs forces, empêcheront chez
elles les membres, les mufcles, les
vaiffeaux, les fibres du corps, d'être at-
teints de cette délicateffe, de ces irritations, de cette molle fenfibilité, germes

infaillibles de toutes les maladies qui les affligent. Il n'eſt point d'autre voie pour rétablir l'eſpece humaine dans ſa vigueur & ſon énergie premieres, pour la tirer de ſon état de foibleſſe, de ſon anéantiſſement prochain. De l'abſurde ſyſtême de notre ſupériorité excluſive, ſont nés tous les maux qui déſolent la ſurface du globe que nous habitons. Envain l'on chercheroit une autre cauſe à nos mœurs dépravées, & aux infirmités, aux vices, aux deſordres, aux crimes, qui en ſont les ſuites néceſſaires.

Plus on s'occupera à raiſonner ſur la chimérique diſtinction des deux ſexes, plus on étudiera les cauſes de l'inſenſée préſomption des hommes, & plus on découvrira d'inconſéquences dans les principes de leur conduite & de leur uſurpation. L'homme & la femme, en effet, ont été créés, l'un pour engendrer, l'autre pour enfanter : mais malgré cette différence de deſtinations, leurs corps ayant été conſtruits preſque ſous une même forme, & la charpente eſſentielle en étant toute ſemblable, par quelle raiſon la nature auroit-elle établi pour eux une diſtinction d'emplois ? Eſt il, dans les divers exercices de la ſociété

humaine, aucune étude, aucune science,
aucun art, pour lesquels les femmes
n'aient pas les mêmes dispositions, la
même aptitude que les hommes ? N'a-
t-on pas même souvent vu, dans toutes
ces parties, des femmes surpasser leurs
rivaux ? & si l'avantage du nombre est
du côté de ceux-ci, ne vient-il pas de
la différence d'éducation ? Peut-on en
donner d'autre raison que le faux pré-
jugé sur lequel on s'est, depuis si long-
tems, si injustement persuadé que les
exercices, les arts, les sciences, les pro-
fessions qui conviennent aux uns, ne
doivent pas être le partage des autres ?
Dans tous les siecles, & sur-tout dans
ceux où les Egyptiens, les Grecs & les
Romains étoient l'honneur de la terre,
on a toujours vu des femmes avoir de
l'inclination & des dispositions pour
tous les exercices gymnastiques & militaires, tandis que le plus grand nombre
fuyoit les périls de la guerre, les travaux du Gymnaze. On a toujours vu,
dans la même proportion, des femmes
savantes & philosophes, & d'autres igno-
rantes & superstitieuses ; mais la même
alternative s'étant aussi, de tout tems,
rencontrée parmi les hommes, a-t-on

pu en tirer une conféquence qui auto-
rife à donner à ceux-ci la préférence?

C'eft aux femmes à qui, dans l'ordre
de la nature, appartiennent les travaux
des groffeffes & de l'enfantement, de la
nourriture & des foins des enfans, ce
qui occupe, au moins, le tiers le plus
actif de leur vie. Elles font, d'ailleurs,
par une convention générale, toute naturelle, & dont l'origine remonte fans
doute jufqu'au premier âge du monde,
chargées de tous les détails de l'intérieur
du ménage. Ces occupations demandent
tout leur tems, &, pour être bien remplies, n'admettent que peu de partage;
mais, eft-ce donc une raifon pour les
priver, avant que les engagemens & les
devoirs de leur deftination puiffent avoir
lieu, d'une éducation qui les rende fortes
& courageufes, qui orne leur efprit de
toutes les fciences, de tous les talens
dont elles peuvent être capables? Cette
éducation ne les mettroit-elle pas en
état d'élever elles-mêmes leurs enfans,
dès l'âge le plus tendre, dans les mêmes
principes dont on fe feroit fervi pour
elles? Y auroit-il enfin rien de plus
avantageux, pour l'humanité entiere,
que la révolution qui feroit l'heureux

fruit d'une fi fage conduite ? Au lieu de
tous ces amufemens que la molleffe,
& la frivolité traînent à leur fuite, pour
pallier les ennuis d'une vie défœuvrée,
pour mafquer la honte d'une vile ignorance; les femmes, en état de cultiver
tous les beaux arts dont elles auroient,
dans l'éducation de leur jeuneffe, acquis
la connoiffance, en état de s'occuper de
l'étude des meilleurs livres, de méditer,
de raifonner fur ce qu'enfeigne la plus
faine philofophie, goûteroient dans ces
délicieufes occupations des plaifirs toujours variés, toujours renaiffans. Les
hommes, ne trouvant plus dans des
femmes ainfi animées que des leçons &
des modeles de toutes les vertus, ne fe
croiroient dignes d'elles, qu'en fe montrant également animés de goût pour
l'étude, d'inclination pour les fciences,
& d'amour pour le travail; qu'en fe
montrant vraiment vertueux & courageux. Eh ! quel mépris ces femmes ne
feroient-elles pas alors de tous ces jeunes vieillards qui, morts à eux mêmes
avant l'âge, n'ont aujourd'hui, à leur
offrir, pour tout mérite, que les froids
élans de leurs cœurs flétris, les paffions
ufées de leurs corps languiffans ?

Ce n'eſt point dans cette partie de la vie, où les femmes ſont deſtinées aux travaux des groſſeſſes & aux détails du ménage domeſtique, qu'il eſt queſtion de leur donner de l'éducation : l'uſage établi pour celle des hommes en offre un exemple ſenſible. Eſt-ce en effet dans l'âge viril que l'on commence à dreſſer ceux-ci à tout ce qui peut développer & accroître leurs forces, éclairer leur intelligence, orner leur eſprit ? Eſt-ce au milieu du tumulte des armes ? eſt-ce tandis que les hommes ſont occupés dans les charges, dans les emplois, dans les différentes profeſſions utiles, qu'il eſt tems de commencer à leur former le corps & l'eſprit ? Non, ſans doute ; c'eſt dès la plus tendre enfance que l'on doit y travailler avec l'attention la plus ſuivie, afin qu'ils en puiſſent recueillir les fruits dans l'âge où ils ſeront à portée d'en jouir. Que l'on ſe comporte donc de même pour les femmes : les vues de la nature ſur elles n'en ſeront ni offenſées, ni dérangées ; il en réſultera au contraire les moyens les plus ſûrs de porter ſes chefs-d'œuvre à la plus grande perfection.

Chez les anciens peuples, les femmes

A v

étoient conftituées comme le font celles
d'aujourd'hui. On voyoit cependant communément, il y a deux mille ans, à Sparte,
des femmes fortes & courageufes faire
tout-à-la-fois les délices de leurs maris
& la gloire de leur pays, par les grands
hommes qu'elles avoient nourris, exercés
aux plus rudes travaux, dreffés aux plus
héroïques vertus. Rien n'étoit plus commun que de voir à Athènes, & dans
toutes les villes les plus renommées de
la Grèce, des femmes inftruites dans
toutes les fciences, admifes dans les
plus célebres écoles de Philofophie, difputer aux hommes les prix qui y étoient la
récompenfe publique de la fupériorité
des talens, & même quelquefois les
remporter. Parmi les exemples que l'on
en peut citer, on voit Corine enlever
cinq fois la couronne poétique à Pindare; Cynifca, remporter le prix de la
courfe des chars attelés de quatre chevaux; Agnodice, jugée, en plein Aréopage, capable d'exercer l'art des accouchemens; Socrate, n'avoir, pour la rhétorique & la politique, d'autre maître
que la belle Afpafie. Chez les Scythes,
les filles, jufqu'à leur mariage, étoient
employées dans tous les travaux de la

guerre, & expofées à tous fes périls. Il
ne leur étoit même permis de fe marier,
qu'après avoir donné dans les combats
des preuves réitérées de leur force & de
leur valeur. Chez les Egyptiens & les
anciens Perfes, on voyoit les femmes
feules tenir les rênes du gouvernement
des affaires, tant au-dedans, qu'au dehors. On étoit chez eux fi pénétré des
vertus de leur fexe, que les filles feules
y étoient chargées des foins que pouvoient exiger, ou les infirmités, ou la
caducité de leurs parens ; & l'on fait
avec quelles attentions les faints devoirs
de la piété filiale étoient recommandés
& obfervés chez ces Peuples. Chez les
Romains & les Germains, que de modeles de vertu, de force, de courage &
de fcience, parmi les femmes ! Les
hommes étoient continuellement occupés, ou dans les armées, ou dans des emplois qui les tenoient éloignés de leurs familles ; les enfans alors ne pouvant, au
defir des loix générales, paroître en public avec eux, qu'ils ne fuffent en état
de porter les armes, les meres feules en
reftoient chargées ; &, autant par leurs
propres exemples, que par la perfuafion
de leurs leçons affidues, favoient les

rendre propres à foutenir tous les travaux de la carriere militaire, & à en
envifager tous les périls fans effroi ;
favoient leur infpirer le goût des fciences & des beaux arts. C'eft de l'école de
ces femmes, qu'eft fortie cette foule de
Héros & de grands Magiftrats, d'hommes favans & de fublimes Philofophes,
qui a affigné à ces Peuples les premiers
rangs fur tous ceux que l'hiftoire a le
plus célébrés. Peut-on penfer que de tels
avantages fuffent dûs à des femmes fans
éducation, renfermées dans les bornes
d'une vie purement animale, uniquement
ment occupées de tout ce qui pouvoit
flatter leur fenfualité, & fatisfaire leurs
paffions voluptueufes? Eft ce fous de tels
traits que les Hiftoriens nous ont fait
connoître les Cornélie, les Porcie, les
Octavie, les Sulpicie, les Callipatrie,
& tant d'autres dont ils nous ont tranf-
mis les noms & les vertus, les talens
& les belles actions ?

Si nous voulons des exemples plus
récents, combien, dans l'hiftoire mo-
derne, n'en trouverons nous pas qui ne
le cedent en rien aux plus admirables de
ceux que nous offre l'ancienne ?

A l'âge, difent nos Hiftoriens, où

ʃes filles, ʃous la conduite de leurs meres, commencent à être introduites dans les cercles, à fréquenter les ʃpeɛtacles & les bals ; la célebre Jeanne, Comteʃʃe de Montfort, manioit les armes, domptoit un cheval avec la dextérité des plus grands maîtres, s'exerçoit à pourʃuivre à la courʃe & à combattre les animaux les plus féroces & les plus dangereux ; apprenoit ʃous des Officiers expérimentés, les meilleures manœuvres de la guerre ; parcouroit ʃur les cartes géographiques, toutes les parties habitées du globe terreʃtre ; étudioit dans le cabinet, les myʃteres de la politique. Avantagée de toutes ces connoiʃʃances, & appuyée de ʃon ʃeul courage, Jeanne fut capable d'aʃʃurer elle-même ʃes droits & ʃa puiʃʃance, & ʃut en effet vaincre tout ce qui pouvoit s'oppoʃer, ou à ʃa propre ʃûreté, ou au ʃuccès de ʃes entrepriʃes. Qui ne connoît les exploits héroïques de cette illuʃtre femme ? Avec quelle conduite, quelle fermeté, après avoir pluʃieurs fois triomphé de ʃes ennemis ʃur l'un & l'autre élément, elle fit rentrer dans le domaine de ʃon fils le Comté de Bretagne, dont de puiʃʃans Princes

lui difputoient depuis long-tems la légitime propriété?

Que faudroit-il de plus pour prouver
combien la bonne éducation fait développer les difpofitions naturelles des
femmes, fixer avantageufement leurs
qualités perfonnelles? Dira-t-on que le
fang de la haute noblesse doit, dans l'ordre politique, avoir des exceptions qui
ne peuvent pas s'étendre fur les claffes
inférieures, fur-tout pour les femmes?
Diftinction chimérique! Toute la différence doit fe réduire à des foins plus ou
moins recherchés pour les unes que pour
les autres. Nous en avons la preuve la
plus éclatante dans cette étonnante fille
connue fous le nom de *Pucelle d'Orléans*. Née de parens obfcurs, fans autres talens que fes forces naturelles &
l'élévation de fon ame, le Comte Dunois
la choifit pour l'aider à relever le courage abattu des François & la couronne
chancelante de fon Roi, &, tout-à-coup,
cette généreufe fille, fous les rapides leçons de ce grand homme, devient le Soldat le plus valeureux, & le plus grand
Capitaine de fon armée. Toutes les idées
de Dunois fe rangent dans fa tête : fon

intelligence faifit tous les confeils, toutes les favantes manœuvres du Héros qui l'inftruit, &, au prix même de fon propre fang, elle les exécute avec un fuccès que rien ne peut arrêter, ni les forces des Anglois, ni la fcience & la célébrité de leurs plus grands Généraux. Avec quelle intrépidité ne fut-elle pas braver la mort, même jufques fur le bucher où cette fille fi merveilleufe expira, victime de l'atrocité du fanatifme, de l'imbécillité de la fuperftition ?

Bonne, fimple payfanne de la Valteline, occupée à garder des moutons, eft apperçue par Pierre Brunoro, fameux Capitaine du Parmézan, qui voyageoit dans cette contrée. Frappé des traits de cette fille, il la fait confentir à le fuivre, & obtient d'elle enfuite qu'elle l'accompagnera dans toutes fes expéditions militaires. Dans cet humiliant état, Bonne montre tant de force & de vertu, tant d'intelligence & de courage, que Brunoro, au bout de quelques années, l'époufa & lui donna fon nom. Dans la guerre de Venife, contre François Sforce, Duc de Milan, feule, à la tête de différens corps de troupes, on la vit fignaler fa prudence & fon intrépidité. Le

Sénat de Venise, pénétré de la plus grande confiance en ce couple héroïque, n'hésita pas de l'envoyer dans l'isle de Négrepont, pour la défendre contre les Turcs. Après de nombreuses défaites, ces avides conquérans furent obligés de se retirer, & de renoncer entiérement, pour cette fois, à leurs entreprises sur cette isle.

O mon siecle ! quelqu'éloigné que vous soyez des principes sur lesquels ces grands modeles se sont formés, vous-même, n'en offrez vous pas encore ? De quelle admiration, de quel étonnement nos neveux ne seront-ils pas saisis, lorsqu'ils verront dans vos annales, Marie-Thérese, en Autriche ; Catherine II, en Russie, surpasser par leurs vertus & leurs connoissances, par les traits les plus sublimes de génie, de sagesse, de prudence, de force & de courage, toutes les plus célebres héroïnes qui les auront précédées ? Lorsqu'ils y verront Adélaïde, Victoire, & Sophie de France, braver les horreurs de la plus subtile & de la plus cruelle de toutes les contagions, au péril évident de leur propre vie, pour se livrer auprès de leur auguste Pere, à tout ce que la tendresse & la piété filiales ont jamais pu inspirer de plus héroïque & de plus saint ?

Enfin, à ces grands exemples de force & de courage, s'il falloit joindre encore tous ceux que l'on pourroit citer de cette multitude de femmes qui, par les secours de l'éducation, ont excellé dans les sciences & dans les arts, l'on excéderoit de beaucoup les bornes de ce Discours. Je ferai connoître ailleurs les Schurmann, les Cunitz, les Dacier, les Deshoulieres, les Duchâtelet, les Dubocage, & toutes les personnes célebres de leur sexe qui se sont distinguées dans ces carrieres, & qui y ont très-souvent disputé la supériorité aux hommes les plus savans.

Descendons, pour un moment, de ce trône imaginaire sur lequel notre présomption nous a élevés. Depuis l'éléphant, jusques à la fourmi, contemplons la simple nature dans tous les animaux ; observons la marche qu'elle suit pour les rendre intelligens & industrieux, pour développer tous leurs talens. Dès que le vœu de la nature pour la reproduction des êtres est rempli, quels droits, quelle autorité les mâles ont-ils sur les femelles

de leurs efpeces, & quelles inftructions ;
quels fecours celles-ci tirent-elles des
premiers ? Quelle différence y a-t-il,
dans les deux fexes, pour la force & le
courage, pour l'intelligence & l'induftrie ? Qui rend la lionne courageufe, &
affez inftruite pour fe fuffire feule, fe
défendre des plus grands dangers, chercher & s'affurer fa fubfiftance ? Malade,
à qui doit-elle la connoiffance des fim-
ples, le régime qu'il lui convient d'obferver ? Eft-ce aux mâles de qui elle def-
cend, ou à ceux avec lefquels elle s'unit,
qu'elle doit tous ces avantages ? N'eft-ce
pas, au contraire, de fa mere feule
qu'elle tient le développement de ces
merveilleufes facultés, que notre orgueil nomme fi fimplement inftinct ?
Oui, fans doute, c'eft cette mere qui
l'a inftruite, par fes propres exemples, des moyens d'éviter les dangers,
qui lui a appris à fe défendre quand elle
feroit attaquée. Elle feule a enfeigné indiftinctement à tous les individus de fa
progéniture, aux mâles comme aux femelles, comment il falloit s'y prendre
pour s'emparer, ou de vive force, ou par
furprife, des différentes proies néceffaires
pour leur fubfiftance ; à diftinguer les

plantes les plus salutaires pour la guérison de leurs maladies & de leurs blessures. Si cette éducation manquoit, aux mâles comme aux femelles, de la part des meres de qui dépendent les premieres instructions, & qui, seules, en ont été chargées par les loix sages de la nature, que deviendroit toute l'espece? Saisis, les uns & les autres, d'une timidité inévitable dans la premiere enfance, une haleine de vent, le plus léger mouvement d'une feuille, leur ombre même, les feroient trembler à chaque pas. Réduits enfin à ne rien oser, la défaillance de leurs organes naissans les conduiroit bientôt à une mort inévitable.

Ne nous flattons point. De quelque côté que nous portions nos regards, la nature n'offre aucun exemple qui autorise nos superbes prétentions, notre droit exclusif sur tous les avantages que donnent l'éducation de l'esprit, & les salutaires exercices du corps.

Les plus célebres Philosophes, les plus sages Légiflateurs de l'antiquité, ont, presque tous, unanimement recommandé l'éducation des femmes, comme absolument essentielle au bonheur des humains. L'Oracle des Spar-

tiates, le sublime Lycurgue, vouloit que
les filles endurcissent leurs corps, en
s'exerçant à courir, lutter, jetter la barre,
lancer le dard, « à telle fin, dit le naïf
» Traducteur de Plutarque, que le fruit
» qu'elles concevroient, venant à pren-
» dre racine forte en un corps bien dif-
» posé & robuste, en profitât mieux, &,
» aussi, qu'elles, s'étant renforcées par
» tels exercices, en supportassent plus
» vigoureusement, & plus facilement,
» les douleurs de l'enfantement ».

Les femmes de l'Amérique méridio-
nale ne sont-elles pas une grande preuve
de l'excellence de ce précepte ? Ceux de
nos voyageurs qui fréquentent ces contrées nous assurent que non-seulement
ces femmes accouchent sans douleur ;
mais même qu'aussitôt débarrassées, elles
se livrent aux plus rudes travaux de la
terre, & à tous les détails de leurs mé-
nages auxquels leurs maris, uniquement occupés de la guerre, de la chasse
& de la pêche, ne participent jamais.
Jouiroient-elles de cette grande vigueur,
si les travaux ne leur avoient pas été
rendus familiers dès la plus tendre jeunesse ; si les exercices les plus rudes ne
les avoient pas affranchies de cette déli-

cateſſe, de cette débilité, qui rendent
à toutes les femmes Européennes les
travaux & les ſuites de l'enfantement ſi
longs, ſi douloureux, & les expoſent ſouvent à ne mettre au monde que des
créatures débiles, ou mal conformées?

« Ce ſont les meres, a dit le divin
» Platon, qui peuvent, les premieres,
» ſe faire entendre de leurs enfans ».
Si, en effet, dans les premiers momens
de l'enfance, les meres ſe trouvoient
capables d'entretenir leurs éleves de tout
ce qui a rapport à la vertu, au courage,
aux bonnes mœurs; de tout ce qui peut
inſpirer & faire goûter l'amour de l'é-
tude, des ſciences & des beaux arts, ne
ſeroit-il pas naturel d'attendre de ces
premieres impreſſions, les plus heureux
effets, ſur-tout lorſque la raiſon éclairée
& affermie par les ſecours de l'éducation, acheveroit de démontrer à ces enfans la vérité & l'utilité des premiers
principes qu'ils auroient, pour ainſi dire,
ſucés avec le lait; lorſque leur jugement
développé les rendroit capables de diſ-
cerner eux-mêmes le beau, l'honnête &
l'utile, & d'être ſenſibles à la honte &
au mépris attachés à tout ce qui eſt honteux ou vicieux?

« Si les hommes forts, robuftes, cou-
» rageux & favans, dit encore le même
» Philofophe, font la plus eftimable por-
» tion d'un Etat, les femmes qui feront
» également douées de toutes ces qua-
» lités, ne contribueront-elles pas éga-
» lement au bonheur de ce même Etat,
» puifqu'elles en font, auffi-bien que
» les hommes, membres & fujettes ?
» Peut-il y avoir rien de plus avanta-
» geux pour cet Etat, que d'avoir en
» nombre égal, beaucoup d'excellens
» citoyens de l'un & l'autre fexe, &
» n'eft-ce pas même pour lui le moyen
» le plus affuré de doubler fes forces ?
» Les talens fe trouvant diftribués, fans
» diftinction, dans les deux fexes, l'in-
» clination naturelle de l'un pour l'autre
» ne portera-t-elle pas les excellens ci-
» toyens à ne rechercher en mariage que
» d'excellentes citoyennes ? N'eft-il pas
» également certain qu'il ne pourra com-
» munément naître, de pareilles unions,
» que des enfans qui leur reffembleront,
» qui apporteront, en naiffant, les ger-
» mes de toutes les vertus & de tous les
» talens qui diftingueront leurs peres &
» meres ? » Ces fages principes ne pré-
fentent abfolument rien qu'il ne foit aifé

de démontrer par l'expérience, en se donnant la peine d'en assortir scrupuleusement les objets.

O vous, le plus éloquent de tous nos Philosophes modernes ! vous, qui, dans tant d'occasions, vous êtes montré l'ennemi le plus zélé des préjugés ! vous, dont les savantes leçons avoient enrichi de tant de vertus, de tant de connoissances, l'heureux naturel de la fille du Baron d'Etanges ! quel a donc été votre but quand, sous le spécieux prétexte de donner à votre Emile une compagne digne de lui, vous nous avez fait un portrait si humiliant, si avilissant, du plus beau, du plus ravissant des ouvrages du créateur ? Quoi ! vous ne laissez à la femme d'autre droit, d'autre apanage que celui de plaire à l'homme ! Vous ne lui permettez l'exercice de ses facultés & de ses talens, qu'autant qu'il peut lui servir à émouvoir les sens de l'homme ! Selon vous, l'esprit d'une femme aimable doit répondre à sa constitution ! Loin de rougir de sa foiblesse, elle doit en faire gloire ! Vous voulez que ses muscles soient sans résistance, qu'elle affecte de ne pouvoir soulever les plus légers fardeaux, qu'elle ait

même honte d'être forte ! Eh ! pourquoi ?... Nous nous garderons bien de
retracer ici la conclusion de vos maximes Asiatiques : mais, que de venins,
que de poisons cachés sous la brillante
écorce de votre style magique ! Femmes
laborieuses, qui passez votre vie dans
les travaux les plus pénibles, & qui ne
les suspendez, pour ainsi dire, qu'aux
seuls instans où vous devez rendre à la
nature les dépôts qu'elle vous a confiés !
Femmes studieuses, dont l'esprit, orné
des plus sublimes connoissances, enrichit de ses précieuses découvertes toutes
les carrieres connues des sciences & des
beaux arts ! vous reconnoissez-vous dans
la monstrueuse image que ce hardi Ré-
formateur nous a donnée de la constitution, des inclinations & des devoirs
de votre sexe ? Est-ce en lui ressemblant,
femmes laborieuses, que vous peuplez
l'univers de ces vigoureuses créatures
qui fécondent la terre, sondent la profondeur des mers, & nous enrichissent,
sous tant de formes, des plus précieux
dons de la nature ? Est-ce en lui ressemblant, femmes studieuses & savantes,
que vous offrez à l'homme ces grands
modèles de goût & de vertu, qu'il est
sûr

sûr de rencontrer dans votre société ?
Hélas ! si l'humanité se livre aux funestes
préjugés que ce brillant Ecrivain a osé
nous présenter, comment se releve-
ra-t-elle jamais de la corruption qui la
dégrade & l'avilit si universellement ?
Où sera-t-il possible de rencontrer désormais la femme forte & craignant
le Seigneur, que le Sage nous invite depuis si longtems à chercher ?

Rien, au surplus, n'est si singulier que
l'inconséquence de principes échappée à
M. Rousseau dans son ingénieux roman
d'Emile, sur la constitution, la destina-
tion, les dispositions, les goûts & les devoirs des femmes. Après avoir, ainsi que
nous venons de le lui reprocher, débuté
par présenter & exalter, comme seules
nécessaires, leur molle oisiveté, leur délicatesse affectée, leur coquetterie étudiée; quel portrait fait-il de la merveilleuse Sophie qui mérite d'être la compagne de son vertueux Eleve? Le voici: « So-
» phie a des talens naturels ; elle les
» sent, & ne les a pas négligés : mais
» n'ayant pas été à portée de mettre
» beaucoup d'art à leur culture, elle s'est
» contentée d'exercer sa jolie voix à
» chanter juste & avec goût, ses petits

B

» pieds à marcher légérement, facile-
» ment & avec grace, à faire la révé-
» rence en toutes sortes de situations,
» sans gêne & sans maladresse. Du reste,
» elle n'a de maître à chanter que son
» pere, de maîtresse à danser que sa
» mere, & un organiste du voisinage
» lui a donné sur le clavecin quelques
» leçons d'accompagnement qu'elle a,
» depuis, cultivées seule ».

Eh! quoi? voilà donc déja Sophie avec
des maîtres! & quels maîtres! un pere né
riche, une mere sortie d'une famille distinguée; ce qui suppose, dans l'un & l'autre, beaucoup d'éducation & de connoissances. Ce pere est un vrai Philosophe,
soumis à l'inconstance de la fortune qui l'a
réduit à un bien très-modique. Son épouse
& lui, de concert, mettent tous leurs
soins, toute leur félicité à rendre leur fille
unique digne d'eux; ils s'appliquent à enrichir son heureux naturel de sciences
utiles, de talens agréables. Aussi, « sous
» leurs leçons, Sophie, à quinze ans, est
» déja un prodige pour la sagacité, le ju-
» gement & le raisonnement. Elle est
» adroite comme la rivale de Minerve,
» légere comme Camille »..... « Le ha-
» sard conduit Emile chez le pere & la

» mere de Sophie. A peine a-t-il vu cette
» fille aimable, qu'il en eft éperduement
» épris. A peine Sophie a-t elle jetté les
» yeux fur Emile, qu'elle apperçoit en
» lui l'homme digne d'elle »... « Emile
» déclare fon amour, qui eft agréé du
» pere & de la mere, & Sophie ne fait
» point attendre fon confentement »...
» Enfin, Emile obtient la permiffion de
» rendre des vifites fréquentes, & il en
» profite déja pour s'occuper à perfec-
» tionner les talens de fon amante »...
» Sophie aime à chanter, il chante avec
» elle ; il fait plus, il lui apprend la mu-
» fique ».... « Sophie eft vive & légère ;
» elle aime à danfer : fon amant danfe
» avec elle ; il change fes fauts en pas,
» il la perfectionne ».... « On a un
» vieux clavecin tout dérangé ; Emile,
» qui excelle dans tous les arts, l'accom-
» mode & l'accorde ».... « La maifon
» eft dans une fituation pittorefque ;
» Emile en tire différentes vues, & So-
» phie, en l'imitant, réuffit bientôt à
» deffiner comme lui : elle orne de leurs
» communs ouvrages le cabinet de fon
» pere. C'eft un fpectacle à la fois tou-
» chant & rifible, de voir Emile em-
» preffé d'apprendre à Sophie tout ce

» qu'il fait, fans confulter fi ce qu'il
» veut lui apprendre eft de fon goût &
» lui convient. Il lui parle de tout ; il
» lui explique tout ; il fe figure d'avan-
» ce le plaifir qu'il aura de raifonner,
» de philofopher avec elle ; il rougit
» prefque de favoir quelque chofe qu'elle
» ne fait pas »... « Dans une circonf-
» tance qu'amene la promenade, Emile
» faifit l'occafion de montrer fa légéreté
» à la courfe. A peine a-t-il emporté le
» prix fur fes concurrens ; Sophie, à fon
» tour, ne craint point de le défier, &
» lui difpute la victoire »... « Sophie,
» accompagnée de fon pere & de fa
» mere, va furprendre fon amant dans
» un attelier où elle le trouve occupé à
» polir une piece de menuiferie. Sophie
» ofe imiter Emile : elle fe met à pouffer
» un rabot, & fi le tems le lui eût per-
» mis (quoi qu'en ait dit M. Rouffeau),
» elle eût forcé l'outil d'obéir à fes ef-
» forts, de remplir fes deffeins »...,
« Enfin Emile, pour s'excufer de n'a-
» voir point paru un jour qu'il étoit at-
» tendu, expofe que la rencontre fortuite
» qu'il a faite d'un pauvre homme grié-
» vement bleffé, a exigé de lui des fe-
» cours & des foins jufques fort avant

» dans la nuit. Sophie, à ce récit, tranf-
» portée tout-à-la fois d'admiration &
» de compaffion, demande à voir ce mal-
» heureux. On la conduit chez lui, &
» fans être rebutée ni de la malpropreté
» ni de la mauvaife odeur qui régnent
» dans la maifon, elle le range dans fon
» lit pour lui donner une fituation com-
» mode, & le fait fi légérement & avec
» tant d'adreffe, qu'il fe fent foulagé
» fans prefque s'être apperçu qu'on l'ait
» touché ».

Eft-ce donc là cette Sophie dont
l'exemple devoit fervir à nous démontrer combien l'éducation eft inutile aux
femmes ; combien il leur eft mefféant
de s'adonner aux exercices qui forment
le corps, développent les forces, rendent le tempérament robufte ; combien
il importe peu au bonheur public qu'elles
aient l'efprit éclairé & orné, le raifon-
nement fûr, les mœurs pures ; qu'elles
chériffent la vertu par principes ; qu'elles
fachent enfin puifer dans les meilleures
fources la regle de leur conduite & de
leur vie ? Eft-il poffible d'appercevoir,
dans le portrait de cette Sophie, l'inconvénient qu'il y auroit de donner aux
jeunes filles la même éducation que l'on

réferve exclufivement pour les jeunes
garçons ? Il n'y a point à s'y tromper ;
c'eft, au rapport de l'idole révérée des
efprits forts de notre fiecle, l'éleve de
la nature qui, de lui-même, décide que
fa compagne doit exceller comme lui
dans tous les exercices du corps, réuffir
comme lui dans tous les beaux arts ,
favoir tout ce qu'il fait lui-même, être,
en un mot, affez inftruite pour pouvoir
raifonner & philofopher avec fon mari,
& lui éviter l'humiliante néceffité de
rougir de la fimplicité & de l'ignorance
de fa femme. Une autorité fi impo-
fante arrachée, pour ainfi dire, au célebre Antagonifte des études & de l'éducation, ne doit-elle pas fuffire pour démontrer aux hommes la chimere qui les
aveugle, & leur faire voir quels fecours
ils tireroient, s'ils le vouloient, de la
plus brillante moitié du genre humain?
Que faut-il de plus pour perfuader aux
femmes que l'oifiveté & l'engourdiffement dans lefquels on les éleve, la coquetterie que l'on s'étudie à leur infpirer
dès l'enfance, ne fervent qu'à les dégra-
der , préparent tous les maux qui les
affligent dans le cours de leur vie, éner-
vent d'âge en âge toutes les vertus mo-

rales & phyſiques qui, dans l'ordre de l'Eternel, devoient être l'apanage commun des deux ſexes.

Il ſeroit injuſte de prétendre trouver, dans ces expreſſions, des déclamations outrées, jettées au haſard, ou imaginées pour flatter le beau ſexe & ſurprendre ſon ſuffrage : la ſeule force de la vérité les a fait naître.

On ne craint point de le répéter : plus nous perſévérerons dans nos prétentions excluſives ſur l'éducation, & plus nous éloignerons les races futures de toutes les vertus, de toutes les ſublimes perfections dont l'Être ſuprême avoit enrichi par excellence l'homme & la femme, les chefs-d'œuvre de ſa toute-puiſſance. Voit-on aujourd'hui bien communément parmi nous des hommes qui reſſemblent pour la ſtature, la force & la vaillance, pour les mœurs & les vertus ſociales, pour le génie même & la ſcience, à ceux de la belle antiquité de la Perſe, de la Grece, de Rome, de toute la Germanie? Hélas ! à la honte de l'humanité, notre foibleſſe & notre lâcheté ne nous permettront peut-être plus bientôt de lire ſeulement ſans ennui, ſans dégoût, les admirables portraits

que les Hiſtoriens nous en ont tranſmis.
Depuis nos Généraux d'Infanterie juſqu'aux derniers Officiers, il n'eſt peut-
être pas actuellement un ſeul homme
qui oſe, ou qui puiſſe exécuter à pied,
pendant toute une campagne, les marches d'une armée. Les Paul-Emile, les
Fabius, les Scipion, les Caton, l'ont cependant fait toute leur vie, & par état,
& par goût. Que diroient ces grands
hommes, s'ils voyoient aujourd'hui toutes ces voitures que le luxe & la molleſſe réunis ont imaginé pour tranſ-
porter à leurs deſtinations nos opulens
Officiers, ſouvent même dans les bras
d'un profond ſommeil? s'ils voyoient
enlever les chevaux du Laboureur pour
porter de jeunes Militaires qui, ſans ce
ſecours, ne pourroient ſuivre en route
leurs compagnies? s'ils voyoient dételer
les charrues pour voiturer les havreſacs
de nos ſoldats, à qui nous ne ſavons
plus demander que les graces frivoles
du maintien, une friſure méthodiquement collée & plâtrée, une propreté mi-
nutieuſe dans la ſurface des vêtemens
& des armes? Que diroient tous ces
braves Citoyens Romains qui, à la moindre injonction de leurs Conſuls, quit-

toient fi gaiement leurs foyers pour vo-
ler dans les camps ou fur les flotes de la
République; s'ils voyoient aujourd'hui
le Tiers-Etat du Peuple François univerfellement frappé de terreur à la vue
d'une Ordonnance militaire qui l'affu-
jettit enfin à coopérer dans nos légions
provinciales à la sûreté & à la défenfe
de l'Etat? Que diroient toutes ces courageufes femmes de l'ancienne Rome,
elles qui ne craignoient pas d'armer de
leurs propres mains leurs enfans, & de
les dévouer folemnellement à la profeffion des armes; fi elles voyoient nos
femmes Françoifes fe lamenter, fe dé-
foler, lorfque leurs fils font appellés au
tirage d'une milice? fi elles les voyoient,
dans les tranfports d'une fauffe tendreffe, verfer, par leurs cris & leurs
larmes, dans les cœurs de ces jeunes
gens, les germes les plus funeftes de la
frayeur & de la lâcheté? Jettons les yeux
fur toutes les autres claffes de la fociété
civile; voit-on aujourd'hui parmi nous
de ces célebres Légiflateurs, de ces Magiftrats actifs, de ces véhémens Orateurs qui, la tête nue, expofés dans les
places publiques aux ardeurs du foleil
& aux injures de l'air, favoient faire

B v

entendre les ſons de leurs voix à tout un
peuple aſſemblé pour les écouter ; ſa-
voient faire percer juſques dans les
rangs les plus éloignés, ces traits ini-
mitables de la plus mâle éloquence auxquels notre goût dépravé n'a pas encore
eu l'injuſtice de refuſer la ſurpriſe de
l'admiration ? Voyons-nous enfin parmi
nous, comme on le voyoit autrefois,
de ces laborieux Artiſtes, de ces robuſtes
Ouvriers, qui peuploient en foule toutes
les contrées éclairées & policées de
l'univers connu, & dont nous admirons
encore aujourd'hui avec étonnement,
dans les ruines qui nous reſtent de leurs
ouvrages, la force prodigieuſe, l'heureux génie, les merveilleux talens ?

La nature eſt-elle donc dégénérée ?
éprouve-t-elle le ſort des êtres ſoumis
à la vieilleſſe, à la caducité ? Hélas ! ce
n'eſt qu'en nous ſeuls, & par nous ſeuls,
que ſa puiſſance éprouve des contra-
riétés. L'affoibliſſement, la dégradation
dont nous cherchons en vain à l'accuſer,
n'exiſtent que dans le monſtrueux abus
que nous faiſons de notre liberté, ſource
unique de tous les travers dans leſquels
nous donnons, de tous les uſages deſ-
tructifs que nous avons adoptés & con-

facrés. Les anciens peuples favoient, dans leurs inftitutions publiques, rendre les femmes fortes & courageufes, inftruites & vertueufes. Voilà le grand reffort qui, chez eux, entretenoit les hommes dans toute la vigueur qu'ils avoient reçue de la nature. C'étoit là leur grand moyen pour avoir des Soldats auffi robuftes qu'intrépides; des Magiftrats inftruits, laborieux, & fur-tout integres; des Philofophes & des Orateurs que rien ne rebutoit dans leurs études, dans leurs méditations, dans l'exercice de leurs talens; des Artiftes, des Ouvriers capables de tout ofer & de tout entreprendre, uniquement occupés & jaloux de la perfection de leurs travaux. Imitons-nous ces anciens peuples? La déplorable conduite que nous tenons dans les différens procédés de l'éducation phyfique & morale de nos enfans, à la prendre dès les premiers momens où la fécondité de la nature les diftribue dans nos familles, répond pour nous. Nos femmes, langoureufes, débiles, ne connoiffent plus, dans l'enfantement, que les douleurs & les dangers auxquels leurs corps mal conftitués, engourdis & énervés, les rendent fi

communément sujettes Cette précieuse
tendresse, inspirée par la nature pour
les fruits de l'union conjugale, semble
s'évanouir avec le terme de la déli-
vrance. Les innocentes créatures qui en
sont les effets, passent, des flancs de
leurs meres, sur des seins étrangers &
mercenaires, pour y recevoir un alaitement souvent infecté de toutes les in-
fluences réunies de la misere & du vice.
Quels exemples, quelles instructions,
les foibles organes de ces enfans, à mesure qu'ils commencent à se développer, peuvent ils saisir en de pareilles
mains ? C'est là précisément que la
frayeur, l'indolence, la colere, l'opiniâtreté, la grossiéreté, la brutalité, la
gourmandise, l'esprit de mensonge,
s'insinuent dans les ressorts délicats de
ces tendres machines, y répandent les
germes vénéneux de toutes les mau-
vaises passions, de tous les vices.

L'alaitement de nos enfans fini, comment nous y prenons-nous pour réparer
du moins les maux causés par nos premieres indiscrétions ? Aussi-tôt rentrés
auprès de nous, après leur avoir prodi-
gué les premieres caresses, la grande
occupation est d'imaginer tout ce qui

peut, selon nous, servir à leur donner
les graces du corps, & l'on a, à cet effet, grand soin de forcer, par les plus
douloureuses entraves, leur taille &
leurs membres de se mouler sur toutes
les fausses idées que nous avons de la
proportion & de l'élégance de ces parties. O Apelle ! ô Phidias ! reconnoî-
triez-vous, dans les poupées moulées &
façonnées au goût de notre siecle, les
admirables modeles qui ont immortalisé vos ouvrages & vos noms ?

Ces meurtrieres attentions remplies ;
l'on confie les soins que demandent ces
enfans à des ames viles & mercénaires,
qui s'ennuyent & se rebutent bien-tôt,
à leur tour, de tous les détails dont
on les charge. Les hommes, occupés à
leurs affaires, ou adonnés à leurs plaisirs ; les femmes, partagées, de concert
avec leurs époux, entre quelques légers soins de ménage, leurs toilettes ;
les cercles, les spectacles, les promenades, les bals, les petits soupers & le
jeu, ces enfans si chéris n'occupent plus
l'esprit des uns & des autres que dans
le même rang qu'y tiennent des bijoux
& des meubles : on ne demande, pour
ceux-là, comme pour ceux-ci, qu'une
propreté extérieure qui flatte le premier

coup d'œil; &, pour ce qui regarde
l'ame & les forces du corps, on se
rabat, avec une cruelle indolence, sur
cette fausse maxime, que c'est à l'âge
seul à les former. Aveugles! imprudens! Demandons à cet Artiste qui
s'étudie à exprimer nos traits sur de
la cire, s'il attend qu'elle soit endurcie
pour former notre image?

Le moment vient où l'on est étonné
de voir ces enfans pâles & délicats,
incapables de soulever les plus légers
fardeaux, gênés dans leur respiration,
ne pouvant digérer la légere nourriture
qu'on leur fait méthodiquement distri-
buer. Nous sommes étonnés! ah! soyons
justes: leurs corps foibles, leurs membres délicats, comprimés par les entraves que nous leur avons mises, ont-
ils pu, les uns, s'élargir, les autres,
acquérir de la nourriture & de la souplesse? Nos mercenaires ont eu à répondre de la propreté de leurs vêtemens,
de l'arrangement de tous leurs élégans
pompons, de leurs frifures pyramida-
les; & elles ont imaginé que pour flatter notre luxe insensé, satisfaire notre
frivolité, & s'affranchir des soins de
nettoyer, de r'habiller, & de refriser
sans cesse, elles n'avoient pas de meil-

leur moyen que de contenir ces mal-
heureuſes créatures dans un morne repos, dans une inaction forcée. Elles
ont donc borné leurs amuſemens au
ſimple ſpectacle d'inſipides colifichets
qui n'ont fait que récréer leurs yeux;
ou bien elles ſe ſont étudiées à les ber-
cer de contes imaginés & dictés par
la plus ſtupide imbécillité, & qui n'ont
pu manquer de remplir l'eſprit de ces
enfans d'idées extravagantes, ou de
jetter dans leurs ames les impreſſions
de la plus lâche timidité, ſouvent
même, des plus mortelles frayeurs.
Dans cette affligeante ſituation, quel
eſpoir reſte-t-il encore à notre tendreſſe alarmée? celui que nous a déja
fourni notre maxime chérie, d'attendre
le mieux des progrès ſucceſſifs de l'âge.

Le tems arrive cependant où il convient de s'occuper de l'éducation de ces
enfans, dans tous les objets qui tiennent
aux divers états pour leſquels notre condition & notre fortune veulent que nous
les deſtinions. Examinons notre conduite
à cette époque ſi intéreſſante. Commençons par les filles, & voyons comment,
dans nos procédés, elles peuvent devenir fortes & courageuſes; comment

nous nous y prenons pour développer leur intelligence, pour orner leur esprit. Voyons de quelle méthode nous nous servons pour leur enseigner que la vertu, la science & les talens sont les plus beaux ornemens, les plus solides appuis de la beauté. Voyons, enfin, comment on les prépare de bonne heure à sentir la sainteté des devoirs de l'état du mariage, pour lequel elles sont nées ; comment on les dispose, par degrés, à savoir, lorsqu'elles seront mariées, faire prospérer les précieux fruits que la nature leur confiera.

L'on vient de voir les tristes effets de la premiere éducation physique des enfans ; la pâleur du visage, la débilité de l'estomac, la foiblesse excessive de tous les membres. Que faisons nous pour corriger nos premieres fautes ? Bien loin de chercher à adoucir les cruelles entraves dans lesquelles nous avons, jusques-là, tenu le corps de nos filles douloureusement comprimé, nous redoublons d'attention pour rendre ces redoutables cuirasses encore plus dangereuses pour elles, & c'est sous le prétexte insensé de placer leur sein où notre caprice dénaturé veut qu'il s'éleve ;

de renvoyer leurs épaules en arriere & ;
en même-tems, les applatir & les faire
descendre ; de réduire enfin l'espace
du corps , qui contient les parties les
plus essentielles de la vie, dans un volume si mince que les deux mains suffisent pour en embrasser tout le contour. Ah ! nous ne songeons pas que
pour placer le sein de nos filles , &
le former à notre fantaisie dépravée ,
nous forçons inhumainement, & peut-
être sans remede, ces premiers canaux
destinés , les uns, à filtrer & élaborer,
les autres, à contenir un jour cette
sublime liqueur qui doit être le premier aliment de la créature humaine.
Nous déplaçons les épaules de la situation que la nature leur avoit donnée,
nous en applatissons le contour que
cette savante mere avoit elle même pro-
portionné, & nous ne réfléchissons pas
que nous interceptons pour jamais la
liberté, la souplesse & l'action si nécessaires pour tous les mouvemens ,
toutes les fonctions, tous les besoins
du corps ! Nous refusons aux visceres
l'espace qu'il leur faut pour prendre un
salutaire accroissement, pour faire leurs
fonctions avec la liberté que la nature

veut qu'ils ayent! Nous refufons à celui qui renfermera un jour les fruits
de la fécondité de la nature, l'étendue
qui lui convient pour les tenir à leur
aife, pour pouvoir fe prêter fans gêne
& fans douleur à leurs progrès fuc-
ceffifs, pendant neuf mois entiers!
Nous fommes affez aveugles pour ne
pas appercevoir que quand ces vifceres
auront à remplir ces différentes defti-
nations, ils fouffriront des efforts fur-
naturels d'où naîtront ces irritations,
ces douloureufes langueurs, ces foi-
bleffes, ces anéantiffemens, ces infom-
nies, ces dégoûts qui font les fources
de toutes ces maladies, de toutes ces
noires vapeurs dont on voit aujourd'hui
fi communément toutes les femmes
affectées! Nous fommes affez inconfé-
quens pour ne pas prévoir que des filles
ainfi martyrifées pendant quinze ou
vingt ans, lorfqu'elles fe trouveront
fous le joug de l'hymen, les dépôts
que la nature leur confiera, ne pouvant s'établir dans leurs flancs qu'en
faifant de continuels efforts pour étendre l'efpace trop refferré, trop étranglé
de leur fiége, il en réfultera un fatal
épuifement qui, s'il ne conduit pas

ces précieux fruits à leur deſtruction avant qu'ils ayent vu le jour, les rendra, pour toute la durée de leur exiſtence, foibles ou mal conformés! Nous ſommes, enfin, aſſez dénaturés pour ne pas réfléchir que de telles femmes, exténuées par des ſouffrances qui auront commencé dès les premiers inſtans de leur vie, ne pourront, à chaque groſſeſſe, que courir les plus grands dangers!

Nous avons grand ſoin de dire, pour nous excuſer, que ſans ces pernicieuſes précautions, les reins de nos enfans ne pourroient ſe ſoutenir, leurs membres prendroient des ſituations difformes, leur taille s'épaiſſiroit de trop bonne heure. Eh! conſidérons toutes ces Américaines, toutes les femmes de ces peuples que nous appellons ſauvages? Dans leurs contrées, l'art ne s'ingere pas d'aider la nature & de perfectionner ſes ouvrages, & on n'y voit cependant que des créatures bien conformées, robuſtes & vigoureuſes : on n'y rencontre point, comme parmi nous, des multitudes de corps contrefaits. Conſidérons encore tous les modéles qui nous reſtent de cette heureuſe

& belle antiquité où nos fantaisies étoient inconnues : nous n'y découvrirons point les moindres traces des idées que nous nous sommes formées de la beauté du corps & des proportions de ses différentes parties.

Ne rejettons point sur les femmes seules nos goûts dépravés, nos caprices dénaturés. Elles ne font, dans l'éducation physique de nos enfans, que les ministres de notre tyrannie ; elles ne font que suivre les loix que notre volonté leur a imposées. L'ignorance dans laquelle nous les tenons asservies, les a jusqu'ici rendues incapables de s'éclairer sur leurs abus, & de raisonner sur leurs tristes effets ; d'entreprendre de réclamer leurs droits, pour réparer les injures, pour redresser les torts que nous faisons, & à la nature, & à l'humanité.

Il est inutile de nous arrêter plus long-tems sur des traits aussi marqués de l'esprit de destruction qui anime nos actions les plus essentielles. Voyons maintenant comment, du moins, nous dédommageons nos filles de tous les maux qu'accumule sur elles leur premiere éducation corporelle.

Si-tôt qu'elles ont atteint l'âge où il faut leur donner une éducation plus étendue, nous prenons le parti, ou de les mettre dans des couvents, ou de les laisser sous les aîles de leurs meres.

Si nous les mettons dans des couvents, c'est souvent, afin de ne les point avoir continuellement à nos côtés pour témoins de nos indécens amusemens, de nos propos licencieux, ou pour ne leur pas décéler de trop bonne heure l'impuissance dans laquelle nous sommes de leur donner de bons exemples, de solides instructions : mais quelle éducation recevront - elles dans ces pieuses retraites ? Elles y seront formées à la vertu ; elles y recevront les meilleures leçons sur le respect & l'amour qu'elles doivent avoir pour la Religion sainte dans laquelle elles ont le bonheur d'être nées : mais par quels exercices du corps les y saura-t-on rendre fortes, robustes & courageuses ? par quels exercices de l'esprit leur donnera-t-on les connoissances qui doivent orner ou éclairer l'ame, développer leur intelligence, fixer leurs talens, établir leurs qualités personnelles ? Des Religieuses qui ont renoncé au monde, qui

en ignorent les ufages, & conféquem-
ment les devoirs, peuvent-elles donner,
à une jeuneffe deftinée à vivre dans le
monde, l'éducation qui lui convient?
Pourront-elles lui enfeigner quelle fera
la fainteté de fes devoirs dans l'état du
mariage & dans la fociété commune?
Pourront-elles lui infpirer, dans toute
fon énergie, l'amour facré de la Patrie? Pourront-elles enfin lui apprendre
l'art précieux d'élever & de former des
hommes? Il ne faut pas s'attendre à
un pareil prodige.

Si nos femmes daignent s'affujettir
affez pour fe charger de l'éducation
de leurs filles, examinons encore fi,
elles-mêmes, elles font capables d'y
réuffir. Elevées dans les principes que
notre impérieux caprice a confacrés,
la timidité chez elles eft pouffée jufqu'à
l'excès. Les plus légers objets fuffifent
pour les jetter dans les plus grandes
frayeurs. La forme de leurs chauffu-
res, le large contour de ces vaftes paniers qui gênent le mouvement naturel
des genouils, la fituation forcée des
bras que les loix du beau maintien
veulent être méthodiquement colés fur
les anfes de ces paniers; tout prouve,

de concert, qu'elles ont été condamnées à une inaction presque absolue.
Comment, avec de pareilles dispositions, de telles meres pourront-elles
rendre leurs filles hardies & courageuses ? Comment pourront-elles les accoutumer à marcher, à soutenir l'exercice d'une course, la fatigue de petits
voyages proportionnés à leurs forces,
les efforts de tous ces jeux imaginés
pour détendre les ressorts du corps, &
les entretenir dans une salutaire souplesse ? Il est inutile d'y penser. Aussi
voit-on ces meres, ingénieuses à donner
de bonne heure à leurs jeunes éleves des
entraves qui leur ôtent jusqu'à la puissance de se livrer à leur vivacité, & de
prendre d'elles-mêmes aucun essor. Pour
assurer leur engourdissement & fixer
leur immobilité, on charge leurs têtes
de boucles, de pompons & de fleurs,
dont, sous les peines les plus séveres,
le galant édifice ne doit pas être dérangé. Hélas! sitôt que ces frêles poupées commencent à être sensibles, quelles attentions n'apportent-elles pas, d'elles-mêmes, à compasser leurs pas & leurs
gestes sur l'équilibre de tous ces frivoles
ornemens ? Infortunées créatures ! Dès

ces premiers inftans, votre fort eft décidé! Tant que vous vivrez, vous ferez des êtres foibles ! Les principes de
la force & de la fanté ont été trop ef-
fentiellement altérés dans votre éducation phyfique ; il ne vous refte plus qu'à
fouffrir, & lorfque la nature vous ap-
pellera à la réproduction de fes ouvrages, vous ne pourrez donner la vie
qu'à d'autres êtres voués comme vous
à la douleur.

Dirons-nous encore que ce font les
femmes feules qui, dans la vue de plaire, ont imaginé & confacré les principes de tous ces cruels ufages ? Dans
la vue de plaire ! & à qui ? N'eft-ce
pas à nous feuls ? Si leur imagination
n'avoit pas malheureufement faifi nos
goûts dépravés, eft-il poffible de penfer
qu'elles fe feroient ainfi inhumainement facrifiées ? Si nous les avions de-
firées fortes, robuftes & courageufes ;
pour le devenir, auroient-elles choifi
des moyens fi deftructeurs?

Etoit-ce ainfi que Lycurgue avoit enfeigné aux Spartiates à élever leurs filles ? Rome! fi vos aufteres Cenfeurs
avoient rencontré dans vos citoyennes
des meres affez infenfées pour élever
ainfi

ainſi leurs enfans, avec quelle ſainte
fureur ne les euſſent-ils pas bien-tôt
dénoncées, comme ennemies de la Patrie, deſtructrices de la gloire du nom
Romain? Etoit-ce par des filles élevées
comme les nôtres, que vous faiſiez, ô
Athènes! porter en pompe, depuis le
lever de l'aurore juſqu'au coucher du
ſoleil, ces lourdes corbeilles ſacrées où
étoient renfermées les ſtatues, les va-
ſes, les inſtrumens qui devoient, dans
vos célebres Panathénées, ſervir à vos
cérémonies religieuſes?

Perſonne n'ignore combien de traits
l'on pourroit encore ajouter à la légere
eſquiſſe que nous venons de faire de
l'éducation phyſique des filles de notre
ſiécle; ne la chargeons pas davantage.
Paſſons à l'éducation de l'eſprit. Comment ſe comporte-t-on pour l'orner de
connoiſſances utiles & ſolides? pour
verſer dans l'ame de ces jeunes éleves
les ſemences de toutes les vertus?

On a vu, dans l'éducation commune
du premier âge, pour les deux ſexes,
quelles ont été les premieres leçons
que les enfans y ont reçues. Lorſqu'il
eſt queſtion de les ſéparer pour donner
à chacun les différentes inſtructions

C

que, dans nos aveugles préjugés, nous
croyons leur convenir ; c'eſt ſans doute
au moment de cette ſéparation, que les
meres commencent à veiller, elles-
mêmes, de plus près, ſur leurs filles,
& à les tenir plus aſſiduement ſous
leurs yeux. La lecture, l'écriture, l'exercice de la mémoire ſur les élémens de
la religion, fixent leurs premiers ſoins,
&, pour ne point laiſſer de vuides dans
les journées, elles entremêlent ces premieres occupations de petits ouvrages
qui ne demandent que le mouvement
des doigts. Continuellement aſſiſes ;
continuellement obſervées dans leurs ſituations & leur maintien ; ſévérement
repriſes & corrigées, lorſqu'elles s'écar-
tent des loix dictées pour la poſition
de la tête, du corps, des bras, des
pieds, pour la compoſition de leurs regards & de leurs geſtes ; étourdies ſans
ceſſe par beaucoup de propos, plus ou
moins ſenſés, ſur le mérite attaché à
la propreté des vêtemens, à une coeffure bien conſervée : tels ſont les triſtes
commencemens de l'éducation privée
des filles, & qui paſſe, dans le monde,
pour la plus honnête, la plus raiſonna-
ble. Si les meres conſentent à adoucir

ce dur esclavage par quelques momens de récréation, c'eſt à condition qu'elle ſera priſe ſous leurs yeux, ſans bruit, & preſque ſans mouvement.

Dès que ces préludes paroiſſent avoir ſuffiſamment réuſſi, on ſe hâte de rendre l'éducation plus complette ; on aſſemble des maîtres (1), pour enſeigner l'hiſtoire & la géographie, le deſſin, la danſe, la muſique vocale & inſtrumentale, & on a grand ſoin d'aiguilloner l'amour propre des jeunes éleves, en répétant ſans ceſſe que la gêne dans laquelle on les tient, les études aſſidues que l'on exige d'elles, n'ont d'autre but que de les rendre aimables, d'attirer des regards & des éloges ſur elles, de les mettre en état de paroître avec diſtinction dans le monde, & d'y trouver

---

(1) Combien de réflexions à faire ſur cette indécente & pernicieuſe manie, de donner des maîtres à des filles ? Il vaut mieux en laiſſer deviner les dangers, que de s'expoſer à allarmer la pudeur par les détails dans leſquels il faudroit entrer pour les rendre ſenſibles. Où trouver, dira-t-on, des maîtreſſes qui excellent, comme les hommes, à enſeigner ? L'objection eſt ſans doute, pour le moment, ſans réplique ; mais que l'on inſtruiſe les femmes, que l'on encourage & anime leurs talens, elles ſauront bientôt affranchir leur ſexe de la néceſſité de recourir à des hommes pour aucune partie de ſon éducation.

des établissemens avantageux. Les disciples, de leur côté, ne manquent pas de réfléchir sur tous ces propos, &, dans leur morne intérieur, d'en desirer le plus prompt dénouement, pour sortir au plus vîte de leur douloureuse situation, de leurs pénibles écoles.

Quand tous ces soins ont enfin acquis une certaine apparence de perfection, les meres se montrent bien-tôt jalouses d'en essayer peu à peu les effets, en introduisant leurs filles dans les cercles, dans les sociétés, où l'honnêteté, la politesse & la flatterie ne manquent jamais de se réunir pour combler les débutantes des plus grands éloges. Ces premiers pas enhardissent ensuite à rendre des visites plus générales, à leur faire fréquenter les promenades, les spectacles & les concerts, sous le spécieux prétexte de les former à se présenter avec grace, d'assurer leur voix, de leur donner le meilleur goût du chant & de la touche des instrumens, de perfectionner leurs pas de danse sur les plus excellens modeles. On finit enfin par faire succéder toutes ces occupations, & elles ne sont interrompues que par la fatigue à laquelle des corps aussi foibles & délicats ne peuvent long-tems résister.

Si l'on vouloit étendre plus loin ces dernieres époques, tous les travers intermédiaires dont elles sont susceptibles, ne serviroient qu'à étendre ce discours, au-delà des bornes que nous nous sommes proposé de lui donner. L'éducation essentielle des jeunes filles passe pour finie, dès que l'on a réussi à leur donner de futiles talens. Pour se dispenser d'y faire entrer l'étude des sciences, on a grand soin de jetter des ridicules sur les femmes qui osent s'y adonner ; & afin d'y parvenir plus sûrement, on ne manque pas d'avoir recours à toutes les plaisanteries dont le plus célebre de nos Comiques s'est servi pour fronder les fausses savantes, pour dégoûter les femmes de son siecle du langage précieux, & des minauderies affectées qu'elles avoient la maladresse de substituer à la modestie de la vraie science, à la simplicité des graces naturelles à leur sexe. On ne s'occupe plus, enfin, que de l'établissement de ces éleves, que l'on regarde comme formées, & qui a lieu, ou plus tôt, ou plus tard, fuivant ce qu'en décident le hafard, la fortune ou le crédit des parens, le mérite & les qualités réelles ou fuppofées des jeunes perfonnes.

Après avoir fait voir les défauts de l'éducation la plus ordinaire des filles, jettons maintenant un léger coup d'œil fur celle des garçons, & parcourons-en rapidement les écueils & les vices ; nous verrons qu'ils n'ont d'autre fource que l'exceffive délicateffe des meres, leur lâche timidité, l'engourdiffement de leur intelligence & de leurs forces, la honteufe ignorance dans laquelle elles ont été élevées, la frivole coquetterie dont l'étude & le laborieux manége ne leur laiffent aucun tems à donner à leurs enfans. Nous verrons enfin que fi tant d'hommes font efféminés & ignorans, c'eft dans le commerce de femmes élevées dans le goût de notre fiecle, qu'ils puifent ces vices ; c'eft parce qu'ils doivent le jour à des meres qui n'ont pu leur donner, dans l'enfance, que les germes funeftes des défauts les plus groffiers.

L'on a vu quelle a été l'induftrie des mercenaires fur lefquelles on eft dans l'ufage de fe repofer des foins que de-

mande le premier âge de nos enfans;
l'on a vu avec quelle barbare induſtrie
elles ſont parvenues à engourdir leurs
membres, leurs muſcles, leurs organes;
comment elles leur ont énervé le corps,
en les privant des exercices qui, ſeuls,
en peuvent détendre les reſſorts, développer les forces, accroître dans un heureux concert toutes les parties. Auſſi-tôt
que le moment eſt venu de faire quitter
aux garçons la robe de l'enfance, quelle
eſt communément notre conduite ? Des
Sages ont eu le courage de s'occuper à
nous démontrer combien des corps en-
durcis par l'aſſemblage de pluſieurs ba-
leines piquées & repiquées les unes ſur
les autres, étoient contraires à la ſanté
des enfans. Nous cédons à leurs avis,
& nous affranchiſſons enfin nos garçons
de cette meurtriere enveloppe ; nous
commandons pour eux des habillemens
de la même forme des nôtres ; mais
nous avons grand ſoin de preſcrire à
l'Ouvrier, que la taille y ſoit marquée
dans tous les différens contours du corps,
avec une préciſion qui ne laiſſe appercevoir aucun vuide, aucun pli, ce qui
les rend ſi juſtes, qu'au déshabiller ils
ne peuvent être tirés qu'avec les plus

grands efforts. Que nous fommes incon-
féquens ! nous ne pouvons nous fauver
d'un écueil, que pour nous précipiter fur
un autre. Demandons à tous les Colo-
nels de nos troupes, qui font capables
de gémir fur la frivolité de notre fiecle,
combien, depuis l'ufage de cette façon
des habillemens, du colier & des guêtres
qui étranglent les membres, le col & les
jarrets de leurs Soldats, combien depuis
l'ufage de la fatale planche qui leur dé-
place tous les refforts du corps, il en périt
dans les hôpitaux, attaqués tous de maux
incurables de poitrine. Leurs aveux réunis, nous mettront en état de juger des
funeftes effets de nos nouveaux goûts.

Après avoir affujetti nos enfans garçons à ces nouvelles entraves, pref-
qu'auffi meurtrieres que les premieres,
nous penfons à les faire inftruire : jufques-là on ne s'eft encore occupé qu'à
leur apprendre à connoître les caracteres de l'alphabeth, & à les affembler
pour en former des mots ; à bégayer de
mémoire quelques prieres. Incapables
fouvent de les enfeigner nous-mêmes,
ou livrés à des occupations qui nous en
ôtent le loifir, nos femmes, trop déli-
cates, trop indolentes, & trop peu inf-

truites pour nous suppléer, quelle est
notre ressource ? Nous attachons à prix
d'argent, auprès de ces enfans, des
Maîtres quelquefois éclairés, mais très-
souvent ignorans, ou chez qui tout le
talent se trouve concentré dans une mi-
sérable routine dont leur génie borné ne
leur permet pas de s'écarter, même lorsque les circonstances le demandent. L'as-
périté du ton de ces personnages, la
gravité de leur maintien, les fouets,
les férules, les pénitences dont ils ont
grand soin d'annoncer qu'ils seront pro-
digues ; tout en eux ne peut pas manquer d'inspirer cette basse terreur qui
doit conduire à la plus aveugle obéissance, à la plus abjecte humiliation.

Nos enfans passent ainsi, brusque-
ment, des colifichets dont on a amusé
leur premiere enfance, & des contes
imbéciles dont on s'est servi pour enchaîner leur vivacité, à l'étude d'un
Rudiment souvent hérissé d'autant de
fautes & d'erreurs que de difficultés,
qu'il leur faut démêler, apprendre, &
graver dans leur mémoire, sous peine
de se voir continuellement en proie aux
chagrins & à la douleur. Assis pendant
trois grandes heures le matin comme

l'après dîner, & dans une situation gê-
nante qu'il leur est interdit de changer
ou d'adoucir, les yeux collés sur des
livres, la mémoire continuellement ten-
due & occupée à se remplir de choses
qui ne présentent à l'esprit rien de ré-
créatif : tel est le nouveau genre de vie
auquel sont condamnés ces êtres malheureux. Les heures des repas, quelques
visites chez des femmes pour en recevoir de froides cajoleries, quelques promenades à pas lents dans des lieux où
l'on a grand soin de leur remontrer qu'il
seroit indécent de courir & de folâtrer,
occupent le reste de leurs tristes journées. Fiers Spartiates! savans Athéniens!
intrépides Romains! étoit-ce ainsi que
l'on se comportoit dans vos écoles pour
y enseigner à la jeunesse les Lettres,
les Sciences, les Beaux-Arts? Si vous
n'aviez pas su allier aux exercices des
études, celui du mouvement qui endur-
cit le corps, nourrit & entretient la souplesse des nerfs & des muscles, vos
Guerriers, vos Magistrats, vos Orateurs, vos Artistes, auroient-ils pu parvenir à cette célébrité qu'ils ont si justement méritée, les uns par leur force
prodigieuse, les autres par tous ces ef-

forts furprenans qui les ont rendus fi
fupérieurs à nous dans l'exercice de
leurs talens?

Suivons l'humiliant expofé de la premiere inftruction de ces enfans, fi différente dans fa marche de celle des anciens peuples.

Nous nous ennuyons de la lenteur
des progrès de nos jeunes gens ; nous
commençons à nous allarmer plus fé-
rieufement de leur pâleur, de leur délicateffe, de leur exceffive timidité, &
nos triftes réflexions nous conduifent à
changer de plan. Beaucoup d'Ecrivains
éclairés ont dit que l'éducation publique
étoit infiniment préférable à l'éducation
privée : nous nous livrons à leurs confeils , & nous mettons nos enfans dans
un College dont la réputation eft connue.
Paffons fous filence l'infection inévitable qui doit régner dans un efpace ordinairement trop refferré pour pouvoir
contenir cinq à fix cens perfonnes fans
ceffe preffées les unes contre les autres;
ne parlons pas des vices qui peuvent
s'être gliffés chez quelques individus du
troupeau , & dont il eft à craindre que
la communication ne s'étende fur-tout
aux nouveaux venus. On doit convenir

que tous ces défauts se trouvent com-
pensés par l'émulation & le bon ordre
qui regnent dans ces maisons, par l'attention que l'on a d'y rassembler les plus
habiles Maîtres, par l'attrait des liaisons
que les enfans sont à portée d'y contracter, de leur propre choix, avec des sujets de même âge, de mêmes goûts, de
mêmes inclinations qu'eux ; par la di-
versité & la multiplicité des divertisse-
mens auxquels il leur est permis de
se livrer en toute liberté aux heures
des récréations, & dont le spectacle seul
suffiroit pour égayer les sens & donner
de l'action aux plus stupides. Nos enfans
sont donc dans ces lieux comme dans
un élément nouveau ; ils s'y trouvent un
peu plus à leur aise ; leur ame commence à prendre une énergie qui les
met plus en état que par le passé de raisonner d'eux-mêmes sur tous les objets
de leurs destinations & de leurs devoirs,
de choisir, dans les exemples qui les en-
vironnent, ceux qu'il leur convient d'imiter. En les supposant du plus heureux
naturel, appliqués à leurs études, exactement soumis à toutes les loix du des-
potisme magistral, ils parcourent tranquillement & sans amertume, tous les

dégrés par lesquels il leur faut passer pour parvenir aux derniers termes de la carriere des classes. Dans tout cet intervalle de tems, l'attention des Maîtres à récompenser la docilité & l'application de leurs Eleves par des caresses, par des distinctions qui répandent dans leur sang un baume salutaire, élevent l'ame & font éclore le talent. Les exercices des récréations qui, par dégrés, ont fait sortir leurs muscles & leurs membres de l'engourdissement qui avoit été la suite de leur premiere éducation physique ; tout a concouru à diminuer, du plus au moins, les malheureuses affections qui, dans les premieres années d'une enfance mal dirigée, avoient altéré les principes les plus essentiels de la vie.

C'est dans ces momens flateurs que notre tendresse enfin rassurée, rappelle nos enfans auprès de nous, pour finir leur éducation par d'autres études & par tous les exercices gymnastiques dans lesquels ils doivent être formés pour paroître avec distinction dans ce qu'on appelle le grand monde, où notre frivolité brûle de les introduire. Nous partageons alors leur tems entre l'étude des

hautes sciences pour les uns, l'équitation, les armes, la danse & la musique
pour les autres; mais sous le prétexte
de leur laisser une honnête liberté, &
d'essayer quelle sera leur conduite, on a
la foiblesse de se reposer sur eux de l'emploi de ce tems si critique. Hélas! nous
nous mettons précisément dans le cas
de cet indiscret oiseau qui, ennuyé de
garder ses petits, les excite trop tôt
à essayer leurs forces à travers les airs.
Abandonnés à eux-mêmes, sans guide
& sans défense, chaque effort de leurs
aîles les conduit à des dangers, & ils
finissent par se laisser prendre à des piè-
ges tendus pour leur destruction. Le sort
de nos jeunes imprudens peut-il manquer d'être exactement semblable? Les
connoissances qu'ils font, les liaisons
qu'ils forment, notre précipitation à les
présenter chez des femmes, sous le prétexte de les mettre à l'école de la politesse & du bon goût, les conduisent à
des filets tendus avec l'art le plus séduc-
teur, & où ils manquent bien rarement
de se laisser surprendre. Les loix sacrées
de la pudeur empêchent d'approfondir
ici tous les détails dont on pourroit charger cette fatale époque. On ne sait que

trop, par des exemples fans nombre, tous les maux qui découlent de cette dangereufe fource. Combien d'hommes dans le monde en ont été les triftes victimes ! combien n'en eft-il pas qui ne fe font jettés qu'après une longue fuite d'égaremens dans les bras de l'Hymen, où leurs forces épuifées n'ont pu que défigurer la Nature dans fa reproduction ! S'il en eft quelqu'un qui ait le bonheur d'être fans reproche à cet égard, qu'il regarde autour de lui, & il verra une multitude de coupables dont les corps énervés, dont les rejettons débiles & languiffans, atteftent les dangers certains de l'écueil fur lequel nous donnons avec fi peu de précautions.

Beau Sexe ! ne vous offenfez point du rang que vous tenez ici dans les fources empoifonnées des égaremens & de la deftruction de la jeuneffe. Non-feulement il s'en faut beaucoup que toutes les femmes foient comprifes dans le tableau qui vient d'être préfenté ; mais il eft certain que celles qui peuvent avoir le malheur de s'y reconnoître, doivent au moins trouver des excufes dans les penchans prefque forcés que leur a donné la mau-

vaife & pernicieufe éducation qu'elles
ont reçue.

Bornons ici l'expofition des travers
qui regnent dans l'éducation la plus uf-
tée des jeunes gens, & qui les conduifent à cet état de foiblefle & d'anéan-
tiffement qui devance la caducité de
l'âge. Il eft de la plus grande évidence
qu'il ne faut point chercher ailleurs,
que dans la mauvaife éducation des
femmes, la fource des défordres qui
dégradent & aviliffent aujourd'hui l'efpece humaine. Ne nous occupons plus
qu'à découvrir les moyens de la faire
rentrer dans tous les avantages de fa
fublime origine.

L'on a dû reconnoître l'éducation
des enfans des deux fexes à tous les
traits dont je viens de me fervir pour
en mettre fous les yeux les vices,
les fatales conféquences. L'on ne peut
me taxer de les avoir exagérés. On ne
manquera pas, fans doute, de m'oppofer, que je n'ai pris mes exemples
que dans la claffe des gens riches, &
je le reconnois volontiers. Mais eft-il
befoin de dire que je me fuis attaché
par préférence à cette claffe, parce
que c'eft elle qui donne l'impulfion

à toutes celles qui lui font inférieures ; qui leur communique le goût & la pratique des vertus, comme des vices. Perfonne ne fait rien que par imitation, & c'eft toujours au-deffus de foi que l'on cherche fes originaux. Un Ancien a dit que c'étoit l'exemple des Rois qui régloit la multitude : mais, comment la regle-t-il ? c'eft en defcendant, par dégrés, des Rois aux grands, des grands aux riches, & de ceux-ci à tous les ordres inférieurs. Que l'on ne dife donc pas que mès réflexions ne tombent uniquement que fur les gens riches. Tout l'univers fe trouve aujourd'hui infecté & dégradé par la contagion de leurs funeftes exemples. Le goût de la molleffe & de l'oifiveté, la foif des plaifirs, regnent dans tous les états, dans toutes les conditions. Tous les individus de l'efpece humaine ne foupirent plus qu'après ces fources empoifonnées, où ils ne peuvent fe défaltérer qu'aux dépens de leur tempérament, qu'en détruifant leurs forces. S'il refte à quelques-uns les avantages d'un heureux génie, d'un efprit cultivé & éclairé, la débilité de leur conftitution, la foibleffe de leurs organes s'oppofent à leurs

travaux, éteignent leurs lumieres, ou
les rendent languissantes. Les femmes,
encore plus inhumainement traitées
que les hommes dans leur éducation
physique & morale, ne se distinguent
plus que par les différens dégrés de délicatesse & de foiblesse : les maladies
& les langueurs tiennent chez elles la
place de la santé & de la force. Leur
génie & leur esprit, condamnés à rester
incultes, ne leur servent plus qu'à
fouiller dans toutes les ressources hon-
teuses qu'offre la volupté, pour y trouver les moyens de titer leurs sens, &
ceux de leurs froids adorateurs, de l'i-
naction dans laquelle la mollesse &
l'oisiveté les tiennent absorbés.

O Providence ineffable ! quelle sera
donc la reproduction que vous avez droit
d'attendre désormais des deux sexes sur
lesquels vous aviez pris plaisir à accumuler tant de sublimes perfections?
Hélas ! des êtres encore plus foibles,
encore plus vicieux que ceux qui cou-
vrent actuellement la surface de la terre, se succéderont d'âge en âge, &
quelle que soit l'étendue de votre com-
plaisance, il est tems de le dire, excédée des outrages des hommes, vous

ne pourrez peut-être plus vous empêcher de vous repentir de celui de vos
ouvrages que vous aviez le plus chéri.

Les dangers que j'ai exposés s'ac-
croissent tous les jours. Si nous sommes
encore capables de nous effrayer du terrible avenir qui menace la postérité,
soyons prompts à couper le mal dans
sa racine. Armons-nous généreusement
contre les illusions du rêve qui, jusqu'ici, a flatté notre orgueilleuse présomption. Reconnoissons les femmes
pour des êtres semblables à nous, &
auxquels nous ne sommes supérieurs
que par de vains titres appuyés sur
des loix tyranniques, qui n'ont passé
qu'à la faveur de la foiblesse & de l'ignorance. Appliquons - nous à les rendre
fortes, robustes, courageuses, instruites, & même savantes, autant qu'il
sera possible, & l'on verra, dès les
premieres générations qui nous succéderont, l'humanité entiere rentrer dans
toute sa vigueur, dans toute sa splen-
deur. De telles femmes seront incapables de chercher à détruire la force,
le courage & le bon tempérament dans
les créatures qui seront les fruits
précieux de l'hymen. Devenues néces-

Reliure serrée

sairement vertueuses, parce qu'elles seront instruites, elles éléveront leurs enfans dans l'étude & la pratique de toutes les vertus; elles seront en état de
les suivre elles-mêmes, pas à pas, dans
toutes les différentes époques de la jeunesse, & cette douce & délicieuse occupation remplacera chez elles les frivoles amusemens, les détails honteux
de coquetterie qui les avilissent tant,
& les rendent si méprisables aux yeux
du Sage. Quelle sera la satisfaction des
hommes qui nous succéderont, lorsque dans les emplois qui demandent
de la force & du courage, ils auront
des femmes en état de les seconder
dans leurs travaux, de partager avec
eux sans effroi les plus grands périls!
Quel plaisir n'éprouveront-ils pas,
lorsque dans la carriere de leurs études
ils trouveront dans leurs compagnes
des femmes familiarisées avec Platon,
Plutarque, Tacite, Newton, Buffon,
Bossuet, Massillon, Montesquieu, capables de les suivre dans leurs occupations, de raisonner, de philosopher avec
eux, de les éclairer peut-être, ou tout
au moins de les animer dans leurs
pénibles recherches? De quel feu sacré

ces hommes heureux ne se sentiront-ils pas embrasés, lorsqu'ils verront leurs épouses chéries, d'une main presser contre leur sein les gages de leur mutuelle tendresse, & de l'autre chercher avec intelligence dans les écrits des plus grands Philosophes, des plus profonds, des plus fideles Historiens de l'antiquité, les plus sublimes exemples des vertus, pour les imprimer dans l'ame de leurs précieux rejettons, & les rendre dignes de la noblesse de leur origine ?

Illustre Dacier ! & vous, savante Lefévre ! qui pourroit décrire tous les charmes de l'heureuse union dans laquelle vous avez passé sous les loix de l'hymen quarante années de votre vie à nous enrichir, avec une égale ardeur, des plus précieux trésors de la Grece & de Rome ? O vous, tendre Anacréon, qui avez été si souvent leur confident ! pourquoi faut-il que le silence soit le partage des morts, & que vous ne puissez pas nous rendre les doux transports dout ces fortunés époux étoient agités, lorsque quittant Homere & Platon, Aristophanes & Horace, ils passoient avec vous les momens qu'ils vous avoient consacrés ? Qui pourroit, mieux que

vous, nous exprimer la douce ivreſſe
dont leurs cœurs étoient ſaiſis, lorſque
dans leurs délaſſemens ils s'occupoient
à inſtruire eux - mêmes & à former
leurs dignes enfans qui diſparurent,
hélas! trop tôt pour la gloire des Lettres & les délices du monde ſavant dont
ils euſſent été l'ornement?

Fidele & généreux Saint Aunez! mar-
tyr de votre fidélité, vous expirâtes ſous
les coups atroces des perfides ennemis
de votre Prince ! mais avant de
fermer les yeux à la lumiere, que votre
ame goûta une ſatisfaction bien déli-
cieuſe, lorſque vous apprîtes que votre
femme, répondant à vos inſtances, s'é-
toit jettée dans Leucates, pour y être
un ſecond vous-même, & conſerver,
avec le courage & l'intrépidité que vous
lui connoiſſiez, cette place à votre Roi.
O Henri ! le plus grand, le meilleur modele des bons Princes ! de quelle admiration votre grand cœur fut ſaiſi, quand
vous apprîtes ce double trait du plus rare
héroïſme ! avec quels tranſports vous
ſaiſîtes les premiers momens où vous
fûtes le maître de le récompenſer !

Si ces grands exemples ſont rares,
les hommes ſeuls en ſont la cauſe. Tant

qu'ils n'admettront pas les femmes à partager avec eux les exercices du corps; tant qu'ils les rendront incapables de se livrer avec amour à l'étude des sciences & des beaux arts, il ne pourra naître d'elles que des enfans foibles, délicats & vicieux. Appliquons-nous donc à corriger, par les secours d'une bonne éducation physique, ces malheureux principes qui alterent aujourd'hui leur vigueur & leur santé. Que les meres alaitent elles-mêmes leurs enfans. Il n'y en a guères à qui la nature en ait refusé le pouvoir, vu sur-tout les secours & les ressources que leur offrent les animaux. Montagne nous assure que de son tems, les femmes des environs de chez lui, qui ne pouvoient alaiter leurs enfans, les faisoient nourrir avec le plus grand succès par des chevres. Affranchissons désormais nos enfans, sans distinction de sexe, de toutes ces ligatures, de toutes ces douloureuses entraves, dont jusqu'ici nous nous sommes servis pour les défigurer & les énerver. Livrons-les de bonne heure à tous les exercices qui peuvent détendre les ressorts du corps, & leur donner la souplesse qui convient. Eloignons d'eux ces

soins meurtriers qui leur rendent le
froid & le chaud également sensibles &
mortels, le choix des alimens si difficile, & qui contrarient chez eux l'ap-
pétit, cette clef de la santé & du
bon tempérament. Mettons plus d'amé-
nité, de discernement & de choix dans
la culture de leur esprit & la recherche
de leurs talens, & regardons comme le
le plus grand obstacle à une heureuse
éducation, cette sévérité outrée & souvent déplacée, dont nous usons pour
asservir leur esprit, enchaîner leur vivacité, forcer leurs penchans & leurs
goûts, vaincre leur incapacité, leur inap-
titude. Mais si nous voulons réussir dans
cette réforme (on ne peut trop le répéter), rendons les femmes instruites &
même savantes, autant que leur état,
leur condition, & la mesure de leur intelligence le permettront. Nous l'avons
déja dit, d'après le divin Platon, ce sont
les meres qui peuvent, les premieres,
se faire entendre de leurs enfans. Si elles
font instruites, elles sauront choisir elles-
mêmes les meilleures des méthodes qui
réussissoient si bien aux anciens dans
l'éducation de la jeunesse; elles apprendront chez les Spartiates à rendre leurs
enfans

enfans forts , robuſtes , courageux ,
adroits , ſobres , tempérans , & vertueux ;
chez les Athéniens, à les rendre ſages,
ſtudieux, éclairés, & ſavans, à les faire
exceller dans tous les exercices gymnaſ-
tiques ; chez les Romains, à les former
aux plus héroïques vertus , à chérir, reſpecter & honorer leur Patrie; chez les
Germains, elles puiſeront les grands
modeles d'humanité & de bienfaiſance,
de grandeur d'ame & de courage; elles
apprendront enfin , dans toutes ces fé-
condes écoles, à chérir & reſpecter leurs
parens & leurs maris , à ſe complaire
dans leurs enfans, & à ne point avoir
de plus intéreſſantes, de plus délicieuſes
occupations, que celles de leur inſpirer
l'amour du beau, de l'honnête ; d'éclairer leur intelligence , d'orner leur eſprit, de chercher à découvrir leurs talens, & de les cultiver lorſqu'ils ſeront connus.

Que l'on ne ſoit pas cependant aſſez
injuſte, pour me prêter dans ces réflexions le projet inſenſé d'étendre ſur
toutes les femmes en général, la nouvelle éducation que je propoſe ; je ſais
combien il ſeroit nuiſible, & même
abſurde, de prétendre ſouſtraire à leurs

D

deſtinations toutes les différentes claſſes
des femmes ouvrieres. Le ſeul bien qui,
pour celles-ci, réſultera de l'exécution
de mes idées, ſera ſans doute celui de
l'imitation; elles s'empreſſeront, d'après
la même impulſion qui les régit aujour-
d'hui, de copier les heureux modeles
qu'elles auront par-tout devant les yeux,
& n'y trouvant plus que des principes
de religion, de vertu, de force & de
courage, il eſt aiſé de penſer ſi elles
ſeront promptes à ſe détacher de cette
eſpece de luxe, de cette molleſſe, de
cette coquetterie, de cet eſprit d'irré-
ligion, de ce dégoût de leur état, qu'elles
ont malheureuſement puiſé dans nos
mœurs actuelles, dans nos goûts dépravés. Si quelques-unes, à la faveur des
diſpoſitions dont la nature les auroit fa-
voriſées, cherchent à ſortir de leur
condition, en s'adonnant à l'étude des
ſciences, ces phénomenes ne s'apper-
cevront jamais que dans la même proportion qu'on les voit paroître parmi les
hommes deſtinés par leur naiſſance à
remplir les derniers rangs de la ſociété.

Que l'on ne craigne pas non plus
qu'il puiſſe naître de cette ſalutaire révolution, aucun bouleverſement dans

l'ordre effentiel & général de la fociété
politique. Des femmes folidement inftruites, feront incapables de vouloir s'ar-
roger aucune domination deftructive de
la fageffe des loix reçues. Attachées par
principes à leurs devoirs & aux loix de
la fociété, elles les chériront & s'étu-
dieront, en les rempliffant, à mériter
de plus en plus la confiance, le refpect
& l'amour des hommes.

Enfin, que l'on appréhende encore
moins de voir renaître tous ces ridicules,
que Moliere s'étudioit à corriger chez
les femmes de fon fiecle ; ils ne fe ren-
contreront jamais dans celles qui auront reçu l'éducation que je propofe de
donner à leur fexe : les faux dehors de
la fcience deviendront trop aifés à reconnoître, pour qu'aucune femme puiffe
ofer entreprendre de s'en parer, & encore moins réuffir à en impofer à la multitude de Critiques éclairés qui fe trouveront alors indiftinctement répandus
dans les deux fexes.

L'éducation publique & la nourriture
des enfans occupoient, chez plufieurs
Peuples renommés de la belle Antiquité,
la principale attention de leur Gouvernement ; ils avoient, fur ces deux

objets, des loix communes qu'il n'étoit permis à perſonne de tranſgreſſer. Il ſeroit à ſouhaiter que l'on pût les imiter ; mais combien de préjugés n'y auroit-il pas à combattre & à détruire, avant de pouvoir perſuader aux hommes de notre ſiecle, que leurs enfans ſont encore plus à l'Etat dont ils naiſſent Sujets, qu'à eux mêmes ? Il n'eſt plus poſſible d'attendre de tout un Peuple, qu'il ſe ſoumettra à des loix qui rendroient uniforme l'éducation de ſes enfans, qui ôteroient aux peres & aux meres la liberté de la régler, de la diriger, chacun ſuivant ſes goûts & ſes caprices particuliers. Tout ce qu'un Etat peut faire aujourd'hui en faveur de l'intéreſſante réforme de l'éducation des femmes, c'eſt de commencer par mettre lui-même ſes Peuples ſur la voie, en formant à ſes frais les premiers établiſſemens de cet important objet, & en y fondant un nombre de places pour des filles de pauvres Gentilshommes, ou de pauvres Officiers, qui y ſeroient reçues gratuitement dès l'âge de trois ans au plus, en obſervant de donner la préférence à celles qui auroient été alaitées par leurs propres meres, & , juſqu'à

l'inſtant de leur réception , élevées ſans
ligatures ni corps baleinés. Ces places
remplies , toutes les filles de l'âge de
trois ans , que leurs peres & meres voudroient confier à ces mêmes établiſſemens, y ſeroient reçues à des prix con-
venus , en proportion de ce que les lieux
en pourroient contenir , & ſans aucune
diſtinction d'états ou de conditions.

Ce projet n'eſt point d'une exécutio**n**
impoſſible. Les femmes capables d'y être
employées, ſont ſans doute actuellement
en petit nombre ; mais il en eſt cependant ſuffiſamment qui ſe ſont élevées
au-deſſus des préjugés & de l'eſclavag**e**
de leur ſexe , qui ont oſé s'adonner aux
beaux Arts & aux Sciences, & y exceller. Employons les grands moyens qui
ſavent attirer les talens ; prodiguons l'or,
pour raſſembler , quand il ſera néceſ-
ſaire , toutes ces femmes habiles & ſavantes. De quelques nations qu'elles
puiſſent être , elles ne tarderont pas à
ſe naturaliſer dans celles qui ſauront ſe
les attacher ; elles s'empreſſeront de
remplir les vœux du ſage Gouvernement
qui aura ſu les attirer.

Il eſt très-inutile de s'occuper ici à
tracer des plans de tout ce qu'il con-

viendra faire pour commencer à élever les filles dans les vues que je propose. Les divers établissemens publics formés pour l'éducation des hommes, offriront des modeles : il ne s'agira que d'y retrancher, ou ajouter, pour atteindre autant qu'il se pourra à une plus grande perfection.

Dans la dépravation actuelle des mœurs, il sera prudent, sur-tout en commençant, de s'attacher à deux choses essentielles. La premiere, à réunir dans une même enceinte, toutes les classes & toutes les maîtresses des différens genres d'études & d'exercices, afin d'éviter l'inconvénient qu'il y auroit de faire passer les jeunes éleves de Colléges en Colléges, pour prendre dans l'un, les leçons qu'elles n'auroient pu recevoir dans l'autre. La seconde, à se faire une loi invariable de ne recevoir les sujets qui se présenteroient, que dans un âge où il n'y eût pas à craindre qu'ils eussent encore pu contracter le moindre germe, la moindre impression décidée des vices, & d'apporter les plus grandes précautions pour empêcher qu'aucun commerce de l'extérieur puisse altérer les fruits des leçons qu'elles recevront, faire

naître parmi elles le dégoût de leur état
& de leurs occupations. En renfermant
ainſi ces filles dans un même lieu pour
y recevoir toute leur éducation, & rendant ce lieu auſſi ſacré, auſſi inacceſ-
ſible que le ſont nos cloîtres les plus
auſteres, elles ne connoîtront, pour
ainſi dire, les hommes que dans les
circonſtances de rivalité & d'émulation
qui animeront leurs travaux, c'eſt-à-
dire lorſqu'elles ſeront choiſies pour
diſputer les prix qui ſeront décernés
aux ſujets de l'un ou de l'autre ſexe
qui les auront mérités par la ſupériorité de leurs talens. En deſtinant ces
filles, dès l'âge le plus tendre, à cette
nouvelle forme d'éducation, l'on ſent
avec quelle facilité les maîtreſſes par-
viendront à les plier à tout ce qu'elles
devront en exiger, d'après l'examen,
mûrement réfléchi, qu'elles auront fait
des vraies diſpoſitions de chacune en
particulier.

Tous les détails de cette intéreſſante
entrepriſe dépendront, pour la plûpart,
du génie & de l'habileté des maîtreſſes
auxquelles elle ſera confiée, des méthodes qu'elles ſauront elles-mêmes ſe
former, du zele & de l'application avec

D iv

lefquels elles chercheront toutes, de
concert, à fe diftinguer dans l'emploi
de leurs talens, & à mériter les fuffrages de la Nation à laquelle elles fe
feront attachées ; enfin, dans l'infpection
fuivie que le Gouvernement faura exercer fur leur conduite, pour les empêcher
de s'écarter du but de leur inftitution,
& de troubler l'harmonie de la correfpondance continuelle qui devra régner
entr'elles dans toute la chaîne de l'exécution.

Pour fuffire à la diverfité des talens, il faudra des maîtreffes affectées
pour chacun de ceux que l'on jugera
convenable de faire entrer dans l'éducation des jeunes filles. Il eft jufte que
l'étude de la Religion y tienne le premier rang ; mais il y auroit de la fin-
gularité à s'occuper ici de nouvelles idées
fur ce précieux objet ; celles qui font
généralement reçues pour l'éducation
actuelle de la jeuneffe, fuffiront fans
doute, & s'il convenoit d'y ajouter, ou
changer, ce feroit aux feuls Dépofitai-
res de la Foi à le décider. Les belles-
lettres & les hautes fciences tiendront le
fecond rang, & demanderont les mêmes
dégrés de claffes qui font en ufage dans

tous les Colléges & toutes les Facultés des Univerſités. Après ces précieux ob-jets, viendront l'équitation, les armes, la danſe, la muſique, la peinture, la gravure, la ſculpture, & généralement tous les beaux - arts qui tiennent des rangs diſtingués dans tous les goûts utiles & agréables de la ſociété, & ſont l'objet de ſes travaux les plus recher-chés.

Au moyen d'une diſtribution auſſi variée, il ne ſera pas poſſible qu'aucun ſujet ſorte de ces établiſſemens ſans des talens perfectionnés, depuis les hautes ſciences, juſqu'à ceux de l'aiguille & du fuſeau, dernieres reſſources pour les ſujets ingrats & incapables d'être dreſ-ſés pour des objets plus relevés. Mais, outre l'acquiſition aſſurée des talens, tous y acquerront encore le dévelop-pement de leurs forces, & la plus grande vigueur de tempérament, ſi l'on a ſoin de les livrer aux exercices du corps dont ces avantages dépendent, tels que la courſe, les longues marches, la paulme, le mail, la lutte, & même l'habitude de porter des fardeaux à bras, ou à force de reins.

Pour tendre à la plus grande perfec-

D v

tion poffible, il s'agira, lorfque les
éleves de cette premiere pépiniere com-
menceront à fe former, de mettre l'é-
mulation en jeu, & à cet effet d'établir des prix en faveur de celui des
deux fexes qui remplira le mieux les
fujets qui leur feront propofés. Pour les
Humanités & la rhétorique, ils com-
poferont dans la même forme qui s'ob-
ferve aujourd'hui pour les prix de l'U-
niverfité de Paris. Pour la logique, la
métaphyfique, la phyfique, les mathématiques, la géographie, les deux fexes
foutiendront alternativement des thèfes
publiques, & argumenteront l'un contre
l'autre. La rivalité qui animera ces utiles combats, remplacera peut-être celle
qui manque actuellement à nos Univer-
fités & à nos Académies, par l'extinc-
tion de cet Ordre célebre dont les travaux & les fuccès littéraires donnoient
à ces Corps la noble jaloufie qui conduit les talens à la plus grande perfection. L'équitation, les armes, la peinture, & généralement tous les beaux-
arts, pourroient être également expofés
aux mêmes épreuves. Des juges choifis
pour tous ces différens genres, décide-
roient à qui les prix & les palmes fe-

roient dûs. Pourquoi n'étendroit - on
pas encore cette émulation jufqu'aux
exercices du corps ? Les célébres jeux
olympiques de la Grece, offriroient pour
tous ces objets les plus excellens modeles , préfenteroient dans nos colifées
des fpectacles bien plus intéreffans que
ceux qui les occupent aujourd'hui. Enfin, lorfque les talens fe trouveroient
également diftribués & cultivés dans
les deux fexes, ne feroit-il pas naturel
d'admettre les femmes qui s'en trouveroient dignes, dans toutes ces Académies qui raffemblent les fujets les plus
diftingués, pour chaque genre des hautes
fciences & des beaux-arts ?

Il ne convient point d'étendre plus
loin l'expofition du projet que mes réflexions m'ont fait naître. Il eft également inutile de parler des prodigieux effets de l'imitation qui fe répandront par-
tout, dès que le premier établiffement
que je viens de propofer aura pu former affez de fujets pour multiplier le
nombre des maîtreffes, & en fournir
à toutes les grandes villes qui en demanderont pour élever leur jeuneffe.
Tranfportons-nous en idée dans les
fiécles à venir, & envifageons la foule

des avantages qui y réfulteront pour les Nations qui auront apporté le plus d'attention & de foins pour accréditer chez elles la force & le courage, le goût de la vertu & l'amour de l'étude, parmi les femmes.

Hommes! fi nos cœurs font encore affez fenfibles pour s'intéreffer au bonheur général de l'humanité, entrons avec une généreufe confiance, avec une volonté conftamment foutenue, dans la voie qui nous eft ouverte, & foyons affurés que nous y trouverons les plus folides moyens de renouveller la face de l'Univers à la plus grande gloire de fon Auteur.

NOTICE

ABREGÉE

DES FEMMES ILLUSTRES.

AVERTISSEMENT.

L'OUVRAGE que nous préfentons ne contient pas, à beaucoup près, les noms de toutes les Femmes de l'Univers qui fe font rendues illuftres par leurs vertus, leur fcience, leurs talens, leur force & leur courage. Nous n'avons pu y placer que celles dont les Hiftoires générales & les grands Dictionnaires ont parlé; mais combien n'y en a-t-il pas eu d'oubliées ? Peut-être, nous-mêmes, combien n'en omettions-nous pas auffi, ne connoiffant pas toutes les fources où nous aurions pu puifer ? Ce premier effor de notre zele, ne doit donc être regardé que comme un fimple effai qui invite tous ceux qui s'intéreffent à la gloire du beau fexe & au bonheur de l'humanité, à fe réunir pour le groffir de la collection des noms de toutes les Femmes qui ont mérité d'être placées dans les faftes publics, & dont les vertus, les talens ou les belles actions, ont échappé aux Hiftoriens. Les Femmes favantes, & celles fur-tout qui font Aggrégées aux Académies actuellement établies chez prefque toutes les Nations policées, peuvent rendre aifément

ce service à leur sexe, & en lui multi-
pliant ainsi d'heureux modeles, l'animer
de plus en plus à secouer les honteux préjugés qui tendent à l'éloigner de l'etude
des sciences, à l'écarter de l'exercice de
tous les talens, de toutes les vertus qui
conduisent à la célébrité. Si l'on veut nous
confier le point de réunion de ce travail,
nous serons en peu de tems en état d'enrichir le Public de l'Ouvrage le plus complet en ce genre qu'il soit possible de former, & qui intéressera également, & sans
distinction particuliere de Nation, toutes
les différentes parties du monde habité.

Nous avons longtems hésité si nous
comprendrions dans cette Notice les
Femmes savantes ou illustres, actuellement vivantes; il nous paroissoit sage,
avant d'y consigner leurs noms, d'attendre qu'elles eussent porté leurs talens
aux différens dégrés de perfection sur lesquels leur célébrité devra être appréciée;
mais des personnes éclairées nous ayant
observé que ce nouveau travail rendoit
cette Notice encore plus intéressante, nous
avons suivi leurs conseils. En consé-
quence, & aidés des secours que Mademoiselle C. D. L. C, connue par les
graces de son génie, & d'heureux succès

dans l'art des vers, a bien voulu nous accorder, nous avons raſſemblé, autant qu'il nous a été poſſible, les noms de toutes les Femmes actuellement vivantes, connues dans la carriere des Lettres & des Beaux-Arts, ou par des talens & des actions diſtinguées. Si nous avons eu le malheur d'en omettre, ou ſi les articles qui les concernent ne ſont point trouvés auſſi étendus qu'ils devroient l'être, nous nous recommandons aux Perſonnes qui voudront bien s'intéreſſer au ſuccès de cet Ouvrage; nous les prions de nous mettre en état de réparer, par un Supplément, ces défauts & ces omiſſions.

Nous n'avons pas cru devoir, à l'exemple du Lexicographe qui a paru après M. l'Abbé Lavocat, refuſer place dans cette légere Notice, aux Femmes qui n'ont exercé leur génie & leurs talens que dans des Ouvrages de fiction. Nous avons également penſé qu'il étoit auſſi injuſte qu'indécent d'avilir leurs productions par des déciſions cauſtiques, ou des plaiſanteries injurieuſes. A-t-on jamais reproché à Homere, à Virgile, au Taſſe, & à tant d'autres hommes célebres qui ont ſuivi leurs traces, les fictions ſur leſ-

quelles leurs plumes se sont exercées, &
qui ont immortalisé leurs Ouvrages &
leurs noms ? Si beaucoup de Femmes se
sont jusqu'ici bornées à ce genre de composition, l'education qu'elles reçoivent
n'en est-elle pas la seule cause ? Admet-
tons-les, comme on le faisoit à Athènes,
dans les écoles de Rhetorique, de Politique, de Philosophie, de Mathématiques, & l'on verra parmi elles des
Femmes éloquentes, d'habiles Politiques, des Philosophes éclairées, de profondes Mathématiciennes. Remontons jusqu'au premier âge de la Littérature Françoise ; que de puérilités ! que d'inepties
y ont coulé sous les plumes de nos premiers Savans ! Cependant en a-t-on moins
consigné leurs noms dans les fastes des
Personnages illustres de la Nation ? C'est
précisément par ces glorieuses distinctions, que l'on a su d'âge en âge allu-
mer dans les cœurs le feu sacré de l'émulation. Pourquoi donc refuserions-nous aujourd'hui la même attention aux Femmes
qui, malgré des préjugés trop aveugle-
ment reçus, ont eu le courage de consacrer leurs plus beaux jours à l'étude des
Belles-Lettres, & d'en soumettre les effets

au jugement du Public? Le plus léger
effort de leur part, doit suffire pour leur
mériter des encouragemens qui, en satis-
faisant leur amour-propre, les excitent
à tâcher, dans les carrieres qu'elles choi-
sissent, de surpasser ceux qui les y ont
devancés. Il n'est pas de plus puissant
moyen de perfectionner le goût, de faire
éclore les talens.

Que l'on ne s'attende pas à rencontrer dans ces Notices les noms de ces
Femmes abominables que leurs crimes,
ou leurs débordemens, ont rendu fa-
meuses. Ces noms ne devroient jamais
paroître dans des fastes publics, que sous
des traits capables d'inspirer la plus
grande horreur; & ce n'est point ici le
lieu de venger la Nature, que ces Femmes
ont outragée.

Les Femmes qui ne se sont rendues recommandables que par leur piété & leurs
austérités, ne trouveront pas non plus
ici leur place : le soin de les faire connoître, ne regarde que ceux qui se trouvent
dignes de transmettre à la postérité la vie
& les actions des Saints.

On trouvera, dans l'Essai que nous
présentons, plusieurs articles de Femmes
savantes & auteurs, dans lesquels nous

n'avons pu indiquer leurs Ouvrages, ni
donner aucune connoissance de leurs sur-
noms, des tems & des lieux où elles vivoient ; nous avons été forcés à ces négligences, par celles qui regnent dans
les sources où il nous a été permis de
puiser. La nouvelle Histoire Littéraire des
Femmes Françoises, est une de celles que
nous avons été le plus à portée de consulter, & il ne nous a pas été possible d'y
trouver de quoi nous rendre plus exacts
dans plusieurs de nos Précis historiques.
Nous ne citerons ici qu'un seul des exemples trop multipliés de ce défaut. Mademoiselle Catelant, de Toulouse, est simplement annoncée comme une fille qui
s'est rendue célebre par son esprit & ses
talens littéraires ; & c'est tout ce que
l'Historien a jugé à propos d'en dire:
elle est cependant la premiere personne
de son sexe qui, dit-on, ait été reçue à
l'Académie des Jeux floraux, & proba-
blement elle n'a mérité cet honneur, que
par des connoissances distinguées qui la
rendroient extrêmement interessante dans
le nombre des modeles que nous cherchons
à présenter à son sexe. Il en est de même
des Femmes qui se sont illustrées par des
actions de force & de courage. Nos His-

toriens, dans leurs récits des sieges mémorables de Marseille & de Sienne, sous Charles-Quint, nous disent bien que les femmes de tous états & de toutes conditions, en partagerent les périls & les travaux ; mais ont-ils pris la peine de nommer celles qui s'y sont le plus distinguées ? Combien de célebres Voyageuses, d'industrieuses Commerçantes? combien d'habiles Cultivatrices, d'Artistes excellentes, dont les noms sont restés dans l'oubli, parce que l'on n'a pas daigné regarder leur force, leur courage, leur industrie, leurs talens, comme intéressans à présenter pour modeles à leur sexe? Nous sentons bien que ces négligences ne pouvoient & ne peuvent s'éviter que par des recherches susceptibles de beaucoup de difficultés, & c'est pour les lever, que nous réclamons le secours de toutes les Personnes en état de nous éclairer, de nous aider à rendre ce travail aussi exact, aussi parfait qu'il peut l'être. Comme nous pourrions aussi, dans les articles de nos Notices, avoir commis quelques erreurs de noms, de faits, ou de dates, nous recevrons avec reconnoissance tous les avis que l'on voudra bien nous en donner.

Si nos vues sont remplies, quelle sera la satisfaction du beau Sexe, lorsqu'il verra les traits multipliés de sa capacité & de son mérite possibles, rassemblés dans un même tableau, & dans bien des genres y disputer aux hommes la gloire qui est attachée à la supériorité des talens & des vertus!

Les Freres ESTIENNE, Libraires à Paris, rue Saint Jacques, recevront tous les nouveaux articles & les corrections que l'on prendra la peine de nous adresser; mais à la condition que le port en sera affranchi. Nous aurons l'attention de faire connoître, si elles le desirent, les Personnes qui auront bien voulu contribuer à la perfection de cet Ouvrage.

NOTICE ABRÉGÉE

DES

FEMMES ILLUSTRES.

A.

ABAN. En 634, Thomas, gendre de l'Empereur Héraclius, & Gouverneur de Damas, faisant la guerre aux Arabes, en rencontra un grand nombre que commandoit Sergiabil, célebre Capitaine de cette Nation. La premiere fleche qui fut tirée du côté de Thomas atteignit Aban, qui combattoit auprès du Général. Aban tomba & expira sur le champ. La nouvelle en fut aussi-tôt portée à sa jeune Épouse, qui n'étoit unie à lui que depuis quelques jours. Au lieu de s'abandonner aux larmes & à une stérile douleur, cette généreuse femme vole à l'instant sur le champ de bataille, le carquois sur l'épaule, & deux fleches dans les mains: de la premiere de ces fleches elle atteint & renverse le Porte-étendart des Chrétiens; de la feconde, elle perce un œil de Thomas qui, couvert de fon fang & fuivi de fa troupe épou-vantée, court, en fuyant, fe renfermer au plus vîte dans les murs de Damas.

ABASSA, fœur de Harun Rafchid, cinquieme Califa de la race des Abaffides, vers la fin du huitieme fiecle, fut une femme d'un grand génie, & célebre dans fa Nation par fon talent pour la Poéfie.

ABOULAINA, fille d'un célebre Docteur Arabe, vivoit au commencement du huitieme fiecle. Sa grande beauté, fon efprit, & fa pro-fonde érudition, lui mériterent les plus grands éloges de fes Contemporains.

ABROTA, femme de Nifus, le dernier des quatre fils d'Egée. Ses talens & les excellentes qualités de fon cœur & de fon efprit, la firent tellement regretter de fon mari, lorfqu'elle mourut, qu'il ordonna aux femmes de Mégare d'obferver toujours dans leur habillement la même forme & la même couleur de celui qu'elle avoit coutume de porter quand elle vivoit; ce qui fut très-long-tems religieufement obfervé.

ABROTELIE, fille d'Abrotele de Tarente, attachée à la fecte de Pythagore, excelloit dans la Philofophie, & eft citée par Jamblique pour avoir été une des plus favantes femmes de fon tems.

ABUSAID, (la femme de) douée des plus grands talens & de la plus haute fageffe, eut très grande part à l'adminiftration du Royaume de Perfe, & s'en acquitta avec tant d'habileté & de fi heureux fuccès, qu'elle devint l'idole de fes Sujets & l'admiration de tout l'Orient. Les Hiftoriens fe réuniffent pour dire que ja-

mais,

mais, depuis le Grand Cyrus, la Perse n'avoit été si sagement gouvernée.

ACARNANIENNES. (les femmes) Dans le cours d'une longue guerre entre les Etoliens & les Acarnaniens, des traîtres livrerent la ville de ces derniers à leurs ennemis. Les habitans surpris se battirent en désespérés, & leurs femmes les animant par leur courageux exemple, tuerent un grand nombre d'Etoliens en lançant sur eux des pierres. Après avoir ainsi résisté long-tems, les hommes épuisés de fatigue & couverts de blessures, furent enfin forcés de se retirer. Alors leurs femmes se rassemblant aussi-tôt auprès d'eux, les couvrirent de leurs corps, les tenant si étroitement embrassés, que leurs féroces vainqueurs ne purent assouvir sur eux leur fureur qu'en commençant par massacrer ces braves & tendres femmes.

ACCIAIVOLI, (Madeleine Salvietti) née à Florence, surpassa en beauté toutes les plus belles femmes de son siecle, & s'occupa toute sa vie de l'étude des Sciences & des Belles-Lettres. Douée d'un talent singulier pour la Poésie, elle composa beaucoup d'Ouvrages en vers, qui furent imprimés à Florence en 1590, en deux volumes in-4°. Cette Savante avoit entrepris un Poëme épique intitulé *David persécuté*; mais sa mort arrivée en 1610, la surprit avant qu'elle eût pu l'achever.

ACCURSIA, fille d'Accurse, savant Glossateur du Droit Romain, née à Bologne, où son pere professoit le Droit, s'adonna à l'étude de la Jurisprudence, & s'y rendit si habile, qu'elle suppléoit son pere, lorsqu'il ne pouvoit donner des leçons publiques.

ACERAUNIA. Cette fille étoit au service

E

d'Agrippine, lorſque Néron, voulant ſe défaire
de cette Princeſſe, imagina de la faire embarquer ſur une galere qui devoit, à la volonté
des miniſtres de ſa cruauté, s'ouvrir en pleine
mer. Ce noir projet manqua, parce que la galere ne s'ouvrit point ; mais, dans l'ébranle-
ment qu'elle ſouffrit, Agrippine tomba dans la
mer. Auſſi-tôt Aceraunia, ſe doutant qu'on en
vouloit aux jours de ſa maîtreſſe, ſe précipite
elle-même dans les flots, & pour donner le
change à l'équipage, crie, en contrefaiſant la
voix d'Agrippine, « Sauvez votre Impératrice ».
A cette voix les Satellites de Néron aſſomment
à l'envi, à coups de rames, la fidelle Aceraunia. Cette généreuſe ruſe ſauva, pour cette fois,
la vie à la trop malheureuſe Agrippine qui,
ayant eu le bonheur d'être ſecourue, ne fut
reconnue que ſur le rivage.

ADA, Reine de Carie, régna onze ans ſur
les Cariens, & les gouverna avec autant d'habileté & de courage que de ſageſſe ; mais ayant
été détrônée par Pexadore ſon frere, & Oron-
dacbate ſon allié, Ada eut recours à Alexandre
qui, dans le cours de ſes conquêtes, paſſoit
bien près de la Carie. Ce jeune Héros, touché
des perſécutions que cette Princeſſe ſouffroit,
s'arrêta pour la venger & la mettre en poſſeſ-
ſion de ſes Etats. L'expédition finie, il lui laiſſa
à ſes ordres deux cens hommes de ſa Cavalerie
& cinq cens Fantaſſins pour achever de contenir les Partiſans de Pexadore.

ADELEIDE, ou ALIX, fille de Raoul, Roi
de Bourgogne, née en 931, fut mariée à l'âge
de ſeize ans à Lothaire, dit le Jeune, Roi
d'Italie. Trois ans après, ce Prince ayant été
empoiſonné, Adéleïdé reſta veuve, n'ayant en-

core que dix-neuf ans. Berenger, profitant de
la circonstance, se fit couronner Roi d'Italie,
& à la tête d'une armée nombreuse, se mit en
devoir d'envahir tous les Etats de Lothaire,
offrant pour tout dédommagement à Adéleïde
la main de son fils. La Princesse refusa cette
alliance & se renferma dans Pavie. Berenger
l'y suivit bien-tôt, assiégea la ville & s'en em-
para. Après avoir accablé l'infortunée Adéleïde
des plus cruels outrages, il la fit enfermer dans
le château de Garde, ne lui laissant qu'une seule
femme pour la servir, & un Prêtre pour lui dire
la messe. Le Ciel fut touché de tant de cruautés :
Adéleïde trouva le moyen de s'évader de sa
prison. Après avoir erré pendant plusieurs jours,
ne marchant que de nuit, de peur de retomber
dans les mains de son persécuteur, elle fut enfin
rencontrée par un détachement de l'armée
d'Othon, Roi d'Allemagne, & conduite à Ca-
nose, où il étoit alors. Elle-fut présentée à ce
Prince, & dès qu'il la vit, épris de ses charmes, il n'eut plus de repos qu'il ne l'eût épou-
sée. Sa passion, quoique si subite, l'avoit heureusement servi. Il trouva dans cette épouse des
talens supérieurs, une sagesse & une prudence
qui lui acquirent en peu de tems la confiance
& l'admiration de tous ceux qui avoient quelques intérêts à démêler avec lui. Othon étant
mort, Adéleïde gouverna seule l'Allemagne
pendant la minorité de son fils Othon II ; mais
dès qu'il fut marié, sa femme, d'un caractere
hautain, & avide de gouverner son mari, força
sa belle-mere de quitter l'Allemagne & de se
retirer en Bourgogne. Cette nouvelle persécution ne fit que changer le théâtre où cette Princesse devoit faire briller ses vertus. Les Bour-

guignons en reffentirent les effets. Othon &
Théophanie fa femme étant morts, Adéleïde fut
auffi-tôt rappellée en Allemagne par Othon III,
fon petit-fils, qui voulut apprendre d'elle feule
l'art de régner. Elle fe rendit à fes defirs, &
n'oublia rien pour former ce jeune Prince, &
lui faire mériter l'eftime & la confiance de
fes Peuples. Elle finit fes jours dans ce glorieux exercice le 16 Décembre 999, âgée d'environ foixante-neuf ans, & fes grandes vertus
l'ont placée au nombre des faintes femmes.

AGALIS, *ou* ANAGALIS, femme de l'Ifle de
Corfou. D'anciens auteurs parlent avec grands
éloges de fon favoir. Elle poffédoit fupérieurement la Rhétorique, & donnoit publiquement des
leçons de Grammaire. On affure même qu'elle
avoit compofé plufieurs Traités fur cette fcience.

AGGRIPPINE, femme de Germanicus, &
fille de M. Vipinius Agrippa, & de Julie
petite fille d'Augufte, fut célebre par un courage que rien ne pouvoit rebuter, & eut la
premiere vertu de fon fexe, celle de ne manquer jamais à la fidélité qu'elle devoit à fon
mari. L'ayant accompagné en Allemagne &
en Syrie, on l'y vit fouvent aider Germanicus
dans le commandement de l'armée. Il lui arriva
plus d'une fois d'accoucher au milieu des camps.
Germanicus étant mort en Syrie, & Pifon foup-
çonné de l'avoir empoifonné, Aggrippine le
pourfuivit avec tant de force & de conftance,
qu'elle le réduifit à fe donner lui-même la mort.
Tibère, ami de Pifon, & jaloux d'ailleurs des
grandes qualités & du crédit de cette illuftre
femme, la perfécuta fi cruellement que, s'a-
bandonnant à fon chagrin, elle fe laiffa mourir
de faim, l'an 35 de l'ere Chrétienne.

AGGRIPPINE, fille de la précédente, & femme d'une ambition démesurée, se rendit célebre par sa beauté, son esprit, & l'étendue de ses connoissances. Pendant la minorité de Néron, son fils, elle gouverna l'Empire Romain avec des talens extraordinaires, traitant elle-même avec les Etrangers, ou leurs Ambassadeurs, les affaires les plus compliquées & les plus difficiles. Toutes ses dépêches, ou pour l'intérieur de l'Empire, ou pour les dehors, étoient écrites de sa main, ou sous sa dictée. On l'a accusée d'avoir souillé de si grandes qualités par de grands crimes; mais il semble permis de douter qu'elle ait été réellement coupable de tous ceux qu'on lui impute. On ne peut voir sans indignation, au rang de ses accusateurs, Séneque & Burrhus, qu'elle avoit elle-même choisis & attachés auprès de son fils pour répandre sur sa jeunesse les semences des plus hautes vertus. Ce même fils, ce monstre de cruauté, poussa l'atrocité jusqu'à la faire publiquement assassiner l'an 59 de J. C. Lorsque cette infortunée Princesse vit arriver ses assassins, elle s'adressa au Centurion qui les commandoit, & se découvrant la poitrine, lui dit avec la plus grande intrépidité : « Frappes d'abord ce malheureux sein, puisque c'est lui qui a porté le premier le monstre que tu sers ». Cette Princesse avoit écrit les Mémoires de sa vie, où Tacite convient qu'il a puisé plusieurs traits intéressans de ses Annales.

AGLAONICE, *ou* AGANICE, fille de Hégetor, Seigneur Thessalien, étoit très-savante dans la connoissance du mouvement des astres. On dit qu'elle prenoit plaisir à faire accroire aux femmes de son pays, en leur annonçant d'avance les éclipfes du Soleil, ou de la Lune, qu'elle faifoit, à fa volonté, difparoître & reparoître ces aftres.

AGLASIE, Dame Gauloife, connue par les éloges que Saint Jérôme en a faits. Il la mettoit au nombre des plus favantes femmes de fon tems.

AGNÈS, fille de l'Empereur Albert I, & femme d'André, Roi de Hongrie, fe diftingua dans le treizieme fiecle, par fon efprit & les heureux fuccès de fon habile politique. Elle fur, à travers les circonftances & les événemens les plus difficiles, ménager auprès des Suiffes les intérêts de fon pere & de fon frere.

AGNODICE, jeune fille d'Athènes, née avec un goût décidé pour apprendre la Médecine, ne put le fatisfaire qu'en déguifant fon fexe fous un habit d'homme qui lui donnoit une libre entrée dans les écoles. Ainfi traveftie, elle fuivit les leçons d'Hiérophile, favant Médecin, & fe fit bientôt une grande réputation par fa fcience, fur-tout dans la partie des accouchemens. Les Médecins qui, jufques-là, l'avoient feuls exercée, jaloux du talent fupérieur qui les éclipfoit, accuferent Agnodice, devant l'Aréopage, d'abufer de fon art pour corrompre les femmes qui l'appelloient. Agnodice, pour toute réponfe, déclara fon fexe. Les Juges, inftruits de fa célébrité, & follicités d'ailleurs par une foule de femmes qui toutes atteftoient les heureux fecours qu'elles en avoient reçus, déciderent unanimement qu'il feroit permis aux femmes de s'appliquer à l'étude de cette profeffion & de l'exercer.

AGONNA, Royaume fitué fur la côte occidentale de l'Afrique. Bofman, célebre Voyageur, rapporte que fur la fin du fiecle dernier, ce Royaume étoit gouverné par une femme, & que cette Princeffe avoit l'ame noble & grande, beaucoup de courage & de conduite.

AGREDA, (Marie Coronel, dite d') Fondatrice de l'Inftitut de l'Immaculée Conception, fut beaucoup célébrée dans le dix-feptieme fiecle pour fon efprit, fon érudition & la fécondité de fon imagination; mais, mal dirigée fans doute, elle employa fes talens à fe rendre ridicule, par des vifions, des fables, & des rêveries qu'elle s'avifa d'écrire, & qui malheureufement furent publiées par un Pere Crozet, Récollet.

AGRIA. (Les Femmes d') En 1552, la ville d'Agria fut affiégée par une armée de 60000 Turcs. La garnifon & les habitans réunis leur oppoferent la plus vigoureufe réfiftance. Les femmes, fur-tout, firent éclater leur courage dans ce fiege meurtrier. Une d'elles voyant tomber fon mari mourant de fes bleffures, court ramaffer fon épée & fon bouclier, fe précipite avec la fureur du défefpoir dans la mêlée, & de fa main tue fucceffivement trois Turcs.

AISCHAH, fille d'Abubecre, la troifieme des femmes que Mahomet époufa, furvécut long-tems à ce célebre Enthoufiafte, & conferva après fa mort beaucoup d'autorité fur les Mufulmans, qui la regardoient comme une grande Prophéteffe. Des difputes de religion entre elle, Ofman & Ali, la conduifirent à une guerre ouverte avec le dernier. A la tête de 30000 hommes qu'elle commandoit en perfonne, elle lui livra une bataille; mais le fuccès ne répondit pas au courage qu'on l'y vit déployer.

ALBE ROYALE. (Les Femmes d') En
1543, cette ville ayant été affiégée par les
Turcs, les femmes de toute condition s'unirent
à la garnifon pour repouffer les ennemis, &
firent pendant tout ce fiege paroître le plus
grand courage, difputant fouvent aux hommes
les actions les plus périlleufes. Une d'entre
elles, montée fur une breche qu'elle aidoit à
défendre, abattit, avec une faulx dont elle
étoit armée, les têtes de plufieurs Turcs.

ALBERINI, (Rodiana d'Egli) née à Parme
vers le commencement du feizieme fiecle, s'acquit
beaucoup de réputation par fes Poéfies en langue
Italienne, & joignoit à fes talens littéraires
une conduite & des mœurs irréprochables.

ALBINE, Dame Romaine du quatrieme fiecle. Saint Jérôme l'a beaucoup exaltée pour
fa grande érudition, & il la confultoit fur fes
propres ouvrages avant de les rendre publics.

ALBRET, (Charlotte d') Duchefle de Valentinois, orna le quinzieme fiecle par fa beauté,
fon efprit & fes vertus; mariée à Céfar Borgia,
elle n'eut jamais aucune part à la conduite &
aux défordres de fon mari; mais fenfiblement
touchée de fes malheurs, elle en marqua fes
regrets tant qu'elle vécut.

ALCESTES, fille de Pélias & femme d'Admetes, Roi de Theffalie. Admetes fe trouvant
attaqué d'une maladie dangereufe, Alceftes alla-
mée, confulta l'Oracle pour favoir quel en feroit l'événement; il répondit qu'Admetes mour-
roit, à moins que quelqu'un de fes amis ne
voulût fe facrifier pour lui. Alceftes attendit
envain qu'il fe préfentât quelque ferviteur affez
généreux pour faire le facrifice de fa vie; mais
voyant que la maladie empiroit toujours & que

personne ne se présentoit pour remplir l'Oracle, elle se dévoua elle-même, & se donna la mort pour sauver les jours de son époux. Les Poëtes, dans tous les tems, se sont attachés à célébrer ce rare exemple de la force de l'amour conjugal.

ALDOVRANDI, (Lavinie) d'une illustre famille de Bologne, se rendit célebre dans le seizieme siecle, par son talent pour la Poésie en langue Italienne.

ALDRUDE, Comtesse de Bertinoro, dans la Romagne. La ville d'Ancone, assiégée par l'Empereur Frédéric I. & les Vénitiens, & réduite aux dernieres extrèmités, implora le secours d'Aldrude, qui se mit aussi-tôt à la tête de ses troupes, &, autant par la prudence & la sagesse de ses dispositions, que par sa propre valeur, fit lever le siege après avoir en différentes occasions battu les troupes qui le formoient.

ALESSANDRI, (Marie Buonaccorsi) née à Florence, & de l'Académie des Arcades de Rome, où elle étoit surnommée Leucrede Ioniae, a été un des ornemens du dix-huitieme siecle, par sa grande érudition & l'élégance de ses Poésies en langue Italienne.

ALEXANDRA. Il y a eu chez les Juifs cinq Reines de ce nom, qui toutes se sont illustrées par leurs actions & de grands talens pour le Gouvernement.

ALFARO. (Les Femmes d') En 1379, la garnison d'Alfaro, ville d'Espagne, ayant quitté les murs de cette ville au moment où les Anglois, qui l'assiégeoient, alloient y livrer un assaut, les femmes s'armerent, coururent remplacer les hommes, soutinrent l'assaut avec intrépidité, repousserent les assaillans, & par une fuite d'actions héroïques, firent lever le fiege.

ALGASIE & HEDIBIE, Dames Gauloifes des environs de Cahors, très-ftudieufes & très-favantes, étoient en relation avec Saint Jérôme; elles lui envoyerent un Exprès jufqu'à Béthléem, où elles le favoient alors, pour avoir fon avis fur plufieurs paffages de l'Ecriture fainte, qu'elles étudioient.

ALISSANT DE LA TOUR : (   ) deux Epîtres adreffées par cette Dame, l'une au fieur Jélyotte, l'autre à la Demoifelle Dumefnil, ont rendu public . fon heureux talent dans l'art des vers.

ALIX DE CHAMPAGNE, Reine de France, troifieme femme de Louis le Jeune, aux avantages d'un efprit vif, brillant & foigneufement cultivé, réuniffoit ceux d'une beauté parfaite & d'une vertu folide. Son goût pour la Poéfie l'avoit rendue l'objet de l'admiration & des éloges des plus favans hommes de fon fiecle. Louis VII. ayant perdu en 1160 Conftance de Caftille, fa feconde femme, fut bientôt frappé de tout ce que la renommée publioit des belles qualités d'Alix : il la demanda en mariage & l'obtint. De cette union naquit Philippes, qui mérita depuis à tant de titres le furnom d'Augufte. Alix entreprit elle-même l'éducation de ce fils, & c'eft à fes feuls talens que la France eft redevable d'un des plus grands Monarques qui l'aient gouvernée. Louis étant mort le 18 Septembre 1180, Alix fut déclarée Régente jufqu'à la majorité de Philippes, & foutint le fardeau du Gouvernement à la fatisfaction de tous fes Peuples. Philippes entreprit en 1190 le voyage de la Terre-Sainte ; il n'héfita pas de charger fa mere de la Régence du Royaume,

& lui confia même encore la tutelle & l'éducation de fon fils. Alix mit le comble à fa gloire dans ce nouvel exercice de fes talens fupérieurs, & Rome même, avec qui elle eut de vives querelles à foutenir, fut forcée de rendre hommage à la courageufe fermeté avec laquelle cette habile Régente foutint les droits de la Couronne de fon fils. Au retour de Philippes, Alix dégagée des foins de l'adminiftration publique, ne s'occupa plus que de fon goût pour les Lettres, & mourut en 1206, emportant au tombeau les regrets de tous les François.

ALMUCS, (Domna) Dame Provençale, l'un des plus beaux génies de fon tems, fe diftingua fur-tout par fon talent pour la Poéfie: elle étoit amie d'Ifée de Capion, qui couroit avec fuccès la même carriere.

ALOARA, Princeffe de Capoue, après la mort de Pandulf fon époux, gouverna cette Principauté avec de rares talens & beaucoup de fageffe, & dans plufieurs occafions fit voir qu'elle étoit également fpirituelle & courageufe.

ALPHAISULI, (Maria) née à Séville, paffoit dans fon tems, en Efpagne, pour la Sapho de la Poéfie Arabe, & on trouve en manufcrits dans la Bibliotheque de l'Efcurial, d'excellens ouvrages de fa compofition. Plufieurs femmes Efpagnoles, fes contemporaines, & fur-tout dans la Province d'Andaloufie, cultivoient les Mufes avec fuccès.

ALTOUVITIS, (Marfeille) originaire de Florence & née à Marfeille dont elle joignoit le nom à celui de fa famille, parce qu'elle avoit été tenue fur les fonts de Baptême au nom de cette ville, fe diftingua dans le feizieme fiecle par fon favoir, & mérita d'être placée parmi

les Femmes Illuftres de la France. Elle mourut
à Marfeille en 1606 ; Pierre de Saint-Romuald
compofa fon épitaphe.

AMAGE, Reine des Sarmates, voyant Mé-
dofac fon mari plongé dans la débauche & incapable de vaquer à l'adminiftration de fes Etats,
prit elle-même en mains les rênes du Gouvernement, & les mania avec la plus heureufe
dextérité. Aucune affaire ne fe traitoit que fous
fes yeux, & lorfqu'il s'agiffoit de foutenir une
guerre, ou de fecourir fes Alliés, on la voyoit
toujours à la tête de fes armées. Ses belles actions lui firent une grande réputation chez tous
fes voifins. Les Peuples de la Cherfonèze Tau-
rique, cruellement perfécutés & opprimés par
un Prince voifin, fe mirent fous la protection
d'Amage, & implorerent fon fecours. Amage,
après avoir vainement follicité ce Prince de
ceffer fes injuftes violences, donne fes ordres
pour fe faire fuivre par un corps de troupes,
choifit 120 hommes feulement des plus courageux, & à leur tête fait une marche forcée pour
aller furprendre le tyran. Sa grande diligence
lui réuffit : elle arrive dans la ville capitale de
fon ennemi, pénetre dans l'intérieur de fon
palais, après en avoir fait paffer la garde au fil
de l'épée, & fait de fuite égorger le Prince &
tous les Courtifans qui l'environnoient. Au bruit
de cette fanglante exécution, le Peuple croyant
qu'elle n'étoit que le prélude d'une invafion
générale, s'empreffe de venir fe foumettre à
Amage ; mais cette généreufe héroïne, contente
du fuccès de fa vengeance contre leur Roi, qui
étoit feul coupable, abandonna le pays aux
Peuples qui l'avoient appellée, pour les dédommager de tout ce qu'ils avoient fouffert, & leur

impofa cependant la condition de reconnoître pour leur Roi le fils de celui qu'elle venoit d'exterminer ; elle recommanda en même tems à ce jeune Prince de gouverner fes fujets avec juftice, de refpecter fes voifins, & de ne jamais perdre le fouvenir du fort que fon pere venoit de fubir, & des forfaits qui le lui avoient mérité.

AMALASONTE, fille de Théodoric, Roi des Goths. Les Hiftoriens la repréfentent comme une Princeffe de beaucoup d'efprit, & qui favoit à fond les langues Grecque & Latine. Athalaric fon fils, ayant fuccédé encore enfant au célebre Théodoric fon grand-pere, Amalafonte, pendant la minorité de ce jeune Prince, tint en qualité de Régente les rênes de l'Empire & le gouverna en grand Roi. Capable des affaires les plus difficiles, auffi digne d'amour que de refpect, tous fes Peuples, pendant fa Régence, crurent voir revivre en elle le Grand Théodoric. Les embarras du Gouvernement ne l'empêcherent cependant pas de prendre elle-même un foin particulier de l'éducation de fon fils. On lui entendit fouvent répéter que « ce » qui diftinguoit les Nations policées des Bar- » bares, c'étoit l'eftime des Lettres & de ceux » qui les cultivent & les enfeignent ». Cette illuftre Princeffe ayant perdu fon fils, périt d'une mort tragique en 534, par l'atroce perfidie de Théodat, qu'elle avoit élevé fur le trône.

AMALFI, (Dona Conftance d'Avalos, Ducheffe d') illuftre par fa naiffance, fut célébrée par les plus favans hommes de fon tems. Douée d'un génie fupérieur, les fciences n'eurent pour elle rien d'abftrait & de difficile, & elle les pénétra toutes avec la plus grande facilité. La

Poéfie lyrique, en langue Italienne, faifoit fon amufement le plus ordinaire, & elle compofa dans ce genre avec tant de fuccès, qu'on l'a placée au rang des meilleurs Poëtes de l'Italie. Cette Dame floriffoit à Naples vers le milieu du feizieme fiecle.

AMASTRIS, niece du dernier Darius, commanda feule dans Héraclée & toute la Province qui en dépendoit, & mérita l'admiration de fcn fiecle par fon efprit, fa grande habileté, & les talens fupérieurs avec lefquels elle gouverna fes Peuples.

AMAZONNES. Tout ce que l'on a dit de ces femmes auffi fingulieres que guerrieres, eft fi incertain, qu'il faut fans doute fe borner à croire que, fous ce nom, les Hiftoriens ont voulu parler des femmes de la Scythie, qui étoient très-belliqueufes, & fe font long-tems diftinguées dans les combats par leur force & leur bravoure. N'avons-nous pas encore des exemples auffi avérés que multipliés de Peuples chez qui les femmes ne le cedent en rien pour la force & la vaillance? Chez certains Tartares Orientaux, appellés Solons, les femmes montent à cheval, tirent de l'arc auffi adroitement que les hommes, & accompagnent leurs maris à la pourfuite des bêtes fauvages. Ces chaffes durent trois mois, pendant lefquels ces femmes vivent dans les forêts ou fur les montagnes, expofées aux froids les plus rigoureux, & fouvent en danger d'être dévorées par les bêtes féroces. Rien n'eft capable de décourager ces femmes intrépides, ni les glaces, ni les débordemens des rivieres, ni toutes les peines & les fatigues d'une vie errante & miférable. Chez d'autres Tartares, appellés Usbecks, les femmes partagent avec les hommes le courage & les exercices militaires. Elles vont à la guerre avec leurs maris, & n'en redoutent ni les dangers ni les travaux. Elles font cependant communément très-bienfaites, & ne manquent d'aucun des agrémens qui font de l'appanage de leur fexe. On en voit même qui pafferoient pour des beautés parfaites dans tous les pays du monde. Chez les Iroquois, Peuples du Canada, les femmes préfident concurremment avec les hommes aux Confeils nationaux, vont à la guerre, & le difputent en fait de courage aux plus intrépides guerriers. La fage politique de ces peuples, accorde des titres d'honneur & même des privileges à celles qui fe font diftinguées par de belles actions, & elles font en fi grande confidération, qu'elles ont le droit de délivrer quand il leur plaît un criminel ou un prifonnier. Ces braves femmes ne négligent cependant aucune des occupations du ménage domeftique. Quand leurs maris s'abfentent pour aller faire leurs chaffes, elles cultivent leurs champs, & fuffifent feules à tous les détails de l'agriculture. Cette vie dure fait qu'elles accouchent fans douleur. Dès le troifieme jour de leurs couches, elles portent elles-mêmes leurs enfans à la riviere pour les laver. Un Miffionnaire qui a long-tems vécu chez ces Peuples, affure y en avoir vu une accoucher au bord d'un ruiffeau, s'y baigner, y plonger fon enfant, & s'en retourner chez elle, portant le nouveau né fur un bras, & de l'autre un feau d'eau. Au rapport de célebres Voyageurs, dans le Royaume d'Agouna, fitué en Guinée fur la Côte-d'Or, la Couronne ne peut être portée que par une femme. Ces Souveraines commandent elles-mêmes leurs armées, nomment feules à tous les emplois militaires & civiles, & jouiffent en un mot de tous les droits de l'autorité la plus defpotique. Un tel ufage ne peut venir fans doute que de la bonne opinion que les femmes ont toujours donnée de leurs talens pour le Gouvernement.

AMBRA, (Elifabeth Girolami) née à Florence vers le commencement de ce fiecle, a excellé dans la Poéfie Italienne. La beauté & la correction de fes ouvrages, lui mériterent les fuffrages de l'Académie des Arcades de Rome, qui fe l'aggrégea & la furnomma *Idalba Corinetta.*

AMELOT. (Madame la Préfidente) M. de Vertron, qui étoit contemporain de cette Dame, a fait l'éloge de fon profond favoir, & dit que perfonne n'étoit plus capable qu'elle de juger des ouvrages d'efprit.

AMESSIS, fœur d'Amenophis I, après la mort de fon frere, gouverna feule toute l'Egypte pendant vingt-un ans, avec une fageffe & une capacité qui lui mériterent les plus grands éloges, & la rendirent l'ornement de fon fiecle.

AMMANNATI, (Laure Battifferi) fille d'un célebre Sculpteur du même nom, née à Florence en 1513, confacra toute fa vie à l'étude de la Philofophie & des Belles-Lettres, & s'adonna fur-tout à la Poéfie Italienne avec tant de fuccès, qu'Annibal Caro & Bernard Taffo n'héfitent pas de la placer au rang des plus grands Poëtes de l'Italie. L'Académie des Intronati de Sienne fe fit honneur de fe l'aggréger. Le fameux Peintre Allemand Ans-Daken, paffant par Florence, voulut abfolument tirer le portrait de cette illuftre femme , pour le porter à Cologne, fa Patrie , & y faire connoitre , difoit-il , le plus bel ornement de toute l'Italie. Cette Savante termina fa carriere en 1589, & emporta dans le tombeau les plus vifs regrets de toute la Cour de Tofcane, dont elle avoit, par la beauté de fon génie, fait les délices.

AMORETTI, (la Signora Maria Pellegrina) née à Oneglia, fur le Lac-Majeur. Le 25 Juin 1777, l'Univerfité de Pavie conféra à cette Demoifelle le Bonnet de Docteur en Droit Civil & Canon : la cérémonie fe fit , à la réquifition de la Cour de Tofcane, dans l'Eglife *del Giefu*, & aux frais de l'Univerfité. La Signora Amoretti foutint fa Thefe avec un éclat furprenant & l'éloquence la plus noble : elle fut enfuite décorée publiquement d'une *becca* (devife) , fur laquelle étoit écrit en caracteres brodés en or, *Academia Ticinenfis dat lubens merito, objuris fcientiam.* Le Cardinal Durini, le Comte Firmian, le Confulteur Picci, quantité d'autres Perfonnes de diftinction, & en général une foule prodigieufe d'Etrangers , affifterent à ce fpectacle intéreffant. La Thefe étoit dédiée à l'Archiducheffe Gouvernante, qui ne manqua pas de faire briller dans cette occafion fa généreufe bienfaifance , par le préfent dont elle fit gratifier la Récipiendaire. Cet événement étoit de nature à faire prendre un effor général aux Mufes ; auffi Modene , Milan , Pavie, & plufieurs autres villes d'Italie, ont-elles été inondées d'un déluge de vers en l'honneur de l'illuftre favante Amoretti.

AMPHILIE , fille d'Ariston & femme du fils de Jamblique, profeffa la Philofophie Platoni-

cienne. Porphire fait l'éloge de la science de
cette femme.

ANACOANA, Reine de Magana, dans l'Isle
Espagnole, femme d'un génie beaucoup au-
dessus de son sexe & de sa nation, vivoit dans
le seizieme siecle. Cette Princesse avoit conçu
de l'affection pour les Espagnols, & contribué
beaucoup à leur établissement dans son pays,
par son autorité, ses forces & ses conseils ; mais
elle devint bientôt la victime de leur insatiable
cupidité. Les Espagnols, après l'avoir surprise
par une lâche trahison, firent main basse sur ses
sujets, & massacrerent tout ce qui ne put leur
échapper par la fuite. Ayant rassemblé dans une
maison tous les Nobles qu'ils purent saisir, ils
les firent périr dans les flammes, & pour finir
une si abominable tragédie, ils suspendirent l'infortunée Anacoana à un gibet, où elle expira,
après avoir subi toutes les horreurs de ce cruel
traitement avec la fermeté la plus héroïque.

ANCHITÉE, femme de Cléombrote, Roi de
Sparte, s'illustra par la juste sévérité qu'elle
exerça contre Pausanias son fils, qui, par une
infâme trahison, avoit voulu livrer Sparte à
Xerxès. Les Ephores l'ayant condamné à la
mort, il courut se réfugier dans le temple de
Minerve, qui étoit un azyle inviolable ; mais
Anchitée en fit elle-même murer toutes les
portes, & réduisit ainsi son indigne fils à y
mourir de faim.

ANDRÉE MILANTIA, femme du savant Ca-
noniste Jean André, est connue pour une femme
savante, par les éloges qu'en a faits son mari
en plusieurs endroits de ses ouvrages, où il
avoue que c'est d'elle qu'il a appris beaucoup

de chofes fur les différentes matieres qu'il a
traitées.

ANDRÉINI, (Ifabelle,) native de Padoue,
étoit d'une grande beauté, excellente Actrice,
chantoit bien, & jouoit fupérieurement de plufieurs inftrumens. A tant d'heureufes qualités,
elle joignoit un talent fingulier pour la Poéfie,
qui la fit aggréger à l'Académie des Intenti de
Padoue, fous le nom d'Actefa. L'on a de cette
illuftre femme, des Lettres, des Sonnets, des
Madrigaux, & une Paftorale intitulée *Myrtile.*
Elle mourut à Lyon en 1604, âgée de quarante-
deux ans. Son mari célébra fa vertu & fes talens, dans une épitaphe qu'il fit graver fur fa
tombe.

ANDROCHIE & ACIS, filles d'Antipènes,
de Thèbes, fe dévouerent volontairement à la
mort pour le falut de leur Patrie. Dans une
guerre des Thébains contre les Orchomeniens,
l'Oracle confulté fur le fuccès, répondit que
la victoire feroit pour la ville dont le plus noble
Citoyen voudroit fe facrifier pour fa Patrie.
C'étoit précifément fur Antipènes que cet Oracle tomboit, pour Thèbes ; mais n'ayant pas eu
le courage de s'y foumettre, fes filles eurent
celui de fe facrifier à fa place.

ANGELIQUE ARNAUD, Abbeffe de Port
Royal des Champs, a paffé pour un prodige de
vertu, d'efprit & d'érudition. A dix-fept ans
elle entreprit de mettre la réforme dans fon
Abbaye, & y réuffit. Elle finit fa carriere en
1661, univerfellement regrettée. Cinq de fes
fœurs, toutes filles d'un grand mérite, étoient
Religieufes dans la même Abbaye.

ANGELUCIE & fa Sœur, Religieufes de
l'Abbaye de Fontevrault, furent connues dans

le douzieme siecle par leur érudition. Il ne reste de leurs ouvrages que la Vie de l'aînée, écrite par la cadette.

ANGUISCIOLA, (Sophonisbe, Lucie, & Europe) natives de Crémone, toutes trois éleves de Jules Campo, & célebres par leurs talens pour la Peinture. Sophonisbe, sur-tout, excelloit pour le portrait. Philippes II, Roi d'Espagne, l'attira à sa Cour, & pour l'y fixer, lui donna un rang parmi les Dames du Palais de la Reine son épouse.

ANICIA, (Proba Falconia) femme d'Anicius Probus, Préfet du Prétoir, & Consul Romain en 371 de J. C, étoit, au rapport de Saint Jérôme, une des plus spirituelles & des plus savantes femmes de son tems. De divers fragmens des vers de Virgile, elle avoit composé une Vie entiere de J. C. Elle eut trois fils, qui tous trois furent Consuls.

ANNE, Reine d'Angleterre, fille de Jacques II ; quoique née de pere & mere Catholiques, fut élevée dans la Religion Protestante. Les Anglois l'appellerent au Trône après la mort de Guillaume, & elle s'en montra digne par les talens supérieurs avec lesquels elle en soutint la gloire. Anne se distingua sur-tout par une bonté de caractere qui lui mérita l'amour & la vénération de tous ses sujets. La mort l'enleva en 1714, quoiqu'elle ne fût encore âgée que de quarante-neuf ans.

ANNE COMMÈNE, fille d'Alexis, illustre par son esprit & son profond savoir, écrivit l'histoire du regne de son pere, où l'on trouve toutes les richesses de la langue Grecque réunies à une composition également correcte & aisée.

ANNE DE BRETAGNE, femme en premieres nocces de Charles VII, & en secondes de Louis XII, fut célébrée pour sa piété, sa sagesse, sa grandeur d'ame, son esprit & sa beauté. Pendant les longues absences de Charles VII, elle gouverna le Royaume avec les plus grands applaudissemens, & fut par les habiles ressources de son génie, l'empêcher de se ressentir des fâcheuses suites qu'eurent les entreprises de ce Prince. Elle finit ses jours au château de Blois en 1514, universellement regrettée. Louis XII. aimoit peu à donner, dans la crainte de fouler son Peuple. Anne sacrifioit jusqu'à ses pierreries & ses bijoux, pour récompenser la valeur, le mérite & la science. Son exemple avoit rendu la sagesse & la modestie, des vertus nécessaires pour paroitre à sa Cour.

ANNE DE CHYPRE, Duchesse de Savoie, étoit une des plus belles femmes de son siecle; mais son esprit, son savoir & ses grands talens pour le Gouvernement, la rendoient encore plus célebre que sa beauté. Louis, son mari, avoit une si bonne opinion de son jugement & de sa prudence, que jamais il n'entreprenoit & n'ordonnoit rien qu'il ne l'eût consultée.

ANNE DE FERRARE, Duchesse de Guise & de Nemours, fille d'Hercule II, Duc de Ferrare, & de Renée de France, fille cadette de Louis XII, se fit admirer dans son siecle par sa beauté, son esprit, & l'étendue de ses connoissances. Lorsque le Duc de Guise, son mari, eut été assassiné par Poltrot, elle se livra aux sentimens de sa vengeance, qui l'engagerent dans les intrigues de la Ligue, à laquelle elle eut une très-grande part.

ANNE DE FRANCE, Dame de Beaujeu, fille

de Louis XI. & de Charlotte de Savoie, l'une
des plus spirituelles & des plus courageuses
femmes de son siecle. Louis XI, qui connoissoit
ses grandes qualités, l'institua par son testament, Régente du Royaume pendant la minorité de Charles VIII. Cette préférence ayant
soulevé les Grands, donna lieu à une guerre
civile, dans laquelle Anne, à la tête d'une armée, remporta une victoire complette sur les
mécontens. Elle gouverna depuis, jusqu'à la
majorité de son frere, avec la sagesse la plus rare
& l'habileté la plus consommée. Elle mourut
en 1522, âgée de soixante ans.

ANNE DE LORRAINE, Dame d'Honneur
de la Reine de Portugal, actuellement Doua-
riere, possédoit toutes les langues savantes, excelloit dans presque toutes les sciences, & joignoit à ces précieux avantages le goût le plus
éclairé pour tous les beaux arts. Elle peignoit
sur-tout dans une perfection qui auroit fait la
fortune d'un Artiste & rendu son nom à jamais
célebre. Cette illustre femme mourut à Lisbonne
le.... âgée de.. ...

ANNE DE ROHAN, jouit dans le dix-septieme
siecle d'une très-grande célébrité pour son esprit & son érudition : elle étoit en commerce
de lettres avec Mademoiselle Schurmann, M. Rivet, & plusieurs des plus savans hommes de
son tems.

ANNE IWANOWNA, Impératrice de toutes
les Russies, fut appellée au Trône en 1730,
après la mort de Pierre Alexiowitz II, son neveu. Elle gouverna seule ses vastes Etats avec
une sagesse & une habileté qui lui mériterent
de la part de ses Peuples les plus justes éloges.
Une mort prématurée l'enleva le 28 Octobre

740, âgée de quarante-sept ans , regrettée de oute la Russie.

ANNE MARIE MARTINOZZI , Princesse de Conti ,niece du Cardinal de Mazarin , joignit aux ares avantages d'un esprit cultivé , l'éclat des lus solides vertus. Devenue veuve à vingt-euf ans , elle consacra à l'étude des sciences le este de ses jours. Cette Princesse mourut à Paris le 4 Fevrier 1672 , âgée de trente-cinq ans.

ANNE MAURICE D'AUTRICHE , Reine de France , femme de Louis XIII , gouverna le oyaume pendant la minorité de son fils Louis XIV, & sut triompher par son esprit , ses talens, & l'élévation de son ame , des violens orages u'éleverent contre l'autorité royale plusieurs arlemens , & la jalouse ambition des Princes & des Grands du Royaume. Plus d'une fois , ans cette épineuse carriere , on la vit réduite à edresser elle-même , par les seules ressources e son courage , les bévues multipliées du Car-inal Mazarin , en qui elle avoit mis sa plus rande confiance. C'est à elle que la Cour de France doit le goût & la politesse , qui commen-erent , avec le regne de Louis XIV, à la distin-uer de toutes les autres. La France perdit cette élebre Princesse en 1666 , âgée de soixante-uatre ans.

ANTIGUA , (Marie della) Religieuse Espa-nole , vivoit au commencement du dix-septie-ne siecle. Quoiqu'elle n'eût jamais étudié les elles-Lettres , elle avoit naturellement le talent e la composition , & écrivoit avec une facilité merveilleuse. L'on a de cette savante Recluse n grand nombre d'ouvrages sur différens sujets.

ANTONIA , fille de Marc Antoine & d'Oc-avie , & femme de Drusus frere de Tibere ,

fut un modele accompli de toutes les vertus
& se distingua par la solidité de son jugemem
& l'éclat de ses belles connoissances. Quoique
fort jeune, lorsqu'elle perdit son mari, on ne
put jamais la déterminer à de secondes noces.
Tibere & Caligula la consultoient dans les plus
importantes affaires de l'Empire ; mais ce dernier s'étant livré à tous les désordres qui on
rendu son nom exécrable, conçut une haine
vive contre cette vertueuse femme, & la trait
avec tant de cruauté, qu'excédée de ses perse
cutions, elle mourut de déplaisir l'an 38 de J. C

ANTONINE, femme de Bélisaire, célèbre
Capitaine, & ami favori de l'Empereur Justinien, sut par son esprit & des talens supérieurs,
s'élever à la plus haute faveur auprès de l'Impératrice Théodora, & contribua, autant par
ses conseils que par la souplesse de son génie,
à la fortune de son mari.

ANTREMONT, (Madame la Marquise d')
actuellement en secondes noces Madame Bour-
die, est auteur de nombre de pieces fugitives de
Poésies, pleines d'esprit & de graces. En se
remariant, elle a fait ses adieux aux Muses:
seroit affligeant pour les amateurs de jolis vers,
qu'elle tînt sa parole.

ANYTE, née à Epidaure, dans la 120 Olympiade, avoit un talent supérieur pour la Poésie,
ainsi que l'on peut en juger par les fragmens
qui nous sont restés de ses ouvrages. Elle passe
pour avoir fait des Poëmes philosophiques qui
sont perdus. On dit aussi que c'étoit elle qui
mettoit en vers les Oracles que rendoient les
Prêtres du temple d'Esculape.

APOLLONIAS, ou APOLLONIS, femme
d'Attale, premier Roi de Pergame. Née à Cysique,

Eque, de parens obscurs, sa grande beauté, les excellentes qualités de son cœur, sa prudence, son savoir, sa singuliere pénétration, la tirerent de l'humiliant état de concubine pour la placer sur le Trône. Apollonias, dans cette élévation, mérita de plus en plus la confiance d'Attale : il ne faisoit rien qu'il ne l'eût consultée. Devenue mere de quatre fils, elle s'appliqua elle-même à leur éducation, & les éleva dans une union si parfaite, que quand Eumenes l'aîné fut monté sur le Trône, après la mort d'Attale, ses trois cadets en furent les plus fermes appuis, par le zele avec lequel ils s'appliquoient à seconder leur frere dans tous les détails de son administration. Cette digne Princesse ayant desiré revoir Cysique, sa patrie, deux de ses fils s'empresserent de l'y accompagner, & donnerent à cette ville un spectacle qui ravit tout le peuple d'admiration. On les voyoit tous les deux conduire leur mere par la main dans tous les temples & les lieux publics qu'elle vouloit visiter : bel exemple, mais bien rare aujourd'hui, de la piété filiale !

AQUILEE, (les Femmes d') ville d'Italie. L'Empereur Maximin, irrité contre le peuple Romain, marchoit à la tête d'une armée nombreuse pour aller se venger, & du Sénat, & de Rome. La ville d'Aquilée se trouvant sur son passage, il voulut l'occuper; mais elle lui ferma ses portes, & Maximin se vit forcé d'en former le siege. Les femmes se signalerent dans la défense par les plus grandes actions de courage. Lorsque l'on vint à manquer de cordes pour les arbalêtres & les machines, elles employerent elles-mêmes leurs cheveux pour y

F

suppléer. En mémoire de cette action, le Sénat
Romain fit bâtir un temple qui fut consacré
sous le nom de *Vénus la Chauve*, & y fit placer une statue de cette Déesse dont la tête était
sans cheveux.

ARAGON, (Tullie) née à Naples, s'y rendit
célebre par son esprit, son érudition, & ses
poésies. Elle florissoit vers le milieu du seizieme
siecle, & plusieurs Savans ses contemporains
l'ont placée au rang des Femmes illustres de
l'Italie.

ARCHAMBAULT, (　　　　　　) née à
Laval, dans le Bas-Maine, a donné au Public
en 1750, une Dissertation aussi bien pensée que
bien écrite, sur cette question : « Lequel de
» l'homme ou de la femme est le plus capable
» de constance ».

ARCHIDAMIE. Lacédémone ayant été inopinément investie & assiégée par Cléonyme,
secondé de toutes les forces de Pyrrhus, les
Lacédémoniens penserent que pour débarrasser
la ville de toutes les bouches inutiles, il falloit
commencer par envoyer toutes les femmes &
les enfans en Crete. Archidamie, instruite de
cette résolution, prit une épée, & l'agitant en
main, d'une contenance assurée se présenta au
Sénat. Là portant la parole au nom de toutes
ses Concitoyennes, elle demanda avec une noble fierté aux hommes qui composoient l'assemblée, sur quel fondement ils pouvoient croire
leurs femmes assez lâches pour aimer ou souffrir la vie, si l'événement qui les effrayoit étoit
capable d'entraîner la ruine de Sparte. Cette
généreuse hardiesse fit changer au Sénat sa premiere résolution : il ne s'occupa plus qu'à déli-

biter fur tous les travaux qui étoient néceffaires pour la plus vigoureufe défenfe. Sitôt
que l'on en fut convenu, les femmes & les
filles fe préfenterent toutes en foule pour les
partager. Après avoir exhorté ceux qui devoient
combattre à fe repofer pendant la nuit, elles
mefurerent la longueur que devoit avoir une
tranchée qui avoit été ordonnée, & s'en dif-
tribuerent la troifieme partie qu'elles eurent
achevée avant que le jour parût; elle avoit cependant neuf pieds de large, fix de profondeur,
& neuf cens de longueur. Dès la pointe du
jour, les ennemis commençant à s'ébranler
pour s'approcher de la ville, elles préfenterent
elles-mêmes les armes à tous les jeunes gens,
& quittant la tranchée qu'elles avoient faite,
les exhorterent à la bien garder, leur repré-
fentant, avec les expreffions les plus touchan-
tes, quel plaifir ce feroit pour eux de vaincre
aux yeux de leurs Concitoyens, ou de quelle
gloire ils mourroient couverts, s'ils tomboient
entre les bras de leurs meres, de leurs femmes,
de leurs fœurs, après s'être facrifiés pour la
gloire de Sparte. Jufqu'à ce que le fiege fût
levé, ces braves femmes n'abandonnerent pas
un feul inftant leurs combattans : elles fe tin-
rent toujours près d'eux, attentives à leur fournir de nouvelles armes, à donner à boire & à
manger à ceux qui en avoient befoin, & à retirer les bleffés pour leur donner les plus
prompts fecours. Acrotates, amant de Chélydonis, fe fit remarquer par des prodiges de
valeur. A fon retour dans la ville, toutes les
femmes s'écrioient : « Que Chélydonis eft donc
» heureufe de poffeder le cœur d'un tel homme ! »

F ij

ARCHILÉONIDE, femme Lacédémonienne,
apprenant que son fils avoit été tué dans un
combat, demanda avec vivacité si, du moins,
il étoit mort en brave homme. Des étrangers
qui avoient été témoins de l'action, crurent
faire l'éloge de la valeur du jeune homme, en
répondant qu'ils ne croyoient pas qu'il pût y
avoir à Lacédémone un Citoyen plus vaillant
que l'étoit son fils; mais cette femme leur répliqua sur le champ avec chaleur, « Vous vous
» trompez; je sais que mon fils avoit du cou-
» rage; mais, graces aux Dieux, il reste à ma
» patrie des Citoyens capables encore de le sur-
» passer ».

ARCONVILLE, (Madame d') est Auteur de
plusieurs ouvrages de fiction, écrits avec autant de délicatesse que de pureté, & pleins de
sentimens; elle a aussi traduit en François quelques Romans Anglois.

ARETE, (Les deux) l'une femme, l'autre
fille d'Aristipe de Cyrène. Ce célebre Philosophe les avoit instruites avec tant de succès,
que la mere fut en état d'enseigner elle-même
son fils, & la fille présidoit souvent sous les
yeux de son pere, aux sublimes conférences
qu'il avoit établies à Cyrène, & où se rendoit
tout ce qu'il y avoit de plus savant dans les
deux sexes. Après la mort d'Aristipe, son illustre
fille fut unanimement élue pour rester à la tête
de l'Ecole. Tous ses Contemporains l'ont citée
comme un prodige de beauté, de vertus, d'esprit & de science.

ARGENTARIA-POLLA, femme de Lucain,
corrigeoit les vers de son mari : elle épousa en
secondes noces le Poëte Stace.

ARGIE, fille du Philosophe Théodore, Disciple de Socrate. Saint Clément d'Alexandrie & Saint Jérôme disent qu'instruite par son pere, elle brilla par la profondeur de sa science, & qu'elle avoit trois sœurs qui avoient autant profité qu'elle des leçons de Diodore sur la Philosophie.

ARGIENNES. (Les Femmes) Cléoménes, Roi de Lacédémone, après avoir, dans une sanglante bataille, défait les Argiens, voulut, à la faveur de sa victoire, surprendre Argos ; mais les femmes Argiennes, ayant à leur tête Télésilla l'une d'entr'elles, prirent les armes, monterent sur les murailles, & le défendirent avec tant d'intrépidité & de conduite, que Cléoménes fut obligé de se retirer avec beaucoup de perte. Quelques années après, Demaratas, autre Roi de Lacédémone, étant entré par surprise dans Argos, les femmes se rassemblerent, le chargerent avec furie, & le chasserent de la ville après lui avoir tué une partie de ses Soldats. En mémoire de ces deux événemens, on institua dans Argos une fête qui se célébroit tous les ans, & à laquelle les femmes assistoient vêtues en hommes, & les hommes en femmes ; sans doute pour montrer que la différence des habillemens ne décidoit pas de la force & de la valeur.

ARIGNOTE, de Samos, & fille de Pythagore, femme savante, citée avec éloges par Saint Clément d'Alexandrie. On sait qu'elle composa une histoire de Denis le Tyran, & qu'elle écrivit sur les mysteres de Cérès.

ARIOSTA-LIPPA, issue d'une noble famille de Ferrare, & une des plus belles femmes de

fon tems ; mais plus célebre encore par fon
efprit , fes connoiffances & fes grandes qualités ; après avoir été maitreffe d'Orbizzon, Marquis d'Eft & de Ferrare , devint fa femme, &
de ce mariage eut onze enfans. Son époux étant
mort, elle s'occupa à élever & inftruire elle-
même cette nombreufe famille , & réuffit par
fes foins à rendre tous ces enfans vraiment dignes de leur illuftre origine. Pendant leur minorité elle gouverna fes Etats avec une fupériorité de génie & de talens qui lui mérita l'admiration de tous fes Contemporains , l'amour
& la vénération de fes fujets. Elle mourut fur
la fin du feizieme fiecle.

ARISTANETE, excella dans l'art de la Peinture , qu'elle avoit appris de Néarque fon pere,
célebre Peintre de Sicyone.

ARMANÇAI, (Madame la Marquife d') fille
de M. Sabathier, Gentilhomme Provençal , fut
avantageufement connue fur la fin du dix-feptieme fiecle , par fon efprit & fon talent pour
la poéfie. M. de Vertron en a fait l'éloge.

ARNAUDE DE ROCAS , fille *Chypriote*,
d'une grande beauté. Après la prife de Nicofie,
en 1570 , les Turcs choifirent les plus belles
filles de cette ville, & les deftinerent pour le
Sérail du Grand-Seigneur ; Arnaude fe trouva
du nombre, & cette généreufe fille préférant,
fans héfiter, la mort à l'infâme condition qu'on
lui deftinoit, faifit le premier moment où l'équipage du vaiffeau qui la tranfportoit à Conftantinople s'étoit livré au fommeil, mit le feu aux
poudres, & fit fauter en l'air tout le bâtiment.

ARRAGON, (Jeanne d') femme d'Afcagne
Colonne , Prince de Tagliacozzi, & célebre

dans le seizieme siecle par son esprit, son savoir & son courage, eut grande part aux dé-
mélés des Colonne avec le Pape Paul IV. Gardée à vue dans Rome par les ennemis de sa
Maison, Jeanne entreprit de leur échapper, &
y réussit. Quoique fort âgée elle monta un cheval qui l'attendoit aux portes de la ville, &
accompagnée de deux de ses filles que des Ca-
valiers conduisoient à ses côtés, se rendit au
camp des Espagnols, où le Duc d'Albe la reçut avec tous les égards qui lui étoient dûs.
Cette Princesse a été placée au rang des Femmes
savantes de son siecle, & plusieurs Poëtes l'ont
beaucoup louée dans leurs ouvrages.

ARRIE, Dame Romaine, s'appliqua à l'étude
de la Philosophie de Platon, & mérita par ses
profondes connoissances, que Diogene Laërce
lui dédiât ses Lettres de la Vie des Philosophes.
Il y avoit eu avant elle plusieurs femmes Philosophes du même nom.

ARRIE, femme de Pœtus. Impliqués l'un
& l'autre dans la révolte de Camille, l'Empereur Claude les condamna à la mort. Arrie sollicita son époux de prévenir l'exécution en se
la donnant volontairement, plutôt que d'attendre la main des assassins ou des bourreaux.
Voyant qu'il hésitoit, elle prit un poignard, se
le plongea dans le sein, & le retirant le lui
présenta d'un air serein, en disant: « Va, Pœ-
» tus, cela ne fait point de mal ». Pœtus enflammé par ce courageux exemple, se frappa
aussi-tôt du même poignard.

ARSINOÉ, Princesse Egyptienne, commanda
en personne une armée de sa Nation contre

Jules César, & donna en plusieurs autres occasions des preuves du plus grand courage.

ARTEMISE I, Reine d'Halicarnasse, femme aussi spirituelle que courageuse, marcha au secours de Xercès contre les Grecs, & se distingua par des prodiges de valeur, sur-tout au combat naval près de Salamine. Au rapport des Historiens contemporains, si l'on y eût suivi les sages conseils de cette merveilleuse femme, il ne seroit échappé aucun vaisseau des Grecs, au lieu que les Perses furent totalement défaits, malgré les efforts de courage qu'Artemise déploya tant que le combat dura, pour disputer la victoire. Xercès avoit une si haute idée de son savoir & de ses vertus héroïques, qu'il lui confia l'éducation & la conduite de ses fils. On voyoit à Lacédémone sa statue parmi celles des plus grands Généraux contre lesquels les Lacédémoniens avoient combattu.

ARTEMISE II, Reine d'Halicarnasse, s'est immortalisée par sa tendresse pour Mausole, son mari, & par la façon dont après sa mort elle honora sa mémoire. Cette tendre femme fit bâtir dans Halicarnasse un superbe tombeau qui, par sa beauté, a passé long-tems pour une des sept merveilles du monde. Ayant eu le courage de recueillir les cendres & les ossemens de Mausole, elle les fit broyer, mit tous les jours de cette poudre dans sa boisson, jusqu'à ce qu'elle eût tout consommé, & fit ainsi de son corps le sépulcre de son époux. Sa désolation ne l'absorba cependant pas au point de lui faire oublier ni même négliger le gouvernement de ses Etats. Vitruve rapporte

n très-ingénieux stratagème qu'elle imagina
pour triompher des Rhodiens, qui avoient entrepris de la détrôner. Les Historiens placent
sa mort environ 551 ans avant J. C.

ARYENIS, fille d'Aliate, Roi des Lydiens,
& femme d'Astiages, Roi des Mèdes, par son
éloquence & son génie, réconcilia & porta à
la paix les Lydiens & les Mèdes, qui depuis
cinq ans se faisoient une guerre sanglante.

ASAMOUCHE, Reine de Guiomré, Royaume voisin de celui d'Issini, sur la Côte d'Ivoire,
en Afrique, vivoit sur la fin du dernier siecle.
Les Voyageurs qui ont fréquenté ses Etats,
l'ont représentée comme une autre Elisabeth,
continuellement occupée de la gloire de son
Trône & du bonheur de ses Peuples. Ses sujets
avoient tous une égale part à sa tendresse, &
lui rendoient tous à l'envi le même tribut d'amour & de soumission. Lorsqu'elle avoit des
guerres à soutenir ou à entreprendre, on les
voyoit se ranger avec une ardeur incroyable
sous ses étendarts, &, animés par sa présence,
se précipiter dans les plus dangereux hasards
des combats : sa prudence, son génie & son
courage ne manquoient jamais de lui rendre la
fortune favorable, & de lui assurer la victoire.
A toutes les qualités que l'on admire dans les
plus grands Princes, Asamouche joignoit celles
qui enchantent & gagnent les cœurs, & la douceur de son caractere égaloit la vivacité de son
esprit. On en peut juger par les adieux qu'elle
fit au Chevalier d'Amon, que Louis XIV. avoit
envoyé pour obtenir d'elle un établissement
dans ses Etats. Cet établissement n'ayant pu
subsister que quelques années, Louis XIV. ex-

F v

çonna d'en retirer la garnifon , & le Chevalier
allant prendre congé de la Reine , elle lui dit
du ton le plus affable : « Si vous aviez , vous
» autres François, autant de folidité dans vos
» paroles que vous montrez de politefíe & d'a-
» grémens dans vos manieres , toute la Côte
» d'Afrique feroit à vos ordres ; mais vous êtes
» fi légers , fi faciles à manquer à vos engage-
» mens , que vos amies même ne peuvent
» compter fur vos fermens ».

ASELLA , Dame Romaine , s'acquit une
grande réputation par fon efprit & fon érudition. Saint Jérôme , dans une de fes lettres à
Marcelle , en fait de grands éloges.

ASPASIE I, que l'on a mis au rang des Cour-
tifannes qui brillerent le plus à Athènes , a im-
mortalifé fon nom par les graces de fon génie,
& les plus grandes connoiffances dans les Belles-
Lettres & la Philofophie. Ce fut elle qui enfeigna à Socrate la Rhétorique & la Politique,
& lorfque ce fage Philofophe tenoit fon école
publique, Afpafie ne manquoit pas de s'y trouver au rang de fes plus célebres Difciples. Pé-
riclès , l'un des plus grands hommes qui ont
gouverné les Athéniens , ne craignit point d'é-
poufer cette femme , & l'on difoit communément de fon tems , que c'étoit aux confeils &
aux vaftes connoiffances de la belle Afpafie
qu'étoient dùs les plus grands fuccès de fon
mari , tant en paix qu'en guerre.

ASPASIE II, une des plus belles & des plus
fpirituelles filles qui aient exifté, née de parens
obfcurs, fut enlevée pour être préfentée à Cyrus , avec quelques autres filles très-belles qui
avoient auffi été ravies à leurs parens, pour

fervir aux plaifirs de ce Monarque. Afpafie, envifageant avec une noble fierté l'humiliante condition qui lui étoit deftinée, refufa de répondre aux defirs de Cyrus, jufqu'à ce que fes charmes euffent fait affez d'impreffion fur fon cœur pour qu'elle fût affurée de le poffeder fans partage. Cette conduite adroite lui réuffit ; mais enfuite, non contente du cœur de fon amant, elle fut encore s'emparer de fon efprit, & Cyrus, frappé des lumieres fingulieres & du génie fupérieur de cette fille, n'entreprenoit rien qu'il ne la confultât. On envoya un jour à ce Prince un colier d'un très-grand prix : il l'apporta fur le champ à Afpafie & l'invita à s'en parer ; mais cette vertueufe femme s'en défendit, & lui remontra qu'un ornement auffi riche ne convenoit qu'à la Reine : à l'inftant elle le lui fit envoyer. Cyrus étant mort, Afpafie tomba au pouvoir d'Artaxercès, qui n'eut rien de plus à cœur que de fe l'attacher autant qu'elle l'avoit été à fon Prédéceffeur. Après l'avoir gardée un grand nombre d'années, il la céda à fon fils Darius qui, quoiqu'elle fût alors extrèmement âgée, la lui demanda comme le plus précieux préfent qu'il pût lui faire.

ASPREMONT, (   ) d'une ancienne Maifon d'Aquitaine, étoit, difent d'anciens Hiftoriens, douée de prudence, de fageffe, & de toutes vertus, autant ou même plus qu'aucune autre Dame de fon tems. Elle étoit d'ailleurs inftruite dans toutes les fciences, excelloit à faire des vers en langue Provençale, & poffédoit à fond la Mufique.

ATHÉNAÏS, fille de Léonce, Philofophe d'Athènes, fut inftruite par fon pere dans les

Belles-Lettres, la Philosophie & les Mathématiques, & ses succès furent si heureux, que Léonce n'hésita point de la déshériter par son testament, disant que son éducation & les richesses de son esprit lui tiendroient lieu des biens dont il la privoit dans sa succession. Paulin, ancien ami de Léonce, présenta cette savante fille à Pulchérie, sœur de Théodose le jeune. Cette Princesse lui trouva tant d'esprit & de sagesse, qu'elle voulut en prendre soin & l'attacher à sa Cour. Elle l'adopta pour sa fille, la nomma Eudoxie, & par la suite lui fit abjurer le Paganisme & recevoir le Baptême. Elle n'eut pas lieu de se repentir de ses bienfaits. Athénaïs perfectionna ses connoissances à un tel point, que Pulchérie, dans toutes les affaires dont son frere lui confioit le maniement, ne faisoit & ne décidoit rien qu'elle n'eût pris les conseils de sa chere Eudoxie. Théodose, qui voyoit souvent cette fille chez sa sœur, ne put être long-tems insensible aux rares qualités qui se trouvoient en elle réunies aux charmes de la plus grande beauté, & il s'éprit insensiblement d'une si violente passion, qu'il l'épousa enfin avec la pompe la plus solemnelle. Ils vécurent quelques années ensemble dans la plus agréable union; mais des Courtisans jaloux du crédit qu'Eudoxie avoit pris sur l'esprit de Théodose, entreprirent de traverser son bonheur, & n'y réussirent que trop, par des calomnies dont l'adroit artifice la perdit dans l'esprit de son trop crédule époux, qui l'exila en Palestine. Eudoxie, pendant sa disgrace qui ne finit qu'à la mort de Théodose, avoit composé plusieurs ouvrages qui se sont perdus.

Socrate & Photius en ont fait des grands éloges. Elle mourut sur la fin du cinquieme siecle.

ATTENDOLI , (Marguerite d'Egli) digne sœur de Sforce Attendolo, vivoit au commencement du quinzieme siecle , & donna des preuves de son grand courage. Son frere ayant été arrêté & confiné dans une étroite prison , par les ordres d'un Comte de la Marche qui venoit d'épouser Jeanne II, Reine de Naples ; Marguerite rassemble tous ses parens, ses amis & ses vassaux , leve des troupes & en compose une armée à la tête de laquelle elle fait révolter les Napolitains, & oblige le Comte , leur nouveau Souverain , de se réfugier & renfermer dans le château de Capuana. Le Comte de la Marche, cherchant à intimider Marguerite, lui envoya des Seigneurs de sa Cour pour l'inviter à mettre bas les armes , & , en cas de refus , la menacer de la mort de son frere. Marguerite sur le champ fit arrêter les Envoyés, & fit dire au Comte qu'ils lui répondroient de la vie de Sforce. Ce coup hardi consterna le Comte de la Marche. Il renvoya au plus vite faire des propositions de paix, dont les premieres conditions furent qu'il rendroit la liberté à Sforce , & le rétabliroit dans tous ses biens & dans tous les emplois que la Reine lui avoit confiés. Marguerite les accepta, les fit exécuter, & retourna dans ses Terres, après avoir si glorieusement triomphé des injustes vexations de ce Prince.

AUBESPINE, (Magdeleine de l') femme de Nicolas de Neuville, Seigneur de Villeroi, célebre dans son siecle par son esprit & sa beauté, composa divers ouvrages en prose & en vers.

On lui attribue une traduction des Epîtres d'Ovide. Ronfard en a parlé avec beaucoup d'éloges. Les Lettres la perdirent en 1596.

AUBIGNE, (Françoife d') Marquife de Maintenon, fut, par fon efprit, fon érudition, & les graces de fon ftyle, s'élever auprès de Louis XIV. au plus haut dégré de faveur, de puiffance & de grandeur auquel une femme qui n'eft point née pour le Trône puiffe afpirer. Sa naiffance, fon mariage avec Scarron, fa vie & fes actions font connus de tout le monde. C'eft à elle que l'on doit la fuperbe fondation de la Maifon de Saint-Cyr, où l'on doit élever trois cens jeunes Demoifelles de condition qui, après leur éducation finie, font encore dotées chacune de 3000 liv. Elle mérite à ce feul titre, la plus vive reconnoiffance de la part de toute la Nobleffe Françoife. Cette célebre femme finit fes jours à Saint-Cyr en 1719, âgée de quatre-vingt-quatre ans. On a d'elle cinq volumes de Lettres intéreffantes.

AUDIFRET. (   ) Après le défaftre de la malheureufe affaire d'Exiles, où la téméraire intrépidité du Chevalier de Belle-ifle facrifia tant de braves gens, tous les bleffés furent tranfportés à Briançon, où il ne fe trouva rien de préparé pour les recevoir. M. d'Audifret, qui étoit Lieutenant de Roi de cette Place, vendit fur le champ fa vaiffelle d'argent pour fe mettre en état de fecourir tous ces infortunés; mais fa femme, qui étoit alors près d'accoucher, enchérit encore fur cette générofité. Cette courageufe femme, oubliant fon état, fe mit à la tête des hôpitaux, y établit tout l'ordre qu'il étoit poffible d'y mettre, panfa de fes propres mains nombre de blessés, &, épuisée de fatigues, mourut en s'acquittant de cet héroïque emploi.

AVEIRO, (Marie Guadeloupe, fille du Duc d') une des plus vertueuses & des plus savantes femmes de l'Europe, possédoit les langues Grecque & Latine, & étoit en état d'entendre presque toutes celles vivantes de l'Europe. Elle étoit sur-tout très-versée dans l'Histoire sacrée & profane.

AULNOI, Marie Catherine Jumelle de Berneville, Comtesse d') célèbre par son esprit, son érudition, & la grande fécondité de son imagination, a composé divers ouvrages qui sont encore actuellement estimés. Les Avenures d'Hyppolite, Comte de Duglas, feront long-tems honneur à sa plume & à son génie. Elle mourut en 1705.

AVOGADRI, (Lucia Albani) dut sa naissance à Jérôme Albani, aussi célèbre par sa science que par la pureté de ses mœurs, & qui, devenu veuf, embrassa l'état ecclésiastique & mourut Cardinal. Lucia, mariée à un Gentil-homme de Brescia, sut allier avec les devoirs de son état, le grand goût qu'elle avoit toujours eu pour les Belles-Lettres, s'en occupa tant qu'elle vécut, & excella sur-tout dans la Poésie italienne. Les plus savans hommes de son tems la comblerent d'éloges, & le Tasse lui-même vante beaucoup son mérite dans quelques-unes des Poésies de cette Dame, que ce grand homme s'est fait honneur de commenter.

AURISPI, (Victoire Galli) fut très-estimée dans le seizieme siecle pour ses Poésies en langue Italienne. Elle avoit été formée dans les sciences par Antoine Galli son pere, homme très-favant , & adonné fur-tout à la Poéfie.

AUTREVAL. (   ) M. de Vertron a affigné à cette Dame un rang diftingué parmi les femmes dont l'efprit & le favoir ont orné le dix-feptieme fiecle.

AXIOTEE , femme de beaucoup d'efprit, avoit tant de goût pour la Philofophie , qu'elle fe déguifoit fous des habits d'homme pour pouvoir entrer dans l'école de Platon , & y fuivre les leçons de ce célebre Philofophe.

AYSSA , fille Maurifque , d'une naiffance illuftre, à la prife de Tunis par Charles-Quint, échut en partage à un Officier Efpagnol. Muley-Afcen , qui avoit été Roi de Tunis , & détrôné par Barberouffe , fervoit alors fous Charles-Quint. Il offrit de payer la rançon de cette fille. Ayffa rejetta fes offres avec la plus grande fierté , & Mulley ne fe rebutant point , elle lui cracha au vifage & lui dit du ton de la plus vive indignation , qu'elle ne vouloit point devoir fa liberté à un traitre. C'étoit en effet par les confeils de ce même Mulley-Afcen , & à la faveur des connoiffances qu'il avoit fournies, que Charles Quint avoit entrepris le fiege de Tunis , & réuffi à en faire la conquête.

B.

BAAT, (Catherine) favante Suédoife du dix-feptieme fiecle , étoit très-verfée dans les Belles-Lettres. Elle avoit dreffé & peint elle-même des Tables généalogiques de toutes les familles Suédoifes les plus anciennes & les plus illuftres,

Cet ouvrage lui fit le plus grand honneur auprès des Savans de sa Nation.

BABELINE fut, au rapport de Jamblique, une femme d'Argos très-versée dans la Philosophie.

BAFFA, (Françoise) née à Venise, y florissoit vers le milieu du seizieme siecle, se fit estimer par l'élégance de ses Poésies, & passa pour un des beaux génies de son tems. Plusieurs Ecrivains, & sur-tout le Doménéchi, en ont parlé avec éloge.

BALAGNI, (Renée Bussi d'Amboise, femme du Maréchal de) digne sœur du brave Bussi d'Amboise, se signala par une fermeté & un courage au-dessus de son sexe. En 1595 Cambrai, dont son mari étoit Gouverneur, se trouvant assiégée par les Espagnols, les habitans gagnés par les émissaires des assiégeans, s'assemblerent tumultueusement pour convenir de la reddition de la Place. Cette vaillante femme avertie, court se présenter au milieu d'eux, une pique à la main, & fait, par la vivacité de ses reproches & de ses remontrances, les plus grands efforts pour les animer à continuer de se défendre. Voyant qu'elle ne peut rien gagner sur eux, elle prend sur le champ le parti de se jetter dans la citadelle à la tête des troupes qui eurent le courage de l'y suivre : elle étoit bien résolue de s'y défendre jusqu'à la derniere extrémité ; mais les vivres lui manquerent presque aussi-tôt. Forcée de se rendre, la douleur la saisit si vivement, qu'elle expira presque au même instant.

BALETTI, (Hélene) née à Ferrare, Actrice du Théâtre Italien, sous le nom de Flaminia,

femme très-savante , parloit plusieurs langues,
écrivoit très-bien , & a donné au Public des
Comédies & d'autres ouvrages estimés.

BALMONT , (Comtesse de Saint-) d'une
illustre & très-ancienne Maison de Lorraine,
sut joindre le mâle courage d'un Militaire à la
modestie d'une femme vertueuse. Belle , spirituelle , & instruite dans les sciences, elle réunissoit dans sa personne une foule de talens qui
faisoient l'admiration de tous ceux qui la connoissoient. Ayant été attaquée de la petite vé-
role & considérablement marquée, elle en pli-
santoit, en disant « J'en paroîtrai moins femme ».
Cette Dame avoit effectivement beaucoup de
goût pour tous les exercices que les hommes se
font réservés. Le Comte son mari étant occupé
à la guerre à la suite du Duc de Lorraine , elle
prit le parti d'aller passer à la campagne le tems
de son absence. Un Officier de Cavalerie sut
logé sur ses Terres & s'y comportoit fort mal.
Madame de Saint-Balmont lui envoya faire des
plaintes qu'il méprisa ; résolue de tirer vengeance d'une telle grossiéreté, elle lui écrivit
pour lui marquer qu'elle vouloit le voir l'épée à
la main à un endroit qu'elle désigna, & signa
« le Chevalier de Saint-Balmont ». L'Officier ne
manqua pas au rendez-vous : la Comtesse, vêtue
en homme , l'y avoit devancé. Ils se battirent:
Madame de Saint-Balmont désarma l'Officier,
& en lui rendant son épée, lui dit : « Vous avez
» cru, Monsieur, avoir affaire au Chevalier de
» Saint-Balmont ; je ne suis que sa belle-sœur:
» apprenez à avoir dorénavant plus de considé-
» ration pour les prieres des Dames ». L'Officier, honteux & confus, se retira sans dire mot,

& disparut dès le même jour. L'on a de cette Dame une Tragédie intitulée, *les Jumeaux, Martyrs*, imprimée en 1650. Cette production ne doit servir qu'à prouver que cette généreuse Amazone étoit capable de s'occuper de Poésie ; mais qu'elle ne s'y exerçoit que sur des sujets de piété.

BARBANÇON, (Marie de) femme de Jean Barret, Seigneur de Neuvy-sur-Allier, s'étant trouvée, après la mort de son mari, pendant les guerres civiles de France, assiégée dans son Château de Beunegon en Berri, par Montal, Lieutenant de Roi du Bourbonnois, elle soutint ce siege avec la plus intrépide fermeté. Les tours & les murs de son Château renversés par l'artillerie, cette courageuse femme défendit elle-même la brêche la plus dangereuse, une demi-pique à la main, & anima si bien ses soldats par la hardiesse de sa contenance, que les assaillans furent toujours repoussés avec perte. Elle se soutint en cet état désespéré pendant quinze jours entiers, & il n'y eut que la famine qui la força de se rendre. Le Roi, instruit de la bravoure héroïque de cette femme, défendit d'en exiger aucune rançon, & ordonna qu'elle seroit reconduite chez elle avec honneur.

BARBIER, (Marie-Anne) née à Orléans, s'est distinguée avec éclat dans la République des Lettres, par son savoir & un heureux talent pour la Poésie. Elle a composé des Tragédies, quelques Opéra, & plusieurs autres Ouvrages en prose & en vers. Elle mourut en 1742.

BARBOSSA, Dame Provençale, vivoit dans le treizieme siecle, & en fit l'ornement par sa beauté, fon efprit & fon favoir. Elle étoit l'objet des plus tendres Poéfies d'Aimeric de Belvezer, célebre Troubadour, qui faifoit les délices de la Cour de Raimond Bérenger, Comte de Provence. Barboffa ayant embraffé la vie religieufe, Aimeric, au défefpoir de ne plus la voir, mourut de chagrin.

BARD, (   ) née en Bourgogne, & réduite à l'indigence par la perte d'un procès, imagina qu'il lui feroit plus facile de remédier à fon infortune fous un habit d'homme. A la faveur de ce déguifement, elle fervit à Paris un Génevois, en qualité de Laquais. Se trouvant enfuite à Rochefort, au moment où M. de Commerfon s'embarquoit, elle fe préfenta à lui pour Domeftique, & fut agréée. Elle le fuivit par-tout, dans fon long & pénible voyage, & dans fes herborifations, fur les monts glacés du Détroit de Magellan, dans les pays brûlans du Continent méridional, & par fon application y acquit des connoiffances fupérieures à fon état & à fon fexe. Elle portoit les provifions, les armes, les cahiers de fon Maitre, fans jamais fe rebuter des fatigues attachées à tous les détails de fon fervice. Dans l'Ifle de Taïti, où les habitans paffent pour avoir l'odorat d'une fineffe furprenante, ils devinerent fon fexe & le divulguerent; enforte qu'auffitôt après fon départ de cette Ifle, elle fe vit forcée d'en faire elle-même l'aveu à M. de Bougainville. Cet Officier Général attefte, comme une juftice qu'il doit à cette finguliere Héroïne, qu'elle s'eft toujours conduite avec la fageffe la plus fcrupuleufe. Elle eft fans doute la premiere perfonne de fon fexe qui ait eu le courage de aire le tour du monde, & elle offre aux femmes un exemple bien fensible de la force & de la conftance dont elles peuvent être capables dans les entreprifes les plus difficiles.

BARDI, (Sœur Dea de) de Florence, Religieufe à Caftel-Fiorentino, dans le quinzieme fiecle, cultiva les fciences dans fa retraite, & mérita les éloges des Savans de fon tems. Une Ode que l'on a d'elle fur la mort d'une Pie, prouve que cette favante Reclufe excelloit dans l'art des vers.

BARNEVELT. (La femme du célebre Hollandois de ce nom) Quoique vivement attachée à fon mari, elle eut le mâle courage de réfifter aux invitations qui lui furent faites de demander la grace de cet illuftre profcrit. Elle répondit fierement à ceux qui la follicitoient, que l'on ne demandoit grace que pour des coupables, & qu'elle étoit incapable de deshonorer à ce point la vie glorieufe d'un fi grand homme. La conftance de fes larmes & de fa douleur prouva bien qu'une fi héroique fermeté n'avoit pour principe que la vertu la plus fublime.

BARONI, (Leonora) Dame Italienne, fille de la belle Adriana Mantuana, fit, par la beauté de fa voix, l'admiration du dix-feptieme fiecle. Elle touchoit plufieurs inftrumens dans la plus grande perfection, compofoit la mufique & même des vers, avec une facilité furprenante. On a recueilli un volume entier d'excellentes Pieces Latines, Grecques, Italiennes & Efpagnoles, compofées à la gloire de cette célebre femme.

BARRI DE SAINT-AUNEZ : (Conftance de Cefeli, femme de) La ville de Leucates en Lan-

guedoc étant affiégée par les Ligueurs en 159:
M. de Barri, qui en étoit Gouverneur, fut pr
par trahifon fous le prétexte d'une entrevue qu
lui avoit été demandée. Il trouva fur le cham
le moyen d'écrire à fa femme, dont il connoi
foit le génie & le courage, pour l'inviter à pre
dre le commandement de Leucates & à défende
cette Place jufqu'à la derniere extrémité. Cett
généreufe femme ne perdit pas un momeni d
tems, mit ordre à tout, & fe montra fouven
elle-même fur les murs une pique à la main
encourageant la garnifon par fon exemple. De
que les Ligueurs s'apperçurent de fes vigou
reufes difpofitions, ils chercherent à l'intimide
en la menaçant, fi elle ne rendoit pas la Place
d'ôter la vie à fon mari. Conftance, inébranla
ble, leur fit répondre qu'elle avoit de grand
biens, qu'elle les offroit de bon cœur pour l
rançon de fon mari; mais qu'elle ne racheteroi
jamais, par une lâcheté, fa vie, dont il auro
lui-même honte de jouir, s'il ne la devoit qu
la perfidie. Ils fe retournerent enfuite du cô
de M. de Barri, & lui firent craindre les plu
cruels tourmens s'il ne déterminoit fa femme
leur ouvrir les portes de Leucates. Il fut égale
ment braver leurs menaces, & refufa conftam
ment de manquer à la fidélité qu'il devoit à fo
Roi. Les Ligueurs, au défefpoir de ne pouvo
réuffir dans leurs deffeins, & de fe voir forcé
de lever le fiege, eurent l'atrocité de faire étran
gler M. de Barri. Sa femme ne tarda pas d'e
recevoir la cruelle nouvelle, & fut frappée d
la plus vive douleur; mais, étouffant le cri d
la vengeance, & n'écoutant que celui de l'hon
neur, elle s'oppofa aux représailles que fa ga

...fion vouloit abfolument exercer fur de braves Gentilshommes qu'elle tenoit prifonniers, & voulut généreufement qu'on leur confervât la vie. Henri IV. fut fi pénétré de tant d'héroïques vertus, qu'il voulut que le Gouvernement de Leucates reftât à Madame de Barri, & elle en jouit & en remplit les fonctions pendant vingt-fept années.

BARTOLI, (Minerve) née à Urbin vers la fin du feizieme fiecle, paffoit pour être très-favante, & faifoit agreablement des vers en langue Italienne. On en peut juger par ceux qui portent fon nom dans le Parnaffe des efprits poétiques d'Alexandre Scaioli, imprimé à Rome en 1611.

BASINE, femme de Bifin, Roi de Thuringe, quitta, dit-on, fon mari pour venir en France offrir fa main au Roi Childeric. « Si j'avois cru, (lui fait-on dire à ce Prince en l'abordant) trouver au-delà des mers un Héros plus brave & plus galant que vous, j'aurois été l'y chercher ». Childeric, qui connoiffoit l'efprit & le courage de cette feconde Thaleftris, n'héfita point de l'époufer, & de ce mariage naquit Clovis vers l'an 468.

BASSEPORTE, (Magdeleine) s'eft adonnée dès fa jeuneffe à la Peinture, & excelle fupérieurement à rendre les oifeaux, les plantes, les fleurs, les reptiles, & prefque tout ce qui appartient à l'Hiftoire Naturelle. Les ouvrages qui naiffent fous fon pinceau font regardés par tous les Connoiffeurs comme des chefs d'œuvre où l'art le difpute à la nature, pour la vérité de l'expreffion, la délicateffe & la précifion du coloris. Quoiqu'actuellement âgée de foixante-

dix-huit ans, on voit encore cette infatigable
Artiste exposée pendant des journées entières,
aux ardeurs du soleil, dans les attitudes les plus
gênantes, copier, pour le Cabinet du Roi, tout
ce que la nature offre de plus magnifique, de
plus précieux & de plus rare dans les plantes
que rassemble le Jardin du Roi.

BASTIDE. (   ) L'heureux talent de
cette Demoiselle, dans l'art des vers, s'est fait
connoître avec des applaudissemens bien mérités, par plusieurs pieces fugitives de Poésie,
qui ont été insérées dans l'Almanach des Muses,
& dans les Etrennes du Parnasse.

BATHILDE, Reine de Bourgogne & de
Neustrie, au septieme siecle, femme de Clovis II, fils de Dagobert I. Des Historiens prétendent que cette Princesse tiroit son origine de
l'ancienne Maison de Saxe, & qu'ayant été
dans son bas-âge, ravie à ses parens par des
brigands, elle fut vendue, comme esclave, à
Archambault, Maire du Palais, qui la mit auprès de sa femme pour la servir. Bathilde, dans
cet humiliant état, se distingua si avantageusement par sa grande beauté, son esprit & ses
vertus, qu'Archambault étant devenu veuf, voulut l'épouser ; mais il fut refusé. Clovis ayant
entendu beaucoup parler de la beauté & des
rares qualités de Bathilde, désira la voir ; dès
qu'il l'eut vue, il en fut éperduement épris &
l'épousa. Il ne jouit que peu d'années de son
bonheur, & mourut. Bathilde prit le plus grand
soin de l'éducation de trois enfans en bas-âge,
qu'elle avoit eus de lui, gouverna pendant tout
leur minorité avec la plus grande sagesse, &
pendant sa Régence d'excellens Régiemens con-

tre la fimonie, & pour rétablir la difcipline dans les Monafteres. Ce fut elle qui commença à abolir l'efclavage en France, & à y établir des Villes & des Communautés pour fervir d'afyle aux Roturiers contre l'oppreffion des Nobles ; ce fut par fes confeils que Clovis II, dans une difette affreufe qui défoloit fes Etats, fit enlever les riches lames d'or & d'argent qui couvroient le tombeau de Saint Denis, & s'en fervit pour affifter les pauvres.

BAVAROISES. (Les Femmes) L'Empereur Conrard III, dans le douzieme fiecle, tenant le Duc de Baviere affiégé dans fa capitale, réduifit la ville à la derniere extrémité, & ne voulut accorder d'autre grace que celle de permettre aux femmes d'en fortir, leur honneur fauf, mais à pied, & fans pouvoir emmener autre chofe que ce qu'elles pourroient porter fur elles. Ces braves femmes profitant de toute l'extenfion qu'elles crurent pouvoir donner à cette condition, s'aviferent de charger leurs maris fur leurs épaules, & de prendre leurs enfans dans leurs bras ; une d'entre elles fe chargea de leur Duc. L'Empereur les voyant défiler, courbées fous les poids énormes dont elles étoient chargées, fut fi touché de leur magnanimité, qu'il en verfa des larmes d'attendriffement, & fur le champ accorda la paix au Duc de Baviere, qu'il traita depuis avec les plus grands égards.

BAUDONIVIE, Religieufe à Poitiers fur la fin du fixieme fiecle, élevée auprès de Sainte Radegonde, répondit aux vues de cette Princeffe, qui vouloit que fes Religieufes fuffent également formées aux fciences & à la piété.

G

Cette fainte Reine étant morte, les Religieufes voulurent faire écrire l'Hiftoire de fa Vie, & en chargerent Baudonivie, comme la perfonne la plus capable de l'entreprendre. Cette favante fille s'en acquitta très-bien, & releva même beaucoup de fautes qu'avoit faites l'Evêque Fortunat qui, de fon chef, avoit déja écrit cette même Hiftoire.

BEAUHARNAIS, (Madame la Comteffe de) eft auteur de plufieurs Pieces fugitives de Poéfie, pleines de fel & d'agrémens, & d'un petit ouvrage en profe intitulé : *Avis aux Penfeurs*, où la faine Philofophie & une raifon éclairée percent à travers la plus aimable gaieté. Elle a aufli donné au Théatre François une Comédie de fa compofition, intitulée : *la Précieufe au jour*, qui a été fort applaudie.

BEAUME-MONTREVEL, (Françoife de la) femme de Gafpard de Tavannes, Maréchal de France, fit l'admiration du feizieme fiecle, par fes vertus & fon profond favoir. On dit qu'elle eut la gloire de convaincre en difpute réglée un célebre Rabbin de la vérité de la Religion Chrétienne, & de le convertir.

BEAUMER, (　　　　de) connue dans ce fiecle par fes talens littéraires, a travaillé quelque tems au Journal des Dames, & donné au Public un volume *in-12* d'Œuvres mêlées, de fa compofition.

BEAUVAIS, (Efther) vivoit dans le feizieme fiecle, & s'y fit connoitre avec diftinction par plufieurs ouvrages qui furent imprimés en 1583, avec ceux de Beroald de Verville.

BECCARI, (　　　　) eft auteur de deux ouvrages de fiction qui ont pour titre : *Milord*

Dambi, & les *Lettres de Lucie d'Olbery*, où la fécondité d'une brillante imagination se trouve réunie aux séduisans agrémens d'un style intéressant.

BECTOZ, (Claudine de) Abbesse du Monastere Saint Honoré de Tarascon. Denis Fauchier lui enseigna la langue Latine & les Belles-Lettres, & elle fit de si grands progrès sous les leçons de cet homme célebre, qu'elle passa pour une des plus savantes femmes de son tems. Le Roi François I. se faisoit un plaisir de porter sur lui les lettres qu'il recevoit d'elle, pour les lire aux Dames de sa Cour. Passant par Avignon, il l'alla voir : la Reine Marguerite de Navarre lui fit le même honneur, & la consideroit beaucoup. On a de cette célebre Recluse divers Ouvrages en vers & en prose. Elle finit ses jours en 1547.

BEHN, (Asphara Jonhson, femme de M.) née à Cantorbery d'une famille distinguée, se rendit dans le dix-septieme siecle très-célebre par ses Poésies, ses Pieces de Théâtre & d'autres Ouvrages. Elle avoit beaucoup voyagé, & Charles II, connoissant son génie & sa capacité, l'employa dans plusieurs négociations importantes. Liée avec les plus beaux esprits de l'Angleterre, ils en faisoient tous le plus grand cas. Il n'y avoit aucun genre de sciences dans lequel elle ne fût versée : la Philosophie, l'Astronomie, la Géométrie, la Chronologie, & même la Théologie, entroient dans ses vastes connoissances. Gildon, auteur Anglois, ne la nomme jamais que l'incomparable Behn. La mort enleva cette illustre femme en 1689, & elle fut enterrée dans le Cloître de Westminster parmi les tombeaux des Rois. Elle avoit traduit en Anglois les Mondes de Fontenelle, & enrichi la traduction de notes aussi savantes que curieuses.

BELLOT, (Madame, aujourd'hui Madame Dorci) s'est fait connoître avec beaucoup d'applaudissement dans la République des Lettres, par des réflexions aussi solidement pensées que bien écrites, sur le Discours de M. J. J. Rousseau, sur *l'inégalité des conditions*; par des Mélanges de Littérature Angloise, & par des observations très-judicieuses sur la Noblesse & le Tiers-État, qui ont paru en 1758.

BENOIT, (Madame Françoise Albine) née à Lyon, a enrichi le Public en 1757, d'un Journal en forme de Lettres, mêlé de critique & d'anecdotes curieuses, & en 1759, d'un ouvrage qui a pour titre: *Mes Principes*, ou *la Vertu raisonnée*; l'un & l'autre marqués au coin du meilleur goût & de la raison la plus éclairée. Elle est encore auteur de deux Comédies qui ont paru en 1768, *le Triomphe de la Probité*, & *la Supercherie réciproque*.

BENTIVOGLIO-GALCAGUINI, (Dona Berthilde) née à Ferrare, savoit plusieurs langues & avoit beaucoup d'érudition. Elle a traduit en Italien de bons ouvrages François de différens genres. L'on voit aussi de sa composition de très bonnes pieces de Poésie dans un Recueil que les Arcades de la Colonie de Ferrare firent imprimer en cette ville en 1703. Plusieurs Savans en ont parlé avec éloge, & elle fut aggrégée à l'Académie des Arcades de Rome, où elle etoit surnommée *Amarilli Tritonide*. Les Lettres la perdirent en 1711.

BENTIVOGLIO, (Dona Camilla Caprara) vivoit à Rome au commencement de ce siecle. Ses belles qualités, son érudition, & les graces de son style, lui méritèrent l'estime & l'admiration de ses Contemporains. Elle possédoit supérieurement sa langue, & écrivoit également bien en vers & en prose.

BERENICE I, fille de Ptolomée-Aulette. Appellée au Trône de l'Egypte par les peuples mécontens de Ptolomée, elle s'y maintint long-tems par son grand courage, & malgré les armes Romaines qui furent employées pour l'en faire descendre.

BERENICE II, fille de Costabarus & de Salomé, sœur d'Hérode le Grand. Devenue veuve d'Aristobule & d'un autre Prince auquel elle avoit été mariée en secondes noces, elle se retira à la Cour d'Auguste, où son esprit & ses belles connoissances furent admirés & célébrés.

BERENICE III, petite-fille de la précédente, se rendit aussi célèbre par son esprit que par sa grande beauté. Envoyée chez les Romains pour y solliciter les intérêts de sa Nation, elle y joua un très-grand rôle : son érudition, les graces de sa conversation, & une foule de talens agréables qu'elle possédoit, firent tant d'impression sur Titus, que ce célèbre Empereur fut à la veille de l'associer à son Trône ; mais les sages réflexions que ses amis lui firent faire, l'en détournèrent.

BERINGHEN, (   ) Abbesse de Farmoutier en Brie. M. de Vertron, ce célèbre Panégyriste des Dames, dit que Madame de Beringhen orna le dix-septieme siecle par son savoir & par ses vertus.

BERMANN, (Mademoiselle) a remporté le prix à l'Académie de Nancy, fur ce fujet : « Lequel fercit le plus utile, d'écrire des ouvrages de Belles-Lettres ou de Morale ».

BERNARD, (   ) s'étoit adonnée avec fuccès à l'étude des Belles-Lettres. En 1694 elle prononça, avec un applaudiffement général, en préfence des perfonnes les plus diftinguées de la ville de Lyon, le Panégyrique de Sainte Catherine.

BERNARD, (Catherine) née à Rouen, fe diftingua par fa fcience & par un heureux talent pour la Poéfie, & fut en commerce avec les plus favans hommes de fon tems, fur-tout avec M. de Fontenelle. Elle remporta plufieurs prix, tant à l'Académie Françoife qu'à celle des Jeux Floraux de Touloufe, & fut aggrégée à l'Académie des Ricovrati de Padoue. L'on a de cette illuftre Demoifelle quelques ouvrages de fiction très-bien écrits, & deux Tragédies, *Brutus*, qui dans fon tems eut beaucoup de fuccès, & *Léodamie*. Elle mourut en 1712.

BERTANA, (Lucie) née à Modene, Demoifelle très-favante, a été beaucoup célébrée, tant dans l'Hiftoire de fa Patrie, que dans les écrits de plufieurs Savans, fes Contemporains. Il fe trouve des Pieces de fa compofition dans le Recueil qui a pour titre, *Rime di cinquanta Poéteffe*.

BERTANI, (Barbe) floriffoit fur la fin du feizieme fiecle, & fe fit une grande réputaticn par fes Poéfies en langue Italienne. Il eft parlé d'elle avec éloge dans l'Hiftoire Littéraire du Guafco. Elle étoit née à Reggio, en Lombardie.

BERTHE, fille de Lothaire II. & de Valrade, orna le dixieme fiecle. Belle, courageufe, inftruite dans toutes les fciences, cette illuftre Princeffe fut l'ame de plufieurs des plus grands événemens de fon tems.

BERTRADE, fille de Simon, Comte de Montfort, fe rendit dans le douzieme fiecle auffi célebre par fon efprit & fon favoir, que par la paffion qu'elle infpira à Philippes I, qui l'époufa. Après la mort de ce Prince, elle fe retira à Fontevrault & en embraffa la regle. Ce fut en fa faveur que Robert d'Arbriffel inftitua que le Généralat de fon Ordre feroit toujours occupé & exercé par une femme.

BESTIA-APPIA, Dame de Capoue, très-riche, fit admirer fa finguliere générofité pendant la guerre d'Annibal contre les Romains, en exerçant, fuivant que Capoue tenoit pour l'un ou pour l'autre parti, une hofpitalité illi-mitée pour les bleffés, & la plus noble libé-ralité envers les prifonniers des deux partis, indifféremment.

BESUCHET, (Mademoifelle) a mérité les applaudiffemens du Public par de très-belles Stances de fa compofition fur le *Miferere*, qui ont paru en 1765, & plufieurs pieces fugitives de poéfie qui ont été inférées dans différentes feuilles périodiques.

BICHI, (Pia) née à Sienne, en fut un des ornemens par fon favoir & par fon heureux talent pour la poéfie. Elle floriffoit vers le milieu du feizieme fiecle. On voit des pieces de fa compofition dans le Recueil qui a pour titre, *Rime di cinquante poeteffe.*

BIDAL D'ASFELD, ( ) mere du Maréchal de France de ce nom. M. Bidal ayant été choisi par le Cardinal Mazarin pour remplir divers ambassades, se distingua dans toutes par un génie supérieur. Sa femme l'accompagna partout, & contribua beaucoup à ses succès par ses lumieres, sa grande pénétration, & la sagacité de ses conseils. M. Bidal étant mort dans la derniere de ses ambassades, Louis XIV. n'hésita pas de donner sa confiance à sa veuve, & elle resta seule chargée des intérêts de la France, jusqu'à la fin de la négociation qui avoit été l'objet de la mission de son mari. Cette Dame ne se distingua pas moins dans l'éducation de ses enfans, à laquelle elle ne craignit point de présider elle-même. Par leur bravoure, leur science dans l'art militaire, & leurs belles actions, ils parvinrent tous aux plus brillans emplois, & mériterent les plus grands éloges. Il seroit à souhaiter que l'on eût recueilli avec soin tous les traits de la vie de cette illustre femme, & présenté à son sexe le modele de toutes les vertus qui l'ont distinguée.

BIERON, née avec le goût le plus vif pour les beaux-arts & les sciences, employa sa premiere jeunesse à l'étude de la Musique, de la Peinture, de l'Histoire & de la Géographie, & y obtint des succès flatteurs. Rassasiée, pour ainsi dire, de ces premiers talens, & cherchant à en acquérir de nouveaux, l'illustre Demoiselle Basseporte, son amie, lui conseilla de profiter de l'aptitude qu'elle avoit remarquée en elle pour réussir dans l'anatomie. Mademoiselle Bieron entreprit de se consacrer à toutes les recherches qui conviennent à cet art aussi difficile qu'intéressant. Sans autres secours que les dispositions naturelles, la force de son ame, &

ne lecture assidue des ouvrages des plus savans
Anatomistes ; surmontant les répugnances, les
préjugés, la délicatesse, auxquels son sexe est
si sujet, & les difficultés qu'il y avoit, pour une
fille, de pénétrer dans les hôpitaux & dans les
amphithéâtres de Chirurgie, aux heures où elle
ne fût pas exposée à s'y rencontrer avec les Etu-
dians, on la vit, le scalpel à la main, appliquée avec une ardeur incroiable à découvrir
les secrets les plus cachés de la structure humaine. Livrée sans relâche à ces rebutantes occupations, elle ne les suspendoit que pour consigner chez elle, dans les plus ingénieux modèles, les connoissances & les découvertes dont
elle s'étoit enrichie. Après plus de trente ans
d'une étude aussi laborieuse, & d'une multitude
d'expériences particulieres faites chez elle & à
ses frais sur des corps humains, elle a du moins
aujourd'hui la satisfaction de recueillir les justes
éloges que les Savans & les Curieux de tous
états & de toutes conditions s'empressent de
donner aux chefs-d'œuvre que sa savante main
a su produire ; mais, qui pourroit le croire ?
parvenue à l'âge de cinquante-six ans, & bor-
née à un modique patrimoine, que par sa grande
économie elle trouve encore le secret de partager avec les pauvres, la fortune n'a point
jusqu'ici daigné jetter sur elle aucun regard :
elle languit dans cet oubli qu'éprouvent trop
souvent les grands talens, lorsque l'intrigue &
la protection ne se mêlent pas de les faire valoir.
Si les femmes en général étoient jugées capables
de s'adonner aux sciences & à tous les beaux-arts
dont les hommes se font exclusiv...... rogé
l'étude & l'exercice, quelle ressource ne trou-

veroient-elles pas aujourd'hui, pour la partie de l'anatomie, dans les talens fi fupérieurement acquis de cette favante & laborieufe Demoifelle ? Affranchies de la néceffité de paffer fous les leçons des hommes, elles n'auroient point à redouter la foule des inconvéniens qui font fi capables de les détourner d'entrer dans une pareille carriere. Combien de fages femmes, combien de fujets qui fe confacrent au fervice des malades, feroient à portée d'y puifer les lumieres effentielles à leurs intéreffantes fonctions !

BINS, (Anne de) née à Anvers dans le feizieme fiecle, mérita un rang parmi les femmes favantes de fon tems. Avec beaucoup de vertus, de piété & d'érudition, font goût pour l'étude étoit fi fort que, pour le fatisfaire fans relâche, elle employoit les momens de fes récréations à former dans les fciences de jeunes perfonnes de fon fexe. Elle compofa en Flamand plufieurs ouvrages en vers contre les Hérétiques. Swertius, Ecrivain Flamand, dans les éloges qu'il en faifoit, la comparoit à Sapho.

BIO, femme de la ville d'Argos, étoit trèsinftruite dans les fciences & attachée à la fecte de Pythagore. Jamblique en parle avec éloge dans la Vie de ce Philofophe.

BISZEUSKA, Dame Polonoife, vient tout récemment d'offrir à fon fexe un exemple bien frappant de la force & du courage dont une femme peut être capable. Voyageant feule dans une voiture, elle eft attaquée par des voleurs; cette femme intrépide met pied à terre, un piftolet dans chaque main, & par cette contenance hardie, met ces brigands en fuite. Remontée dans sa voiture, elle s'apperçoit qu'il y avoit eu de ses effets pillés & emportés par quelques-uns de ces misérables, qui avoient profité du moment où elle avoit poursuivi les autres : les appercevant qui fuyoient pour rejoindre leurs camarades, elle court aussi-tôt à eux, & les suit avec tant de vivacité, qu'au moment de les atteindre, ils jettent & abandonnent ce qu'ils emportoient, pour pouvoir se sauver plus promptement. *Ann. pol. de Linguet, n°. 6,* pag. 338.

BLANCHE, femme de Jean-Baptiste Delaporte, Citoyen de Padoue, illustra son nom dans le treizieme siecle, par sa grande vertu & son courage héroïque. Son mari ayant été envoyé à Bessano, dans la Marche Trévisane, pour y commander, elle le suivit pour partager avec lui tous les travaux & les périls de la défense de cette place, que le tyran Acciolin assiégeoit. La ville fut prise par trahison ; Delaporte y perdit la vie, & Blanche fut faite prisonniere de guerre. Acciolin, à qui elle fut présentée encore chargée de toutes ses armes, fut si frappé de sa beauté, qu'il en devint aussi-tôt éperduement épris, & voulut même en abuser ; mais cette vertueuse femme se déroba à tous ses efforts, en se jettant par une fenêtre : blessée de cette chûte, aussi-tôt après sa guérison Acciolin recommença ses poursuites, & ne pouvant la faire consentir à ses desirs, eut la barbarie de la faire attacher sur un lit pour satisfaire sa brutalité. Blanche dissimula son désespoir jusqu'à ce qu'elle eût obtenu la permission de voir son mari dans le tombeau où il avoit été inhu-

G vj

mé; à peine fut-il ouvert, qu'elle s'y jetta précipitamment, & entraînant par un effort extraordinaire la pierre qui servoit à le fermer, elle en fut écrasée.

BLANCHE DE BOURBON, Reine de Castille, vivoit dans le quatorzieme siecle, & y passa pour un prodige de beauté, d'esprit & de vertus. Mariée à Pierre le Cruel, dès l'âge de quatorze ans, & victime du caractere atroce de cet indigne époux, elle mourut à l'âge de vingt-trois ans, empoisonnée par ses ordres. Toute l'Europe fit retentir son indignation & ses regrets.

BLANCHE DE CASTILLE, Reine de France, mere de Louis IX, si connue par sa beauté, ses sublimes vertus, sa grande piété, sa rare prudence, son courage héroïque, & le soin singulier avec lequel elle s'occupa elle-même de l'éducation de son fils. Elle fut Régente du Royaume pendant toute la minorité de Louis, & toutes les fois que ce Prince s'absenta, surtout pour ses longs voyages d'outre-mer, il lui confia l'administration de ses Etats, qu'elle exerça avec les plus rares talens & la sagesse la plus consommée. Dans ces tems déplorables, où l'autorité ecclésiastique ne reconnoissoit aucunes bornes, & se portoit aux plus violens excès, Innocent IV. prêchant & faisant prêcher dans toute la Chrétienté une croisade contre un Empereur d'Allemagne, Blanche n'hésita point de se roidir contre un si fol attentat. Elle défendit à ses sujets de se croiser, & pour être plus sûrement obéie, ordonna que l'on confisquât les terres & les biens de quiconque

s'enrôleroit. Cette illuſtre Reine termina ſa glorieuſe carriere en 1253, univerſellement regrettée.

BLANCHEFLEUR, *ou* BLANCAFLOUR,
(Flandrine de Flaſſan de) contemporaine de la
belle Laure de Sade, brilla comme elle par la
beauté de ſon génie & la délicateſſe de ſes
poéſies.

BLANCHETTI, (Jeanne de) née à Bologne
dans le quatorzieme ſiecle, fut une des plus
ſavantes femmes de ſon tems. Elle parloit très-
bien les langues Latine, Allemande & Bohé-
mienne, & excelloit dans pluſieurs genres de
Littérature.

BLESILLE, d'une des plus nobles familles
Romaines, & fille de la célebre Paule, ſi ſouvent louée par Saint Jérôme, douée d'un génie
capable de tout pénétrer & d'une excellente
mémoire, s'appliqua dès ſes tendres années à
l'étude, avec tant de ſuccès, qu'en très-peu de
tems elle apprit les langues Latine, Grecque
& Hébraïque. Elle prononçoit les ſons biſarres
& entrecoupés de cette derniere avec une
aiſance ſi ſurprenante, que tous ceux qui l'entendoient lire ou diſcourir dans cette langue,
ne la connoiſſant pas, penſoient que c'étoit ſa
langue naturelle.

BOCAGE, (Marie-Anne le Page du) née à
Rouen, tient à juſte titre un des premiers rangs
parmi les illuſtres Femmes Françoiſes actuellement vivantes. Couronnée en 1746 à l'Académie de Rouen, elle n'a ceſſé depuis d'enrichir les Belles-Lettres des productions de ſes
heureux talens, tant en vers qu'en proſe; ſes
Œuvres, nombre de fois imprimées, recher-

chées de toute l'Europe favante, & traduites
en plufieurs langues étrangeres, font de sùrs
garans de la beauté de fon imagination, de la
fécondité de fon efprit, & de l'étendue de fon
érudition. Les Académies des Arcades de Rome,
de l'Inftitut de Bologne & de Lyon, fe font fait
gloire de fe l'aggréger.

BOIS DE LA PIERRE, (Louife-Marie de
Lanfernat de) née dans la Religion Réformée,
y refta quelque tems attachée; mais fes pere &
mere en ayant fait l'abjuration, elle fuivit leur
exemple. Mariée à un Gentilhomme qui fut
tué à la bataille de Malplaquet, cette Dame ne
trouva point de plus grande confolation dans fa
vive douleur, que l'étude des fciences pour laquelle, dès fa premiere jeuneffe, elle avoit toujours eu beaucoup de goût. A un efprit folide,
capable des chofes les plus relevées, & rempli des lumieres que lui avoit donnée une application fuivie, elle joignoit le talent de la
poéfie, & écrivoit en profe avec une facilité,
une élégance & une précifion qui n'appartiennent qu'aux plus célebres écrivains. En commerce avec les plus favans hommes de ce fiecle,
elles les a enrichis de beaucoup d'excellens mémoires fur l'Hiftoire. La République des Lettres
perdit cette illuftre femme le 14 Septembre
1730.

BOIS-MORTIER, (Suzanne de) fille du célebre Muficien de ce nom, s'adonna avec fuccès à l'étude des Belles-Lettres, & mérita l'eftime de plufieurs favans hommes de ce fiecle.
On ne connoit d'elle que les Mémoires de Madame la Comteffe de Marienbourg, imprimés
en 1751.

BOLOGNE, ville d'Italie, a l'honneur d'avoir élevé dans son sein un grand nombre de femmes qui ont excellé dans les sciences. Dans le treizieme siecle, une Demoiselle à vingt-trois ans, prononça dans la grande Eglise de cette ville, une Oraison funebre en latin, qui fut généralement applaudie. A vingt-six ans, on lui conféra les honneurs du Doctorat en Droit, & elle commença alors à donner chez elle des leçons de Jurisprudence. A trente ans, ses talens, de plus en plus décidés & connus, lui firent donner la chaire de Droit public, & elle s'attira un si grand nombre d'Auditeurs, que les étrangers même se rendoient de fort loin à Bologne pour y suivre ses leçons; & souvent, uniquement pour avoir le plaisir de la voir & de l'entendre. Dans le quatorze & le quinzieme siecles, le même phénomene reparut avec autant d'éclat; & il y a très-peu de tems que, dans la même ville, une femme occupoit avec la plus grande distinction une chaire de Physique.

BONNE, simple paysane de la Valteline, gardant des moutons, fut rencontrée par Pierre Brunoro, fameux Capitaine, & lui plut. Brunoro l'ayant fait consentir à le suivre, en fit d'abord sa maîtresse & la menoit avec lui dans toutes les guerres où il étoit employé. Bonne, dans cet humiliant état, montra beaucoup de vertus & d'intelligence, beaucoup de force & de courage. Son amant ayant été arrêté & mis en prison à Naples, elle sollicita sa liberté avec tant d'intérêt & de chaleur, qu'il lui fut rendu, & alors Brunoro n'hésita plus d'épouser sa bienfaitrice & de lui donner son nom. Dans la guerre de Venise contre François Sforce, Duc de Milan, elle commanda feule des corps de troupes, à la tête defquels, & les armes à la main, elle fit, tout-à-la-fois, remarquer fon habileté dans les manœuvres, fa prudence & fon audace dans les combats. A l'attaque du château de Pavono, près de Brefce, cette vaillante femme mena elle-même fes troupes à l'affaut, & força les affiégés de fe rendre à difcrétion. Le Sénat de Venife, animé de la plus grande confiance en ces courageux époux, n'héfita pas de les envoyer dans l'Ifle de Négrepont, pour la défendre contre les Turcs, & ce couple héroïque s'acquitta de cette commiffion avec tant de conduite & de vaillance, que les Turcs, après de nombreufes défaites, furent obligés de fe retirer & de renoncer pour cette fois à leurs entreprifes fur cette Ifle. Bonne, couverte de gloire & comblée d'honneurs, mourut en 1466, laiffant deux enfans de fon mariage avec Brunoro, qui étoit décédé quelques années avant elle.

BONNE DE BOURBON, Comteffe de Savoie, femme du Comte Amée VI, dit le Verd, fut un des ornemens du quatorzieme fiecle, par fa vertu, fa beauté, fon favoir & fon courage. Le Comte fon époux lui laiffoit manier avec lui les rênes du Gouvernement, & eut fouvent lieu de s'applaudir de la fageffe de fes confeils. Elle mourut le 9 Janvier 1402.

BONNEVAULT. ( ) Quoique l'on ne connoiffe aucun ouvrage de cette Dame, plufieurs Ecrivains du fiecle dernier l'ont vantée comme très-inftruite dans les fciences, & fort attachée à la Philofophie de Defcartes.

BONSUIGUE, héroïne Angloife, fe fignala

...ar son courage & de savantes manœuvres de ...erre. Lorsque les Romains porterent leurs ...mes en Angleterre pour y établir leur domi...ation, elle battit souvent les troupes de ces ...rs conquérans, & les mit plus d'une fois à ...veille de se retirer honteusement de cette Isle.

BONTEMS, (   ) née en 1718 & décédée en 1768, avoit reçu de la nature heureuses dispositions pour l'étude des Belles-Lettres, savoit & parloit très-bien plusieurs langues savantes & étrangeres, & possédoit la sienne dans sa plus grande pureté. Elle a traduit le Poëme Anglois des quatre Saisons, ouvrage qui lui a mérité beaucoup d'éloges.

BORROMÉE, (Blanche) Demoiselle née à Padoue, cultiva les sciences avec beaucoup de succès, réunissant à cet avantage une grande beauté, une conduite & des mœurs irrépro-chables. Elle mourut très-regrettée en 1557, & les plus beaux génies de son tems s'empres-serent d'orner sa tombe de leurs éloges.

BOUDICÉE, ou BODICÉE, Reine des Icé-niens, peuples de l'ancienne Albion, célebre par son courage. Prasutague son époux, avant de mourir, avoit mis ses Etats sous la protec-tion des Romains; mais à peine fut-il expiré, qu'ils pillerent son palais & accablerent sa veuve & ses filles des plus indignes outrages. Boudi-cée respirant une juste vengeance, souleva tout son pays contre ces cruels tyrans, &, à la tête de 120000 hommes, battit leurs troupes & en fit un grand carnage. Suétone étant accouru avec une nouvelle armée, celle de Boudicée fut dé-faite. Cette héroïne, accablée par ce revers & ne pouvant éviter de tomber dans les mains des

vainqueurs, & de fervir à orner leur triomphe, fe donna elle-même la mort l'an 61 de
l'ere chrétienne.

BOUETTE DE BLÉMUR, (Jacqueline)
d'une famille noble de Normandie, dès l'âge de
onze ans fe confacra à la vie religieufe dans
l'Ordre de Saint Benoît. Née avec beaucoup
d'efprit, elle s'appliqua avec un tel fuccès dans
fa retraite à le cultiver & à l'orner, qu'elle
fut en état de compofer plufieurs ouvrages qui
lui mériterent de grands éloges. Cette favante
Reclufe écrivoit avec une pureté & une élégance qui ne pouvoient que furprendre dans
une fille qui avoit paffé toute fa vie dans un
cloître, & qui en pratiquoit les exercices avec
une fcrupuleufe exactitude. Elle termina fa carriere en 1696, âgée de foixante-dix-huit ans.

BOUFFLERS, (Madame la Marquife de)
dont l'efprit, les connoiffances & les talens font
fi avantageufement connus, a paffé en 1764
pour avoir eu grande part à un ouvrage qui a
pour titre *les Paffions*. Celles de l'amour & de
l'ambition y font rendues d'une façon neuve &
avec toutes les graces particulieres à une femme
douée d'un génie cultivé & de la plus belle ame.

BOULEN, (Anne de) fille d'un Gentilhomme Anglois, après avoir paffé plufieurs années à la Cour de France, où elle s'étoit fait
admirer par les graces de fa figure & de fon
efprit, repaffa en Angleterre. Henri VIII. la vit,
conçut pour elle une violente paffion, & l'é-
poufa en 1532. Tout le monde fait que pour
confommer cette union, il ne craignit point
de répudier la vertueufe Catherine d'Arragon,
& de fe féparer de l'Eglife de Rome. La galan-

...erie dont Anne de Boulen avoit puisé l'esprit & le ton à la Cour de France, ne l'ayant point quittée à celle de Londres, Henri en prit de l'ombrage, & le dégoût s'y étant joint, il ne manqua pas, à son ordinaire, de chercher des prétextes pour s'en défaire. Il crut en trouver dans sa conduite; il la fit condamner, comme infidelle, à perdre la tête, & l'Arrêt fut exécuté en 1536. Anne soutint avec intrépidité, jusques sur l'échafaud, la cruauté & l'inconstance de ce trop féroce époux. De son mariage étoit née la célèbre Elisabeth.

BOURETTE, (Charlotte Renyer, femme du sieur) née à Paris, & surnommée la Muse Limonadiere, consacre depuis long-tems son talent dans l'art des vers à célébrer les Rois, les Princes, les Savans & les grands Hommes.

BOURGES, (Clémence de) célèbre dans le seizieme siecle par ses grands talens pour la poésie & la musique. Duverdier la nomme la fleur des Demoiselles Syonaoises. Elle étoit contemporaine de Louise Labbé, dite la belle Cordiere.

BOURIGNON, (Antoinette de) s'acquit une grande réputation dans le dix-septieme siecle, par la vie singuliere qu'une piété mal entendue lui fit embrasser. Elle étoit très-savante, & écrivoit avec tant de facilité, qu'elle a composé dix-neuf volumes in-8°. d'ouvrages dans lesquels on voit beaucoup d'érudition. Epuisée par ses austérités, ses veilles & ses travaux littéraires, elle décéda en 1680 âgée de soixante-quatre ans.

BOUSSONET, (Stella) excelloit dans le dessin & la gravure. Ses ouvrages sont encore très-

recherchés des connoiſſeurs. Elle floriſſoit dans
le   ſiecle.

BRAGA , ville conſidérable de Portugal. Dans
un combat très-vif entre les habitans de cette
ville & ceux de Porto , les femmes de Braga,
par leur valeur & leur intrépidité , eurent la
plus grande part à la victoire que leur ville remporta. Pour conſerver la mémoire de cet événement, les vainqueurs impoſerent à la ville de
Porto , pour une des conditions de paix , qu'à
l'avenir aucun de leurs citoyens ne pourroit
être inſtallé dans ſes emplois municipaux , que
ſa nomination n'eût été confirmée par les
femmes de Braga.

BRAME, (Marie) née en Bourbonnois, fut
connue dans le ſeizieme ſiecle par pluſieurs ouvrages ; elle ſe diſtingua, ſur-tout, par ſon talent pour la poéſie.

BRANDEBOURG , (Barbe de) Allemande
de nation , femme de Louis de Gonzague , Marquis de Mantoue , brilla dans le quinzieme ſiecle, autant par les graces du corps que par les
qualités du cœur & de l'eſprit. Douce , aſſia-
ble , libérale , elle fut ſingulierement chérie de
ſes ſujets , & fut pour eux un modele de toutes
les vertus. Cette Dame eut de ſon mariage dix
enfans, & ne dédaigna pas de ſe conſacrer
toute entiere à leur éducation. Elle mourut à
Mantoue en 1482.

BREGI , (Charlotte Saumaiſe de Chazan,
Comteſſe de) née en 1619, & décédée en 1693,
niece du ſavant Claude Saumaiſe , & l'une des
Dames d'Honneur de la Reine Anne d'Autriche. Spirituelle , ſavante, connue & recherchée des plus ſavans hommes de ſon tems, elle

uit de l'estime particuliere de Louis XIV. &
e plusieurs autres Princes Souverains. L'on a
e cette illustre femme des Lettres & des Poé-
s très-estimées.

BRETONVILLIERS, (Madame la Présidente
) a mérité par son esprit & son savoir, l'es-
me des Savans & un rang dans la République
es Lettres. On a d'elle une Comédie en pro-
rbes, des Contes, des Poésies galantes & sé-
euses, & dès Devises. L'Académie des Ricco-
ati de Padoue se l'associa en   & la sur-
omma l'Admirable.

BRINON, (   ) premiere Supé-
eure de la Maison Royale de Saint-Cyr, étoit
lle d'un Président au Parlement de Rouen.
aturellement favorisée d'un génie supérieur
 d'un goût décidé pour les sciences, elle se
vra de bonne heure à l'étude & y fit de ra-
ides progrès. S'étant engagée dans la vie reli-
ieuse, le couvent des Ursulines, où elle avoit
it profession, fut supprimé. Madame de Bri-
on erra quelque tems de couvent en couvent
ans pouvoir se fixer, mais son grand goût pour
étude & pour les sciences, lui fit prendre enfin
e parti de s'adonner à l'éducation de la jeu-
esse. Ses succès dans différentes villes où elle
xerça ses talens, lui firent une réputation.
lle vint s'établir à Ruelle, y loua une maison,
, sous la protection de Madame de Main-
enon, s'y vit bientôt jusqu'à cent jeunes De-
oiselles confiées à ses soins. On peut dire que
 fut là le premier berceau de l'établissement
e Saint-Cyr ; car, de Ruelle, la pension de
adame Brinon fut transférée à Noisy, dans
e parc de Versailles, & ce fut de ce dernier

lieu qu'elle paſſa à Saint-Cyr, où Louis XIV
ſur les conſeils de Madame de Maiptenon,
les plans dreſſés par Madame Brinon, fit éleve
les ſuperbes bâtimens qui exiſtent aujourd'hui
Madame Brinon fut établie Supérieure de tou
la maiſon, pour le temporel comme pour
ſpirituel, & perſonne n'étoit plus capable qu'ell
d'occuper cette place, car cette Dame avo
acquis dans ſes études toutes les connoiſſance
que peut donner la ſcience des Auteurs ſacr
& profanes, & n'ignoroit rien des devoirs
des uſages du monde. A ces ſolides avantage
elle réuniſſoit encore le talent de la parole,
le poſſédoit ſi ſupérieurement, que lorſqu'el
faiſoit à ſa Communauté des exhortations,
l'explication de l'Evangile, on venoit en foul
& de la Cour & de la Ville, pour avoir le plai
de l'entendre. Tant de talens & de belles q
lités lui avoient mérité la confiance la plus
time de Louis XIV. & de Madame de Ma
tenon; mais la jalouſie, les intrigues & les c
bales des dévots, lui ſuſciterent enfin des c
tradictions & des ennemis qui vinrent à b
de la faire tomber dans la diſgrace & de l'ob
ger de ſe retirer à l'Abbaye de Maubuiſſon,
elle finit ſes jours le   âgée de
Cette illuſtre femme entretint, juſqu'à ſes de
niers momens, un commerce très-intime a
Madame de Maintenon, qui ne ceſſa, tant qu'el
vécut, de lui marquer autant d'eſtime que
confiance.

BRIQUET. (Magdeleine) Quoique née
parens illuſtres par leur naiſſance & leu
emplois, ſa grande piété lui fit embraſſer
vie religieuſe dans le Monaſtere de Port Roy

es Champs. Dans cette retraite, elle fuivit fon
ût pour l'étude, & compofa divers ouvrages
ns lefquels regne beaucoup d'efprit & d'éru-
tion, un ftyle pur & énergique. La mort
enleva à l'âge de quarante-fept ans, le 30 No-
embre 1685.

BRISSON, (Madame la Préfidente) a rem-
rté en 1777 le Prix d'éloquence à l'Acadé-
ie de Marfeille. Le fujet étoit *l'Eloge de*
adame de Sevigné.

BROHON, (   ) a donné au Public,
1758, un ouvrage de fiction qui a pour titre,
Amans Philofophes, & il lui a mérité de
es éloges pour la correction de fon ftyle &
pureté de fa morale.

BRUNEHAUT, fille d'Atanagilde, Roi des
figots, & femme de Sigibert, Roi d'Auftrafie.
L'hiftoire de fon regne, dit M. l'Abbé Velly,
nous laiffe, à travers les horreurs dont des
moines de fon tems fe font efforcés de la noir-
cir, appercevoir toutes les qualités qui forment une héroïne accomplie ». L'Evêque For-
mat l'a dépeint fous l'image des graces & de
beauté. Grégoire de Tours la repréfente
mme un modele de décence, de vertu, de
geffe & de douceur. Saint Grégoire Pape dit
qu'on la vit, dans tout le cours de fa vie,
conftamment occupée de tout ce que la Religion exige d'une pieufe Reine, d'une fage
Régente, & d'une mere véritablement Chrétienne ». Spirituelle, habile dans l'art de gou-
rner, bienfaifante & magnanime, magni-
que dans les fondations & conftructions utiles
ont elle enrichit avec prodigalité fes Etats,
rme & conftante dans l'adverfité ; qui peut

voir fans horreur, dans des Annales confacrée
à l'Hiftoire, qu'une Reine fi digne de l'admir
tion de la poftérité, fille, femme, mere, ayeul
& bifayeule de dix Rois, à l'âge de près c
quatre-vingts ans, mourut victime de la féroc
atrocité de Frédégonde, fon infâme rivale, e
pofé aux infultes d'une foldatefque effrénée
trainée par un cheval furieux, & déchirée e
pieces? Rien n'eft fi généreux & plus dig
d'éloges, que le grand foin qu'a eu M. l'Abbé
Velly, de développer & confondre les calom
nies dont la mémoire de cette grande Princeff
a été noircie dans des fiecles de barbarie &
d'ignorance, où les Moines, feuls poffeffeurs c
l'art d'écrire, avoient une fi grande liberté c
fatisfaire leurs paffions particulieres, en défho
norant dans l'efprit d'un imbécile vulgaire, le
malheureux objets, ou de leur vengeance u
de leur fanatifme. Les triftes reftes de cet
illuftre Reine furent inhumés en 613 dans l'E
glife de Saint Martin d'Autun, qu'elle avc
fondée.

BUCCA, (Dorothea) née à Bologne, fi
d'un grand Philofophe & Médecin de la mêm
ville. Adonnée dès fon bas-âge à l'étude c
fciences, elle y fit des progrès fi confidérable
qu'elle parvint à mériter les honneurs du Do
torat dans l'Univerfité de Bologne, & en 14
une chaire de Philofophie ayant vaqué, elle f
unanimement choifie pour la remplir: elle
enfeigna pendant plufieurs années avec de gran
applaudiffemens.

BUFFET, (Marguerite) connue dans la R
publique des Lettres par des obfervations f
la langue Françoife & fur les termes anciens
uffités

…fités , a auffi compofé les éloges des illuftres Savantes, tant anciennes que modernes. Elle …uriffoit à Paris en 1668.

BUSSIERE, (de la) a donné au Public les Mémoires de M. de Gourville, en deux volumes *in-12*, écrits avec grace, & d'une heureufe imagination. Les Lettres l'ont perdue en 1730.

C.

CALAGE, (   ) s'eft fait connoître avec diftinction par fon efprit, fon érudition & un talent décidé pour la poéfie. Elle remporta plufieurs prix aux Jeux floraux de la ville de Touloufe fa patrie. On a d'elle un poëme eftimé qui a pour titre *Judith*; Mademoifelle l'Héritier en fut l'Editeur, & le dédia à la Reine Anne d'Autriche.

CALDERINA, (Bettina) ou Bittina, née à Bologne, & fille du célèbre Jurifconfulte Jean André, s'adonna avec tant de goût, fous-les leçons de fon pere, à l'étude du Droit, qu'elle étonna par fa fcience les plus favans hommes de fon fiecle. Mariée à Jean de Saint-Georges, Profeffeur de Droit à Padoue, elle donnoit très-fouvent pour lui les leçons publiques, lorfque fes affaires ou quelque maladie le retenoient, & la réputation de cette favante femme attiroit aux écoles un grand concours d'Auditeurs également avides & de la voir & de l'entendre.

CALLICRETE, de Cyane, célébrée par

H

Anacréon, étoit savante dans la politique &
l'enseignoit. Platon en parle avec de grands
éloges dans son *Théagès*.

CALLIPATRIA, femme de Callianax, fille
du célebre Diagoras, sœur d'Acutilas, de Da-
magete & de Dorieus, & mere d'Euclès & de
Pisidore, qui furent tous, à diverses fois, couronnés dans les Jeux Olympiques. Les Elééens
avoient une loi qui défendoit aux femmes de
passer le fleuve Alphée pendant la célébration
de ces Jeux, sous peine d'être précipitées du
haut de la montagne Typhée. Callipatria, avide
de conduire elle-même dans la lice son fils
Pisidore, eut le courage d'affronter l'obstacle
qu'y apportoit cette loi, & pour se satisfaire,
se déguisa sous l'habit d'un Maître d'exercices.
Son fils ayant été couronné vainqueur, cette
tendre mere ne put contenir les transports de
sa joie, & franchissant la barriere pour l'aller
embrasser, l'habit qui la déguisoit s'ouvrit &
laissa appercevoir ceux de son sexe. Ainsi reconnue de tous les assistans, on lui fit grace en
faveur de son pere, de son mari, de ses freres
& de ses fils, qui avoient été tant de fois couronnés; mais pour que l'on n'abusât pas de cet
exemple, il fut décidé qu'à l'avenir les Maîtres
d'exercices ne paroîtroient plus que nuds dans
ces jeux.

CALPURNIE, femme de Jules Céfar & fille
de Pison. Singuliérement attachée à son mari,
& vivement occupée de ce qui transpiroit jusqu'à elle des noirs projets de ses ennemis, elle
rêva, la veille de la mort de ce grand homme,
qu'on le poignardoit entre ses bras. Allarmée
par un songe si effrayant, elle fit tous ses ef-

forts, par fes prieres & par fes larmes, pour obtenir de Céfar qu'il ne fortiroit pas, du moins ce jour là, de chez lui ; mais l'intrépidité, cette vertu dominante des héros, l'emporta. Céfar fe rendit le même jour au Sénat, & y fut en effet affaffiné par Brutus & d'autres conjurés. Culpurnie, inconfolable, paffa le refte de fes jours dans le deuil le plus trifte, pleurant continuellement fon illuftre époux, & ne s'occupant que des moyens de venger fa mort.

CAMBIS, (Marguerite de) femme de M. le Baron d'Egremont en Languedoc, a fait connoître fon goût pour les Belles-Lettres, par deux excellentes Traductions d'ouvrages Italiens, l'un de Triffin, l'autre de Bocace.

CAMBRA, furnommée la Belle, à caufe de fon extrême beauté, fille de Belin, Roi Breton, fut une très-favante Mathématicienne, & employa fon génie & fa fcience à l'avantage de fon pays. On prétend que c'eft cette Princeffe qui, la premiere, imagina l'art de conftruire des citadelles & de fortifier les villes.

CAMBRY, (Jeanne de) native de Tournai, Religieufe de l'Ordre de Saint Auguftin à Lille, s'acquit de la réputation dans le dix-feptieme fiecle, par fon goût pour l'étude, fa fcience & fes ouvrages.

CAMILLE, Reine des Volfques, fut confacrée à Diane. Occupée pendant toute fa jeuneffe aux exercices des armes & de la chaffe, perfonne ne pouvoit la furpaffer, ni à la courfe, ni dans le maniement des armes. Plufieurs hiftoriens prétendent qu'elle fecourut Turnus & les Latins contre Enée, & qu'elle fe fignala dans cette guerre par de grands exploits.

CAMMA, femme de Sinatus, Prince de Galatie, la plus belle personne de son tems, &
également recommandable par les qualités de
son cœur & de son esprit. Synorix, autre Prince
de Galatie, ne put voir Camma sans concevoir
pour elle la plus violente passion. Croyant qu'il
parviendroit à la posséder s'il pouvoit se défaire
de Sinatus, il le fit assassiner. Camma, livrée à
la plus vive douleur, découvrit l'auteur du
crime & devina ses intentions. Dès que Synorix
parut pour lui proposer de l'épouser, feignant
d'acquiescer à ses désirs, elle lui indiqua un jour
pour consommer leur union. Synorix arrivé aux
pieds des autels, Camma, qui étoit Grande-Prê-
tresse de Diane, prétexta qu'il étoit de son devoir
de commencer par offrir un sacrifice à la Déesse
qu'elle servoit. Prenant alors une coupe qu'elle
avoit emplie d'une liqueur empoisonnée, après
avoir fait une légere libation, elle en avala un
trait, puis présenta la coupe à Synorix, qui but
le reste. Camma, sentant bientôt les effets mortels du poison, dit à Synorix : « Cruel ! au lieu
» d'un lit nuptial, fais préparer ton tombeau ;
» pour moi je meurs dans une double joie,
» puisque je suis vengée, & vais rejoindre le
» cher époux dont ton crime m'a privée ». Peu
d'instans après, ils expirerent l'un & l'autre.

CAMPAGNOLE, (de) niece de
M. de Balzac, fut, au rapport de M. Collar,
aussi spirituelle que belle, & très-adonnée à
l'étude des Belles-Lettres.

CAMUS, (Charlotte le) de Melsons, femme
d'André Gérard le Camus, Conseiller d'Etat,
a mérité les éloges des plus savans personnages
de son tems, pour son érudition & son heureux

talent pour la poésie Françoise. Elle étoit aggregée à l'Académie des Ricovrati de Padoue,
& l'on a plusieurs pieces de sa composition dans
différens recueils. Cette savante Dame termina
sa carriere le 22 Juin 1702.

CANTONA, (Catherine) née à Milan, &
d'une illustre origine, excelloit dans l'art de
peindre, & joignoit à la perfection de ce talent
une modestie que les justes eloges qui lui etoient
prodigués ne purent jamais ébranler.

CAPILLANA, Princesse Péruvienne, étant
restée veuve très-jeune encore, s'étoit retirée
de la Cour, & avoit préféré le séjour de ses
terres, où elle étoit assurée de jouir sans contrainte de tous les avantages de sa naissance &
de son rang. A peine y étoit-elle établie, que
François Pizarre parut sur la côte avec les vaisseaux qu'il commandoit pour entreprendre la
conquête du Pérou. Ayant envoyé de ses gens
pour reconnoître le pays, ils pénétrerent jusqu'au Palais de Capillana qui, après les avoir
beaucoup questionnés, leur fit donner tous les
secours dont ils pouvoient avoir besoin, & les
assura qu'elle verroit avec plaisir leur Général.
Pizarre, sur un accueil si favorable à ses des-
seins, ne tarda pas de se rendre au Palais de la
Princesse. Il y fut reçu avec les plus grandes
marques de bienveillance, & cette premiere
entrevue fut même le prélude d'un attachement
réciproque, aussi tendre que vif, & qui dura jusqu'à la mort de Pizarre. Pizarre qui sentoit tout
l'avantage d'une pareille conquête, voulut profiter de l'ascendant qu'il avoit pris sur le cœur
de Capillana pour lui faire embrasser la Religion Chrétienne; mais son zele & ses talens

théologiques échouerent vis-à-vis des raisonne-
mens que la jeune Princesse employa pour lui
démontrer qu'elle ne pouvoit & ne devoit point
abjurer si légérement la créance de ses pères
& de son pays. Pizarre étonné de l'esprit & des
connoissances de son amante, ne se sentit pas
assez fort pour insister plus long-tems, & se
borna à se ménager avec elle de fréquentes en-
trevues, dans lesquelles ils se jurerent de plus
en plus une fidélité inviolable. Après que les
Espagnols eurent réussi dans la conquête du
Pérou, l'envie & la jalousie ne manquerent
pas de susciter des ennemis & des persécutions
à Pizarre, & ce célebre Capitaine, victime de
leur rage, mourut assassiné au milieu de son
Palais. Capillana, qui depuis peu avoit enfin
embrassé la Religion Chrétienne, désespérée de
la mort tragique de son illustre amant, quitta
les lieux qui en avoient été le théâtre, & dans
la retraite qu'elle se choisit, à l'aide des connoissances qu'elle avoit acquises dans le commerce des Espagnols, chercha sa consolation
dans l'étude. On conserve dans la bibliotheque
des Dominicains de Puna, un manuscrit de sa
composition, où sont peints & tracés de sa main
d'anciens monumens de son pays, & à chaque
figure se trouve une courte explication histo-
rique en langue Castillane. On y voit aussi,
avec de pareils ornemens, la description de
beaucoup de plantes du Pérou, accompagnée
de dissertations très-curieuses sur leur mérite
& leurs propriétés. Cette aimable & savante
Péruvienne mourut vers le milieu du seizieme
siecle.

CARAFFE, (Roberte) Princesse d'Avellino,

au Royaume de Naples, & femme de Camille Caraccioli, créé Chevalier de la Toison d'Or, par Philippes III, Roi d'Espagne. Belle, sage, modeste & spirituelle, elle relevoit encore ces heureuses qualités par une érudition & une éloquence qui étoient le fruit de son goût pour l'étude des Belles-Lettres. Tandis que le Prince son mari étoit occupé à la guerre, on la voyoit toujours retirée dans ses terres, où elle s'appliquoit à régir les affaires de sa maison, à veiller sur la conduite de ses Domestiques, & à entretenir l'union & la concorde parmi tous ses Vassaux.

CARDOSO, ( ) née à Lisbonne. Jérôme Cardoso son pere, avoit ouvert en cette ville une école de Grammaire qui étoit devenue très-célebre. Il eut le malheur de devenir aveugle. Sa fille, qu'il avoit instruite dans cette science avec le plus entier succès, donnoit, tant qu'il vécut, ses leçons publiques, & mérita toujours les applaudissemens de ceux qui y assistoient. Elle eut grande part à tous les ouvrages de son pere, entr'autres à une réfutation de Despautere & à un Dictionnaire Latin & Portugais, le premier qui eut paru en Portugal.

CARETTO, (Constance de) née à Naples, fut, au rapport de plusieurs auteurs Italiens, un des beaux ornemens de sa patrie, par son savoir & ses talens.

CARMENTA, née dans le Latium, florissoit avant la fondation de Rome, & excelloit dans l'art des vers. Les Dames Romaines lui firent bâtir à Rome un temple où elles célébroient des fêtes en son honneur.

CARO, (Anne) Demoiselle née à Séville dans le dix-septieme siecle, a composé des Comédies très-ingénieuses qui lui ont mérité une place distinguée dans la Bibliotheque des Auteurs Espagnols.

CARRIERA, (Rosa Alba) célebre dans l'école de Venise par son talent pour la poésie, réussissoit supérieurement dans le portrait & la miniature. Cette grande Artiste a traité ce dernier genre dans un goût qui lui étoit particulier & qui a été généralement applaudi de tous les connoisseurs pour l'expression singuliere qu'il donne aux objets. Les beaux arts la perdirent en 1761.

CARTISMANDUA, Reine de Brigantes, en Angleterre, rendit de grands services aux Romains sous l'empire de Claude, vers l'an 43 de l'ere chrétienne. Cette Princesse eut de grands démêlés, tantôt avec son mari, tantôt avec ses propres sujets, dans lesquels elle se signala par son intrépidité & l'habileté de son génie. A la fin cependant, les Romains, sous le prétexte de la secourir, abuserent de sa situation & s'emparerent de ses Etats.

CASSANDRE, (Fidele) née à Venise dans le quinzieme siecle, & l'une des plus savantes femmes qui aient existé, possédoit également bien le Latin, le Grec & l'Italien. La Philosophie & la Théologie entrerent dans ses vastes connoissances, & elle soutint sur ces sciences, avec autant d'éclat que d'applaudissement, plusieurs theses publiques. Cette célebre femme ajoutoit à un mérite si distingué, plusieurs talens agréables, & sur-tout celui de la musique. L'on a d'elle divers ouvrages en vers & en prose. Des Souverains Pontifes & des Rois rendirent hommage à ses vertus & à ses talens. Elle finit ses jours en 1567, âgée de cent deux ans.

CASSINI, (Madame   ) ne paroît encore connue dans la République des Lettres que par différentes pieces de poésie de sa composition qui ont paru à differentes époques; mais ces prémices suffisent pour annoncer l'esprit le plus cultivé & les plus heureux talens.

CASTELNAU, (Henriette Julie de) Comtesse de Murat. Son goût pour les Belles-Lettres & son talent pour la Poésie la firent rechercher & célébrer de tous les Savans de son tems. L'on connoît de cette illustre Dame un roman estimé intitulé, *les Lutins de Kernosi*, & plusieurs autres ouvrages de fiction écrits avec autant de graces que de génie. Une maladie occasionnée par ses veilles & ses travaux littéraires l'enleva en 1716, âgée de quarante-cinq ans.

CASTILLE, (   ) née à Paris dans le dix-septieme siecle, connue par son érudition & son talent pour la poésie, a traduit en vers plusieurs Odes d'Horace, & écrit sur la Comete de 1680.

CASTRO, (Anne de) Dame Espagnole de beaucoup d'esprit, s'acquit de la réputation dans le dix-septieme siecle, par divers ouvrages ingénieux en vers & en prose.

CATELANS, (   ) a fait l'admiration des Savans ses contemporains, par sa vaste érudition & un singulier talent pour la poésie. Apres avoir plusieurs fois remporté les prix

aux Jeux floraux à Touloufe fa patrie, elle fut
aggrégée à cette Académie, honneur qui, avant
elle, n'avoit point encore été, dit-on, accordé
à aucune perfonne de fon fexe.

CATHERINE, Vierge d'Alexandrie, étoit fi
favante & d'une fi vafte érudition, qu'on dit
qu'à l'âge de dix-huit ans elle difputa contre
cinquante Philofophes, & les terraffa par la
force de fon éloquence & de fes preuves. Il
paroit que ce ne peut être celle dont le corps
fut découvert dans le neuvieme fiecle dans la
montagne de Sinaï en Arabie.

CATHERINE, d'Efpagne ou d'Arragon,
Reine d'Angleterre, fut inftruite avec fuccès
dans toutes les fciences. Mariée en 1509 à
Henri VIII, Roi d'Angleterre, les premieres
années de cette union furent heureufes; mais
cet inconftant époux, s'abandonnant à fon caractere volage, s'éprit de la beauté d'Anne de
Boulen, & pour fatisfaire fa paffion, forma le
projet d'affocier cette fille à fon lit, en répu-
diant Catherine. La vertueufe Princeffe n'oppofa à la bifarrerie d'une fi monftrueufe entreprife, que fes larmes & les exercices de fa
fervente piété. Henri confomma fon outrage:
Anne de Boulen fut élevée fur le Trône, &
Catherine, forcée d'en defcendre, fut confinée
à Kunbalton, où elle finit fes jours le 3 Janvier 1536. Elle avoit compofé dans fa retraite
des *Méditations fur les Pfeaumes*, un *Traité
des plaintes du Pécheur*, & quelques autres
ouvrages.

CATHERINE ALEXIOWNA, Impératrice
de toutes les Ruffies, née dans le village de Rin-
gen, en Storfnie, de pere & mere pauvres,

qu'elle perdit de très-bonne heure. Mariée à treize ans à un foldat Livonien, & prife deux jours après par les Ruffes dans Marienbourg de Livonie, elle paffa d'efclavage en efclavage, dans la Maifon de Mentzicoff, Général Ruffien, qui l'employa au fervice de fa fœur. Pierre le Grand fe trouvant à manger chez Mentzicoff, remarqua Catherine qui fervoit à table ; il fut frappé de fa beauté, & crut démêler dans fa phyfionomie quelque chofe qui annonçoit des qualités extraordinaires. Occupé de l'idée de cette fille, il revint le lendemain, & fit à Catherine des queftions auxquelles elle répondit avec tant de jugement & de fineffe, que Pierre ne put plus fe contenir. Il fut tout-à-coup vivement épris, & ne goûta depuis aucun repos qu'il n'eût époufé cette jeune femme. Le mariage fe fit fecrètement en 1707 ; il fut rendu public en 1712, & cette illuftre femme fut couronnée en 1724. Pierre ne s'étoit point trompé : Catherine lui rendit de fi grands fervices par fes avis & fes confeils, qu'infenfiblement il lui laiffa prendre le plus grand afcendant fur fon efprit. Elle feule favoit arrêter & réprimer les violens accès de colere auxquels il étoit fujet ; elle feule fut le fauver & fon Empire d'une perte inévitable fur les bords du Pruth. A la bataille de Pultawa dont, par fes confeils elle avoit dirigé les fuccès, on la vit dans un chaife ouverte, allant de rang en rang, encourager les Officiers & les foldats, & donner des ordres pour faire fecourir promptement les bleffés ; enfin, après la mort de fon mari, cette célebre femme régna feule, & gouverna les Ruffes avec tant de douceur & de

bienfaisance, que son nom est & sera sans doute
toujours dans la plus grande vénération chez ces
peuples. En 1727, ils eurent la douleur de la
perdre âgée de trente-huit ans.

CATHERINE D'AUTRICHE, Reine de Portugal, née en 1506, fille de Philippes, Archiduc d'Autriche, & sœur de Charles-Quint.
Cette Princesse, instruite dans les sciences,
cultiva toute sa vie le goût qu'elle avoit pour
elles, dans le commerce des Gens de Lettres
qu'elle sut attirer à sa Cour, & protéger. Mariée
en 1525 à Jean III, Roi de Portugal, elle sut
mere de neuf enfans, qu'elle s'appliqua à élever & instruire elle-même. Ayant perdu son
époux en 1557, elle gouverna le Royaume pendant la minorité de Sébastien, & mérita par
son habileté & la douceur de son gouvernement, l'estime générale de ses peuples & l'admiration des étrangers. Elle descendit au tombeau en 1577, âgée de soixante-douze ans.

CATHERINE D'AUTRICHE, Duchesse de
Savoie, fille de Philippe II, Roi d'Espagne,
& de l'infortunée Elisabeth de France, étoit,
dit un de ses Panégyristes, naturellement douée
d'un jugement excellent, éclairée & courageuse, capable en un mot de gouverner un
grand Royaume. A ces avantages elle joignoit
la plus grande modestie, & une charité inépuisable envers les pauvres. Une mort prématurée
l'enleva à ses peuples le 6 Novembre 1597,
âgée de trente ans.

CATHERINE DE BADAJOZ, savante Espa-
gnole du seizieme siecle, possédoit très-bien les
langues savantes, & excelloit dans la poésie
Latine. N'étant encore âgée que de vingt-sept

ans, la Parque trancha le fil de fes jours en
1553.

CATHERINE DE FOIX, femme de Jean
d'Albret, Roi de Navarre, d'un génie & d'un
courage au-deffus de fon fexe, difoit avec grande
raifon à fon mari, lorfqu'il fut depoffedé de fes
Etats par l'Empereur Ferdinand : « D. Jean,
» fi nous étions nés, vous Catherine, & moi
» Jean, nous n'aurions jamais perdu la Na-
» varre ».

CATHERINE DE LORRAINE, Duchefle de
Nevers, fut un des ornemens de fon fiecle, par
fes vertus, fon favoir & fes grands talens. Chargée, dans des tems orageux, d'affaires auffi dé-
licates que difficiles, elle les mania avec cette
prudence & cette habileté qui feules décident
les fuccès. Elle mourut à Paris au mois de Mars
1618.

CATHERINE DE MÉDICIS, Reine de France,
époufe de Henri II, femme de beaucoup d'efprit & très-favante. Nulle Dame de la Cour ne
manioit mieux qu'elle un cheval : dans les tour-
nois, elle eût été capable de difputer les prix
aux hommes les plus exercés & les plus
adroits ; dans les bals, aucune femme ne pouvoit l'égaler pour les graces & la légéreté de
la danfe. Catherine avoit l'efprit vif & pénétrant, une ame ferme & indomptable, mais
qui, malgré fa roideur, favoit fe plier & prendre toutes les formes qui pouvoient lui être
utiles. Elle avoit une grande confiance dans
l'Aftrologie judiciaire ; c'étoit la folie de fon
fiecle, & elle devoit ce goût à fon éducation.
Un certain Luc Gauric, avec qui elle entretenoit, difoit-on, une correfpondance fuivie,

s'étoit rendu fameux dans cet art auffi vain que trompeur. Trois fois Régente du Royaume, Catherine fe montra, par fes grands talens & fes vaftes connoiffances, capable des plus grandes chofes. Cependant, les guerres civiles & de Religion, l'ambition & les cruels confeils des Guife, les mécontentemens des Grands, & la corruption des peuples, lui firent faire bien des fautes, qui ont beaucoup terni fa mémoire. Elle décéda en 1589, âgée de foixante-dix-neuf ans.

CATHERINE DE POLOGNE, Reine de Suede dans le feizieme fiecle. Jean fon mari ayant été confiné dans une prifon par les ordres de fon frere Eric XIV, qui régnoit, Catherine l'y fuivit & y refta fept ans entiers enfermée avec lui. Les Suécois, excédés des cruautés d'Eric, fe révolterent, tirèrent Jean de fa prifon, & l'éle-verent fur le Trône, où il prit le nom de Jean III. L'efprit, les vertus, les grandes qualités de Catherine contribuerent beaucoup à la gloire du regne de ce Prince. Elle mourut en 1583.

CATHERINE DE PORTUGAL, fille d'Edouard de Portugal II. du nom, douée des plus heureufes qualités de l'efprit & du cœur, poffédoit toutes les langues favantes, excelloit dans les Mathématiques & plufieurs autres fciences. En 1580, elle difputa les armes à la main contre Philippes II, la Couronne de Portugal, dont elle étoit légitime héritiere. Cette illuftre Princeffe mourut en 1582.

CATHERINE DE PORTUGAL, époufe de Charles II, Roi d'Angleterre, & fœur de Pierre II, Roi de Portugal, réunit en elle tontes les plus belles qualités de l'esprit & du cœur. Après la mort de son mari , & dans les troubles qui agiterent l'Angleterre , sous Jacques II, cette Princesse prit le parti de retourner en Portugal , où son frere , qui connoissoit son esprit & ses talens, lui confia les rênes de son Etat , & cette Princesse les mania avec autant d'habileté que de sagesse & de courage. Elle eut une guerre à soutenir contre l'Espagne, & tant qu'elle dura , elle s'y conduisit avec la plus grande vigueur & les plus rares lumieres.

CATHERINE DE SIENNE , Religieuse de l'Ordre de Saint Dominique, dans le quatorzieme siecle, mérita par ses vertus , les honneurs de la canonisation, & par son esprit & son érudition , l'élégance & la correction de son style , d'être placée au rang des femmes les plus savantes de son tems. Elle mourut en 1380 , n'étant encore âgée que de trente-trois ans.

CAULAH , fille Arabe, sœur de Derar , fameux Capitaine sous le Califat d'Abubecre, successeur de Mahomet. Pierre qui commandoit dans Damas pour l'Empereur Héraclius , prit, dans une de ses courses , plusieurs Musulmanes, parmi lesquelles se trouvoit Caulah. Pierre ne l'eut pas plutôt vue que, frappé de sa beauté singuliere , il conçut pour elle une passion violente. Dans toute sa marche pour retourner à Damas , il la traitoit avec les plus grandes attentions , & n'oublioit rien de tout ce qui pouvoit adoucir sa captivité. Un jour que Pierre étoit avec ses troupes campé dans un plaine, Caulah remarqua que la tente que l'on avoit dressée pour elle & pour les autres captives

étoit éloignée des Gardes du camp. Cette généreuse fille, voulant profiter de cette négligence,
proposa aux compagnes de son sort de se dérober à leurs ravisseurs, & de préférer même,
s'il le falloit, une mort glorieuse à la honte de
se voir bientôt les tristes victimes de la lubri-
cité de leurs ennemis. Il n'en fallut pas davantage pour les animer toutes. Elles s'arment à
l'instant de leurs poignards & des piquets fer-
rés qui soutenoient leurs tentes, & rangées en
bon ordre, se mettent en marche pour sortir
du camp. Pierre accourt aussi-tôt avec une
troupe de soldats; mais ces braves filles se ser-
vant de leurs armes, renversent les premiers
qui se présentent. Pierre, après avoir hésité
long-tems de donner l'ordre pour les forcer,
voyant qu'il ne gagnoit rien par la douceur,
s'ébranle enfin pour charger sans ménagement;
mais au même moment Derar, qui s'étoit mis
à la poursuite des ravisseurs de sa sœur, arrive
suivi de l'élite des plus vaillans hommes de ses
troupes, fond comme une aigle sur les Grecs,
en tue un grand nombre, met les autres en
fuite, délivre sa chere Caulah & toutes ses compagnes, & les ramene triomphant dans leur
camp, où elles furent reçues avec tous les
éloges que méritoient leur vertu & leur intrépidité.

CAYLUS, (   ) a mérité par son
érudition, son génie & les graces de sa plume,
un rang distingué parmi les femmes savantes.
L'on connoît d'elle un ouvrage qui a pour titre,
les Souvenirs, & qui est écrit avec une légè-
reté & une correction de style qui font regretter que la presse n'ait pas mis dans les mains

du Public tout ce qui eſt ſorti de la plume de
cette illuſtre Dame

CENT-LIVRES, (Suzanne) née en Angleterre en 1680, eſt auteur de deux Tragédies &
de dix-huit Comédies, dont pluſieurs ſont encore eſtimées & jouées ſur le Théâtre de Londres. La mort l'enleva à la fleur de ſon âge en
717.

CEO, ou CIEL, (Sœur Yolande de) née à
Lisbonne en 1603, Religieuſe de l'Ordre de
Saint Dominique, étonna ſon ſiecle par ſon éloquence & la fécondité de ſon talent poétique.
N'étant encore âgée que de ſeize ans, elle compoſa une piece qui fut jouée ſur le Théâtre de
Lisbonne, en préſence de Philippes III, Roi
d'Eſpagne, & généralement applaudie. Encou-
ragée par ce ſuccès, elle ſe livra à ſon génie
poétique, & l'on a un très-grand nombre d'ouvrages de ſa compoſition. Ses travaux littéraires
ne l'empêcherent pas de pouſſer ſa carriere
juſqu'à l'âge de quatre-vingt-dix ans.

CERDA, (Bernarde Ferreïra de la) Dame
Portugaiſe d'une illuſtre origine, floriſſoit au
commencement du dix-ſeptieme ſiecle. Toutes
les Académies d'Eſpagne & de Portugal ont
long-tems retenti de ſes éloges. Outre qu'elle
parloit avec une facilité peu commune toutes
les langues ſavantes, elle excelloit dans les
Mathématiques, la Philoſophie & la Rhétorique. On a de cette Savante un recueil de Poéſies, & un volume entier de Comédies.

CERETA, (Laura) Dame de Breſce, vivoit
ſur la fin du quinzieme ſiecle. Mariée très-
jeune, & devenue veuve dix-huit mois après
ſes noces, elle profita de ſa liberté pour ſe livrer

à l'étude de la Philosophie & de la Théologie, & ce fut avec tant de succès, que les plus savans hommes de son tems se faisoient un honneur d'entretenir des relations avec elle : mais la mort l'enleva qu'elle étoit encore à la fleur de son âge. On a de cette savante femme soixante douze Lettres très-estimées.

CERTAIN, ( ) connue dans le dix-septieme siecle par son érudition & un heureux talent pour la poésie. Ses Œuvres furent imprimées en 1665.

CERVATON, (Anne) Dame Espagnole, fille de Germaine de Foix, femme de Ferdinand, Roi d'Arragon, joignoit à une extrême beauté & à toutes les graces qui sont de l'apanage de son sexe, un esprit délicat & le plus heureusement cultivé. Non-seulement elle parloit sa langue dans sa plus grande pureté, mais elle écrivoit supérieurement en latin, & avec une élégance peu commune.

CERVENTE, (Claire) Dame Flamande, offrit à son sexe dans le seizieme siecle, un grand modele d'amour conjugal & de patience. Jeune & très-belle, elle fut mariée à un homme âgé de la ville de Bruges, attaqué d'une honteuse maladie qu'il avoit jusques-là tenue cachée, & qui ne lui permit point de consommer son mariage. Peu de jours après ses noces, il tomba dans l'état le plus fâcheux, que les Médecins jugerent incurable & même contagieux. Claire, sans s'étonner de cet arrêt, & occupée seulement des devoirs dont elle avoit contracté l'engagement, aima mieux risquer sa propre vie, que d'abandonner ce malheureux. Elle resta six semaines entieres enfermée avec lui, occu-

…ée à le panser & à le servir, n'ayant pour …aider que sa belle-mere, qui se trouva autant …e tendresse pour son fils que de courage. Il …chappa pour cette fois au danger; mais ce ne …t être pour long-tems. Il retomba & fut pen-…ant sept ans en proie aux plus affreux tour-…ens; la pourriture de ses chairs exhaloit à …haque instant l'odeur la plus infecte. La vertu …eroïque de Claire ne fut point un seul instant …ebutée: cette généreuse femme préparoit & …dministroit elle-même tous les remedes; & …our suffire aux dépenses d'une maladie aussi …ongue & aussi grave, elle en vint jusqu'à ven-…re & engager ses habits & ses bijoux. Enfin, …et homme de douleurs expira: Claire le pleura …incerement, & marqua long-tems les regrets …s plus sensibles.

CHAMPION, (   ) Dame connue …ar plusieurs pieces fugitives de poésie, qui ont …uccessivement paru dans les Feuilles périodi-…ues, & qui annoncent en elle un heureux ta-…ent, secondé d'un génie brillant, & de tous …s avantages attachés à une étude suivie des …rands modeles.

CHAMPMESLÉ, (Catherine Desmarres, …emme du sieur) célebre Actrice sur la fin du …ix-septieme siecle, fit, par la supériorité de …on talent, l'admiration de la Cour & de la …ille. Le Grand Racine avoit lui-même pris la …eine de la former dans l'art de la déclamation. …lle mourut en 1698, âgée de cinquante-…pt ans.

CHANCE, (   ) fille de beaucoup …'esprit, s'est fait connoître par plusieurs pieces …e poésie qui lui ont mérité des applaudissemens.

CHARCE, (de la) sœur aînée de M
demoiselle d'Alerac, cultiva les Belles-Lettr
avec succès, & se fit admirer par son talen
pour la poésie.

CHARCE, (Philis de la Tour Dupin-G
vernet, Demoiselle de la) a bien mérité d'en
placée au rang des Héroines Françoises. Lo
de l'irruption que le Duc de Savoie fit en Da
phiné en l'an 1692, cette courageuse Demo
selle monta à cheval, fit armer les villages d
son canton, se mit à leur tête, livra plusieu
petits combats dans les défilés des montagne
& par sa bravoure contribua beaucoup à fai
abandonner le pays par les ennemis. Dans l
mêmes instans sa mere exhortoit les peuples d
la plaine à se maintenir dans le devoir, & M
demoiselle Durtis sa sœur couroit le long de l
Durance & faisoit couper les cables de tous l
bateaux qui servoient a la passer, afin que le
Barbets ne pussent pas en profiter. Louis XIV
gratifia Mademoiselle de la Charce d'une pe
sion, & lui permit de faire placer au Trésor d
Saint Denis son épée, ses pistolets & l'écuss
de ses armoiries.

CHARDON, (Madame) née à Paris
& élevée dans la Religion Protestante, donn
au Public en 1755 ses Mémoires, qui ont bea
coup intéressé ses Lecteurs.

CHATEAUGIRON, (Madame) est auteur d
la Bibliotheque des Femmes.

CHELONYDE, fille de Léonide, Roi d
Sparte, & femme de Cléombrote, fut pour s
sexe un grand modele de la piété filiale & d
l'amour conjugal. Léonide avoit été détrôné pa
une faction à la tête de laquelle étoient l

ndre Cléombrote, & Agis. Léonide ayant été
elque tems après rappellé par les Lacédémo-
ens, Cléombrote, surpris par cette révolu-
n, n'eut que le tems de se réfugier dans le
mple de Neptune. Léonide le poursuivant en
inqueur justement irrité, y entra presque
ssi-tôt, suivi d'une troupe de soldats; mais
elle fut sa surprise, quand il y vit Chélonyde
fille déja assise auprès de son mari, & leurs
ux enfans couchés à ses pieds. Fille & femme
alement infortunée, toujours attachée au
rti du malheureux, elle avoit suivi son pere
ns son exil, & étoit constamment restée au-
ès de lui pendant tout le tems de sa disgrace.
ans le tumulte de la révolution qui le réta-
ssoit sur le Trône, elle étoit accourue auprès
son mari pour l'assister & le consoler à son
ur. Dans ce terrible instant où Léonide ne
roissoit que pour exercer sa vengeance, Ché-
nyde embrassoit Cléombrote, & les yeux bai-
és de larmes, elle supplioit son pere de par-
nner. Tous ceux qui étoient témoins de cette
ste scene, fondoient également en pleurs, &
pouvoient se lasser d'admirer la force de
mour conjugal qui transportoit cette vertueuse
tendre femme. Montrant ses habits de deuil,
ses cheveux épars & négligés: « Mon pere,
s'écria-t-elle, ces habits lugubres, ce visage
battu, ne viennent point encore de la situation de Cléombrote & des périls qui le me-
nacent; ce sont les suites & les restes du deuil
que vous m'avez vu porter pour tous les maux
que vous avez endurés, pour l'exil que vous
vez souffert. A quoi dois-je maintenant me
determiner? Faut-il que lorsque vous régnez

» à Sparte, & triomphez enfin de tous vos e‑
» nemis, je continue d'être plongée dans la d‑
» solation? Ou, faut-il que je prenne des rob‑
» royales & magnifiques, tandis que je v‑
» l'homme que dans ma jeuneſſe vous m'a‑
» donné pour époux, ſur le point d'être égor‑
» de vos propres mains, ou par vos ordres?
» votre colere ne peut être déſarmée, ſi vo‑
» grand cœur ne peut ſe laiſſer fléchir par m‑
» pleurs & par celles de mes enfans, ſach‑
» que Cléombrote ſera plus cruellement p‑
» de ſon imprudence que vous ne le déſirez‑
» doute, lorſqu'il verra expirer de douleur a‑
» lui une épouſe qu'il a toujours tendrem‑
» chérie; car ſi ſa tête doit expier ſon offen‑
» ne croyez pas que je puiſſe me réſoudre i
» ſurvivre. Eh! comment pourrois-je paroi‑
» parmi les femmes de Sparte, moi qui n‑
» rois pu, ni par mes prieres, ni par mes ple‑
» toucher ni mon mari pour mon pere, ni m
» pere pour mon mari! Fille & femme m
» heureuſe! toujours affligée, toujours mépri‑
» par les miens »! En finiſſant ce diſcours, C
lonyde tenoit ſa tête appuyée ſur ſon ma‑
qu'elle arroſoit de ſes larmes. Léonide éga‑
ment déchiré & attendri, ordonna à Cléo‑
brote de ſe lever & de ſortir promptement
Sparte, conjurant en même tems ſa fille de
ter & de ne pas ſe ſéparer d'un pere qui
donnoit une ſi grande preuve de tendreſſe. Il
put l'obtenir. Chélonyde, dès que ſon mari
fut levé, lui remit entre les bras un de le‑
enfans, prit l'autre dans les ſiens, & après av‑
fait ſa priere à Neptune, partit avec Cléo‑
brote pour s'éloigner de Sparte. « Spectac‑

bien touchant, dit Plutarque, bien digne de l'admiration de tous les fiecles ».

CHEMIN, (Catherine du) femme du célé-re Girardon, & digne de tenir d'auffi près à e grand Artifle, peignoit les fleurs avec un lent fi fupérieur, que l'Académie de Peinture empreffa de fe l'aggréger. Les beaux arts la rdirent en 1698. L'on voit à Saint Landri à ris, le beau maufolée que Girardon confacra fa mémoire.

CHEREMEAU, (Magdeleine) Demoifelle Poitou, connue dans le dix-feptieme fiecle r fon talent pour la poéfie. Il ne refte des vrages de fa compofition que plufieurs Son-ts, qui lui firent beaucoup d'honneur lorf-'ils parurent.

CHERESTRATA, mere d'Epicure, au rap-rt de fon fils, a paffé pour une femme d'un nie fupérieur, & orné des plus profondes onoiffances.

CHERON, (Elifabeth-Sophie) née à Paris 1648, excelloit dans la mufique, la pein-re & la poéfie. Dès l'âge de quatorze ans fon nceau l'avoit déja rendue célebre. L'illuftre ebrun faifoit un fi grand cas des talens de tte Demoifelle pour la peinture, qu'il la fit ocier à l'Académie. Son érudition & fon ent pour la poéfie, la firent également re-ercher de celle des Ricovrati de Padoue, qui l'affocia & la furnomma Erato. Elle avoit pris l'Hébreu pour pouvoir mieux pénétrer fens des pfeaumes & des cantiques qu'elle traduits. L'on a de cette favante Demoifelle ufieurs ouvrages eftimés, en vers & en profe.

Elle finit fa carriere en 1711, âgée de foixante
trois ans.

CHEVREAU, (Madame   ) jeune perfonne de vingt-trois à vingt-quatre ans, née à
l'Orient, femme d'un Commiffaire-Ordonna-
teur de la Marine au Département de l'Ifle de
France, a donné au commencement de l'année
1777, un grand exemple de la force & de l'intrépidité dont fon fexe eft capable. Empreffée
de rejoindre fon mari qui étoit à Pondichéri,
elle quitta l'Ifle de France, & s'embarqua au
commencement de Mars fur la frégate la Conftante. Depuis le 11 du même mois jufqu'au
Avril, la navigation ne ceffa d'être traverfée par
tous les orages les plus périlleux & les plus
effrayans. A commencer de ce jour 7 Avril
jufqu'au 11, la mer devenue plus tranquille,
tous ceux qui étoient fur la frégate fembloient
avoir oublié ce qu'ils avoient fouffert ; mais
dans la nuit de ce même jour le vaiffeau m
porté par un courant fur des rochers où il
échoua tout-à-coup. Pendant tout le refte de
cette fatale nuit , on épuifa en vain toutes les
reffources du génie & de la manœuvre; le jour
éclaira fur le malheur certain d'une perte inévitable. Jufques-là Madame Chevreau avoit par-
tagé de fang froid toutes les fatigues des com-
pagnons de fon défaftre. Dans ce terrible moment, on apperçut du feu fur un récif, autour
duquel étoient quelques noirs, & plus loin une
Ifle qui paroiffoit habitée. Inutilement on donna
tous les fignes ufités en pareille détreffe ; ces
Infulaires timides ne firent aucun mouvement
pour donner du fecours. Alors cette jeune Dame
redoubla

redoublant de courage, se dépouille de ses habits & se revêt d'un simple gilet & d'un pantalon ; monte dans cet équipage sur le tillac, & s'y occupe à ranimer par la fermeté de sa contenance, tout l'équipage consterné. Une secousse plus violente que toutes les précédentes agite le vaisseau, & semble annoncer la mort la plus prochaine. L'Héroïne, à cet horrible coup, ne fait que s'écrier : « Ah que je suis » heureuse du moins que mon mari ne soit » point ici ! » & après avoir ainsi fait éclater ce transport de sa généreuse tendresse, continue de présider à tous les conseils que l'on pouvoit tenir dans une si affreuse situation. Le résultat fut enfin de construire au plus vite un radeau sur lequel on pût au moins gagner le récif. Un Matelot Vénitien se trouve assez hardi pour entreprendre d'aller à la nage établir à terre, par le moyen d'un cordage qu'il trainoit après lui, un point de retenue. Y ayant réussi, tous les infortunés naufragés se confient à cette frêle ressource, & gagnent le récif. De là ayant encore un quart de lieue à faire pour arriver à terre, il leur fallut traverser cet espace dans l'eau jusqu'aux aisselles, pendant une demi-heure entière. Madame Chevreau ne cessoit toujours d'encourager toute la troupe par le ton d'assurance avec lequel elle l'exhortoit à braver tous les petits accidens qui leur survenoient. Une jeune Demoiselle de quatorze ans, nommée Goupil, lui dut plusieurs fois la vie dans tout le cours de cette catastrophe. Arrivés enfin dans l'Isle, qui se trouva être une des Maldives, ils eurent le bonheur d'y rencontrer des habitans humains qui s'empressèrent de leur accor-

der l'hofpitalité, & leur procurerent tout c
dont ils avoient befoin. Le Roi des Maldives
informé du défaftre de la frégate, voulut vo
les Dames; elles furent conduites à fa Cou
où elles reçurent les plus grands honneurs, a
obtinrent pour tout l'équipage tous les fecou
que l'humanité fenfible & compatiffante pe
offrir dans de pareilles circonftances. Une fr
gate Françoife, qui fe trouvoit dans ces mêm
parages, les prit tous enfin fur fon bord le p
Mai, & les tranfporta à Pondichéri.

CHIO. (les Femmes de) Philippes, fils d
Démétrius, Roi de Macédoine, affiégeant l
ville de Chio, fit publier que fi les efclaves vo
loient fe révolter & lui livrer la ville, il le
donneroit, avec la liberté, les femmes de leu
maîtres. Celles-ci en conçurent une fi grand
indignation, qu'elles fe rendirent toutes av
intrépidité fur les remparts, où elles s'occu
perent à fervir aux combattans tout ce qui le
étoit néceffaire, gardant elles feules les mur
lorfqu'ils étoient obligés de les quitter po
faire des forties. Par la courageufe réfolutio
de ces femmes, la défenfe fut fi vigoureuf
ment foutenue, que Philippes fut forcé de lev
honteufement le fiege.   .

CHIOMARE, femme d'Ortogonte, Princ
Gaulois. Prife en guerre par les Romains, ell
échut en partage à un Centurion, qui conç
pour elle une ardente paffion. N'ayant pu l
faire confentir à fes defirs, il ufa de violenc
pour les fatisfaire, & lui offrit enfuite, pour l'ap
paifer, fa liberté moyennant une très-modiqu
rançon. Chiomare accepta l'offre; mais elle eu
l'adreffe de convenir qu'elle avertiroit deux e

s parens pour la venir recevoir & apporter le prix de sa rançon. Arrivés au lieu qui avoit été assigné, Chiomare s'approchant de ses deux parens, leur dit de tuer son infâme conducteur, & cela fut bientôt exécuté. Sur le champ cette brave femme saisissant l'épée de l'un d'eux, trancha de sa main la tête du Centurion, & la porta à son mari pour témoin de la vengeance qu'elle avoit su tirer de l'outrage fait à son honneur.

CHLOE, Dame de la ville de Corinthe, se signala par son zele pour l'établissement & le soutien de la Religion Chrétienne. Ce fut elle qui avertit Saint Paul de la division qui régnoit parmi les premiers Fideles, & des différens partis qu'ils embrasserent, les uns pour suivre Apollos, les autres Céphas, &c. &c.

CHRAZONOWSKI. (   ) En 1675, Kara Mustapha, neveu du célebre Kuprogli, & l'un des premiers Visirs du Sultan Mahomet IV, entreprit le siege de Tremblowla, place forte à l'entrée de la Podolie. Chrazonowski, l'un des plus braves hommes de son tems, y commandoit & faisoit la plus vigoureuse défense. Sa femme, qui joignoit à une beauté singuliere le courage le plus mâle, combattoit toujours à ses côtés, & conduisit plusieurs fois des sorties très-meurtrieres, où elle fit couler de sa propre main le sang des assiégeans. La Noblesse, qui s'étoit réfugiée dans cette forteresse, voyant une breche ouverte qui s'élargissoit d'heure en heure, commençoit à s'intimider, & envisageant avec effroi l'atroce cruauté que le Visir avoit déja exercée sur toutes les villes qui lui avoient résisté, formoit des

complots pour rendre la place. La femme de
Chrazonowski entend quelques-uns de leurs
propos : fur le champ elle vole fur la breche
où étoit alors fon mari, & l'avertit de ce qui
fe paffe. Chrazonowski fait affembler tous les
Nobles, leur reproche leur foibleffe, & faic
tant par fes difcours & par fes menaces, qu'il
les détermine à continuer la défenfe. Déja la
place avoit foutenu quatre affauts très-vifs, &
l'on voyoit. des remparts, Kara Muftapha réunir
toutes fes forces pour en donner un cinquieme.
Alors le brave Gouverneur, lui-même, parut
inquiet du fuccès de la réfiftance ; mais fa courageufe femme, prenant pour une foibleffe cet
inftant d'inquiétude, fe faifit de deux poignards,
& les lui montrant, lui dit fièrement : « En
» voilà un que je te deftine fi tu te rends ; l'autre
» eft pour moi ». Cette héroïque intrépidité fut
le falut de la place ; car peu d'heures après on
apperçut des fignaux qui annonçoient du fecours : c'étoit le grand Sobieski qui arrivoit à
la tête de fon armée ; non-feulement il fit lever
le fiege le même jour, mais en peu de jours il
détruifit encore une partie de l'armée Ottomane.

CHRISTINE, Reine de Suede, née en 1616,
orna le dix-feptieme fiecle par fon efprit, fon
érudition, & fa grande affection pour les Gens
de Lettres. Elle favoit & parloit très-bien huit
langues, & fut en état de lire Thucydide & Po-
lybe dans le texte original, à l'âge où communément on n'eft pas encore en état d'en lire
les traductions. Héritiere des Etats de fon pere,
après les avoir gouvernés feule pendant vingt
ans avec les plus grands talens, elle abdiqua la
Couronne le 16 Juin 1654, en faveur de Charles

Gustave, Comte Palatin, & passa le reste de sa vie à parcourir la France & l'Italie, pour y jouir de plus près du commerce des hommes les plus savans. L'on a d'elle un grand nombre de Lettres, & des réflexions sur la vie & les actions d'Alexandre. Cette illustre Princesse décéda le 19 Avril 1689, âgée de soixante-treize ans.

CHRISTINE DE DANNEMARCK, fille de Christiern II, Roi de Dannemarck, & d'Elisabeth d'Autriche, & niece de Charles-Quint, fut mariée fort jeune en 1534 à François Sforce, III. du nom, Duc de Milan, & l'ayant perdu au bout d'un an, épousa en secondes noces François, Duc de Lorraine & de Bar. Cette Princesse étoit très-belle, d'une taille élégante, instruite dans les sciences, & naturellement éloquente, charmoit dans la conversation. Elle montoit très-bien un cheval, & de la meilleure grace possible, allant toujours, dit Brantôme, étrier sur l'arçon, & étoit aussi hardie qu'infatigable aux exercices de la chasse. Ce fut elle qui négocia le traité de paix entre la France & l'Espagne en 1558; sans elle, les Ministres des deux Puissances étoient à la veille d'abandonner les conférences. Sa piété, sa douceur, & ses libéralités envers les pauvres, la firent extrêmement regretter de ses peuples lorsque la mort la leur ravit.

CHRISTINE DE FRANCE, mariée au Duc de Savoie le premier Février 1619, se rendit célèbre par ses vertus, son esprit & de grands talens, & gouverna les Etats de son fils pendant sa minorité, avec une prudence & une sagesse qui la firent universellement admirer.

CHRISTINE DE LORRAINE, mariée e[n]
1589, à Ferdinand de Médicis, premier Grand
Duc de Toscane, par ses grandes qualités & se[s]
heureux talens pour le gouvernement, fit le
bonheur des Etats de son mari, qu'elle gou[-]
verna seule pendant la minorité de ses en[-]
fans.

CIA, femme d'Ordelaffy, tyran de Forli,
dans le quatorzieme siecle, passoit dans so[n]
tems pour une des plus courageuses femme[s]
qui eussent jamais existé. Dans les troubles qu[i]
agitoient alors l'Italie, Ordelaffy command[oit]
dans Forly, & Cia dans Cezennes. Ces deu[x]
places ayant été assiégées en même tems, O[r-]
delaffy se hâta d'écrire à sa femme pour lui re[-]
commander de se défendre de son côté avec l[a]
plus grande vigueur. Cia lui répondit ce pe[u]
de mots : « Ayez soin de Forli, je répond[s]
» de Cézennes ». Elle eût tenu parole ; ma[is]
trahie par les siens, & prête à être enseveli[e]
sous les ruines de sa citadelle, elle se vit obl[i-]
gée de se rendre prisonniere de guerre, aprè[s]
avoir épuisé tout ce que son intrépidité avoi[t]
pu lui fournir de ressources.

CIBO, (Catherine) Duchesse de Camerino,
fit l'admiration du seizieme siecle, autant pa[r]
ses vertus & son grand courage, que par so[n]
goût pour l'étude & par sa vaste érudition. Ell[e]
savoit le Latin, le Grec & l'Hébreu, & parloi[t]
ces langues avec beaucoup de facilité. La Phi[-]
losophie & même la Théologie n'eurent pou[r]
elle rien d'abstrait & de difficile. Le Pap[e]
Paul III. l'ayant dépouillée de son Duché d[e]
Camerino ; obligée de céder à la tyrannie & à
la force, elle supporta cette disgrace avec fer[-]

...té & s'en confola, difent les Hiftoriens, ...n fe livrant à fon goût pour les fciences.

CIMBRES. (les Femmes) Leurs maris ayant ...é taillés en pieces par les Remains, leurs ...mmes fe réunirent pour livrer un nouveau ...ombat ; mais accablées par le nombre, celles ...ui n'avoient pu trouver la mort fur le champ ...e bataille fe la donnerent elles-mêmes, & ne ...ifferent ainfi à leurs ennemis que des mon-...ceaux de cadavres pour prix de leur victoire.

CIRANI, (Elifabeth) un des ornemens de ...Ecole de Bologne, par fon fingulier talent ...our la peinture. Formée fur les originaux des ...lus grands Maitres, elle avoit puifé dans cette ...ude de belles idées qu'elle rendoit très-heu-...eufement. Les fujets terribles lui plaifoient de ...réference.

CLAPISSON, (   ) femme d'un ...Contrôleur Général de l'Artillerie de France, ...mérita par fon favoir un rang parmi les femmes ...favantes. Il paroit par un Sonnet de fa compo-...tion fur les Reclus du Mont Valérien, qu'elle ...avoit beaucoup de talens pour la poéfie.

CLEA, fille de Léontis, fut louée par Plu-...tarque, comme une fille favante & très-verfée ...dans la Philofophie. Il lui dédia fon Traité fur ...les vertus des Femmes.

CLÆCHME, fœur d'Autocharide, célebre ...Lacédémonien, étoit, au rapport de Jamblique, ...une Philofophe de la fecte de Pythagore, & ...jouiffoit dans fon fiecle d'une grande réputation ...pour fon efprit & fa grande érudition.

CLÉLIE, d'une des premieres familles de ...Rome, fut donnee avec plufieurs autres filles ...de même condition, en ôtage à Porfenna, l'an de Rome 247. Cette généreuse fille, indignée de se voir traînée comme une esclave à la suite d'un barbare, proposa aux infortunées compagnes de son sort de se dérober à leurs gardiens, & de passer le Tibre pour s'en retourner à Rome. Toutes jurerent de la suivre, & à l'instant, les unes montées sur des chevaux dont elles eurent l'adresse de se saisir, les autres à la nage, exécuterent cette périlleuse entreprise à travers une grêle de traits qui furent lancés sur elles. Arrivées à Rome au milieu des acclamations de tout le peuple, qui ne pouvoit se lasser de louer leur généreuse résolution, Porsenna envoya aussi-tôt les réclamer, & le Sénat Romain, alors exact observateur de sa parole, n'hésita point de les renvoyer ; mais Porsenna, averti de leur retour dans son camp, fut lui-même au-devant d'elles, les combla d'éloges, fit présent à Clélie d'un cheval superbement équippé, lui rendit la liberté & celle de ses courageuses compagnes, & les fit reconduire à Rome. Le Sénat, en mémoire de cette action, fit ériger à Clélie une statue équestre dans la place publique.

CLÉMENCE DE HONGRIE étoit, dit un auteur de ce tems, « une Princesse de belle & » courtoise maniere qui, quoique Souveraine, » humblement envers tous se déportoit ; sage » en paroles comme en faits, digne enfin du » beau nom de Clémence ; car moult débon- » naire étoit ». Cette Princesse venant en France joindre le Roi son époux Louis X, le vaisseau qui la portoit fut battu d'une furieuse tempête ; Clémence, sans s'émouvoir, animée d'une vive sensibilité sur le sort de tous ceux qui l'accom-

...moient, ne s'occupa qu'à les raffurer par ...les marques qu'elle s'appliqua à donner ...même du plus grand courage, & à les con... ...en leur faifant envifager toutes les ref... ...ces qu'ils pouvoient efpérer encore de la ...vidence. Le Ciel parut feconder l'héroïfme ... Clémence; la tempête cefla, & le vaiffeau ...borda à Marfeille.

CLÉMENCE-ISAURE, fille célebre par fon ...prit, fon goût & fon affection pour les fcien... ...s, inftitua dans le quatorzieme fiecle les Jeux ...raux à Touloufe fa Patrie. Tous les ans, au ...ois de Mai, on prononce fon éloge & on ...uronne de fleurs fa ftatue, qui eft dépofée à ...l'Hôtel-de-ville. Les prix qu'elle a fondés con... ...ftent en une violette d'or, une églantine & un ...uci d'argent.

CLÉOBULINE, fille de Cléobule l'un des ...pt Sages de la Grece, inftruite par fon pere ...ns toutes les hautes fciences, joignoit à ce ...récieux avantage une grande beauté, un juge... ...ent folide & le caractere le plus aimable. ...léobule étoit fujet à de violens tranfports de ...vacité; mais dès que Cléobuline lui parloit, ...calme renaiffoit à l'inftant dans fon ame.

CLÉOPATRE, Reine d'Egypte, paffoit pour ... plus belle femme de fon fiecle, & avoit un ...nie fupérieur orné de toute la fcience & de ...utes les connoiffances poffibles. Cette Prin... ...effe n'avoit point befoin de truchemens pour ... faire entendre, ni des peuples foumis à fon ...mpire, ni des étrangers, & parloit à chacun ...ns la langue qui lui étoit propre. Livrée tant ...u'elle vécut au genre de vie le plus tumul... ...tueux, fon goût pour les fciences ne la quitta

l v

jamais. Elle rétablit la bibliotheque d'Alexa
drie, qu'un incendie avoit confumée, & y jo
gnit celle de Pergame, compofée, dit-on,
plus de deux cens mille volumes. Toutes ce
belles qualités étoient encore accompagnées d
plus grand courage, & elle le fit paroitre e
bien des occafions; mais fa vie fut ternie p
fes débauches & fes diffolutions, fur-tout av
Antoine, dont elle caufa & la ruine & la mo
après l'avoir indignement trahi & abandonn
Sur le point de tomber en la puiffance de C
zar, livrée à tous fes remords & à la crai
de fervir d'ornement au triomphe de fon vai
queur, elle fe fit piquer par un afpic, &
mourut âgée de trente-neuf ans, l'an de Ro
724.

CLEOPHIS, Reine des Arfacéniens, d
l'Inde, défendit avec un courage héroïque
ville capitale de fon Royaume centre l'arm
d'Alexandre le Grand, & obligée de fe rend
mérita les éloges & l'eftime de fon vainqueur.

CLERMONT, (Claude-Catherine de) D
cheffe de Retz, née en 1543, fille unique
Claude de Clermont, Baron de Dampiem
s'adonna dès fa plus tendre jeuneffe à l'eu
des fciences. L'Eloquence, la Poéfie, l'H
toire, la Philofophie & les Mathématiques e
trerent dans fes vaftes counoiffances, & e
parloit avec la plus grande facilité le Lati
le Grec, & plufieurs langues étrangeres. M
riée deux fois, la premiere à Jean d'Anneba
fils de l'Amiral de ce nom, la feconde à Alb
de Gondi, Duc de Retz, favori de Charles IX
fon génie & l'étendue de fon favoir contribu
rent beaucoup à la fortune & à l'élévation

a Maison. Ses brillans talens étoient encore
eleves par un courage au-dessus de son sexe.
Les Ligueurs ayant menacé d'étendre leurs fu-
eurs sur ses Terres, cette vaillante femme
assembla des troupes à ses frais, se mit à leur
te, & fit si bonne contenance, qu'aucun de
es domaines ni de ceux de ses vassaux ne put
tre insulté. Cette illustre Dame finit ses jours
en 1603.

CLISSON, (Jeanne de Belleville, femme
d'Olivier III, Sire de) célebre par son courage
héroïque. Philippes de Valois soupçonnant Olivier d'entretenir de secrettes intelligences avec
l'Angleterre, lui fit faire son procès ; il fut
condamné à avoir la tête tranchée, & le jugement fut exécuté le 2 Août 1343 ; sa veuve au
désespoir & ne respirant que vengeance, commença par mettre son fils en sûreté, en l'en-
voyant à Londres, & dès qu'elle ne vit plus
rien à craindre pour lui, elle vendit ses pierreries & tout ce dont elle pouvoit disposer,
arma trois vaisseaux & courut la mer, atta-
quant tous les vaisseaux François qu'elle rencontroit, & vengeant sans pitié sur eux le sang
de son mari. Cet étrange Corsaire fit des des-
centes en Normandie & y força plusieurs châ-
teaux, massacrant inhumainement tout ce qui
s'y rencontroit. On vit plus d'une fois, dit
M. de Saint-Foix, dans des villages embrasés,
une des plus belles femmes de l'Europe, tenant
l'épée d'une main & le flambeau de l'autre,
presser le carnage &. fixer avec plaisir ses regards sur toutes les horreurs de la guerre.

CLUSIA, fille du Roi Thuscus. Valerius Tor-
quatus, Général Romain, épris de ses charmes,

la demanda à son pere qui la lui refusa. Fu
rieux, il attaqua le château où elle étoit: cet
vertueuse fille le voyant près d'y entrer,
préférant la mort à la honte de tomber entr
les mains de son ravisseur, se précipita du ha
d'une tour & perdit la vie.

COLOMBIERES, (Anne-Henriette de Br
queville, Marquise de) a annoncé par un ou
vrage de sa composition sur les causes du trem
blement de terre qui parut en   , l'étud
profonde qu'elle avoit faite de la physique
des grands secrets de la nature dans la form
tion des orages.

COLONNE, (Victoire) épouse du Marqu
de Pescaire, dans le seizieme siecle, aima pa
sionnément les Lettres. Très-jeune encore,
elle pleura son époux qui avoit été un des pl
grands hommes de guerre de son tems, consa
cra à l'étude pendant tout le reste de sa v
les momens que sa vive douleur lui laissoit
libres, & célébra en très-beaux vers le Héro
qu'elle avoit perdu. Tous les beaux esprits
son tems ont parlé d'elle avec les plus grand
éloges, & le célebre Cardinal Pompée Colon
composa en son honneur un Poéme estimé qu
a pour titre, de Laudibus mulierum. Cette illu
tre femme mourut en 1541, dans le Monaster
de Sainte Marie à Milan, où elle s'étoit retirée.

COMEIGE, (   ) s'est fait connoitr
dans la République des Lettres par son érudi
tion & son talent pour la poésie. Elle a com
posé une Tragédie qui a pour titre Mahomet.

CONSTANCE, ou CONSTANTIA, sœur d
Grand Constantin. Cette Princesse, a dit un
illustre Ecrivain, n'avoit presque aucune de

iblesses de son sexe, & douée d'une grande eauté, relevoit encore cet heureux avantage ar les plus brillantes qualités de l'esprit & du œur. A un courage mâle elle joignoit la prudence la plus grande, la politique la plus sage, & la vertu la plus solide. Son génie, naturellement élevé, étoit secondé par beaucoup de pénétration, une éloquence insinuante, une fermeté à toute épreuve, & enfin par cette souplesse qui sait sans bassesse s'emparer des esprits & concilier les plus difficiles. On lui reproche cependant d'avoir en plusieurs occasions marqué trop d'opiniâtreté pour soutenir ses sentimens, & d'avoir accordé trop de protection aux Arriens.

CONTARIN, (Séraphine) née à Venise, & Religieuse dans un Monastère de cette ville, sut, en pratiquant les vertus qu'exige le Cloître, se rendre célebre par une grande connoissance des langues, une memoire prodigieuse, & un profond savoir. L'on a de cette illustre Recluse des Lettres estimées, écrites, les unes en Italien Toscan, les autres en Latin.

CONTI, (Louise-Marguerite de Lorraine, Princesse de) mérita, dans le dix-septieme siecle, un rang distingué parmi les femmes que les sciences ont le plus illustrées. Les plus savans hommes de son tems se disputoient à l'envi la gloire d'être admis à lui dédier leurs ouvrages, & c'étoit avec d'autant plus de raison, qu'elle savoit très-bien les apprécier. Elle-même a composé le *Roman Royal*, ou *Aventures de la Cour de Henri IV*, ouvrage estimé. Elle décéda en 1631, âgée de quarante-neuf ans.

CORILLA, (   ) née à Mantoue,

fut couronnée à Rome, au Capitole, le 20 d'o
1776, après avoir soutenu un examen publ
sur différens sujets. Elle étonna tous les aff
tans par la beauté de son génie, la profonde
de ses connoissances, la noblesse & la pure
de ses expressions, & l'heureuse facilité av
laquelle elle répondit en vers, sans prépar
tion, à plusieurs des questions qui lui fure
faites.

CORINE, Grecque de naissance, vivoit e
viron 474 ans avant Jesus-Christ. Instruite
formée par Myrtis, femme très-savante de
Grece, elle se rendit très-célebre par sa beau
son génie, & un talent supérieur pour la poes
Ses vers furent si estimés des Grecs ses conte
porains, qu'ils l'avoient surnommée la *M*
Lyrique. Elle enleva cinq fois la couronne
Pindare dans les Jeux Olympiques. Les T
griens ses concitoyens lui érigerent une sta
qui la représentoit le front orné de cinq co
ronnes, en mémoire des victoires qu'elle av
remportées sur Pindare. On trouve des fr
mens de ses vers mêlés avec ceux d'Any
Suidas parle de deux autres Corines, l'une
Corinthe, l'autre de Thebes. Cette dernie
étoit surnommée *la Mouche*, à cause de
finesse & de la légéreté de son style.

CORNARA-PISCOPIA, (Lucrecia Helen
de l'illustre famille des Cornaro de Venise.
vaste érudition, jointe à la connoissance fam
liere qu'elle avoit des langues Latine, Grecque
Hébraïque, Espagnole & Françoise, avoit de
terminé l'Université de Padoue à lui confer
le dégré de Docteur en Théologie; mais le Car
dinal Barbarigo, Evêque de cette ville, s

ant opposé, il fallut se restreindre à le lus
onner en Philosophie, *à la nobilista*, c'est-à-
ire après avoir seulement expliqué deux pas-
ges d'Aristote, à l'ouverture du livre, & sans
doute. On fut obligé de faire la cérémonie
ans l'Eglise Cathédrale, les salles de l'Univer-
te n'ayant pu suffire à l'affluence du monde
ui se présentoit pour jouir de ce spectacle.
ette dame a composé divers ouvrages, & tous
es Savans de son siecle l'ont beaucoup célé-
rée avant & après sa mort, qui arriva en 1684.
lle n'étoit encore âgée que de trente-huit ans.

CORNELIE, fille du Grand Scipion l'Afri-
ain, après la mort de Tiberius Gracchus son
ari, se trouva chargée de douze enfans, &
appliqua à l'éducation de cette nombreuse fa-
ille & à la conduite de sa maison, avec une
oblesse & une sagesse qui la firent générale-
ent estimer & admirer. Une Dame Campa-
ienne qui lui faisoit visite, lui étalant ses dia-
ans, ses perles & ses bijoux, qui étoient d'un
res-grand prix, la pressa de lui montrer aussi
es siens. Cornelie lui promit de la satisfaire,
& l'amusa d'autres propos pour attendre le re-
our de ses fils qui étoient aux écoles publiques.
Quand ils furent revenus ils entrerent, comme
'étoit leur usage, dans l'appartement de leur
mere; alors Cornelie dit à la Dame Campa-
ienne : « Voici, Madame, mes bijoux que j'ai
» promis de vous faire voir ; je n'en possede
» point de plus précieux ». Ces enfans devinrent par ses soins des hommes du plus rare
mérite ; mais ayant eu le généreux courage de
braver la haine & les fureurs du Sénat, en
soutenant avec intrépidité la cause des pauvres

Citoyens contre l'oppreffion des Nobles , ils
périrent malheureufement. Aprés leur mort,
Cornelie fe retira à la campagne , où elle paffa
le refte de fes jours dans la compagnie des Gens
de Lettres & des plus grands hommes de la
République. Elle les charmoit tous par fa converfation , fur-tout quand elle racontoit les
particularités de la vie du Héros dont elle avoit
reçu le jour : mais elle raviffoit encore d'une
plus grande admiration , lorfqu'elle parloit de
fes enfans , & faifoit le récit de tout ce qu'ils
avoient entrepris & fouffert , ne laiffant appercevoir alors aucune marque de douleur , &
foutenant tous fes difcours avec une fermeté
vraiment héroïque. Quelques-uns difoient que
les difgraces & la vieilleffe lui avoient affoibli
le fentiment ; mais Plutarque les traite d'in-
fenfés , qui ne favent pas combien un excellent naturel & une heureufe éducation peuvent
élever l'ame au-deffus de la fortune, & la rendre capable de triompher de la douleur.

CORNIFICIA , fœur du Poëte Cornificius.
Saint Jérôme en parle avec éloge , & célèbre
beaucoup fon talent pour la poéfie. Elle fe plaifoit à dire fouvent que la fcience étoit la feule
chofe dans le monde qui fût indépendante de
la fortune.

CORNUEL, (   ) a été très-connue
dans le dix-feptieme fiecle, pour fon efprit,
fes faillies ingénieufes , & les agrémens de fa
converfation. Les perfonnes les plus diftinguées
de la Cour & de la Ville, recherchoient avec
empreffement fa fociété.

CORRON, (   ) a donné en 1757
une Differtation en forme de Lettres fur la

ence des accouchemens, & par ses solides
structions, autant que par l'émulation qu'elle
su inspirer aux personnes qui exercent
, a mérité d'être regardée comme une des
les bienfaitrices de l'humanité.

COSME, femme savante qui, au rapport du
scholiaste d'Apollonius, avoit entrepris d'écrire
e Histoire d'Egypte.

COSNARD, vivoit dans le dix-septieme siecle,
a composé une Tragédie qui a pour titre,
chastes Martyrs.

COSTA, (Marguerite) née à Rome dans le
x-septieme siecle, se fit connoitre par plu-
urs ouvrages en vers de sa composition,
'elle dédia au Cardinal de Mazarin.

COTTE-BLANCHE, (Marie de) née à Paris
ns le seizieme siecle, possédoit plusieurs lan-
es savantes, étoit très-instruite dans les Ma-
ematiques & la Philosophie, & traduisit d'Es-
gnol en François plusieurs Dialogues inté-
ans sur la nature du soleil & de la terre.

COURTIN, suivant M. de Vertron son
ntemporain, fut une femme très-instruite,
mée & recherchée de tous les Savans de son
ms.

COUVREUR, (Adrienne le) une des plus
lebres Actrices que la France ait produites.
on jeu étoit plein d'expression & de vérité,
elle parvint par son exemple à bannir du
heatre François les cris, les lamentations miel-
uses & forcées qui faisoient la ressource des
ctrices médiocres. Mal partagée, à quelques
gards, des graces de la figure, son ame lui
nt lieu de toutes celles qui lui manquoient,
la noblesse de ses sentimens honora plus

d'une fois fa vie, & même dans des occaſi[ons]
éclatantes. La Parque coupa le fil de ſes [jours]
[le 2]0 Mars 1730, quoiqu'elle ne fût enco[re]
[âg]ée que de quarante ans, & les Poëtes l[es]
plus célebres ſemerent à l'envi les plus b[elles]
fleurs ſur ſa tombe.

CRATESICLEE. Clécmenes ſon fils, Roi [de]
Sparte, engagé dans une guerre contre An[ti]
gone & Aratus, ſollicita du ſecours auprès [de]
Ptolomée, qui régnoit en Egypte. Celui-ci [le]
promit, à condition que Cléomenes lui enve[r]
roit en ôtages ſa mere & ſon fils. Cléomen[es]
fut long-tems ſans oſer faire part à ſa mere [de]
cette condition. Preſſé enfin par les circon[ſ]
tances, il s'y détermina. Cratéſiclée ſe pr[it à]
rire & lui dit : « Quoi ! mon fils, eſt-ce do[nc]
» là ce que vous n'oſiez me découvrir ? E[t]
» que ne nous embarquez-vous au plus tô[t ?]
» que ne m'envoyez-vous par-tout où v[ous]
» croirez que mon corps pourra être util[e à]
» notre patrie, avant que la vieilleſſe ſoit [ve]
» nue l'affaiſſer, & qu'il ſe conſume dans [la]
» langueur & l'inutilié ». Sur cette généreu[ſe]
réponſe, Cléomenes ayant fait tenir un va[iſ]
ſeau tout prêt à partir, Cratéſiclée, avant [de]
s'embarquer, conduiſit ſon fils dans le tem[ple]
de Neptune. Là, elle le tint long-tems embraſſ[é]
& après l'avoir baiſé tendrement, elle lui r[e]
commanda, les larmes aux yeux, & dans [les]
termes les plus touchans, la liberté & l'ho[n]
neur de ſa patrie. S'appercevant que ſon [fils]
fondoit auſſi en larmes, elle reprit un t[on]
ferme & lui dit : « Allons, Roi de Lacédémon[e]
» eſſuyons nos pleurs, afin que ſortant de [ce]
» temple, perſonne ne les apperçoive, & [ne]

remarque en nous rien d'indigne de Sparte ».
En achevant ces mots, cette généreuse femme
part la première & alla droit au vaisseau, tenant son petit-fils entre ses bras. Aussi-tôt qu'elle
fut montée, d'un ton ferme elle commanda
au Pilote de lever l'ancre. A peine arrivée en
Egypte, Cratésiclée apprend que la politique
de Ptolomée ne s'accordoit plus avec les vues
de Cléomenes. Sans s'étonner, elle mande aussi-
tôt à son fils « de faire hardiment & sans balan-
cer, ce qui lui paroîtroit le plus glorieux pour
Sparte, sans s'embarrasser, lui disoit-elle, des
risques que pourroient courir, auprès de Ptolomée, une vieille femme & un enfant ». Bel
exemple, dit Rollin, des nobles & généreux
sentimens dont les femmes Lacédémoniennes
avoient honorer leur sexe !

CRATÉSIPOLIS, Reine de Sicyone, ne dut
la conservation de sa Couronne qu'à son grand
courage. Après la mort d'Alexandre son mari,
une partie de ses sujets se révolta contre elle.
A la tête des troupes qui lui étoient restées
fidelles, Cratésipolis marche fiérement contre
les rebelles, les défait en bataille rangée, &
livre aux supplices les plus coupables de ceux
qui avoient échappé à ses armes victorieuses.
Après avoir ainsi rétabli le calme dans ses Etats,
elle gouverna ses peuples avec tant d'habileté,
de sagesse & de bienfaisance, qu'elle en fut
chérie jusqu'à l'adoration.

CROIX, (Jeanne-Ignès de la) Religieuse du
Mexique, très-renommée en Espagne pour la
fécondité d'imagination, l'érudition & l'élégance qui regnent dans ses ouvrages de poésie.

CRUSSOL, (Anne-Charlotte de) Duchesse

d'Aiguillon, annonça dès fa jeuneffe le goût l[e]
plus vif pour l'étude des fciences; & la faci[lité]
avec laquelle elle étoit parvenue à parler pl[u]-
fieurs langues favantes & étrangeres, fit l'ad[-]
miration des Savans qu'elle admettoit dan[s fa]
fociété. Elle a traduit avec fuccès quelque[s ou-]
vrages Anglois auffi difficiles qu'intéreffa[ns.]
Cette illuftre Dame pouffa fa carriere juf[qu'à]
un âge très-avancé, & la finit le 15 Juin 1[7..]

CUNITZ, (Marie) fille ainée d'un Doc[teur]
en Médecine du même nom, & née en Si[léfie]
au commencement du dix-feptieme fiecle. [Elle fut]
élevée & inftruite avec tant de foins que, t[rès]
jeune encore, elle parloit familiérement [le]
François, l'Italien, le Latin, le Grec & l'H[é-]
breu, & étoit également verfée dans l'Hiftoi[re]
la Médecine, les Mathématiques, la Philofop[hie]
la Peinture, la Mufique & les inftrumens, [fai-]
foit des vers avec beaucoup de facilité, exc[el-]
loit dans la fcience des aftres & dans l'Aftr[olo-]
gie qui, de fon tems, étoit en grande fave[ur.]
En relation fuivie avec les plus grands Aftr[o-]
nomes, elle en fut finguliérement eftimée [&]
recherchée, & communiqua même à plufie[urs]
des mémoires & des découvertes utiles. E[n]
1630, elle époufa Elie de Liewen, Docteur [en]
Médecine & homme très-favant. Les fcienc[es]
& les beaux-arts la perdirent en 1664. L'on [a]
de cette illuftre femme des Tables aftronomique[s]
connues fous le nom de *Urania propitia.*

CYNA, fille de Philippes II, Roi de Ma[cé]-
doine, & digne fœur d'Alexandre le Gran[d,]
commanda des armées & remporta plufieu[rs]
victoires.

CYNISCA, fille d'Archidamus, Roi de Spar[te,]

sœur d'Agis & d'Agéfilas. Les femmes, dans
plusieurs genres d'exercices, étoient admises aux
jeux Olympiques, & pouvoient y disputer les
couronnes. Cynisca fut la première qui ofa,
dans cette carriere de gloire, & dans un genre
auffi difficile que hafardeux, fervir de modele
à fon fexe. Elle remporta le prix de la courfe
des chars attelés de quatre chevaux : fa victoire
fut célébrée avec le plus grand éclat. On lui
érigea dans Sparte un monument fuperbe, &
les Lacédémoniens, ces hommes fi peu fenfibles aux graces de la poéfie, chargerent un
Poéte célebre d'éternifer la mémoire de ce
triomphe par une infcription en vers. Elle-même,
en confacra dans le temple de Delphes un char
d'airain attelé de quatre chevaux de même métal,
avec la figure du Cocher qui avoit dreffé ceux
qui avoient fervi à remporter le prix. On y ajouta
depuis le portrait de Cynifca, peint de la main
du célebre Appelles, & on l'environna d'infcriptions à la louange de cette noble & courageufe Princeffe.

CYZ, (Marie) née en 1656 à Leyden, de
parens nobles, fut elevée dans les erreurs de
Calvin ; mais étant venue en France, elle s'y
établit & y abjura le Calvinifme. Pleine de zele
pour la reftauration des bonnes mœurs, &
douée du génie qui fait affurer les fuccés d'une
entreprife, elle fonda les Fiiles dites du *Bon*
Pafteur, pour fervir de retraite aux filles débauchées qui voudroient rentrer dans les fen-
tiers de la vertu. Ses pieux travaux réuffirent
au gré de fes defirs ; mais épuifée de fatigues
& d'auftérités, elle mourut en 1692, âgée de
trente-fix ans.

D.

DALET, (Comteffe) vivoit fur
fin du dix-feptieme fiecle. Une piece de
de fa compofition, qui a pour titre *la Cal-
nie*, prouve qu'elle avoit beaucoup de ta
pour la poéfie.

DAMATRION, femme Lacédémonien
donna un grand exemple de l'auftere féroc
de fa nation. Ayant appris que dans un co
bat contre les Meffeniens, fon fils s'étoit c
porté avec lâcheté, outrée de la honte qui
réjailliffoit fur elle, cette femme épia le r
ment du retour de ce fils ; alla au-devant de
& le tua de fa propre main.

DAMO, fille du Philofophe Pythagore,
lebre par fa fageffe, fon efprit & fon érudit
vivoit vers la foixante-dixieme Olympiade. S
pere, connoiffant fa grande vertu, lui laiff
mourant tous fes écrits les plus fecrets ; m
lui défendit de les jamais publier. Damo r
pondit à fa confiance. Quoique dépourvue
biens, elle préféra fon indigence aux gran
richeffes qu'on lui offroit de ce précieux
pôt. Se voyant fur le point de mourir, Da
envoya ce même dépôt à Biftalie fa fille,
recommandant fur-tout de commencer par
l'écrit où fon pere lui avoit configné les d
nieres volontés, & la conjurant de les fui
avec la plus fcrupuleufe fidélité.

DAMOPHILE, contemporaine de Sapho
excella dans la poéfie, & avoit compofe

onneur de Diane des hymnes qui fe chan-
r encore du tems d'Apollonius de Thyanes.

DANTE, (Théodore) née à Pérouze en
alie, dans le feizieme fiecle, excella dans la
nce des Mathématiques, & les enfeigna à
de fes neveux qui, fous fes leçons, devint
très habile Mathématicien.

DAPHNE, femme Grecque, floriffoit du tems
la guerre de Troyes, & excelloit dans la
Quelques Critiques ont avancé qu'Ho-
re avoit puifé dans les ouvrages de cette fa-
re femme les plus beaux endroits de fon
de & de fon Odyffée, & qu'il avoit eu
gratitude de fupprimer les manufcrits de fa
bienfaitrice, pour dérober à la poftérité la connoiffance de fon larcin.

DAUCHI, (Comteffe) orna le quin-
me fiecle par fes vertus, fon efprit & fon
udition. Elle avoit compofé d'excellentes pa-
phrafes fur les Epitres de Saint Paul; mais
les n'ont point été imprimées.

DAULTRAI, (Comteffe) fut recher-
ée par les Savans de fon fiecle, pour fon ef-
rit & fon profond favoir; mais fa modeftie
empêcha de rien confier au Public des ouvra-
es de fa compofition.

DEBORA, femme de Lapidoth, vers l'an du
onde 2719. Tout le peuple d'Ifraël connoif-
nt fa grande capacité, la choifit d'une voix
unanime pour être fon Juge, & elle en rem-
lit les fonctions pendant quarante années,
avec un applaudiffement univerfel. « Affife fous
un palmier, dit l'Ecriture, tout le peuple
d'Ifraël venoit en jugement devant elle ».
Auffi courageufe que fage, elle favoit dans les

combats , par sa valeur & sa prudence , co
duire son peuple à la victoire.

DEBORA , femme de Rabbi Joseph Ascali
Juif Romain , vivoit au commencement du c
septieme siecle , & s'étant appliquée à la poe
Italienne , traduisit en vers Italiens plusie
pieces Hébraïques.

DEFLONCELLES , (   ) savo
fond plusieurs langues savantes , & les par
avec la plus grande facilité. On ne conn
d'elle qu'une traduction en François du p
mier Acte de l'*Avocat Vénitien*, Comédie I
lienne de Goldoni.

DELAISSE , (   ) est auteu
nouveaux *Contes Moraux* , & d'une espece
roman intitulé : *Ouvrage sans titre , Minerv
donnera*. L'une & l'autre productions ont
goûtées du Public.

DELAVIGNE , (Anne) fille d'un célé
Médecin de même nom , une des plus spi
tuelles & des plus savantes femmes de
tems , composoit si heureusement de très-b
vers , pour ainsi dire dès son enfance , q
sembloit , disoit-on , qu'elle eût été alaitée p
les Muses. Son pere disoit souvent à ses am
en plaisantant : « Quand j'ai fait ma fille , je
» sois faire mon fils , & quand j'ai fait mon fi
» je croyois faire ma fille ». Elle étoit fort a
chée à la Philosophie de Descartes. Les Le
perdirent cette illustre fille à la fleur de
âge , en 1684. Elle fut beaucoup chérie & r
grettée de Mademoiselle Scudéri , & elle av
été en commerce avec les plus savans per
nages de son tems. L'Académie des Rico
de Padoue s'étoit fait l'honneur de se l'aggre

DE

ÉON DE BEAUMONT, (Charles-Gene-
viève-Louise-Auguste-Andrée-Thimotée) née
le 5 Octobre 1728, à Tonnerre en Bourgogne. On ignore dans quelles vues les parens de
cette Demoiselle en imposerent sur son sexe à
sa naissance ; mais on sait que cette Demoiselle,
constamment réputée garçon, depuis ce tems,
fit ses etudes au Collège Mazarin ; qu'elle suivit
ensuite celles de Droit, & parvenue dans cette
faculté au Doctorat, elle fut reçue Avocat au
Parlement de Paris. M. Linguet, dans le n°. 7
de ses *Annales*, annonce de plus sur cette Demoiselle, que s'étant fait connoître par plusieurs ouvrages littéraires, elle fut nommée
Censeur Royal pour l'Histoire & les Belles-
Lettres : que ne se sentant point de goût pour
pousser plus loin dans ces premieres carrieres,
elle embrassa l'état militaire, obtint une Lieu-
tenance de Dragons, & ensuite une Compagnie, servit en qualité d'Aide de Camp du Maréchal de Broglie, se trouva à plusieurs sieges
& batailles, & fut blessée à la tête & à une
cuisse au combat d'Ultrop. Près d'Osterwich,
en 1761, se trouvant comme plus ancien Capitaine à la tête de quatre-vingts Dragons des
Volontaires de Saint-Victor, elle chargea si à
propos & avec tant de bravoure, qu'elle fit prisonnier de guerre le bataillon entier, franc
russien, de Rhée, composé de 800 hommes.
La Croix de Saint Louis fut la récompense de
ses belles actions. Ces talens héroïques condamnés au repos par la paix, Mademoiselle
Déon ne put se résoudre à végéter dans l'oisiveté des garnisons ; elle suivit successivement,

K

en qualité de Secrétaire d'Ambaſſade, M.
Marquis de l'Hôpital en Ruſſie, & M. le D.
de Nivernois en Angleterre, & s'y diſtin
par la ſagacité de ſon génie & ſes profond
connoiſſances. Après cette brillante eſquiſ
M. Linguet ajoute que le ſexe de cette Héroï
ayant été reconnu en Angleterre, on grav
Londres, en 1773, ſon portrait, où elle
repréſentée en Pallas, le caſque en tête, l'ég
au bras gauche, & la main droite armée d'
lance. On lit au bas, en Anglois, un abrégé h
torique de ſa vie, & à la fin, cette inſcript
en Latin : « A Pallas bleſſée & non vaincu
» devenue célèbre par des combats & des
» tions publiques en l'honneur de ſa Patr
» dont ſes ennemis n'ont jamais pu ternir l
» vertus ; dont peu d'hommes ont pu égaler
» courage ; dont l'ingrate Patrie n'aura pas mé
» les oſſemens ».

      » Par ſes anciens Camarades de guerre,
      » En mémoire de leur tendre attachement ».

Cette Demoiſelle vivoit alors retirée en Ang
terre, par des raiſons qui ne nous ſont pas aſ
connues pour en pouvoir entreprendre le ré
Tout ce que nous pouvons ajouter à ce q
vient d'en être dit, eſt, qu'avant de s'eng
dans la carriere militaire, elle s'étoit diſti
guée dans des négociations importantes aup
de la Cour de Ruſſie, & que leur ſuccès l
mérita la confiance la plus diſtinguée du f
Roi Louis XV, qui entretint avec elle juſqu
ſa mort, une correſpondance continuelle,
en différens tems la gratifia de pluſieurs pe

ons confidérables. Ces bienfaits lui ont été
onfirmés par Sa Majesté actuellement régnante,
ui a enfin permis à cette incomparable Héroïne
e rentrer dans sa Patrie, & d'y jouir sous les
abits de son sexe, de la décoration que sa bra-
oure & son intrépidité lui ont si justement
éritée. Dans le cours d'une vie si tumultueuse,
Iademoiselle Déon a su encore ajouter à sa
loire une ample moisson de lauriers littéraires
ans un grand nombre d'excellens ouvrages qui
ont sortis de sa plume.

D'ÉPINAI, (Madame de la Live) née à Va-
enciennes, épouse du Fermier Général de ce
om, est auteur des *Conversations d'Émilie*,
ouvel ouvrage très-intéressant pour l'éduca-
ion des jeunes Demoiselles, & qui a été très-
ccueilli du Public.

DESPINASSE, (Mademoiselle) a donné
u Public un *Essai sur l'Éducation des jeunes
Demoiselles*, & un *nouvel Abregé de l'Histoire
le France*, à l'usage des jeunes gens ; produc-
ions marquées au coin d'un jugement éclairé
& d'une belle & saine érudition. Les Lettres
ont perdue en 1777.

DESCARTES, (Catherine) niece du célebre
hilosophe du même nom, écrivoit très-bien
n vers & en prose, & étoit estimée & re-
herchée de tous les Savans & des plus illustres
emmes de son tems. L'on a d'elle plusieurs ou-
rages où son esprit, son érudition & ses talens
e font également admirer. Elle décéda en
706. Le Grand Flechier, dans une lettre qu'il
crivoit à Madame de Marbeuf, s'exprimoit
insi sur le compte de Mademoiselle Descartes:

K ij

« Son nom, son esprit, sa vertu, la mettent
» couvert de tout oubli, & toutes les fois qu
» je me souviens d'avoir été en Bretagne,
» songe que je l'ai vue, & que vous y étiez.

DESCHAMPS, (Magdeleine) mere du célè
bre Louis Servin, Avocat Général au Parle
ment de Paris, sous Henri III, s'adonna ave
beaucoup de succès à l'étude des langues s
vantes & des Belles-Lettres. L'on a d'elle pl
sieurs pieces de poésie en Grec, en Latin &
en François, sur la mort de François Baldouin
un des plus savans hommes de son tems.

DESCHAMPS, (Jeanne de Sainte-Aldegon
des Landes) née dans le pays de Caux, vers
milieu du seizieme siecle, embrassa la vie re
gieuse à Port-Royal-des-Champs, & culti
dans cette célebre retraite, le goût qu'elle av
toujours eu pour les sciences. On a d'elle d
Lettres très-bien écrites.

DESHOULIERES, (Antoinette du Ligier
la Garde, veuve de Guillaume de la Font, S
gneur) née en 1634, a mérité la plus grand
célébrité par ses poésies, & sur-tout par s
Idylles, qui surpassent tout ce que nous avo
en François de plus parfait en ce genre. L
graces de sa figure, la douceur & l'égalité
son caractere, la force & l'élévation de s
ame, la bonté de son cœur, la firent recherche
de tous les savans hommes, & chérir de to
ceux qui purent avoir l'honneur d'être adm
dans sa société. Une maladie cruelle l'enlev
17 Février 1694, âgée d'environ soixante-
ans. Elle étoit Aggrégée aux Académies de P
doue en Italie, & d'Arles en Provence.

DESHOULIERES , (Antoinette Thérefe) igne fille de la précédente. Elevée fous les eux de fa mere, &, pour ainfi dire, dans le ein de la poéfie, eut pour maîtres le Grand orneille, Charpentier, Benferade, & tous les ommes illuftres qui compofoient la fociété de Madame Deshoulieres. Ses premiers vers eu-ent le plus brillant fuccès, & furent couron-ès à l'Académie Françoife, quoique Fonte-elle fût au nombre des concurrens. Ses ouvra-es en vers font en grand nombre. Elle finit fes ours en 1718, âgée de cinquante-cinq ans.

DESJARDINS, ( ) Provençale, ut connue avec diftinction dans le feizieme ecle, par fon heureux talent pour la poéfie rançoife. On trouve plufieurs pieces de fa ompofition dans le Recueil des ouvrages de oachim Dubellai.

DESLOGES, (Marie-Bruneau, Dame) ne es plus favantes femmes du dix-feptieme fie-le, fut très-eftimée de Malherbe & de Balzac. e Roi de Suede, le Duc d'Orléans, le Duc e Saxe - Weimard rechercherent fon com-erce, & l'honorerent de l'eftime la plus dif-inguée. On ne la nommoit de fon tems, en ers & en profe, que la Célefte, la Divine, la ixieme Mufe. Le monde favant la perdit en 641.

DESROCHES, (Magdeleine Neveu, femme André Fradonet, Sieur) & Catherine leur lle, fe diftinguerent vers le milieu du feizieme ecle, par leur goût pour les Belles Lettres, eur talent pour la poéfie, & la connoiffance qu'elles avoient des langues favantes. L'une & autre ont compofé avec applaudiffement, es

vers & en profe, divers ouvrages qui leur mériterent l'eftime & les éloges des Savans leur
contemporains. On voit dans les Œuvres d'É-
tienne Pafquier, de fort jolis vers fur une puce
qu'il avoit apperçue fur le fein de Mademoifel
Defroches, & ils en occafionnerent une quantité
d'autres fur le même fujet. Une maladie épidé-
mique enleva, en un même jour, la mere &
la fille à Poitiers, en 1587.

DIANE, *ou* DIANA MANTUANA, née à
Volterre en Italie, dans le feizieme fiecle, excelloit dans la gravure en taille-douce. Les connoiffeurs vantent fa Bacchante d'après Jules
Romain, comme un des plus parfaits chefs-
d'œuvre que le burin ait produits.

DIANE DE POITIERS, Ducheffe de Valentinois, femme de Louis de Brezé, Grand Sé-
néchal de Normandie. Sa beauté finguliere, fa
taille avantageufe, les graces & la nobleffe de
fon maintien, & fur-tout un génie fupérieur,
orné des plus belles connoiffances, la rendirent
toute-puiffante auprès de François I, & l'objet
de l'admiration de toute fa Cour. Après la mort
de ce Prince, quoique Diane fût âgée d'environ quarante-fept ans, Henri II, qui n'en avoit
que vingt-neuf, en fut épris, & fa paffion ne
le quitta qu'à la mort. Diane cependant, à cette
derniere époque, avoit déja près de foixante
ans. Elle ne fut jamais malade : dans le plus
grand froid elle fe lavoit le vifage avec de l'eau
de puits, & n'ufoit d'aucune pommade. Tous
les matins elle s'éveilloit à fix heures, montoit
fouvent à cheval, faifoit une ou deux lieues,
& venoit fe remettre dans fon lit où elle lifoit
jufqu'à midi. Tout homme un peu diftingué

ns les Lettres pouvoit compter sur sa pro-
ction. Cette célebre femme mourut le 26 Avril
66, âgée de soixante-six ans trois mois &
ngt-six jours, & voulut que son corps, avant
être transporté à Anet, fût exposé dans l'Eglise
es Filles Pénitentes à Paris. « Je la vis, dit
Brantome, six mois avant sa mort, si belle
encore, que je ne sache cœur de rocher qui
ne s'en fût ému.... C'est dommage que la
terre couvre un corps si beau.... Elle étoit
fort débonnaire, charitable & aumôniere....
Il faut que le peuple de France prie Dieu
qu'il ne vienne jamais Favorite de Roi plus
mauvaise, ni plus malfaisante que celle-là ».
fut frappé en son honneur deux médailles :
ans la premiere, sa figure est représentée avec
ette inscription, *Diana Dux Valentinorum
Clarissima :* dans la seconde, elle est sous la
gure de Diane, avec cette légende, *Nomen
d astra.*

DIANE DE FRANCE, que plusieurs Ecri-
ains ont dit fille légitimée d'Henri II, & de
Diane de Poitiers ; mais qui l'étoit réelle-
ent de Louis de Brezé : avantagée par la na-
ure, d'heureuses dispositions, orna son esprit
es plus belles connoissances, en s'appliquant
ès sa jeunesse à l'étude des Belles-Lettres.
Mariée en 1552 à Horace Farneze, Duc de
Castres, elle sembloit devoir couler avec lui les
plus heureux jours ; mais dès l'année suivante
ce jeune Héros fut tué, en défendant Hesdin.
Diane n'avoit pas alors quatorze ans. Henri,
occupé de son bonheur, songea à l'engager dans
de nouveaux liens, & lui fit épouser le Duc
d'Amville, François de Montmorenci, fils aîné

K iv

du Connétable de ce nom. Les premieres anné
de ce second mariage ne furent pas heureu
pour Diane ; mais ses vertus, son esprit &
soins lui gagnerent enfin le cœur de son épou
& jusqu'à sa mort elle le posséda sans parta
Intéressée par sa naissance & son rang dans l
orages qui désolerent tous les regnes sous le
quels elle vécut, on la vit toujours se condui
avec la plus grande habileté, & elle présen
dans plusieurs occasions, Montmorenci s
mari, des plus funestes catastrophes. Ce fut e
qui, après la mort du Duc de Guise, négo
le traité d'union entre Henri III. & Henri I
Au milieu d'une vie si tumultueuse, Diane ai
& cultiva toujours les Lettres, rechercha
protégea les Savans. La chasse étoit sa récre
tion favorite, & elle en soutenoit les exercic
avec une force sans égale. Cette illustre femm
après avoir poussé sa carriere jusqu'à l'âge
quatre-vingts ans, la finit en 1619, extrême
ment regrettée de Louis XIII, le septieme de
Rois sous lesquels elle avoit vécu.

DIANNONG, fille du Prince Souverain d'A
boul, Province de l'Isle de Madagascar, e
Afrique. Un François nommé la Caze, & u
des plus braves des Aventuriers qui se so
signalés au-delà des mers, voyageant par goût
& sans état fixe, arriva à Madagascar, vers l
milieu du dix-septieme siecle. Les François
avoient formé depuis peu un établissement
mais il étoit si foible, qu'il se voyoit à la veill
d'être détruit par les Naturels du pays. La Caze
n'écoutant que son courage, offrit son bras &
ses talens militaires pour tirer l'établissement
du danger pressant où il se trouvoit. Ses offre

acceptées , en peu de tems il parvint à subju-
guer tous les Princes voisins , après avoir dé-
vasté leurs Etats. Ses victoires multipliées ex-
citerent la jalousie du Gouverneur , qui lui
retira le commandement des troupes , & le
réduisit à la condition de simple particulier.
La Caze , dans le cours de ses expéditions, avoit
eu affaire au Prince d'Amboul , & quoiqu'il
l'eût réduit à recevoir des loix du Gouverneur
François , il s'en étoit fait singuliérement estimer. Attiré de plus , par les charmes de Dian-
mong , fille de ce Prince , il alloit souvent a
Amboul se consoler , auprès du pere & de la
fille , de l'ingratitude de ses compatriotes. Dian-
mong ne tarda pas de s'enflammer pour la Caze :
le Prince d'Amboul , s'appercevant bientôt de
leur mutuelle inclination , s'empressa de les
unir ; & , en faveur de leur mariage , institua
la Caze son successeur à la souveraineté d'Amboul. Le Gouverneur de l'établissement François , désolé de cette union , eut la lâcheté de
corrompre des negres & de les envoyer pour
assassiner la Caze. Ils se présenterent chez lui
dans un moment où il s'étoit livré au sommeil.
Heureusement , sa tendre amante veilloit pour
lui. Voyant entrer les assassins , elle se saisit
d'une lance , & les arrête jusqu'à ce que son
mari éveillé par ses cris , vienne l'aider à repousser ces misérables & à les mettre en fuite.
Quelques années après , le Gouvernement de
la Colonie ayant changé , le nouveau Conseil
sentit combien la valeur de la Caze étoit nécessaire pour de nouvelles conquêtes , & fit tant ,
par ses caresses , qu'il le rengagea au service de
la France. Depuis cette réconciliation , la Caze

K v

ne cessa de courir de victoire en victoire, ma
toujours accompagné de sa chere Diannong qui
avide de partager les travaux & les périls d
son mari, le suivoit dans toutes ses expédition
Un jour que la Caze, emporté par son courage
s'étoit engagé dans une mêlée où il couroit le
plus grands dangers, cette généreuse femm
s'y précipita, & malgré plusieurs blessur
qu'elle reçut, elle parvint par d'heureux effo
à le dégager.

DIDON, fondatrice de la ville de Carthag
mérita, à ce seul titre, d'être placée parmi l
plus illustres femmes dont son sexe puisse
glorifier. Il paroît que l'histoire des actions pa
ticulieres de sa vie est ensevelie dans la nuit d
tems.

DIGNA, *ou* DUGNA, d'Aquilée en Itali
aima mieux se donner volontairement la mor
que de consentir à la perte de son honneur. L
ville d'Aquilée ayant été prise par Attila, c
Conquérant, épris d'une violente passion po
Digna qui se trouvoit au nombre des priso
nieres, forma le dessein d'en jouir de gré o
force. Digna, excédée de ses poursuites & d
ses menaces, offrit de monter avec lui sur u
terrasse dont la riviere baignoit les murs. Att
y consentit; mais ils n'y furent pas plutô
que cette généreuse fille s'élança & se précip
dans les eaux, en lui criant, « Barbare! su
» moi, si tu veux me posséder ».

DIOTIME, savante Athénienne, donna
comme la belle Aspasie, des leçons à Socra

DODANE, femme de Bernard, Duc de Sep
timanie, au milieu du neuvieme siecle, illus
par sa grande piété & son érudition, comp

n Latin, pour fes enfans, un *Manuel d'Edu-tion* rempli des plus excellentes leçons.

DORAT, (Magdeleine) fille de Jean Dorat, lebre Profeſſeur Royal en langue Grecque, oſſédoit ſupérieurement les langues Latine, recque, Eſpagnole & Italienne. Elle finit ſes urs en 1636, âgée de quatre-vingt-huit ans.

DORIEUX, (   ) conſacra ſes jours la vie religieuſe; mais cultiva les Belles-ettres dans ſon cloitre. On a d'elle des *Ré-exions ſur les ſept Pſeaumes*, vulgairement ap-ellés *de la Pénitence*.

DORQUIER. (   ) Quoique l'on nore où floriſſoit cette Dame, ſon nom & ſes lens pour la poéſie n'en ſont pas moins con-us par pluſieurs pieces de ſa compoſition im-rimées dans le *Triomphe de l'Eglantine*, par . Dader.

DOUBLET, (Madame   ) pleine de goût our la belle Littérature, & pour tous les eaux-Arts, pendant ſoixante ans de ſa vie, étoit fait honneur de raſſembler chez elle la eilleure compagnie de la Cour & de la Ville, ur-tout en Gens de Lettres. Le jeu & les amu-mens frivoles des ſociétés ordinaires en étoient annis. Cette Dame, profitant des lumieres de ette eſpece d'Académie, s'occupoit à former n Journal de tout ce qui couroit de nouveau, haque jour, ſur la Politique, les Belles-Let-res, les Arts, les nouvelles de Cour & les dé-ails de ſociété. Chaque anecdote, avant d'être ortée ſur ce Journal, étoit ſoumiſe à la cri-ique de toute l'aſſemblée, & rien n'étoit ad-is, qu'il n'y eût été ſcrupuleuſement diſcuté & décidé digne d'être conſervé. On peut juger,

K vj

à cette efquiffe, du mérite de cet ouvrage, &
des connoiffances fuperieures dont cette Dame
avoit l'efprit orné Elle mourut à Paris au mois
de Mai 1771, âgée de quatre-vingt-quatorze ans.

DOURLENS, ( ) tient une place
diftinguée dans *la Pandore* de M. de Vertron,
qui en faifoit un cas fingulier. Dans un eloge
en vers qu'elle fit des premieres campagnes du
Grand Dauphin, fils de Louis XIV, elle dit:

>> Il attaque un pays, auffi-tôt il le prend.
>> Que de vigueur, que de courage !
>> Pour louer ce couple éclatant,
>> Chacun veut faire un long ouvrage.
>> Pour moi je dirai fimplement,
>> Il eft le fils de Louis le Grand
>> Qu'un autre en dife davantage >>.

On peut, à cet échantillon, juger du talent
de cette Dame.

DOUVRIER, ( ) Demoifelle née
à Touloufe, s'eft fait avantageufement connoître par plufieurs ouvrages en vers, dont le recueil a été rendu public.

DREUILLET, (Eliſabeth de Montlaur,
femme de M. Dreuillet, Préfident au Parlement
de Touloufe) s'adonna de bonne heure à l'étude
des Belles-Lettres, & s'y diftingua par les plus
heureux fuccès. Après avoir, par fon efprit &
fon érudition, joints à une figure très-agréable,
fait un des plus beaux ornemens de la ville de
Touloufe, Madame Dreuillet ayant perdu fon
mari, vint s'établir à Paris. Elle ne tarda pas
d'y être recherchée des fociétés les plus choi-
fies. Madame la Ducheffe du Maine l'ayant connue, voulut abfolument la fixer à fa Cour, &

ui donna un appartement dans ſes Palais, à
Paris & à Sceaux. Madame Dreuillet a écrit en
vers & en proſe, & le peu d'ouvrages de ſa
compoſition qui a paſſé ſous les yeux du Public,
fait regretter que le plus grand nombre n'ait pas
été confié à l'impreſſion. Elle mourut à Sceaux
en 1750, âgée de ſoixante-quatorze ans.

DRUCART, (   ) femme du Gouverneur de Louisbourg, de ce nom, en 1758.
En cette même année, Louisbourg étant aſſiégée par dix-huit mille Anglois, ſoutenus de
vingt-trois vaiſſeaux de ligne & de dix-huit fré-
gates, on vit cette Dame, dit l'Auteur de l'Hiſtoire Philoſophique & Politique du Commerce,
jours & nuits ſur les remparts, la bourſe à la
main, pour encourager les ſoldats par ſes lar-
geſſes, ajuſter elle-même pluſieurs fois le canon
ſur les ennemis, & y mettre le feu. Dans toutes
les autres manœuvres de la défenſe de cette
Place, cette Héroïne partagea conſtamment la
gloire & tous les périls des fonctions de ſon
mari.

DSINGHU, Impératrice du Japon, dans le
deuxieme ſiecle de l'ere chrétienne, eſt placée
par les Japonois au rang des plus célebres Héroïnes. L'Empereur Tſi-Uti ayant entrepris en
201, la conquête de la Corée, mourut dès le
commencement de cette expédition. Dſinghu,
qui l'avoit ſuivi, acheva cette conquête avec
tant de ſuccès, qu'en peu de tems elle ſoumit
toute la Corée par la force de ſes armes, & la
rendit tributaire du Japon.

DSI-TO, niece & femme de Ten-Mu, Empereur du Japon, devenue veuve en 687, monta

sur le Trône, & gouverna pendant dix ans [ ]
vaste Empire avec autant de sagesse que d'h[ ]
bileté.

DUBEG, (Renée) Duchesse de Guébrian[ ]
fut un des ornemens du dix-septieme siecle[ ]
par son esprit & ses grands talens, & revê[ ]
de la qualité d'Ambassadrice extraordinaire a[ ]
près de la République de Pologne, soutint ce[ ]
emploi avec la plus grande dignité. Le Labo[ ]
reur a écrit la Vie de cette illustre Dame. E[ ]
mourut à Paris en 1659.

DU CHATELET, (Gabrielle-Emilie de Br[ ]
teuil, Marquise) dès sa tendre jeunesse, ma[ ]
qua le goût le plus vif pour l'étude des sciences[ ]
sut de très-bonne heure plusieurs langues sa[ ]
vantes, & en profita pour nourrir son esprit [ ]
la lecture des bons Auteurs. Après avoir don[ ]
d'abord ses premieres occupations aux Belle[ ]
Lettres, la Physique & les Mathématiques de[ ]
vinrent l'objet le plus chéri de ses veilles, [ ]
elle s'y livra avec tant d'ardeur, que sa san[ ]
en ayant été épuisée, elle tomba malade à Lu[ ]
néville, & y mourut en 1749, âgée de qu[ ]
rante-trois ans, pleurée & regrettée par le[ ]
plus savans hommes de l'Europe. Il y auroit [ ]
la témérité d'entreprendre ici son éloge, apr[ ]
celui qu'en a fait M. de Voltaire. Madame [ ]
Châtelet a donné au Public, entr'autres ou[ ]
vrages de sa composition, les *Principes Ma*[ ]
thématiques de la Philosophie naturelle, [ ]
deux parties, dont une est la traduction e[ ]
François du Livre de Newton qui a pour titre[ ]
Philosophia Naturalis, Principia Mathematica[ ]
l'autre est un Commentaire sur le même Livre[ ]

out cet ouvrage eſt traité avec une érudition une clarté qui ont réuni les éloges des plus ands Maîtres.

DUCOUDRAI, (   ) s'eſt rendue ſi lebre dans l'art des accouchemens, que le ouvernement, pénétré des rares talens de tte femme, non content de les récompenſer r une forte penſion, l'emploie à parcourir cceſſivement toutes les Généralités du Royau- e, pour y donner des leçons publiques à toutes s femmes qui y exercent la partie des accou- hemens, & par-tout où elle paſſe, elle laiſſe s plus heureuſes traces de ſes bienfaiſantes mieres & de ſon zele pour l'humanité. Elle écrit ſur ſon art, & donné à ſon ſexe de très- es conſeils.

DUCRET DE CHAMPSERI, (Madame   ) donné au Public ſur la fin de 1764, des Mé- moires en forme de Lettres de deux jeunes per- onnes de qualité. Cet ouvrage a beaucoup été oué des Connoiſſeurs qui l'ont trouvé écrit vec autant d'élégance que de ſentiment : le out des bonnes mœurs y regne par-tout. On roit que cette Dame a encore donné depuis d'autres ouvrages eſtimés.

DUDEFFANT. (Madame la Marquiſe) Les ſſais de ſa muſe, qui ont paru dans pluſieurs euilles périodiques, ſuffiſent pour annoncer heureux talent de cette Dame dans l'art des ers. On ſait qu'elle étoit attachée à la Cour de Madame la Ducheſſe du Maine, où elle étoit très-diſtinguée pour ſon eſprit, ſes graces & ſes talens agréables. M. de Voltaire a plus d'une fois chanté ſes louanges en très-beaux vers.

DUFRESNOY, (   ) douée de tous

les talens qui pouvoient la faire briller dans
monde, se consacra à la vie religieuse dans
Congrégation des Filles de la Croix à Paris
mais son goût pour les Belles-Lettres la suit
dans le cloître. Dans le Recueil de l'Académie
Françoise, pour l'année 1691, on voit une
piece de la composition de cette savante Recluse
qui annonce qu'elle avoit un heureux talent
pour la poésie Françoise.

DUGLAS. (Catherine) Lors du meurtre de
Jacques I, Roi d'Ecosse, dans le quinzieme
siecle, le Comte d'Athole, à la tête des conjurés, ses complices, arrivant pour consommer
son horrible attentat, Catherine Duglas, Dame
d'Honneur de la Reine, courut pour fermer la
porte de la chambre où étoit le Roi. Elle s'a-
perçoit qu'on a eu la précaution d'en enlever
le verrouil ; elle met courageusement son bras
à la place, mais aux premiers efforts il est
rompu, & les assassins la foulant sous leurs
pieds, s'avancent avec furie sur leur Roi. La
Reine sa femme, restée seule pour sa défense,
ne se vit d'autre ressource que de couvrir de
son corps celui de son mari, & quoiqu'elle eût,
dans cette attitude, reçu deux profondes blessures, il fallut que les cruels parricides usassent
de la plus grande violence pour l'arracher de
dessus le corps de son époux. Duglas, victime
infortunée de son amour pour sa maîtresse, &
de sa généreuse fidélité, expira au milieu des
horreurs de cet affreux spectacle.

DUGOGE DE POMMEREUIL, (   )
a consacré les plus beaux jours de sa vie à l'é-
tude de la Botanique, & est actuellement occupée à enrichir le Public d'un ouvrage qui sera

fruit de ſes profondes connoiſſances dans une ſcience ſi intéreſſante.

DUGUESCLIN, (Julienne) Religieuſe, ſœur du grand Capitaine de ce nom, & digne de l'immortalité par le ſeul trait de ſa vie que l'hiſtoire du quatorzieme ſiecle nous a conſervé. Sous le regne de Jean, le château de Pontorſon en baſſe Normandie avoit été confié à la valeur de Bertrand Dugueſclin. Une nuit, qu'il étoit abſent, les Anglois, d'intelligence avec des traitres, étoient parvenus à planter pluſieurs échelles contre les murs de la tour du château. Julienne s'y trouvoit alors, étant venue paſſer quelques jours auprès de ſa belle-ſœur. Au bruit qu'elle entend, l'intrépide Recluſe ſe jette en bas du lit de la Dame Dugueſclin, avec qui elle étoit couchée, ſe revêt d'un jaque (eſpece de cuiraſſe) qu'elle apperçoit dans la chambre, & *comme reſſentant la race dont elle étoit*, prend des armes, monte à la tour, & avec autant de rapidité que de vigueur, renverſe les échelles & les Anglois qui commençoient à monter. Cette apparition ſubite d'un héros que les Anglois ne s'attendoient pas à rencontrer dans ce château, leur fit prendre le parti de ſe retirer, quoiqu'ils euſſent à leur tête Felleton, l'un des plus renommés Capitaines de ſon ſiecle. Dugueſclin, revenant la même nuit au château de Pontorſon, rencontra ce même Felleton & le fit priſonnier.

DUHALLAY. (.   ) Les graces de ſon génie, ſon goût pour les ſciences, & ſon talent pour la poéſie, l'ont fait connoître avec diſtinction dans le monde ſavant. On regrette de

n'ètre pas en état de détailler davantage f̄
mérite littéraire.

DUHAMEL , (　　　　) fille d'un cé
lebre Avocat au Parlement de Paris , s'adonn
avec fuccès à l'étude des langues favantes
de la Philofophie de Defcartes , que l'on appel
loit de fon tems la Philofophie nouvelle. Oun
plufieurs ouvrages en profe qui font fortis
fa plume , la *Métamorphofe d'Acanthe en Ora*
ger eft d'elle. Plufieurs Savans en ont parlé av
éloges , & Ménage l'a jugée digne d'être plac
parmi les Femmes illuftres.

DUHAMEL. (　‾　　　) Quoique no
ne connoiffions de cette Demoifelle qu'un d
vertiffement en un acte mêlé d'Ariettes , intitu
Agnès , nous avons penfé qu'il fuffifoit pour l
affigner un rang fur le Parnaffe des Dam
Françoifes.

DUMÉE , (Jeanne) née à Paris , inftruit
avec beaucoup de foin dans les Belles-Lettr
y fit les progrès les plus rapides & s'en occup
avec paffion tant qu'elle vécut. Mariée fo
jeune , elle n'avoit pas encore dix-fept ans qu
fon mari fut tué en Allemagne où il fervoi
Profitant alors de la liberté que lui donnoit fa
yeuvage , cette jeune Dame fe livra entière
ment aux fciences , & s'appliqua fur-tout
l'Aftronomie. En 1680 , elle donna un ouvrag
de fa compofition fous le titre d'*Entretiens f*
l'opinion de Copernic touchant la mobilité de l
terre. Cette production fut dans le tems a
plaudie des Savans.

DUMONT , (Madame 　　　) connue ave
diftinction par fes heureux talens , a donné

...blic un recueil d'ouvrages de fa compofition
n vers & en profe. Elle paffe auffi parmi les
onnoiffeurs pour être excellente Muficienne.

DUNOIER, (Anne-Marguerite Petit) née à
Nifmes en 1663, fut élevée dans les principes
e la Religion Réformée. Elle fe diftingua dans
a carriere des Lettres par fon efprit, la faci-
lé & la fécondité de fa plume. Elle a écrit
plufieurs volumes de Mémoires ou de Lettres
qui intérefferent beaucoup lorfqu'ils parurent.
Le ftyle en eft affez correct, & une forte d'é-
rudition y feconde l'imagination ; mais on lui
a reproché beaucoup d'inexactitude dans les
faits. Elle finit fa carriere en 1720, âgée d'environ cinquante-fept ans.

DUPIN DE CHENONCEAUX, (   )
a paffé à très-jufte titre pour une femme de
beaucoup d'efprit & vraiment favante. On voit
dans quelques-uns de fes ouvrages qui de nos
jours ont tranfpiré dans le Public, les graces du
ftyle jointes à une rare érudition, & on ne peut
que regretter que tout ce qui eft forti de la
plume de cette illuftre Dame n'ait pas encore
été confié à l'impreffion.

DUPRAT, (Anne) née avec d'heureufes difpofitions pour réuffir dans l'étude des fciences,
reçut d'Anne Seguier fa mere l'éducation la
plus foignée. Cette Dame poffédoit fupérieurement les langues Grecque & Latine, les parloit
familiérement & avec une correction qui étoit
admirée & citée avec de grands éloges par les
plus favans perfonnages de fon tems.

DUPRAT, (Philippine) fœur de la précédente, s'adonna auffi fous les leçons de fa mere à
l'étude des Belles-Lettres, & s'y diftingua avec

tant d'éclat, qu'elle fut un des ornemens de la Cour de Henri III. Elle étoit fort éloquente & réuſſiſſoit en poéſie.

DUPRÉ, (Marie) illuſtre Savante du dix-ſeptieme ſiecle, niece de Deſmareſt de Saint Sorlin, Académicien François, poſſédoit les langues Latine, Grecque & Italienne, comme la ſienne propre, & étoit ſi verſée dans la Philoſophie de Deſcartes, qu'on l'avoit ſurnommée *la Cartéſienne*. Elle joignoit à ces talens celui de la poéſie Françoiſe, & s'y eſt diſtinguée. Cette ſavante Demoiſelle étoit très-liée avec les Demoiſelles de la Vigne & Scudéri.

DUPUIS, (Modeſte) Dame Vénitienne, connue & recherchée de tous les plus ſavans hommes du ſeizieme ſiecle, pour ſes talens & ſon érudition, compoſa un poëme qui a pour titre *Floridor*, & eſt eſtimé des Italiens. Elle écrivit auſſi ſur le mérite des femmes, production qui fut applaudie lorſqu'elle parut. Elle fut mariée à Philippes Georgi, homme de Lettres: mais ſa carriere fut courte; n'étant encore âgée que de trente-ſept ans, la mort l'enleva en 1592.

DUPUIS, (Cécile) une des filles de la précédente, profita de l'exemple de ſon illuſtre mere, cultiva les Belles-Lettres, & mérita l'eſtime & les éloges des Savans de ſon ſiecle. C'eſt elle qui a donné au Public les ouvrages de Modeſte, qu'elle a enrichis d'une Préface également ſavante & bien écrite.

DURAND, (Catherine Bezacier, femme de M.) a compoſé pluſieurs ouvrages de fiction & des Comédies en proverbes. Il regne dans ces productions beaucoup d'imagination. Quelques

ieces de poéfie font auffi parfemées parmi fes
œuvres.

DUSSÉ, ( ) a mérité des éloges
ar d'agréables petites pieces de poéfie & des
Lettres de fa compofition, écrites avec autant
d'efprit que de délicateffe & d'agrément.

DUTOR. ( ) Les éloges de M. de
Fontenelle, & des vers très-flatteurs placés de
la main de cet illuftre Savant au bas du portrait de cette Dame, doivent peut-être fuffire
pour lui donner place parmi les femmes qui
fe font fait connoître par leur favoir & leurs
talens. Elle termina fa carriere en 1720.

DUVAL, ( ) ancienne Actrice
de l'Opéra, excellente Muficienne & très-
favante dans la compofition, eft auteur de la
mufique eftimée de l'Opéra qui a pour titre,
les Génies.

DUVERDIER, (Madame la Marquife) de la
ville d'Uzès. Différentes pieces de poéfie de fa
compofition qui ont paru dans le Public, annoncent en elle un heureux talent uni à la plus
belle ame.

E.

EDÉSIE, femme du Philofophe Hermias,
une des plus belles & des plus vertueufes
femmes d'Alexandrie. Après avoir perdu fon
mari, elle fut s'établir à Athènes avec fes deux fils,
Ammonices & Héliodore, pour les y faire inftruire, fous fes yeux, dans les hautes fciences,
& les rendre de dignes fucceffeurs de la grande

réputation dont leur pere avoit joui pendant à vie. Tant que les études de fes enfans durerent, cette fage mere ne craignit point de fe vc comme exilée de chez elle. Cette Dame f célébrée pour fes rares vertus & fes talens par plufieurs des Philofophes de la Grece qu vivoient de fon tems.

ELEONORE, Duchefse de Guienne, Prin cefse très-fpirituelle, & d'un efprit cultivé à orné, fut mariée en 1137 à Louis VII, fils de Louis VI, Roi de France. Ce jeune Prince éta d'un efprit foible, fuperftitieux & credule à l'excès. Parvenu à la Couronne dès la premier année de fon mariage, il s'avifa de fe faire re gner les cheveux & rafer la barbe, par les con feils de Pierre Lombard, qui lui fit entendr que Dieu haïfsoit les longues chevelures. Eleo nore ne put s'empêcher d'en railler, &, à tous propos de donner carriere là-defsus à fon ima gination vive & cauftique. Louis s'en offenfa, & ne trouva plus, à fon tour, que des fujes de reproches dans la conduite de fa femme. Ces aigreurs les fuivirent jufques dans la Terre fainte, où Louis, à la perfuafion de Saint Ber nard, Abbé de Clairvaux, eut le zele de porter fes armes, & au retour, les brouilleries entre les deux epoux fe trouverent portées à un tel excès que, fous prétexte de parenté, ils firent de concert cafser leur mariage. Eléonore, dé gagée de fes liens, fe remaria avec Henri, Duc de Normandie, & lui porta les riches Provinces dont elle étoit Souveraine, & qui furent la fu nefte fource des haines & des guerres qui ont coûté depuis tant de fang à la France & à l'An gleterre. Cette Princefse continua d'honorer &

ultiver les fciences & les Savans , & mourut
en 1204.

ELEONORE DE CASTILLE , Reine de Na-
varre , dans le quatorzieme fiecle , joignoit à un
efprit cultivé beaucoup de courage. Brouillée
avec fon mari , elle fe retira en Caftille ; mais
cette conduite ayant déplu à Henri III. fon neveu , elle fe crut des droits pour fe plaindre ,
& fe joignit à quelques Seigneurs mécontens
qui avoient pris les armes. Henri occupé à appaifer cette révolte , fe vit obligé d'affiéger
Eléonore dans le château de Roo , dont elle
s'étoit emparé. Cette femme hardie s'y défendit
long-tems avec la plus grande bravoure ; mais
contrainte enfin de céder aux forces fupérieures
de fon neveu , elle fit fa paix , & prit enfuite
le parti de retourner auprès de fon mari , avec
lequel elle fe réconcilia.

ELÉONORE DE TOLEDE , Grande Duchefle
de Tofcane , mariée fort jeune à Côme de Médicis , donna à fon fexe un beau modele de
l'intérêt qu'infpirent aux ames bien nées les
devoirs de l'union conjugale. Dans un tems de
troubles & de factions , où la vie du Prince fon
mari étoit continuellement en danger , cette
généreufe femme ne le quittoit pas & l'accompagnoit par-tout, fe préfentant toujours la premiere où il y avoit le plus à craindre. Cette
courageufe tendreffe étoit relevée encore par
les plus excellentes qualités de l'efprit & du
cœur. Douce , affable , compatiffante , elle fut ,
tant qu'elle vécut , l'afyle des malheureux , la
protectrice de l'innocence , & la mere des or-
phelins.

ELEPHANTIS , femme grecque , fe diftingua dans son siecle, au rapport de Martial, un talent singulier pour la poésie.

ELIE DE BEAUMONT, ( ) s'est fait connoître avantageusement dans la belle Littérature par plusieurs ouvrages dont elle a enrichi le Public. Ses Lettres du Marquis de Rosel ont été reçues avec les plus grands applaudissemens, & suffiroient seules pour donner une juste idée de la richesse de son imagination unie aux graces d'une diction aussi correcte que brillante. Cette illustre Dame est femme de M. Elie de Beaumont, Avocat, qui s'est rendu célebre par son éloquence, & sur-tout par le zele & la chaleur qu'il a mis dans la défense de Calas.

ELISABETH, Reine d'Angleterre, fille de Henri VIII. & d'Anne de Boulen, fut instruite avec beaucoup de soins dans toutes les sciences, & y excella de très-bonne heure. Elle régna quarante-quatre ans, & gouverna tranquillement ses peuples avec un esprit si fin & si pénétrant, avec une ame si noble & si élevée, qu'elle se fit généralement aimer & respecter dans le dégré le plus éminent, tant au-dedans qu'au-dehors de ses Etats. Cette célebre femme fut, par l'habileté de son rare génie, former les plus habiles Ministres & les plus grands hommes de guerre. Jamais Monarque avant elle n'avoit régné avec plus de succès & plus de gloire. Lorsque Philippes II. équippa cette fameuse flotte, qu'il avoit lui-même surnommée l'Invincible, & avec laquelle il se proposoit de conquérir l'Angleterre, Elisabeth parut à cheval dans le camp de Tellebury, & parcourant tous les rangs avec un air qui annonçoit la fermeté de son ame, elle exhorta ses troupes à se souvenir de l'honneur du nom Anglois, de leur religion, de leurs devoirs & du salut de leur patrie. « Moi-même, leur dit-elle, je vous » conduirai à l'ennemi. Je sais que je n'ai que » le foible bras d'une femme, mais j'ai l'ame » d'un Roi & d'un Roi d'Angleterre. Je périrai » plutôt sur le champ de bataille, que de sur- » vivre à la ruine & à l'esclavage de mon peu- » ple ». Elisabeth excelloit dans la connoissance de la Géographie & de l'Histoire, étoit en état d'entendre & même de parler plusieurs langues savantes ou étrangeres, & avoit traduit en Anglois plusieurs ouvrages Grecs, Latins & François. Sa version d'Horace fut long-tems estimée chez les Anglois. Un Prélat osoit un jour lui représenter que dans une occasion qu'il lui rappelloit, elle avoit agi plus en politique, qu'en chrétienne. « Je vois bien, lui répartit sur le » champ Elisabeth, que vous avez lû tous les » livres de l'Ecriture sainte, excepté celui des » Rois ». Avec tant d'excellentes qualités & de si rares talens, Elisabeth ne fut pas exempte des foiblesses de l'humanité, & elle en montra vis-à-vis du Comte d'Essex & de Marie Stuart. Elle avoit conçu contre cette derniere une haine implacable. On prétend qu'elle étoit jalouse jusqu'à la fureur de ce que Marie étoit plus jeune, plus belle & plus spirituelle qu'elle : on prétend aussi qu'un motif encore plus puissant l'agitoit. Marie, comme descendante d'Henri VII, avoit des droits plus légitimes que ceux d'Elisabeth à la Couronne d'Angleterre. Elisabeth fit long-tems tout ce qu'elle put pour obtenir de Marie une renonciation à ces droits,

L

& ne put l'obtenir ; au contraire même, Marie
affecta plusieurs fois de prendre le titre de Reine
d'Angleterre, & ce fut de tous ces motifs réunis que l'on vit naître l'étrange catastrophe dont
l'infortunée Marie fut la victime. De pareilles
taches devroient sans doute faire tort à la mémoire d'Elisabeth ; mais la gloire de son regne,
si constamment soutenue, doit les lui faire passer
au même titre, qu'on excuse certaines ombres
dans les chefs-d'œuvre des plus grands Peintres.
Cette célebre Reine tomba sur la fin de sa carriere dans une noire mélancholie dont il ne fut
pas possible de la tirer, & qui la conduisit au
tombeau le 3 Avril 1603, âgée de soixante-
dix ans.

ELISABETH, *ou* ISABELLE DE CASTILLE,
femme de Ferdinand V, Roi d'Arragon, par-
tageoit avec son époux le fardeau pénible de la
Royauté, & eut la gloire d'entreprendre &
d'exécuter de grandes choses. Assidue à tous les
Conseils, elle faisoit éclater sa sagesse & ses
vastes connoissances dans tout ce qui s'y traitoit,
soit pour la paix, soit pour la guerre. Cette
Princesse montoit un cheval avec beaucoup de
graces, & s'en faisoit un exercice qui lui plaisoit beaucoup. Sa carriere fut courte ; elle la
termina en 1504, âgée de cinquante-trois ans.
La conquête du Royaume de Grenade & la
découverte de l'Amérique furent dües à son
génie & à ses encouragemens.

ELISABETH D'ARRAGON *ou* DE CASTILLE,
fille ainée de la précédente, elevée & instruite
par son illustre mere, avoit hérité de ses talens,
de sa sagesse & de sa prudence. Mariée à Emma-
nuel dit le Grand, Roi de Portugal, ses vertus,

& les excellentes qualités de son cœur annonçoient aux Portugais les plus flatteuses espérances ; mais n'étant encore âgée que de vingt-
huit ans, la mort l'enleva en 1498.

ELISABETH D'ARRAGON, Reine de France,
femme de Philippe le Hardi, sur la fin du treizieme siecle, Princesse d'un grand courage,
quoique très-jeune, suivit son mari en Afrique,
& fit briller dans ces pays barbares la douceur
de son caractere, la bonté de son cœur & l'élévation de son ame. Elle périt malheureusement revenant de la Terre sainte, en tom-
bant de cheval, l'an 1271, n'étant encore âgée
que de vingt-quatre ans.

ELISABETH D'AUTRICHE, née en 1554,
fille de l'Empereur Maximilien II, & de Marie
d'Autriche, fille de Charles-Quint, fut mariée
en 1570, à Charles IX Roi de France. Au
milieu d'une Cour alors très-corrompue, très-
intriguante, fanatique & barbare, cette Princesse
sut conserver sa vertu sans tache, & faire briller
avec le plus grand éclat, la simplicité de ses
mœurs, la douceur de son caractere, son esprit
bienfaisant, sa charité inépuisable. « J'ai ouï
raconter, dit le naïf Brantôme, qu'au massacre
de la saint Barthélemi, elle n'en sachant rien,
ni même senti le moindre vent du monde,
s'en alla se coucher, à sa mode accoutumée,
& ne s'étant éveillée qu'au matin, on lui dit
à son réveil le beau mystere qui se jouoit.
Hélas ! dit-elle soudain, le Roi mon mari le
sait-il ? Oui, Madame, répondit-on, c'est lui-
même qui le fait faire... O mon Dieu, s'é-
cria-t-elle, qu'est-ce ceci ? & quels Conseil-
lers sont ceux-là qui lui ont donné tels avis ?

» Mon Dieu ! je te supplie & te requiers de
» lui vouloir pardonner ; car si tu n'en as pitié,
» j'ai grande peur que cette offense ne lui soit
» pas pardonnée, & soudain demanda ses heures
» & se mit en oraison & à prier Dieu la larme
» à l'œil ». Tels furent, dit M. de Saint-Foix,
les sentimens d'une Reine étrangere, très-zélée
pour la Religion Catholique, sitôt qu'elle apperçut ce jour horrible où le pere égorgeoit
pieusement son fils, où le fils sacrifioit son
pere, où les Ministres mêmes des Autels offroient au Dieu de miséricorde leurs poignards
teints du sang de leurs freres, où la haine &
la vengeance, sous le masque de la Religion,
commirent les plus abominables forfaits. Cette
Princesse doit assurément, à ces traits, être regardée comme une de nos plus illustres Reines:
mais elle mérite encore un rang parmi les
femmes savantes de la France. Elle composa
un ouvrage de piété, & des mémoires sur ce
qui s'étoit passé en France sous le déplorable
regne de son mari. N'étant encore âgée que de
trente-huit ans, elle descendit au tombeau regrettée de tous les bons François & bien digne
de l'être.

ELISABETH DE BOHÉME, Princesse Palatine, fille aînée de Frédéric V, Electeur Palatin, élu Roi de Bohême en 1619, fut orner
son esprit par les secours que lui donnoit la
connoissance des langues savantes qu'elle avoit
apprises de la Reine sa mere. Elle se rendit très
habile dans la Philosophie & les Mathématiques, s'attacha à Descartes & embrassa ses
systêmes. Ayant établi sa demeure à Leyde
pour se mettre plus à portée de ce célèbre Phi-

losophe, il l'exerça dans les questions les plus
abstraites de la Métaphysique & de la Géométrie avec tant de succès, qu'il avouoit que dans
tous ses disciples, il n'avoit encore trouvé
qu'elle qui fût parvenue à une intelligence bien
parfaite de ses principes. Les Lettres perdirent
cette savante Princesse en 1680, âgée d'environ
soixante-deux ans.

ÉLISABETH-CHARLOTTE DE BAVIERE,
fille du célebre Charles-Louis de Baviere,
Comte Palatin du Rhin, & Électeur, née le
7 Mai 1652, eut son propre pere pour seul &
unique instituteur. Ce grand Prince ne regarda
pas comme indigne de lui de présider à l'é-
ducation de sa fille ; il trouva en elle de si
heureuses dispositions du côté de l'esprit &
du cœur, que ses soins furent bien récom-
pensés par la solidité de ses succès. Mariée le
22 Novembre 1671, à Monsieur, frere de
Louis XIV, dès qu'elle parut à la Cour de
France, elle s'y fit admirer, autant par l'éclat
de ses vertus que par celui de son génie. Toute
entiere à ses devoirs, l'éducation de ses enfans
fit sa principale occupation. Elle réussit à les
former, & elle trouva la récompense de ses
soins dans la tendre affection qu'ils conserverent toujours pour elle. Le 9 Juin 1701, elle
perdit son époux : la douleur qui l'affecta fut
si grande, que son parti étoit pris d'aller se
renfermer dans un cloître, si le Roi, averti de
son dessein, ne s'y fût opposé avec la plus
grande fermeté. Cette Princesse renonça dès-
lors à toutes les parures pour lesquelles son
sexe est si passionné, & vendit tout ce qui
y servoit pour se mettre plus en état de se-

courir les indigens , & de récompenser l
Savans dans le commerce desquels elle cher
cha sa consolation tout le reste de sa vi
Après vingt-deux années de veuvage , ell
paya le tribut dû à la nature le 8 Décemb
1722, & fut regrettée de toute la France. L
riche collection de médailles qu'elle a laissé
prouve le goût éclairé qu'elle avoit pour to
ce qui tient à la belle antiquité.

ELISABETH FARNEZE, née en 1691, à
mariée en 1714 à Philippe V, Roi d'Espagn
joignoit à toutes les plus belles qualités de l'e
prit & du cœur, un génie élevé, qu'elle f
cultiver de bonne heure & orner des plus bell
connoissances. Unie à un époux dont l'esp
naturellement foible tomboit de plus en pl
tous les jours , Elisabeth suffit elle-mêm
pour tenir les rênes de l'Etat , & l'emp
cher de se ressentir de l'inertie du Roi. P
son courage, par la grandeur de ses vues, p
la noblesse & l'élévation des sentimens de s
ame, elle retraça aux yeux de l'univers étonn
tous les prodiges dont il avoit été frappé e
admirant la Sémiramis du Nord, Isabelle en E
pagne, Elisabeth en Angleterre, Anne d'A
triche en France. Après avoir formé ses fi
pour être de grands Princes, Elisabeth eut l
satisfaction de voir pendant sa vie plusieurs d
principaux Trônes de l'Europe remplis par s
postérité. Cette illustre Princesse cultiva & pro
tegea les sciences, & mourut très-regrettée e
1766.

ELISABETH PETROWNA, Impératrice d
toutes les Russies, fille du Czar Pierre I
monta sur le Trône en vertu des dispo

ions teſtamentaires de ſon pere, le 6 Décembre 1741. Pendant vingt-un ans que cette Princeſſe a régné, elle ſut réunir à l'éclat des plus ſolides vertus, les plus rares talens pour le gouvernement de ſes vaſtes Etats. Sans ceſſe occupée du bonheur de l'humanité, elle n'entreprit de guerres, que pour ſoutenir ſes alliés, s'empreſſa de ſoulager ſes peuples par la diminution des impôts, & briſa les fers d'une foule de malheureux qui étoient détenus dans les priſons pour des dettes qu'elle acquitta de ſes épargnes. A ſon avénement à la Couronne, cette généreuſe Impératrice avoit fait vœu de ne condamner perſonne à mort, tant qu'elle régneroit, & elle le tint ſi ſcrupuleuſement, que l'amour & la reconnoiſſance de ſes heureux ſujets la décorerent unanimement du beau ſurnom de *Clémente*. Ils eurent la douleur de la perdre le 5 Janvier 1762, n'étant encore âgée que de cinquante-un ans.

ELIZENNE DE CRENNE, Demoiſelle née en Picardie dans le ſeizieme ſiecle, traduiſit en François les quatre premiers livres de l'Enéïde, & les dédia au Roi de France François I. Elle compoſa auſſi un autre ouvrage qui a pour titre, *les Angoiſſes douloureuſes qui procedent d'amour.*

ENCAUSSE BERAT, (   ) née à Toulouze, ſe diſtingua dans le ſiecle dernier, par ſon eſprit & ſon érudition, remporta pluſieurs fois les prix des Jeux floraux, & mérita l'eſtime des Savans ſes contemporains. M. de Vertron en parle avec éloges. L'on a d'elle un Diſcours à la louange de Louis XIV. ſur ſa modération au milieu de ſes victoires.

L iv

ENTIERES, (Marie) Demoiſelle née à Tournai, fut très-connue dans le ſeizieme ſiecle, par ſa piété, ſes vertus & ſon érudition. Elle exerça ſouvent ſa plume contre les Calviniſtes, les Luthériens, les Juifs & les Turcs.

EPPONINE, ou EPPODICE, Dame Gauloiſe, femme de Sabinus, ſous l'empire de Veſpaſien, donna aux femmes de ſon ſiecle un grand exemple de la force de l'amour conjugal. Sabinus ayant levé l'étendard de la révolte contre l'Empereur, ſon entrepriſe eut le plus malheureux ſuccès. Abandonné des ſiens, il fut réduit à ſe cacher dans une profonde caverne entre la Franche-Comté & la Champagne. Epponine, au lieu de s'abandonner à une ſtérile douleur, & ne conſultant que ſa tendreſſe & ſes devoirs, s'attacha à découvrir la retraite de ſon malheureux époux. Y étant parvenue, elle courut l'y joindre & s'y enfermer généreuſement avec lui. Pendant pluſieurs années, cette tendre femme le ſervit & le nourrit du travail de ſes mains avec un zèle & une conſtance que l'horreur d'une pareille ſituation ne put un ſeul inſtant rebuter. Elle accoucha même plus d'une fois dans ce ténébreux ſéjour. Enfin les émiſſaires de l'Empereur, à force de perquiſitions, ayant découvert ces infortunés époux, ils furent conduits devant Veſpaſien. Ce Prince touché de la vertu héroïque d'Epponine, lui demanda comment elle avoit pu ſi long-tems ſoutenir un genre de vie ſi éloigné de la délicateſſe dans laquelle elle avoit été élevée. La généreuſe Epponine répondit avec une noble fierté : « J'ai » vécu plus heureuſe ſous la terre, dans les té- » nebres de la caverne où l'on nous a trouvés,

que tu ne le fais à la lumiere du foleil & au
faîte de la puiffance ».

ERINNE, de Lesbos, fut extrêmement cé-
ebre dans fon tems, par fon talent pour la
poëfie lyrique. Strobée nous a confervé une de
es Odes. Sa réputation balançoit celle de Sa-
ho, dont elle avoit été difciple. Sa carriere
fut très-courte. Elle mourut dans fa dix-neu-
ieme année.

ERP, (Henriette d') favante Hollandoife, Ab-
effe du couvent de Wrouven-Kloofter, floriffoit au commencement du feizieme fiecle, &
compofa plufieurs ouvrages écrits dans fa langue
naturelle.

ESCALE, (Alexandrine de l') femme du favant Michel Marulle, poffédoit fupérieurement
le Grec & le Latin, & écrivoit avec beaucoup
de facilité dans ces deux langues. Elle mourut
à Florence en 1506.

ESCLACHE, (   ) Dame favante
du dix-feptieme fiecle, étoit inftruite dans les
fciences, & fur-tout dans la Philofophie, fur
laquelle elle compofa quelques ouvrages que, par
modeftie, elle fit paroître fous le nom de fon mari.

ESTRADA, (Marie d') femme d'un foldat
de Fernand Cortez, armée d'une épée &
d'une rondache, fit, dit un hiftorien Efpagnol,
des exploits admirables dans la conquête du
Mexique. On la vit plus d'une fois animée d'une
intrepidité finguliere, fe faire jour à travers
des foules d'ennemis.

ESTRÉES, (Gabrielle d') Ducheffe de Beau-
fort, étoit douée de la figure la plus aimable. Les
graces de fon efprit jointes à celles de fa perfonne, la faifoient admirer & aimer de tous

L v

ceux qui la voyoient. Henri IV, sur la seul
réputation de ses charmes, se sentit épris d'une
violente passion : il osa la déclarer, & eut le bonheur de plaire. Le plus bel éloge que l'on puit
faire de cette célebre femme, est que pendant
neuf ans qu'elle vécut dans la plus grande faveur auprès du Roi, elle eut le rare bonheur
de ne se point faire d'ennemis. Elle dut cet
avantage à la bonté de son caractere & à l'attention constante qu'elle eut de ne jamais donner à Henri que de bons & sages conseils.

ETIENNE, (Nicole) fille de Charles Etienne,
célebre Imprimeur à Paris, & femme de Jean
Liébault, savant Médecin, s'adonna de bonne
heure à l'étude des Belles Lettres, & se distingua sur-tout par un heureux talent pour la poésie. Il n'est resté de ses ouvrages qu'une défense
pour les femmes contre ceux qui les méprisent.

ETIENNE, (Perrette Badius, femme du célebre Imprimeur Robert) savoit supérieurement
la langue Latine, la parloit avec autant de graces
que de facilité, & secondoit son mari dans la
partie littéraire de ses travaux.

EUDOXIE, surnommée Licinie, Françoise
d'origine, réunissoit aux charmes d'une belle
figure, une ame élevée & un esprit cultivé.
L'Empereur Arcade la vit, en fut épris & l'é-
pousa. Eudoxie prit sans peine le plus grand
ascendant sur l'esprit de ce Prince foible:
maîtresse absolue de l'Etat & de la Religion,
elle réunit sur elle tout ce que le diadême pouvoit lui donner de puissance, & s'en montra
digne par de grands talens. Son regne fut de
courte durée. Elle mourut en couches en 404.

EUDOXIE, veuve de Constantin Ducas, fe

t auffi-tôt après la mort de fon mari, proclamer Impératrice, & fit en même tems affocier
fes trois fils à l'Empire. Romain Diogène eut
le bonheur d'être apperçu de cette Princeffe
au moment où il venoit d'être condamné à
mort pour avoir prévariqué dans fes emplois.
Touchée de la bonne mine de cet infortuné,
& fe rappellant d'ailleurs les grands fervices
qu'il avoit rendus à l'Empire, non-feulement
elle lui fit grace, mais elle lui donna encore le
commandement en chef de toutes les troupes
de l'Orient. Romain, dans ce nouvel emploi,
fe fignala par de fi brillans fuccès, qu'Eudoxie
crut ne pouvoir rien faire de mieux que de l'é-
poufer, afin qu'il lui aidât & à foutenir la gloire
de fon Empire, & à conferver le Trône à fes
fils. Trois ans après fon mariage, Michel fon
fils aîné, impatient de régner, fouleva les peuples contre Romain, & força fa mere de s'enfermer dans un monaftere. Eudoxie avoit montré fur le Trône toutes les qualités qui devoient
l'en rendre digne. Réduite à vivre dans l'obf-
curité d'un cloître, Eudoxie ne s'y occupa plus
que de l'exercice des vertus qui doivent s'y pra-
tiquer, & fe confola de la perte de fon rang,
en cultivant les Lettres. Elle compofa un ouvrage fur les Généalogies des Dieux, des Héros
& des Héroïnes, où étoit raffemblé tout ce qui
avoit été dit jufques-là de plus curieux fur les
delires du Paganifme.

EURYDICE, fille d'Amintas, frère de Philippe Roi de Macédoine, fut mariée à Aridée,
qui fuccéda à Alexandre. Cette Princeffe fut
extrémement célèbre par fes vertus, fon grand
courage & fes malheurs. Son mari fe trouvant

incapable de gouverner la Macédoine, elle prit les rênes du Gouvernement, qu'elle fut manier avec la plus grande habileté ; mais Olympias étant rentrée en Macédoine pour s'y emparer de la Couronne, Euridice, lâchement trahie & abandonnée par les siens, après sa résistance la plus courageuse, fut enfin arrêtée & confinée avec son mari dans une étroite prison. La cruelle Olympias ne tarda pas de faire égorger Aridée. Eurydice s'emporta contre cette atrocité en termes si violens, que sa féroce rivale la condamna aussi à perdre la vie, & ne lui laissa que le genre de sa mort à choisir. Eurydice, sans s'étonner, après avoir conjuré les Dieux de venger sa mort, déliant elle-même sa ceinture, la présenta d'un air serein aux bourreaux, & leur commanda de l'étrangler.

EURYDICE, Dame Illyrienne. Plutarque la propose aux femmes pour exemple. Née dans un pays barbare, & avancée déja dans la maturité de son âge, elle se livra à l'étude avec la plus grande ardeur, pour se mettre en état de pouvoir élever elle-même ses enfans dans les sciences. Y ayant réussi, elle consacra aux Muses l'hommage de ses succès dans une inscription qu'elle composa en quatre vers, que le même Plutarque nous a conservés.

EUSEBIE, femme de l'Empereur Constance, douée des plus rares vertus, excella dans toutes les sciences, & joignit à ces précieux avantages les graces & les charmes d'une grande beauté. Sa sagesse & ses heureux talens lui furent d'un grand secours pour réprimer les accès fougueux du caractere féroce de son mari. Cette illustre Princesse prit un soin particulier de l'éducation

e Julien, & ce fut principalement à sa pro-
ection que ce Prince dut son élévation à l'Em-
ire. Elle mourut vers l'an 361 de l'Ere chré-
ienne.

EUSTOCHIE, issue de Scipion & des Paul
Emile, & Paule, Dame Romaine, également
lustre par sa naissance, furent instruites dans
es sciences par Saint Jérôme, & y excellerent.
ustochie savoit à fond le Grec & l'Hébreu.

F.

FAGNAN, (Marie-Antoinette) un des plus
eaux génies qui auront orné le dix-huitieme
ecle. L'on a d'elle plusieurs ouvrages de fiction,
entr'autres, *Canor*, & le *Miroir des Prin-*
esses Orientales, où les graces les plus sédui-
antes du style sont jointes aux richesses d'une
age & heureuse imagination.

FALAISE, (l'Héroïne de) M. de Saint-Foix,
ui ne laisse échapper aucun trait à l'avantage
u beau sexe, rapporte celui-ci. La ville de
alaise étoit dans le parti de la Ligue. Henri IV.
assiegeoit : on alloit donner un assaut. Lachef-
aie, marchand de cette ville, amoureux &
imé d'une fille de son état, lui proposa un
oyen qu'il avoit imaginé pour sortir de la ville
la mettre en sûreté. « Comme je suis per-
suadée, lui répondit cette généreuse fille,
que vous ne pensez à abandonner vos concitoyens, lorsqu'ils vont combattre, que parce
que vous tremblez pour moi, la proposition
que vous me faites ne vous ôtera ni mon es-

» time, ni mon amour, & pour vous le prou-
» ver, je suis prête à m'unir à vous. Venez,
» je vais vous donner ma foi ; mais je veux que
» ce soit sur la breche. Les représentations, les
» craintes, les larmes de Lachesnaie sont vai-
» nes ; il arrive avec son amante sur le rempart,
» l'un & l'autre, dit Mézerai, combattirent
» avec tant de courage, qu'Henri IV. les re-
» marqua, & admirant leur valeur, commanda
» qu'on leur sauvât la vie, s'il étoit possible ;
» mais Lachesnaie ayant été presqu'aussi-tôt tué
» d'un coup de fusil, sa maîtresse refusa quar-
» tier, & continua de combattre avec encore
» plus d'acharnement. Se sentant blessée à mort,
» elle s'approcha du corps de son amant pour
» mêler son sang avec le sien, & expira le te-
» nant embrassé ».

FANNIA, Dame Romaine, fille du célèbre
Pœtus-Trasea, & petite-fille d'Arrie. Sa vertu,
son courage, la douceur de son caractere, &
son esprit cultivé & orné, la firent généralement admirer & chérir de tous ceux qui la connurent. Helvidius son mari ayant été deux fois
exilé dans des pays éloignés & affreux, elle l'y
suivit courageusement pour lui aider à supporter ses disgraces. Après la mort d'Helvidius,
jalouse d'immortaliser la mémoire d'un homme
qu'elle avoit si tendrement aimé, cette tendre
épouse remit les mémoires de sa vie dont elle
avoit soigneusement recueilli tous les traits, au
célebre Sénécion, qui en composa l'histoire;
mais les ennemis d'Helvidius en ayant fait un
crime à Fannia, ils parvinrent à la faire exiler
de l'Italie, & elle mourut de chagrin de cette
nouvelle persécution.

FAUQUES, (   ) née à Avignon, s'est distinguée dans ce siecle-ci par plusieurs productions ingénieuses qui sont écrites avec goût & ne respirent que la vertu la plus pure. Ses principaux ouvrages sont *la derniere Guerre des Bêtes ; Frédéric le Grand au temple de l'Immortalité ; le Triomphe de l'Amitié ; Abbaffaï, Contes du Serrail ; les Préjugés trop bravés & trop suivis.*

FAUSTA LIVIA, Dame Siennoise, pendant le siege de Sienne sa patrie, en 1552, secondée par la Signora forte Guerra, & la Signora Piccolomini, fit prendre les armes à un grand nombre de leurs concitoyennes, & se signala à leur tête dans différens combats, ou pour la défense des remparts.

FAUSTINE, (Annia Faustina) Impératrice Romaine, étoit arriere petite-fille de l'Empereur Marc-Aurele, & digne d'une si noble origine, par sa sagesse & les ornemens de son esprit, qui la distinguoient de toutes les personnes de son sexe. Héliogabale, épris des charmes & des sublimes qualités de cette femme, l'épousa ; mais aussi volage que capricieux, il se lassa bientôt de son bonheur, & Faustine fut réduite à passer dans la retraite le reste de ses jours. Son amour pour les sciences & son goût pour l'étude l'y suivirent & l'aiderent à se consoler de sa disgrace.

FAYETTE, (Marie-Magdeleine Pioche de la Vergne, Comtesse de la) joignoit à une naissance illustre les graces de l'esprit secondées de beaucoup d'érudition. Au bout de trois mois qu'elle se fut adonnée à apprendre le Latin, elle en savoit autant, a dit Ségrais, que Ménage

& le Pere Rapin qui étoient ses maîtres. Son hôtel étoit le rendez-vous des plus beaux esprits de son tems. Le célebre Duc de la Rochefoucault, Huet, Ménage, Lafontaine, Segrais y étoient très-assidus. Cette Dame a composé divers ouvrages de fiction, écrits avec autant de génie que de graces & de naturel ; mais sa carriere ne fut pas de longue durée, elle la finit en 1693, n'étant encore âgée que de trente-huit ans.

FEDELI, (Aurelia) célebre Actrice Italienne, se fit avantageusement connoître dans le dix-septieme siecle, par ses poésies imprimées à Paris en 1665, sous le titre de *Restituti di Pindo*.

FELICIENNE, (Euphrosine de S. Joseph) Religieuse Espagnole, mérita dans le seizieme siecle, par sa grande érudition & ses ouvrages, d'être placée parmi les Femmes illustres de sa nation.

FERRANT, (Bellisani) femme d'un Président au Parlement de Paris, née avec les plus heureuses dispositions pour les sciences, s'adonna toute sa vie à leur étude, & s'y distingua par des succès si marqués, que sa société fut recherchée de tous les Gens de Lettres. Elle poussa sa carriere jusqu'à quatre-vingts ans & la finit en 1740.

FEUILLET, (   ) niece du savant Chanoine de Saint-Cloud de ce nom, s'adonna avec la plus grande application à l'étude des langues savantes, & traduisit en François plusieurs ouvrages de piété.

FIESQUE, (Catherine de) sa science & sa éminente piété lui acquirent dans le quinzieme ecle , une grande réputation. L'on a d'elle des Dialogues remplis des sentimens les plus édi-tans.

FILLEUL , (Bouquet, épouse de M.) de l'Académie Royale de Saint-Luc, rend tous les jours son pinceau de plus en plus célebre par la supériorité avec laquelle elle peint le portrait à l'huile & en pastel.

FLACILLA – ÆLIA , premiere femme du Grand Théodose, Princesse douée de beaucoup d'esprit & de sagesse. Son mari, homme natu-rellement emporté & violent, s'applaudit en bien des occasions d'avoir été arrêté dans ses transports par la prudence & l'éloquence de cette illustre femme : elle ne cessoit de l'ex-horter à la vertu , & lui en donnoit elle-même l'exemple : souvent elle lui répétoit cette sage maxime, « N'oubliez jamais ce que vous avez été & ce que vous êtes ».

FLEURS , (Philiberte de) Dame de Tour & de la Baslie, en Mâconnois, s'est distinguée dans la carriere des Belles-Lettres , & sur-tout par ses poésies. On a d'elle un poëme estimé , in-titulé *les Soupirs de la viduité.*

FLORE , (Jeanne) née avec d'heureuses dif-positions, s'adonna avec succès à l'étude des langues savantes & des Belles-Lettres. On a d'elle plusieurs ouvrages , & un entr'autres où elle a décrit dans des *Contes amoureux*, la pu-nition que fait Vénus de ceux qui méprisent le véritable amour. Il paroit qu'elle florissoit dans le siecle des Troubadours.

FOIX , (Marguerite de) Duchesse d'Epernon, recommandable par son courage & son intré-pidité. En 1588 , les Chefs de la Ligue, dans

la vue de perdre le Duc d'Epernon , obtin~
un ordre de l'enlever du château d'Angoulême
où il faifoit alors fa réfidence. L'Officier char~
de l'exécution crut faire un coup de partie ~
fe faififfant d'abord de la Duchefſe , & y ét~
parvenu fans peine, il s'attacha à l'intimider ~
fon propre fort, fi elle n'aidoit pas à faire arrê~
fon mari. Il la conduifit jufqu'à la porte du c~
teau pour la mettre plus à portée de fecon~
fon entreprife ; mais Marguerite au contra~
exhorta le Duc à haute voix à fe bien défen~
& à être infenfible aux dangers qu'elle pouv~
courir. Cette généreufe intrépidité ne tarda p~
d'être récompenfée. Il arriva au même inf~
des troupes pour dégager le Duc d'Epern~
& l'Officier porteur d'ordres n'eut rien de pl~
preffé que de relâcher fa prifonniere, qui en~
auffi-tôt triomphante dans le château.

FONTAINES, (　　　de Givri, Comte~
de) connue dans ce fiecle , par deux ouvra~
de fiction très-eftimés , intitulés *Amenophis*~
la Comteffe de Suvoie. M. de Voltaire en a f~
l'éloge.

FONTE-MODERATA, Dame Vénitienne~
vivoit dans le feizieme fiecle, & en fut un d~
principaux ornémens. Sa mémoire étoit fi heu~
reufe, qu'après avoir entendu un difcours, qu~
que long qu'il fût, elle le répétoit fans y ri~
changer. Elle joignoit à ce fingulier talent bea~
coup d'érudition , & a compofé en vers & e~
profe plufieurs ouvrages. Le plus connu e~
celui qui a pour titre , *dei meriti delle Donn~*
Elle y foutient que les femmes ne font poin~
inférieures aux hommes en efprit & en mérit~
Cette favante femme mourut en 1592 le pre~

...ier Novembre, n'étant encore âgée que de ...ente-sept ans.

FORET, (   ) Servante de Mo-...ere, étoit douée d'un jugement fort sain ; son ...aître a dit lui-même, qu'avant de donner ses ...ieces de Théâtre en public, il les lisoit devant ...le, & que cette fille ne manquoit jamais de ...avertir des endroits qui plairoient & de ceux ...ui déplairoient. Il avouoit que l'événement ré-...ondoit toujours à ce qu'elle lui avoit dit.

FOURRÉ, (Marie-Catherine) femme de ...I. de Poix, Elu de la ville de Péronne. En ...536, tandis que Charles-Quint en personne ...isoit une irruption en Provence, il chargea le ...omte de Nassau de faire une diversion en Pi-...ardie à la tête d'une puissante armée. Ce Gé-...éral, après plusieurs légers événemens à Brai ...t Saint-Riquier, où il commença à connoître ...a bravoure des femmes Françoises, se porta ...r Péronne qu'il investit le 12 ou le 13 du ...ois d'Août. Il n'y avoit dans cette place qu'une ...oible garnison, commandée par le Maréchal ...e la Marck & le Comte de Dammartin, aux-...uels se joignirent plusieurs braves Gentils-...ommes & Capitaines qui s'y étoient réfugiés ...vec leurs femmes & leurs enfans ; mais le ...ourage & la résolution des habitans y sup-...léerent : hommes & femmes, tout se réunit ...ndistinctement pour soutenir & repousser les ...fforts des assiégeans. La premiere personne qui ...fut tuée, fut une fille frapée le 17 Août par ...n boulet de canon que l'on voyoit encore il ...'y a pas long-tems, dans le mur où il étoit ...esté enfoncé. Le 19, le Comte de Nassau ayant ...ait battre en breche une partie de la muraille

avec une artillerie nombreuse, dans l'intenti[b
de donner un assaut, dès la nuit suivante, l[c
femmes mêlées avec les hommes, travailler[d
avec tant de courage & d'activité, qu'à la poin
du jour toutes les breches se trouverent ré[r
rées. L'assaut ne fut pas moins ordonné & e[e
cuté, & il fut si vigoureusement soutenu p[
les hommes & les femmes ensemble, que l[
assaillans furent repoussés avec perte de quin
cens de leurs plus braves soldats. Le len[
main 21, tandis que les habitans rendoie
graces à Dieu de leur victoire dans l'Eglise
Saint Furcy, un Capitaine de l'armée ennem[
suivi de toute sa compagnie, entreprend [
monter sur le mur du rempart près de la po[
de Paris, où il n'appercevoit personne. Mari[
Catherine Fourré, qui se trouvoit là par h[
sard, l'apperçoit qui plante son enseigne & c[
déja « ville gagnée ». Elle court à lui, le re
verse au bas de la muraille, arrache l'enseign[
& avec la pique se défend contre ceux q[
grimpent encore, jusqu'à ce qu'enfin on a[
court à ses cris. Tous les jours suivans fure[
marqués par une si vigoureuse défense, q[
l'Archiduchesse Gouvernante, irritée de la lo[
gueur de ce siege, écrivit ces mots au Com[
de Nassau : « Je suis étonnée que vous soyez
» long-tems devant Péronne, vû que ce n'[
» qu'un pigeonnier ». A quoi Nassau répondit s[
le champ : « Madame, il est vrai que Péron[
» n'est qu'un pigeonnier ; mais les pigeons q[
» sont dedans sont difficiles à prendre : les fe[
» melles y sont aussi courageuses que les mâles[
Le Comte de Nassau sut contraint de lever l[
siege, & ne s'entretenoit en s'en allant que d[

bravoure des femmes de Péronne. L'on voit
core actuellement dans les comptes de recette
de dépense de cette ville, pour l'année 1536,
article de 8 liv. 4 f. payés à Charles Milet,
fievre, pour par lui avoir fait & livré huit
couronnés en argent doré, donnés aux Offi-
rs de ladite ville, & un neuvieme aussi donné
la femme de M. Depoix, l'Elu, pour porter
figne de la victoire que notre Créateur avoit
nnée à ladite ville en l'encontre des Bour-
ignons ennemis de ce Royaume. Ces détails
t été fournis par M. Huet, Lieutenant Cri-
inel au Bailliage de Péronne, & la raison qui
us engage à les rapporter en entier, est que
ux qui ont écrit l'Histoire de France ne pa-
issent pas en avoir eu aucune connaissance.
ils en avoient été instruits, auroient-ils pu se
fuser de citer pour la gloire du beau sexe un
ait aussi avéré de la force & du courage des
mmes ?

FRANCESCA, pauvre fille née à Cazal, dans
Montferrat. La ville de Cazal, occupée alors
r les François, ayant été assiégée en 1555,
rancesca, alors âgée de vingt ans, demanda à
mbattre pour la défense de la place, & se
gnala par des preuves du plus grand courage.
Dans plusieurs sorties elle tua de sa main plu-
eurs des assiégeans. Jean de Toiras, depuis
aréchal de France, informé de la bravoure
nguliere de cette nouvelle Amazone, lui donna
paye de quatre soldats, & une place de Che-
au-léger dans sa Compagnie. Cette vaillante
lle mourut en 1592, n'étant encore âgée que
trente-sept ans.

FRANÇOISE D'ALLENÇON ou DE VAL-

LOIS, Ducheffe de Vendôme, Princeffe de très
beaucoup d'efprit, de favoir & de vertus, a été eu
placée au rang des Femmes illuftres de fon fiè-
cle, par les Peres Hilarion de Cofte & Amelin.

FREMYOT, (Jeanne-Françoife) Baronne de
Chantal : après avoir paffé plufieurs années dans
les engagemens du mariage, devenue veuve,
fa grande piété lui fit entreprendre, fous la
direction de Saint François-de-Sales, la fondation de l'Ordre de la Vifitation Sainte Marie.
Elle conduifit fes premiers établiffemens avec
tant de ferveur, d'intelligence & de connoiffances, qu'en peu de tems ils fe multiplierent
confidérablement, tant en France que dans les
pays étrangers. Cette pieufe Fondatrice finit fes
jours à Moulins en 1641.

FULVIE, premiere femme de Marc-Antoine,
fut très-renommée à Rome pour fon efprit &
fon courage. Dans les tems les plus orageux de
la République, on la voyoit à la tête de la faction de fon mari, manier avec la plus grande
habileté les affaires les plus épineufes, & lorfqu'il étoit queftion de courir aux armes, être
la premiere à les prendre & à vouloir fe charger des détails les plus hafardeux du commandement. Ces grandes qualités furent ternies par
une ambition démefurée, & par la rage avec
laquelle elle affouvit fa barbare vengeance fur
la tête de Cicéron, pour avoir l'atroce fatif-
faction de percer de fa main une langue qui
lui avoit fouvent reproché fes forfaits. On place
fa mort en l'an de Rome 714. Nous ne plaçons
ici cette femme que pour apprendre à fon fexe
combien les plus grands talens & les plus
grandes vertus peuvent dégénérer quand on

iffe aux passions la funeste liberté d'exercer
ur empire.

G.

GABRIELLE DE BOURBON, femme de Louis
la Trémoille, tué à la bataille de Pavie, orna
n siecle par sa solide piété, son esprit & son
rudition. Elle composa divers ouvrages qui lui
rent honneur dans le tems où ils parurent.
ette illustre Dame finit ses jours en son châ-
au de Thouars, en Décembre 1516.

GAILLARD, (Jeanne) née à Lyon, & connue
ans le seizieme siecle par son talent pour la
oësie. Marot l'a célébrée dans ses vers.

GALIGAÏ, (Eléonore, ou Léonora) femme
u Maréchal d'Ancre, & Dame d'Honneur de
arie de Médicis, seconde femme d'Henri IV,
t un grand exemple de la fortune qui est or-
inairement l'apanage des grands génies, lors-
u'ils savent mettre en jeu les ressorts d'une
olitique adroite. Cette femme profitant de l'as-
endant que ses grands talens lui avoient donné
r l'esprit de Marie, ne songea qu'à accumuler
r elle & sur son mari, les plus grands em-
lois & des richesses immenses. Elle y réussit;
ais ce ne put être sans mécontenter les Grands
 s'attirer une foule d'envieux & d'ennemis,
ont le ressentiment & la fureur ne manquerent
as d'éclater sitôt que Marie cessa de régner.
léonore fut alors chargée des plus criminels
riuns, juridiquement condamnée à la mort,
 eut la tête tranchée, en place de Greve, le

8 Juillet 1617. Le peuple accabla d'outrages
son cadavre. Dans le cours de l'instruction de
son procès, un de ses Juges ayant eu la simplicité de lui demander de quels sortileges elle
s'étoit servi pour ensorceler la Reine, Galigai,
indignée, lui répondit avec fierté : « Mon sor-
» tilege a été le pouvoir que les ames fortes
» doivent avoir sur les esprits foibles ».

GALINDE, (Béatrix) née à Salamanque,
femme de François Ramirez, Secrétaire du Roi
d'Espagne, & l'une des Dames d'Honneur de la
Reine Isabelle. Cette Dame jouissoit dans son
siecle d'une grande réputation pour sa singuliere
érudition ; on la surnommoit la *Latina*, à cause
de la parfaite intelligence qu'elle avoit de la
langue Latine & de la facilité singuliere avec
laquelle elle la parloit. Le célebre Lopez de
Véga & d'autres Ecrivains Espagnols, en ont
fait de grands éloges. Elle mourut le 23 Novembre 1535.

GAMBARA, (Véronique) fille du Comte
Jean-François Gambara, fut, au rapport du
Cardinal Quirini, élevée & instruite par Bembo,
& excella dans la poésie Italienne. Le style de
sa prose & de ses vers est de la plus grande élégance & d'une douceur qui peut être comparée
à celle que l'on admire dans Pétrarque. Ruc-
celli & plusieurs autres savans Italiens l'ont
beaucoup célébrée. Elle décéda en 1550, âgée
de soixante-cinq ans.

GAULOISES. (les Femmes) Plutarque rapporte que les Gaulois, en reconnoissance de
l'obligation qu'ils avoient aux femmes d'avoir,
par leur esprit & leurs soins, fait cesser les
guerres civiles qui, depuis plusieurs années,
dechiroient

déchiroient leurs provinces, décidèrent unanimement qu'à commencer de cette heureuse époque, ils ne feroient ni la guerre ni la paix fans les confulter, & remettroient à leur arbitrage abfolu les différends qui pourroient par la fuite s'élever entr'eux ou avec leurs alliés. Jufques-là les Gaulois avoient toujours eu la réputation d'être de tous les peuples de la terre celui chez qui les femmes étoient traitées avec le plus de courtoifie. Ils les admettoient à leurs confeils & à leurs feftins, & ne faifoient fans elles aucune partie de plaifir. Dans le traité d'alliance qu'ils conclurent avec Annibal, un des articles portoit expreffément, au rapport de Tacite, que fi des Carthaginois avoient à fe plaindre des Gaulois, les femmes Gauloifes jugeroient leurs différends. Anciennement, en France, les femmes fuccédoient aux Pairies, & avoient, nonobftant leur fexe, le droit d'affifter & d'opiner dans les caufes foumifes à la Jurifdiction des Pairs. Il paroit que les premiers Gaulois connus tenoient des Égyptiens le refpect & la vénération qu'ils avoient pour leurs femmes. Le temple d'Ifis qui, de tems immémorial, exiftoit dans Paris, femble devoir appuyer cette conjecture.

GEN-MEÏ, Impératrice du Japon, monta fur le Trône en 708, & régna pendant fept années avec autant de gloire que de fageffe, de prudence & de lumieres Elle divifa tous fes États par provinces, & fit dreffer des cartes de toutes les villes, de tous les bourgs & vilages dont ces provinces fe trouvoient compofées.

GEN-SI-OO, Impératrice du Japon, fuc-

M

céda à la précédente, occupa le Trône pendant neuf ans, s'y comporta avec la plus grande
habileté, s'appliqua à corriger les mœurs des
Japonois, & fit d'excellentes loix fomptuaires
pour mettre un frein au luxe qui régnoit dans
l'habillement des femmes. Lorfque cette Princeffe eut confommé ces entreprifes à fa fatif-
faction, ne craignant point, quoique très-jeune
encore, de defcendre du faite de la grandeur,
elle abdiqua généreufement fa Couronne & la
remit à Sionnue fon neveu. Elle vécut encore
vingt-cinq ans après fon abdication, & mourut
âgée de quarante-huit ans.

GEOFFRIN, (　　　veuve de M.) fe fit
honneur de raffembler chez elle les plus favans
hommes & de la Cour & de la Ville, ce qui y
conduifoit en même tems les Etrangers les plus
diftingués que la noble paffion de s'inftruire &
de connoître les merveilles de la Capitale ame-
roit à Paris. Tous en fortoient enchantés du
goût exquis & des rares connoiffances qui brilloient dans cette précieufe fociété. Favorifée
d'une fortune confidérable, Madame Geoffrin
n'avoit point de plus délicieufe paffion que celle
de chercher des occafions de fecourir des indigens, ou de concourir au progrès des fciences
& des beaux-arts, fitôt qu'elle pouvoit découvrir quelque Savant ou quelque Artifte qui
avoit befoin de fecours ou de protection. Ces
belles qualités avoient rendu fon nom célebre jufques chez les Etrangers. Allant en Pologne & paffant à Vienne, Leurs Majeftés Impériales l'honorerent de l'accueil le plus diftingué, &, arrivée à Varfovie, toute la Cour de
Pologne s'empreffa de partager avec le Roi Sta-

...flas-Auguſte, le plaiſir de poſſéder cette illuſtre
...emme. On pourroit ajouter encore bien des traits
...cet éloge ; mais il ne s'agit point ici d'une hiſ-
...ctie complette de la vie de cette Dame. Au
...eſte, elle a eu le ſort commun à toutes les
...emmes qui ont oſé avoir de l'eſprit, du goût
...t des connoiſſances. Un Ecrivain célebre ne
...ui a pas épargné ſes ſarcaſmes ; mais heureu-
...ement le Public inſtruit n'a pas eu de peine à
...econnoître que ce n'étoit pas préciſément à
...lle que l'auteur en vouloit, & qu'il n'a fait
...our ainſi dire que placer ſous ſon nom les
...lans de ſa rancune contre pluſieurs grands
...ommes qui étoient aſſidus chez cette Dame.
...adame Geoffrin mourut à Paris en 1777,
...ans un âge très-avancé.

GERBERGE, Reine de France vers le milieu
...u dixieme ſiecle, femme de Louis IV. dit
...'Outremer, étoit de la Maiſon de Saxe, &
...rilloit autant par ſes vertus que par ſon eſprit
...t les connoiſſances dont il étoit orné. Pendant
...a captivité du Roi ſon mari, cette Princeſſe
...git avec un zele & un courage infatigables
...our parvenir à le délivrer. Devenue Régente
...endant la minorité de ſon fils, elle gouverna
...e Royaume avec autant d'habileté que de ſa-
...eſſe & de prudence.

GIGE, (Marguerite) élevée dans la maiſon
...e Thomas Morus, Chancelier d'Angleterre,
...vec la célebre Marguerite fille de ce grand
...omme, y puiſa, avec le goût de la vertu,
...elui des ſciences, & les cultiva tant qu'elle
...écut, avec une diſtinction qui lui mérita de
...rands éloges. Jean Clément, qui avoit été
...récepteur des enfans du Chancelier, & qui,

à ce titre, ne pouvoit être qu'un homme aus̈
vertueux que favant, époufa Gige & l'emmen̈
à Malines où elle mourut en 1570.

GILLOT, (Louife-Genevieve Gomez ̈
Vafconcelles, femme du fieur) connue dans ̈
dix-feptieme fiecle par divers ouvrages qui fü
rent très-accueillis du Public lorfqu'ils parurent.
Plufieurs Savans fes contemporains ont beaü
coup vanté fon génie & fes talens littéraires.

GIOE, (Brigitte) femme de Herloff Trolle,
Sénateur & Grand Amiral de Dannemarck,
vivoit dans le feizieme fiecle, & illuftra fon
nom par fes vertus, fa profonde piété, & fon
amour pour les fciences. Elle fonda la célebr̈
école de Herlofshom, qui fubfifte encore.

GIOE-MELLA, d'une illuftre famille ̈
Dannemarck, s'adonna à l'étude des langues
favantes & étrangeres, & fe fit dans le diẍ
feptieme fiecle une grande réputation par fa
vafte érudition. L'on a d'elle, en langue Dä
noife, des traductions & des recueils des an̈
ciens Poëtes tragiques les plus eftimés.

GIOE, (Anne) fœur de la précédente, &
fille très-favante, avoit formé une collection
très-précieufe de livres & de manufcrits très̈
rares, qu'elle légua à Catherine Brahé fa pä
rente. Celle-ci l'augmenta beaucoup, & la
donna par la fuite à un couvent de filles qu'elle
avoit fondé à Odenfée en Fionie.

GISELLE, Abbeffe de Chelles, fut tendrë
ment aimée de Charlemagne fon frere, & le
méritoit par fa fageffe, fa piété, & les excel̈
lentes qualités de fon cœur. Cette Princeffe
cultivoit les fciences & protégeoit les Gens de
Lettres. Ce fut elle qui, de concert avec Ro-

nde fa fœur aînée, engagea le célebre Alcuin
écrire fon Commentaire fur faint Jean, &
e Savant leur dédia fon ouvrage. Cette illuftre
bbeffe finit fes jours vers l'an 710.

GODIN DES ODONOIS, (Grandmaifon,
poufe de M.) offre à fon fexe un grand exem-
le du courage & de la fermeté dont il eft
apable. M. Godin, après avoir long-tems erré
ans différens emplois, étoit enfin parvenu à
ormer pour fon compte un établiffement à
ayenne. Sa femme qui, depuis vingt ans,
oit réduite à vivre féparée de lui, entreprend
e l'aller joindre. Il lui falloit traverfer des
ontrées qui ne font point praticables pour les
oitures, ni même pour aucune efpece de bêtes
e charge, & on ne peut y fuppléer qu'en fe
aifant porter par les Naturels du pays, ordi-
airement gens très-infideles. Madame Godin
ngage le nombre d'hommes qui lui eft nécef-
aire pour elle, deux de fes freres, un de fes
eveux & un Médecin qui l'accompagnoient,
vec plufieurs domeftiques. A peine arrivés au
remier village, tous ces Indiens qui avoient
n foin de fe faire payer d'avance de leur
oyage, difparoiffent, & laiffent la troupe dans
e plus grand embarras. Deux Indiens de ce
même village s'offrent de la conduire dans un
anot qu'ils propofent de conftruire promptement. Elle fe confie à eux, & en effet les deux
remiers jours de navigation flattoient les voyageurs du fuccès de leur confiance; mais les
deux Indiens difparoiffent encore, & précifément dans des lieux déferts où il n'y avoit pas
d'apparence de trouver ni fecours ni refuge. Il
ne reftoit d'autre parti à prendre que de fe rem-

M iij

barquer fans guide dans le même canot que
misérables avoient abandonné. Il fallut s'y f
mettre, & on se trouva le lendemain, fans
cident, à portée d'aborder à une espece
port où se rencontra un Indien dans son can
Quoique malade, il consentit de conduir
troupe consternée : l'espérance commença
renaitre sous ce nouveau conducteur, lors
tout-à-coup il tombe dans l'eau & se noie
vue des infortunés qui n'attendoient que de
leur salut. Le canot, abandonné alors à g
qui ignoroient la manœuvre, rencontra
obstacles & fut bientôt brisé, inondé & su
mergé ; heureusement on étoit près de ter
toute la troupe s'y réfugia & s'y pratiqua
abri. Dans cette cruelle situation le Méde
offrit d'aller chercher du secours à un endr
qu'ils conjecturoient devoir être éloigné de
à sept jours de marche ; il eut la précau
d'emporter avec lui ses effets & partit ; m
ayant manqué à sa promesse après vingt-c
jours d'une attente inutile, Madame Godin
ses freres, manquant absolument de tout,
fans cesse exposés aux injures de l'air &
dangers des animaux féroces, perdirent p
tience. Ils construisirent un radeau comme
le purent, & eurent la hardiesse de s'expo
dessus. Cette frêle ressource leur fut encore
neste : le radeau donna sur un écueil, &
tournant mit toute la troupe à la merci
eaux. Madame Godin plongea deux fois,
eut le bonheur d'être sauvée par un de ses frere
Après avoir tous gagné la terre, se voyant
vivres & fans secours, ils formerent la réso
tion désespérée de côtoyer à pied la riviere.

...itude ne tarda pas d'épuiser leurs forces : les
...res & le neveu de Madame Godin & ses
...mestiques furent tous également abattus ; il
...y eut pas moyen d'avancer plus loin : des
...uffrances inouies, jointes à une inanition ab-
...lue, conduisirent successivement, en quatre
...urs de tems, tous ces malheureux au trépas ;
...seule Madame Godin survécut à cette scene
...freuse, dont il est plus aisé de sentir que de
...crire toutes les horreurs. Après avoir, pen-
...ant deux fois vingt-quatre heures, lutté contre
...ette déplorable situation, ranimant tout son
...ourage & le peu qui lui restoit de forces, elle
...prend le projet de côtoyer à pied la riviere,
...e prenant d'autre nourriture que les fruits &
...s racines qu'elle rencontroit ; ses vêtemens
...ut en lambeaux, ses pieds & ses jambes dé-
...hirés & criblés par les épines, elle soutient
...endant huit jours entiers les pénibles travaux
...e sa route, & rencontre deux Indiens qui, à
...a vue, pénétrés d'une généreuse compassion,
...a retirent dans leur cabane, lui prodiguent tous
...s soins dont elle avoit besoin, & la conduisent
...une habitation voisine. Elle a le bonheur d'y
...rouver des amis de son mari qui s'empressent
...e la recevoir chez eux, de lui procurer tous
...s moyens de se rétablir, & lui fournissent des
...ommodités pour se rendre à Cayenne, où elle
...e réunit enfin à l'époux chéri qui étoit l'objet
...nique de sa malheureuse entreprise & des
...ruelles épreuves que son courage & sa fermeté
...enoient de subir.

GOMEZ, (Magdeleine-Angélique Poisson,
...euve en premieres noces de Don Gabriel de
...omez, Gentilhomme Espagnol,) s'est fait,

dans le dix-huitieme fiecle, une grande réputation par la beauté de fon génie & la fécondité de fon imagination. Les laborieux efforts qu'elle a faits pour mériter par fes ouvrages auprès du Public, ont été récompenfés par fes applaudiffemens. Dans le grand nombre de productions dont elle a enrichi la Littérature Françoife, il fe trouve plufieurs Tragédies où cette favante femme a voulu effayer fes talens, mais fans fuccès. Elle s'étoit retirée à Saint-Germain-en-Laye, & y a fini fes jours en 1771, dans un âge tres-avancé.

GONZAGUE, (Cécile) fille de François I, Marquis de Mantoue, fut inftruite dans les Belles-Lettres par Victorien de Feltri, & y fit les progrès les plus rapides. Par les confeils de Paule Malatefta fa mere, femme illuftre par fes vertus & fon grand favoir, elle embraffa la vie religieufe, pour pouvoir, dans la retraite du cloître, cultiver plus tranquillement les fciences. Les hommes les plus favans de fon tems fe faifoient honneur d'entretenir des relations avec elle, & en ont parlé avec éloges.

GONZAGUES (Eléonore) fille de François II, Marquis de Mantoue, & femme de François-Marie de la Rovere, Duc d'Urbin, cultiva les fciences avec beaucoup de fuccès & de diftinction. Dans les adverfités qu'effuya fon mari, cette Dame montra une conftance héroïque & le fuivit par-tout où fes difgraces le conduifirent, pour le confoler & en même tems l'affifter de fes confeils. Ses enfans reçurent d'elle feule toute leur éducation, & elle les rendit tous dignes de leur illuftre nom. Cette vertueufe femme mourut en 1570.

GONZAGUES, (Isabelle) femme de Gui
balde de Montefeltro, fut, comme les précédentes, un des ornemens du seizieme siecle.
Mariée à un homme incapable d'avoir des
enfans, non-seulement elle ne s'en plaignit
pas, mais, après sa mort, elle fut long-tems
inconsolable, refusa constamment toutes les
propositions qui lui furent faites pour contracter un nouvel engagement, & passa le reste de
ses jours dans la retraite, entiérement livrée à
l'étude & à la pratique des bonnes œuvres.

GONZAGUES, (Julie de) sœur de la précédente, mariée à Vespasien Colonne, Comte
de Fondi, fit l'admiration du seizieme siecle par
sa grande beauté, ses vertus, son esprit & ses
heureux succès dans l'étude des sciences. Sa
réputation s'étendit si loin, que Soliman, Empereur des Turcs, conçut, dit-on, pour elle
une si violente passion, qu'il chargea Barberousse
son Amiral de l'enlever à quelque prix que ce
fût. Barberousse arriva de nuit à Fondi, prit la
ville par escalade, & fut droit au château où
il savoit qu'il trouveroit sa proie; mais Julie,
au premier bruit, se sauva en chemise par une
fenêtre, gagna seule & sans secours les montagnes, & à travers mille dangers, échappa à
la poursuite de ses ravisseurs. M. de Thou &
plusieurs autres célebres Ecrivains ont parlé
avec de grands éloges, du savoir, des belles
qualités & du courage de cette illustre femme.

GONZAGUES, (Lucrece de) autre sœur
des précédentes, se distingua comme elles par
ses vertus, par son esprit & par son goût pour
les sciences. Mariée contre son gré, à l'âge de
quatorze ans, à Jean-Paul de Manfrone, elle

paſſa toute ſa jeuneſſe dans les afflictions & la douleur. Son mari, homme ambitieux & altier, s'engagea dans des affaires ſi criminelles, qu'ayant été arrêté par ordre du Duc de Ferrare, il fut jugé digne du dernier ſupplice, & ne dut ſa grace qu'aux vives ſollicitations de ſa vertueuſe femme. Etant mort en priſon, Lucrece fut vraiment affligée de ſa perte, & refuſa toutes les propoſitions qui lui furent ſaites pour un engagement plus heureux. Entièrement livrée à l'étude, elle paſſa dans la retraite le reſte de ſes jours. Hortenſio Landa lui dédia ſon Diſcours ſur la modération des paſſions.

GOTTSCHED, (Aldegonde-Louiſe-Victoire Kulmus, femme du ſavant M.) née, à ce que l'on croit, à Dantzig, fut élevée par un oncle qui, trouvant en elle les plus heureuſes diſpoſitions pour l'étude des langues ſavantes, des Belles-Lettres, de la Philoſophie & des Beaux-Arts, eut le bonheur de la former dans toutes ces parties avec les plus brillans ſuccès. Sa réputation s'étendit bientôt dans toute la Ruſſie & dans toute l'Allemagne, & lui attira une foule d'adorateurs ; mais M. Gottſched mérita & obtint la préférence. On peut aiſément juger combien, aux lumieres d'un tel époux, cette ſavante femme ſe perfectionna de plus en plus dans toutes les ſciences. De concert, ils entreprirent de réformer le Théâtre Allemand, & de le purger de toutes les obſcénités & boufonneries groſſieres qui l'infectoient. Il falloit donner des exemples aux Poëtes Allemands, & Madame Gottſched prit la peine de leur en ſervir elle-même, en compoſant pluſieurs Comédies dans le goût François, qui furent reçues

avec les plus grands applaudiſſemens. Partageant
tous les inſtans de ſa vie entre la Philoſophie,
les Mathématiques, les Belles-Lettres & la
Muſique, Madame Gottſched compoſa dans tous
ces genres, & peu de femmes ont plus enrichi
qu'elle toutes les ſciences de leurs productions.
Dans ſes délaſſemens elle s'occupoit avec l'aiguille & réuſſiſſoit ſupérieurement dans tout
ce que ſon goût la portoit à entreprendre. Elle
mourut en 1762, & fut inhumée avec pompe
dans l'Egliſe de l'Univerſité de Léïpſick.

GOURNAI, (Marie Lejars de) née en 1565,
ayant perdu de bonne heure ſes pere & mere,
fut adoptée par le célebre Montagne, qui la regarda, tant qu'elle vécut, comme ſa propre
fille. Elle montra, dès ſa jeuneſſe, la plus
grande inclination pour l'étude des ſciences, &
ſurpaſſa rapidement les maîtres que ſon généreux bienfaiteur lui avoit donnés. Toutes les
langues ſavantes lui étoient devenues familieres, & ſa grande érudition la fit rechercher
des plus ſavans hommes de ſon tems. L'envie
& la critique ne lui épargnerent point leurs
traits les plus injurieux; mais ils ne furent
point capables d'éloigner de ſa ſociété les Cardinaux du Perron, Bentivoglio & Richelieu,
Saint François de Sales, Heinſius, & une foule
d'autres grands hommes. Cette ſavante fille finit
ſa carriere en 1645, âgée de quatre-vingts ans.
Dans les ouvrages qui ſont ſortis de ſa plume,
on voit un Diſcours très-bien penſé ſur l'égalité
des deux ſexes.

GOZZADINA, (Bettiſia) ſavante Italienne,
d'une famille noble de Bologne, floriſſoit dans

le treizieme fiecle. Elle s'étoit adonnée avec tant de fuccès à l'étude des fciences, que n'étant encore âgée que de vingt-trois ans, elle fut en état de prononcer dans la grande Eglife de Bologne une Oraifon funebre qu'elle avoit compofée, & qui fut généralement applaudie. Gozzadina s'appliqua particulierement à l'étude du Droit, & s'y rendit fi habile, qu'on lui accorda les honneurs du Doctorat dans l'Univerfité de cette ville. Elle y obtint enfuite en 1239, une chaire de Profeffeur, qu'elle occupa avec l'applaudiffement des plus habiles connoiffeurs: elle compofa même plufieurs ouvrages fur la Jurifprudence. Cette Savante mourut eftimée & regrettée de tout le monde favant, en 1249.

GRAFIGNY, (Françoife d'Apponcourt, époufe de François-Hugues de) Exempt des Gardes-du-Corps & Chambellan du Duc de Lorraine. Son mariage fut fi peu fortuné, qu'elle fe vit forcée de fe faire féparer juridiquement de fon mari. Un jugement folide, un cœur bienfaifant, un commerce doux, égal & fûr, formoient le fond du caractere de cette Dame. Une vafte érudition acquife par de longues études, fes *Lettres Péruviennes*, fa Comédie intitulée *Cénie*, & d'autres ouvrages de fa compofition, marqués au coin du génie, de la plus douce & de la plus fublime Philofophie, lui ont affuré l'immortalité. Leurs Majeftés l'Empereur & l'Impératrice Reine, le Prince Charles & la Princeffe Charlotte de Lorraine l'honorerent, tant qu'elle vécut, d'une eftime finguliere. La mort l'enleva aux Lettres en 1758.

GRAI, (Jeanne) Comteffe du Suffolk, du

ang royal d'Angleterre, étoit née avec toutes
es plus belles qualités possibles de l'esprit &
u corps. Outre sa langue naturelle, elle possédoit à fond le Latin, le Grec & l'Hébreu,
& quoique jeune encore, n'ignoroit rien de
tout ce qui se peut acquérir par l'étude & par
la méditation. Toutes les vertus sembloient
s'être réunies pour former son caractere & ses
mœurs. Edouard, fils & successeur de Henri
VIII, étant mort, Jeanne se trouva appellée
par son testament à la Couronne d'Angleterre.
Lorsque les Grands du Royaume, & à leur
tête, son pere, son mari & son beau-frere la
presserent d'en prendre possession, elle refusa
généreusement, & leur représenta qu'il y avoit
d'autres héritieres du Trône dont les droits
étoient mieux établis, & que contente de sa
vie privée, elle n'avoit garde de songer à la
quitter pour l'exposer à tous les dangers qu'elle
pourroit courir si le Trône lui étoit disputé. De
si sages raisons ne purent contenir l'ambition
de ceux qui avoient intérêt de lui faire accepter la royauté; ils redoublerent leurs efforts &
parvinrent enfin à lui arracher son consentement. A peine les cérémonies du couronne-
ment étoient-elles achevées, que le Parlement
& le Peuple se dédisant tout-à-coup des acclamations & des éloges qu'ils lui avoient jusques-
là prodigués, la sacrifierent à Marie, qu'ils reconnurent pour légitime héritiere, & qu'ils
s'empresserent de placer sur le Trône. L'infortunée Jeanne, abandonnée, totalement livrée
au parti de sa rivale, ne tarda pas d'être, avec
son mari, enfermée dans la tour de Londres.
On y instruisit leur procès, & ils furent l'un

& l'autre condamnés à perdre la tête. Jean
entendit prononcer son Arrêt de mort avec
plus grande fermeté, se plaignant seulement
mais sans amertume, de n'avoir pas assez résisté
aux cruelles instances de tous ceux qui s'étoient
réunis pour la précipiter dans l'abime. Elle
soutint avec un courage vraiment héroïque le
fatal moment de l'exécution, se banda elle-
même les yeux avec ses cheveux, & pria l'exé-
cuteur de la fraper avec la même hache dont
s'étoit servi pour son mari. Quelques jours
avant, cette infortunée Princesse avoit prononcé, en présence de plusieurs de ses amis,
un discours éloquent, dans lequel elle leur avoit
dit que de toutes les graces & de tous les talens
dont le Ciel l'avoit favorisée, rien ne lui étoit
si agréable & plus précieux que la science qu'elle
avoit acquise de bonne heure des langues Latine, Grecque & Hébraïque, qui l'avoit mise
en état d'étudier la divine morale dans les
sources les plus pures, d'y puiser le bonheur
dont elle avoit joui pendant sa vie, & d'y trouver sa consolation dans la cruelle catastrophe
qui alloit la lui ravir.

 GRAS, (Louise de Marillac, veuve du Sieur)
née avec un grand fonds de piété, ne se vit pas
plutôt, par la mort de son mari, dégagée de
ses liens, qu'elle se livra toute entiere aux exercices de la plus fervente & de la plus active
charité. Occupée à soulager les indigens, cette
vertueuse Dame sentit combien un objet si intéressant étoit dépourvu de moyens & de secours. Son grand zele entreprit d'y remédier,
& y réussit par l'institution des Sœurs de la
Charité, si connues sous le nom de Sœurs

Grifes. Ses premiers établissemens ne manquerent pas de faire impression sur les ames sensibles & compatissantes. En peu de tems Madame le Gras eut la douce satisfaction de voir son Institut se répandre par-tout, & ouvrir à la Religion, en faveur des malheureux, des sources intarissables de soulagement & d'assistance dans leurs maladies & leurs besoins. Cette utile Congrégation s'est étendue depuis jusques dans les pays étrangers, & paroît n'avoir pas encore dégénéré des vues & des principes de sa premiere institution. Son illustre Fondatrice finit ses jours en 1662, âgée de soixante-onze ans, emportant au tombeau, avec les regrets de toutes les belles ames, le titre si justement mérité de Bienfaitrice de l'humanité. Sa vie a été écrite par Gobillon.

GRASSE, (Jeanne de) femme de Nicolas de Castellane, étoit, ainsi que son mari, du parti Protestant. Devins, à la tête des troupes du parti Catholique, forma le siege du château de Castellane. Jeanne le soutint avec une intrépidité héroïque, se montrant par-tout où le danger étoit le plus grand. Son mari fut tué dans un des assauts; mais, sans s'abandonner à une stérile douleur, elle n'en devint que plus ardente pour la défense du château, & après l'avoir encore soutenue plusieurs jours, elle ne se rendit qu'à la derniere extrêmité.

GRAVILLE, (Anne de) Dame de Malesherbes, fille de l'Amiral de ce nom, a été beaucoup célébrée par les Savans du seizieme siecle, pour son génie & son érudition. On a d'elle le roman en vers des *deux Amans, Philémon & Arcitas, & de la belle Emilie.*

GRECQUES, (les Femmes) étoient fort retenues, paroiſſoient rarement en public, avoient un appartement ſéparé appellé Gynecée, & ne mangeoient jamais à table avec leurs maris, lorſqu'il devoit s'y trouver des étrangers.

GRIGNAN, (Françoiſe-Marguerite de Sévigné, Comteſſe de) réuniſſoit à la figure la plus charmante, l'eſprit le plus cultivé. C'étoit à elle que Madame de Sévigné ſa mere écrivoit ces lettres, qui ont immortaliſé ſon nom. Madame de Grignan mourut en 1720.

GRILLA, (Dona Clelia Borromea, Comteſſe de) veuve du Comte Giovanni, a conſacré toute ſa vie à l'étude des ſciences. Elle ſavoit & parloit avec facilité les langues Latine, Françoiſe, Eſpagnole, Allemande & Angloiſe; pluſieurs langues orientales lui étoient auſſi connues. Son goût embraſſoit toutes les ſciences, & elle avoit donné beaucoup de preuves de l'étendue de ſes connoiſſances, ſur-tout pour la partie de la Phyſique expérimentale, dont elle avoit dès ſa jeuneſſe établi une Académie dans ſon Palais à Milan. Juſques à la fin de ſa vie, ſa ſociété a toujours été recherchée par les Savans de toutes les nations. Elle termina ſa carriere à l'âge de quatre-vingt-treize ans, le 13 Août 1777.

GROTIUS. (la femme de) Grotius, impliqué dans l'affaire de l'infortuné Barneveldt, fut condamné à une priſon perpétuelle. Sa femme, inconſolable, mais ayant cependant la liberté de le voir tous les jours dans ſa priſon, s'étudioit à imaginer des moyens de le tirer de cette dure captivité : ſa tendreſſe lui ſuggéra celui-ci. Elle avoit obtenu la permiſſion de lui faire

...affer des livres & d'y joindre fon linge qu'elle ...ifoit blanchir chez elle. Après avoir accou- ...mé pendant quelque tems les Gardes à voir ...affer & repaffer la caiffe dans laquelle elle en- ...ermoit fes effets, elle fit confentir fon mari à ...'enfermer dans cette même caiffe, & à fe laiffer ...ranfporter chez elle, où un de fes amis lui pro- ...ureroit les moyens de fortir promptement de ...a Hollande. Le jour convenu pour l'exécution ...e cette entreprife, Grotius affecta de paroître ...n robe-de-chambre, affis auprès de fon feu & ...e plaignant de beaucoup fouffrir. Sa femme, à ...es côtés, feignoit la plus grande douleur de le ...oir en cet état. Quand ils fe virent feuls, & ...'heure des vifites ordinaires paffée, Grotius ...'étendit dans la caiffe, & fa femme, après ...'avoir fermée, appella les deux foldats dont ...elle fe fervoit ordinairement pour la tranfpor- ...ter. Ils l'enleverent fans aucune défiance. Pour ...elle, elle refta fous le prétexte de foigner fon ...mari, & afin de mieux tromper les furveillans, ...s'il en furvenoit, elle prit les habits & le bon- ...net de Grotius, & ainfi déguifée, fe tint en- foncée dans un fauteuil auprès du feu. Sitôt qu'elle vit que, d'après les mefures prifes avec fon mari, Grotius pouvoit être en fûreté, alors, fans s'étonner des dangers qu'elle alloit elle- même courir, elle fit avertir les Commandans que fon mari étoit évadé. On voulut lui en faire un crime capital; mais après les premiers mou- vemens, on eut honte de punir une fi belle ac- tion, & on mit en liberté cette tendre & gé- néreufe femme.

GUEMENÉE, (Princeffe de) eft citée

dans la *Gallia Orientalis* de Colomiez, com... E...
femme de beaucoup d'esprit & très-favante. ...la

GUERCHEVILLE. (Antoinette de Pou...
Marquife de) Auffi belle que fpirituelle & v...
tueufe, toutes les graces fe trouvoient com...
réunies dans fa perfonne. Henri IV. la vit...
Normandie dans la campagne de 1590, & ...
devint auffi-tôt paffionnément amoureux. L...
Marquife étoit alors veuve de Henri de Si...
Comte de la Rocheguyon; mais quoique lib...
elle fut réfifter aux pourfuites du Monarqu...
& lui faire fentir que fa vertu & fon honn...
lui oppoferoient toujours d'invincibles bar...
res. Henri, touché enfin de fa noble réfiftanc...
fe défifta; mais en la quittant, il lui dit c...
mots: « Vous êtes réellement Dame d'honne...
» & je vous jure que vous le ferez de la Rein...
» fitôt que mon mariage fera arrêté ». Il t...
parole. Madame de Guercheville fut en ef...
la premiere qu'il nomma Dame d'Honneur ...
Marie de Médicis. Cette illuftre Dame fut g...
néralement eftimée & refpectée. Elle décéd...
16 Janvier 1632.

GUERCHOIS, (Madame le) née d'Ague...
feau, & fœur du célebre Chancelier de ce nom,
naquit à Paris en 1679. Pendant tout le cou...
de fa vie, cette Dame fut un modele accompl...
de fageffe, de vertus, & de goût pour l'étude,
& elle employa les talens de fon efprit à nourr...
la piété dans les ames bien nées. Il eft forti d...
fa plume des *Réflexions Chrétiennes fur le*
livres hiftoriques de l'Ancien-Teftament, de...
Avis d'une mere à fon fils, des *Inftructions o*
Exercices pour les Sacremens de Pénitence ...

Euchariſtie, & des *Pratiques pour ſe diſpoſer
la mort*. Après avoir enrichi & édifié le monde
chrétien par un auſſi utile emploi de ſes lumieres, elle deſcendit dans le tombeau le 9
Décembre 1740

GUESNERIE, (Mademoiſelle de la) née à
Angers, eſt auteur des *Mémoires de Miladi B.*
également intéreſſans par la beauté du ſtyle &
par les ſentimens honnêtes qui y regnent.

GUIBERT, (Madame) née à Ver-
ſailles en 1725, s'adonna dès ſa jeuneſſe à la
poéſie, & nombre d'ouvrages de ſa compoſition atteſtent ſon heureux talent, la beauté &
la fécondité de ſon imagination.

GUICHARD, ( ) Demoiſelle de
beaucoup d'eſprit, née avec une très-jolie figure
& le goût le plus vif pour l'étude des ſciences,
avoit commencé à donner des preuves de ſes
heureux talens dans un ouvrage de fiction qui
a pour titre *les Mémoires de Cécile*; mais la
mort ayant enlevé cette jeune perſonne en
1756, à la fleur de ſon âge, cet ingénieux ouvrage eſt reſté imparfait.

GUILLAUME, (Jacquette) douée d'une érudition peu commune, compoſa un ouvrage intitulé *les Dames illuſtres*, dans lequel elle a
prétendu prouver que le ſexe féminin ſurpaſſe
en tous genres le ſexe maſculin. Cette production fut dédiée à S. A. R. Mademoiſelle d'A-
lençon. En 1650 elle donna encore un autre
ouvrage ſur la même matiere intitulé *la Femme
généreuſe*.

GUYON, (Jeanne-Marie Bouviers de la
Mothe) née à Montargis, de parens nobles, le
13 Avril 1648, s'adonna dès ſa plus grande

jeuneffe à l'étude des fciences, & y fit les plus
brillans progrès. Mariée à l'âge de dix-huit ans,
& devenue veuve quatre ans après, elle renonça à de grands biens qu'elle poffédoit pour
fuivre fon goût pour l'étude & s'adonner aux
exercices d'une auftere dévotion. Ayant compofé & rendu public un grand nombre d'ouvrages, on y apperçut des fyftêmes finguliers
de fpiritualité qui furent jugés dangereux. Son
obftination à les foutenir lui fufcita de puiffans
ennemis qui lui firent effuyer de très-humi-
liantes difgraces ; mais elles n'arrêterent point
fa plume. Cette laborieufe Dame écrivit encore
un grand nombre de livres myftiques, où il regne
beaucoup d'érudition & un grand feu d'imagination. Le grand Fénélon & beaucoup de perfonnes
de la plus grande diftinction faifoient un cas fingulier de cette favante femme. Elle finit fes jours à
Blois le 9 Juin 1717, âgée de foixante-neuf ans.

H.

H ABERT, (Suzanne) femme de Charles
Desjardins, Officier de Henri III, paffa dans
fon tems pour un prodige de fcience, & parloit familierement les langues Italienne, Efpagnole, Latine, Grecque & Hébraïque. La
Philofophie & la Théologie n'eurent pour elle
rien d'impénétrable. Devenue veuve à l'âge
de vingt-quatre ans, elle confacra le refte de fa
vie à l'étude. Divers ouvrages qu'elle avoit compofés refterent en manufcrits entre les mains
d'Ifaac Habert, Docteur de Sorbonne, qui né-

...gea d'en enrichir le public. On fait que dans ... nombre étoient une explication du fymbole ... Saint Athanafe, & un Traité des Sacremens. ...tte Savante jouit tant qu'elle vécut de l'ef_ ...me des plus favans hommes de l'Europe. Les ...us célebres Prédicateurs recherchoient fes ...tretiens. Elle mourut en 1635, chez les Bé_ ...edictines de la Ville-l'Evêque, où l'amour de ...folitude l'avoit engagée à fe retirer.

...HACHETTE, (Jeanne) de Beauvais en Pi_ ...rdie, s'illuftra dans le quinzieme fiecle par ...on grand courage. A la tête d'un grand nombre ...e fes concitoyennes, cette femme repouffa ...ec une valeur extraordinaire les Bourgui_ ...ens qui vouloient, en 1472, s'emparer de ...eauvais. Dans un des affauts on la vit, une ...que à la main, montée fur la breche, arra_ ...er le drapeau que l'on y vouloit arborer, & ...tter en bas de la muraille l'Officier qui le ...rtoit. En mémoire de cet héroïfme, tous ...s ans, le 10 Juillet, on fait dans cette ville ...ne proceffion folemnelle où les femmes pré_ ...dent les hommes.

...HANAU, (Amélie-Elifabeth de) veuve de ...Guillaume, Landgrave de Heffe-Caffel, fe fit, ...ns le dix-feptieme fiecle, la plus grande ré_ ...ation par fon habileté dans l'art de la guerre, ...bravoure, & les fuccès de fes armes. Cette ...rinceffe fe comporta avec tant de fageffe & ...'economie, que le Landgrave fon mari lui ...vant laiffé en mourant fes Etats chargés de ...ttes, & une guerre difficile & onéreufe à ...utenir, non-feulement elle acquitta tout ce ...i étoit dû fur fes domaines, mais les aug_ ...enta encore par de nouvelles acquifitions.

Elle favoit différentes langues, parloit avec grace & écrivoit très-bien. Affable envers tout le monde, gracieufe & humaine, les gens favans étoient affurés d'être bien reçus à fa Cour. Son goût particulier pour les Belles-Lettres fit même fouvent rechercher ceux qui avoient la réputation d'y exceller. Cette célebre femme termina fa glorieufe vie en 1651, n'étant encore âgée que de quarante-neuf ans.

HARCOURT, (Marie de) femme d'Antoine de Lorraine, Comte de Vaudemont, eut part à prefque tous les exploits militaires de fon mari. Nouvellement relevée de couches, apprenant que Vaudemont eft affiégée, elle raffemble auffi-tôt le plus qu'elle le peut de fes vaffaux, court à leur tête au fecours de cette ville, force les ennemis dans leurs retranchemens, & leur fait abandonner le fiege. Cette héroine finit fes jours couverte de gloire en 1476, âgée de foixante-dix-huit ans.

HARCOURT, (Madame la Comteffe d') nouvelle Artemife, donne dans Paris un exemple bien éclatant de la force de l'amour conjugal. La mort lui enleva fon mari en 1769; cette tendre époufe entiérement livrée à fa vive douleur, s'eft appliquée à imaginer tous les moyens poffibles de l'entretenir. Elle a fait élever à Notre-Dame, à la mémoire de fon époux, un riche maufolée de la compofition du célebre Lemoyne, & elle s'y eft fait repréfenter elle-même dans la plus douloureufe attitude. Non contente de ce lugubre tribut, elle avoit fait jetter en cire la figure en grand du Comte; elle l'a fait revêtir de la robe-de-chambre dont il fe fervoit, & l'a fait placer dans un fauteuil à côté

lit où il avoit coutume de coucher. Plufieurs
s, chaque jour, elle va, dit-on, s'enfermer
n: ce trifte lieu, pour s'entretenir avec cette
age muette, & de la conftance de fon amour,
de la vivacité de fes regrets.

HARLAI, (Louife-Françoife de) époufe de
. le Marquis de Vieilbourg. La riche & pré-
eufe bibliotheque qu'elle avoit elle-même for-
ée, fuffit pour annoncer l'étendue de fes con-
iffances dans toutes les langues favantes &
us tous les genres des fciences les plus rele-
es. Cette Dame joignoit à ce goût pour les
ettres, beaucoup d'efprit & un cœur dévoué
x plus folides vertus.

HARMONIE, fille de Trafibule. Les habi-
ns de Syracufe, foulevés contre Trafibule,
rmerent la réfolution d'exterminer toute fa
ce. Ils cherchent auffi-tôt fa fille Harmonie
our l'immoler à leur fureur : fa Gouvernante
ur préfente une autre jeune fille de même
e qui a le courage de fe laiffer poignarder
ns vouloir défabufer fes affaffins. Harmonie,
la vue de ce prodige de fidélité, ne veut
oint furvivre à cette généreufe fille, & fe
ifant elle-même connoître à fes meurtriers,
u même inftant elle expira fous leurs coups.

HARPALICE, fille de Lycurgue, étoit douée
'un grand courage. Son pere ayant été pris par
s Getes, cette vaillante fille raffembla une
roupe de braves hommes, & à leur tête cou-
ut le délivrer. Elle fe diftingua dans cette ac-
ion par une intrépidité finguliere.

HECQUET, (   ) connue dans la
République des Lettres par l'hiftoire très-bien
écrite d'une jeune fille fauvage, ouvrage que

l'on a long-tems attribué mal-à-propos à M.
la Condamine.

HEDWIGE, Reine de Pologne, aima & cul
tiva les sciences. Ce fut elle qui, dans le qua
torzieme siecle, jetta les premiers fondem.
de la célebre Université de Cracovie.

HEDYLE, femme de la ville de Samos
d'Athènes, cultiva la poésie, & s'acquit une
grande célébrité par l'élégance & la beauté
ses vers. Elle étoit fille de Moschine, qui po
sédoit supérieurement le même talent.

HEERE, (Marie-Catherine) fille de l'illustr
Madame Daulnoi, écrivoit agréablement e
prose & en vers, & fut singulierement estime
& recherchée des personnes les plus savante
de son tems. On ne connoit d'elle que quelque
pieces détachées, mais très-ingénieuses, com
posées pour l'amusement de sa société.

HELENE, Impératrice d'Abyssinie, après la
mort de l'Empereur Béda-Mariam, en 147,
gouverna les Abyssins pendant les minorités d
ses fils & de ses petits-fils, & s'en acquitt
avec autant de génie que de sagesse & de pru
dence.

HELOÏSE, si connue dans le douzieme siecl
par ses amours infortunés avec le savant Abé
lard, fut une femme de beaucoup d'esprit &
d'une érudition surprenante. Elle possedoit à
fond plusieurs langues savantes, étoit très-ins
truite dans les Mathématiques, la Philosophie,
la Théologie, & généralement toutes les hautes
sciences. On a recueilli plusieurs de ses lettres
à son amant, où l'on trouve l'élégance du style
réunie à la plus forte expression des sentimens
passionnés qui l'animoient. Elle survécut vingt-

deux ans à Abélard, & mourut au Paraclet en
1164.

HELPIS, née en Sicile, femme du célebre
Boëce. Son esprit, son érudition, son talent
pour la poésie, la rendirent un des ornemens du
cinquieme siecle. On lui attribue quelques hymnes que nous avons encore.

HENRICI, (Catherine) fille de Henrici,
Gouverneur pour les Vénitiens dans toute l'Isle
de Négrepont, fut élevée par son pere avec le
plus grand soin. Dès son enfance, elle faisoit
l'admiration de toùs ceux qui la connoissoient.
Aussi vertueuse que belle, la nature l'avoit tellement enrichie des dons de l'esprit, qu'elle
avoit appris avec la plus heureuse facilité le
Latin, le Grec & plusieurs langues Orientales.
Mahomet II, Empereur des Turcs, assiégeant la
ville capitale de Négrepont, la garnison défendoit la place avec la plus grande vigueur; mais
épuisée par plusieurs assauts meurtriers & de
fréquentes sorties, ses forces commençoient à
s'affoiblir. Catherine s'en apperçoit, anime toutes les femmes à seconder leurs braves défen-
seurs, prend les armes la premiere, & à la tête
de toutes celles qui ont le courage de la suivre,
se porte sur la breche. Les soldats ranimés par
la résolution hardie de ces intrépides femmes,
les reçoivent dans leurs rangs & repoussent encore les Turcs dans deux différens assauts. Mahomet irrité d'une telle résistance, en ordonne
un nouveau & le commande lui-même à la tête
de trente mille hommes. Les assiégés forcés de
plier sous de si puissans efforts, prirent le parti
d'abandonner la ville & de se retirer dans la citadelle. Catherine les y suit avec ses généreuses

N

compagnes ; mais après deux heures de réfiſtance, les Turcs, par un aſſaut général, ſe rendent maîtres par-tout. Catherine ſe trouvoit alors entre ſon pere & un Officier nommé Nigrelli, avec qui elle avoit été accordée avant le ſiege ; Nigrelli fut tué au même inſtant, & ſon pere alloit ſubir le même ſort ſi elle n'eût paré un coup de ſabre qu'un Turc lui portoit. Forcés tous les deux au même moment de ſe rendre, on les conduiſit au vainqueur. Mahomet n'eut pas plutôt jetté les yeux ſur Catherine, qu'il ſe ſentit épris d'une violente paſſion pour elle ; ce qu'il apprit enſuite de ſes vertus, de ſon eſprit & de ſes rares connoiſſances, ajouta encore à la vivacité de cette flamme naiſſante, & il ne s'occupa plus que des moyens de ſe ſatisfaire ; mais il chercha en vain à éblouir ſa belle priſonniere en lui offrant même de partager ſon Trône avec elle ; il ne put la rendre favorable à ſes deſirs. Deſeſpéré de ſes refus, il chargea un de ſes principaux Officiers, dont il connoiſſoit l'eſprit & la ſoupleſſe, d'eſſayer de vaincre la réſolution de ſa belle captive. L'Officier épuiſe en vain toutes les reſſources de ſon imagination pour répondre à la confiance de ſon maître ; Catherine demeure toujours inébranlable. Laſſé enfin d'une ſi opiniâtre réſiſtance, il a recours aux menaces, & jure d'ôter lui-même la vie à Henrici. Cette voie ne lui réuſſit point encore. Entrant alors dans les tranſports d'une fureur barbare, il ſe fait amener l'infortuné priſonnier, tire ſon cimetere, & le leve pour lui abattre la tête. Catherine, à cette vûe, rappelle tout ſon courage, ſe jette ſur le Pacha, & le déſarme.

Ce monftre, honteux de fa foibleffe, tire fon poignard, le plonge dans le cœur de cette vertueufe fille, & ne l'en retire que pour percer au même inftant Henrici. Mahomet ne fut pas plutôt informé de cette atroce brutalité, qu'il condamna le Pacha à expirer dans les plus cruels tourmens.

HENRIETTE-MARIE DE FRANCE, Reine d'Angleterre, fille de Henri IV. & de Marie de Médicis, née en 1609, & mariée n'étant encore âgée que de feize ans à l'infortuné Charles I, Roi d'Angleterre. Elle avoit l'ame noble, ferme & courageufe. D'un cœur tendre & compatiffant, d'un efprit vif, agréable, cultivé & orné; elle faifoit l'admiration & les délices de tous ceux qui l'approchoient. Les troubles & les malheurs qui agiterent le regne de Charles, remplirent la vie d'Henriette d'amertumes & de douleurs; mais elle y oppofa le courage le plus héroique. Obligée de fuir de Londres avec fon époux & toute fa famille, elle alla elle-même en Hollande vendre, engager fes bijoux, fes pierreries, & en ramena les vivres & les munitions qui manquoient à fon parti. Surprife dans le trajet par une affreufe tempête, Henriette, fur le tillac, animoit l'équipage de fon vaiffeau, difant d'un air riant: « N'ayez point peur; je fuis avec vous, » & les Reines ne fe noient point ». Enfin, après avoir dans les divers évenemens d'une guerre malheureufe, échappé à des périls fans nombre, elle fe réfugia à la Cour de France, dans l'efperance d'y trouver des fecours; mais les troubles de ce Royaume les rendirent impoffibles. On la vit réduite à demander le fimple

néceffaire de fa fubfiftance, & refter ainfi, cin
ans entiers, dans fa propre patrie, en pro
aux plus vives humiliations & aux plus cruelle
douleurs, qui furent comblées par la fin tra
gique de fon augufte époux, que fes féroce
fujets firent périr fous le glaive d'un bourre
Les dernieres années de la vie d'Henriette fure
plus douces ; elle vit fon fils, fous le nom d
Charles II, remonter fur le Trône de fes pere
Dans deux voyages qu'elle fit en Angleterre,
elle fut elle-même témoin du fincere repon
de fes peuples. Sans fe laiffer enivrer par l
charmes de ces heureux changemens, Henriet
revint en France, dans le deffein de confac
le refte de fes jours à la retraite, & choifit p
remplir fes vues le Monaftere de Chaillot, o
elle termina une carriere fi orageufe en 166

HENRIETTE-ANNE D'ANGLETERRE,
fille de Charles I & d'Henriette-Marie d
France, née en 1644 à Exefter, au milieu,
pour ainfi dire, du camp de fon pere. Ce Prin
étoit alors occupé à combattre fes fujets rebelle
& eut, dans le même tems, le malheur d'e
fuyer la défaite générale de toutes fes troupe
Henriette-Anne, par ce funefte événement,
tomba quinze jours après fa naiffance au pou
voir des rebelles, & ne fortit de leurs main
qu'au bout de deux ans, par le zele & l'adreff
de fa Gouvernante, qui trouva moyen de la dé
rober à fa garde & de l'amener en France. Ell
y fut depuis élevée fous les yeux de fa mer
avec le plus grand foin. Cette jeune Princeffe,
à mefure qu'elle avançoit en âge, faifoit le
plus rapides progrès dans toutes les différente
etudes auxquelles on l'appliquoit, & parvin

infenfiblement à faire l'étonnement & l'admiration de toute la Cour, par la délicateffe & les
graces de fon génie, la folidité & la fineffe de
fon jugement, l'élévation de fon ame, & la
bonté toute naturelle de fon cœur. Louis XIV.
la maria en 1661, à Philippe de France fon
frere; mais cette union ne fut point heureufe.
Les intérêts de la France demandant alors une
alliance avec les Anglois contre les Hollandois,
le Roi en conçut le projet, & pour faire réuffir
une négociation fi importante, qui demandoit
d'être bien adroitement maniée, il jetta les
yeux fur fa belle-fœur, dont il connoiffoit les
talens, & qui d'ailleurs étoit tendrement aimée
de Charles II fon frere. Cette Princeffe partit
donc, chargée feule du fecret d'une fi importante affaire, & revint avec la gloire du fuccès
le plus complet; mais elle n'eut pas le tems
d'en jouir, & fut frappée d'une mort prefque
fubite en 1670, univerfellement regrettée, &
n'étant encore âgée que de vingt-fix ans.

HERAULT, (Magdeleine) excelloit à copier les tableaux des grands maîtres, & réuf-
fiffoit dans le portrait. Le célebre Noel Coypel,
eleve de Vouët, épris des talens fupérieurs de
cette Demoifelle, l'époufa en 1660.

HERMAN, (Catherine) femme d'un Pilote
Hollandois, donna, dans le feizieme fiecle, un
grand exemple de la force de l'amour conjugal.
Son mari avoit été pris par les Efpagnols &
mis à la chaîne. Cette femme, fans autre reffource que fon grand courage, réfolut de facrifier jufqu'à fa vie, s'il le falloit, pour fauver
celle de Herman. Elle fe coupe les cheveux,
fe traveftit en homme, & fe rend au camp des

Espagnols devant Oftende. Sa bonne mine attire tous les regards fur elle ; de l'admiration on paffe bientôt aux foupçons : on la prend pour un efpion & on l'arrête. Défolée de ne pouvoir plus fuivre fon entreprife, elle obtient par l'entremife d'un Jéfuite d'être du moins conduite dans la prifon où étoit fon époux. Du plus loin qu'elle l'apperçut, cette femme, auffi tendre que courageufe, tomba évanouie de façon à faire craindre pour fa vie. Revenue à elle, auffi-tôt qu'elle put s'énoncer, Catherine déclara fon fecret, & dit à tous les affiftans qu'elle avoit tout vendu pour venir traiter de la rançon de fon mari ; mais que fi la liberté lui étoit refufée, elle demandoit du moins qu'il lui fût permis de l'accompagner par-tout, afin qu'elle pût lui aider à tirer la rame, s'il y étoit condamné ; ou fi on le deftinoit à un autre genre de fupplice, qu'elle pût le partager avec lui. Cette fcene attendriffante ayant été rendue fur le champ au Général Efpagnol, il en fut fi touché, qu'ayant fait venir auffi-tôt ces deux époux devant lui, après avoir comblé Catherine des plus grands éloges, il leur rendit la liberté.

HERMENGARDE, fille de l'Empereur Louis II, & femme de Bofon, Comte de Provence, défendit Vienne affiégée par les Rois Louis & Carloman, &, autant par fa valeur perfonnelle que par l'habileté de fa conduite, les força de lever le fiege. Elle vivoit encore fur la fin du neuvieme fiecle.

HERODIADE, fœur d'Agrippa, Roi de Judée, & femme d'Hérode Antipas, à laquelle on attribue, peut-être fauffement, le meurtre de faint Jean-Baptifte, a mérité d'être placée

armi les femmes courageuses & pénétrées des
evoirs de l'union conjugale. Hérode son mari
vant été exilé à Lyon par l'Empereur Caligula, cet Empereur offrit à Hérodiade de la
envoyer en Judée auprès de son frere ; mais
elle lui répondit généreusement qu'ayant eu
part aux prospérités de son époux, il étoit de
son devoir d'en partager de même les infortunes. Elle le suivit en effet à Lyon, & y finit
ses jours.

HILDE, Princesse d'Ecosse, fille d'Edwin,
Roi de Northumberland, célèbre dans le septieme siecle par sa piété & sa science, composa divers ouvrages, & eut beaucoup de part
au synode assemblé en 664, pour terminer les
differends qui s'étoient élevés dans ce tems-là
au sujet de la fête de Pâques & de plusieurs
cérémonies de l'Eglise.

HILDEGARDE, Abbesse du Mont-Saint-
Rupert, de l'Ordre de Saint Benoit, très-versée
dans la connoissance des saintes Ecritures,
écrivit beaucoup sur divers sujets de piété.
Plusieurs Papes, des Empereurs & des Rois,
& un grand nombre de savans hommes de son
tems, se firent honneur d'entretenir des relations avec cette illustre Recluse. Elle mourut
en 1180.

HONGKILA, femme de Hupilai, cinquieme
Empereur du Mogol, de la famille de Geng-
hiskan. Hupilai, dans le cours de ses conquêtes,
s'étant emparé de la capitale de la Chine, fit
venir l'Empereur Kout-song & toute la famille Impériale, à Chang-tu, capitale de la
Tartarie. Lorsqu'il les fut près d'y arriver, il
envoya au-devant d'eux, pour leur faire hon-

N iv

neur, Hongkila , la premiere de ſes femmes,
& ſon premier Miniſtre. Tous les Princes Mo-
gols & leurs femmes voyoient avec beaucoup
de joie défiler tous ces illuſtres captifs & les
tréſors qu'on leur avoit enlevés. Hongkila les
accompagnoit fondant en larmes : Hupilai lui
en demanda la raiſon : « Hèlas , Seigneur , je
» pleure en conſidérant que les plus puiſſantes
» dynaſties ne ſont point éternelles : ce qui
» arrive aujourd'hui à celle des Song ne m'an-
» nonce-t-il pas ce qui arrivera un jour à la
» nôtre ? » Dès cet inſtant , cette généreuſe
femme voulut prendre ſoin elle-même de ces
infortunées priſonnieres , & n'oublia rien pour
adoucir leur diſgrace. Les hiſtoriens diſent que
cette vertueuſe Princeſſe chériſſoit ſes peuples
comme une tendre mere chérit ſes enfans, &
qu'elle avoit une attention infatigable pour exciter l'Empereur à les traiter toujours avec clémence & bonté. Elle mourut en 1281 , & emporta au tombeau les juſtes regrets de ſon mari
& de tous ſes ſujets.

HONGROISE. (une Dame) Sur la fin du
dix-ſeptieme ſiecle, Soliman II aſſiégeoit Sujet,
ville de Hongrie. Le Comte de Serin , qui en
étoit Gouverneur , fut tué-en la défendant.
Cette perte , & l'extrèmité à laquelle la place
étoit réduite, ne laiſſoient plus rien à eſpérer
aux aſſiégés. Un Seigneur Hongrois s'y trouvoit
enfermé avec ſa femme , une des plus belles
perſonnes de ſon tems & dont il étoit jaloux
juſqu'à la fureur. Voyant que ce cher objet de
ſa vive & inquiette paſſion ne pouvoit éviter
de paſſer bientôt au pouvoir de l'ennemi, il
forma le cruel deſſein de lui donner lui-même

a mort, plutôt que de la laisser exposée à un sort aussi certain. Sa femme apperçoit quelques indices de ce noir projet, & à force de caresses & de larmes, parvient à le lui faire avouer. « N'est-il pas, lui dit-elle alors, dans une ville prise de force, assez d'occasions de se procurer une mort glorieuse ! Allons, mon cher ami, allons à travers les bataillons ennemis en chercher une qui du moins nous honore ». Son mari y consent. Elle se fait aussi-tôt armer de toutes pieces, &, à la faveur d'une sortie qui venoit d'être commandée, ils vont ensemble où le feu étoit le plus vif, où la mêlée étoit la plus épaisse. Ils y font l'un & l'autre des prodiges de valeur, jusqu'à ce qu'accablés enfin par le nombre, & couverts de blessures mortelles, ils tombent ensemble sur les corps sanglans des ennemis qu'ils avoient immolés à leur désespoir.

HOPITAL, (Louise de l') d'une des plus anciennes Maisons de France, fut un des ornemens du seizieme siecle, par son esprit & par son talent pour la poésie. Non moins pieuse que savante, elle composa des Méditations très-édifiantes sur la Vie de la Magdeleine. Sur la fin de sa vie, cette vertueuse Dame fit une fondation dont elle confia l'exécution à la Maison de Sorbonne, en faveur des pauvres prisonniers & des malfaiteurs condamnés aux supplices.

HORTENSE MANCINI, surnommée *la belle Hortense*, niece du Cardinal Mazarin. Née avec toutes les graces possibles du corps & de l'esprit, cette Dame eut le malheur de se donner en spectacle à toute l'Europe par son aversion pour le Duc son mari, & par la vie errante

N v

qu'elle mena tant qu'elle vécut, pour se souſ-
traire à ia mauvaiſe humeur & à la jalouſie de
ce capricieux époux. En commerce avec pluſieurs Savans, & ſur-tout avec Saint-Evremond,
cette Dame poſſéda toutes les qualités qui peuvent rendre une femme illuſtre; mais ſa conduite équivoque nuiſit beaucoup à ſa réputation. Elle finit ſa triſte vie en Angleterre en
1699, âgée de cinquante-trois ans.

HORTENSIA, Dame Romaine, fille du célebre Orateur Hortenſius, & vraiment hér-
tiere de l'eſprit & des talens ſupérieurs d'un
illuſtre pere. Les Triumvirs avoient arrêté que
les Dames Romaines donneroient des déclara-
tions de leurs biens, ſur leſquelles on leur im-
poſeroit des taxes perſonnelles. Il ne ſe trouva
aucun Avocat qui oſât parler pour leur défenſe.
Hortenſia eut le courage de s'en charger, &
plaida la cauſe avec une éloquence qui ravit
de ſurpriſe & d'admiration tout l'auditoire. Les
Triumvirs, irrités de l'obſtacle qu'un tel ſuccès
mettoit à leurs deſſeins, ordonnerent qu'on la
fît retirer; mais le peuple murmura ſi haut de
cet ordre, qu'ils n'oſerent inſiſter ſur ſon exécution. Hortenſia acheva ſon plaidoyer avec le
même applaudiſſement, & la cauſe fut jugée à
l'avantage des Dames.

HOYER, (Anne Owene) ſavante Allemande,
d'une famille noble du Holſtein, floriſſoit ſur la
fin du ſeizieme ſiecle.

HUBERT, (Françoiſe) née à Nogent, dans
le Perche, femme de Robert Garnier, un de
nos premiers Poëtes tragiques, étoit ſavante &
faiſoit, dit-on, d'aſſez bons vers François.

HUBERT, (Marie) née à Geneve en 1694.

e fit dans son tems une grande réputation par plusieurs ouvrages qu'elle publia. Il paroît qu'elle etoit très-versée dans la Philosophie & la Théologie. Cette Savante mourut près de Lyon le 15 Juin 1753, âgée de cinquante-neuf ans.

HUS, ( ) mere de l'Actrice de ce nom, s'est fait connoître par une ingénieuse Comedie en profe qui a pour titre, *Platus rival de l'Amour.*

HYPPACIE, *ou* HYPPATIE, fille de Théon, celebre Philosophe & Mathématicien, l'une des plus belles personnes de son tems, fut instruite dans les sciences par son pere, & fit sous ses savantes leçons de si grands progrès, qu'elle le surpassa dans la Philosophie, la Géométrie, l'Astronomie & les Mathématiques, & passa pour la plus savante personne de son siecle. Quoique payenne, elle fut unanimement jugée digne d'être placée à la tête de la fameuse ecole d'Alexandrie, où tant de grands hommes avoient enseigné. Synésius de Cyrène fut un de ses disciples, & lui adressoit depuis tous ses ouvrages pour les examiner & les corriger. Il l'appelloit tantôt sa mere ou sa sœur, tantôt son maitre en Philosophie, ou sa bienfaitrice. Elle fut massacrée l'an 415 de l'Ere chrétienne, dans une sédition. Cette illustre Savante avoit composé plusieurs Traités de Mathématiques qui se sont perdus. De l'aveu de ses ennemis, elle avoit toujours été irréprochable dans sa conduite & ses mœurs, & elle jouissoit même de la confiance & de l'estime des Magistrats Chrétiens.

HYPPARCHIE, née à Maronea, d'une famille illustre. Les discours de Cratès, Philosophe

N vj

Cynique, qui floriffoit du tems d'Alexandre le Grand, firent une fi forte impreffion fur elle, qu'elle le voulut abfolument époufer, malgré fa famille, & quoique recherchée par les jeunes gens les plus nobles & les plus riches de la Thrace. Cratès s'oppofa lui-même à fes deffeirs. Il lui repréfenta fa pauvreté, lui montra fa boffe, étala par terre fon bâton, fa beface & fon manteau, & lui dit: « Voilà l'homme que » vous aurez; voilà les meubles que vous trou- » verez chez lui; vous ne pouvez devenir fa » femme fans vous foumettre au genre de vie » que fa fecte prefcrit «. Ce difcours, ce fpec- tacle ne purent détourner Hypparchie. Elle prit l'habit & l'équipage des Cyniques, époufa Cra- tès, s'attacha fidélement à lui, & le fuivoit par-tout. Hypparchie vivoit dans le fiecle des plus grands Philofophes, & de tous leurs diffé- rens fyftêmes s'en étoit formé un particulier, dans lequel elle avoit réuni les principes, que fes méditations lui avoient fait connoître pour les plus raifonnables. Un jour cette favante femme foutint contre l'athée Théodore une difpute pu- blique, où elle terraffa fon incrédulité & le força de convenir d'une Divinité fuprême qui régit tout l'Univers. Hypparchie avoit compofé plufieurs ouvrages qui ne nous font point par- venus. Elle eut de Cratès un fils nommé Pa- ficlès.

HYPPO, fille de Chiron, furnommé le Cen- taure, fut, au rapport de Clément d'Alexan- drie, de Saint Cyrille & d'Euripide, une femme très-verfée dans les plus hautes fciences, & célèbre fur-tout dans celle de l'Aftrologie.

HYPSICRATIA. Mithridate, après la défaite

tale de son armée par Pompée, se dérobant ux poursuites de son vainqueur, se trouva 'avoir plus à sa suite que trois personnes, du ombre desquelles étoit Hypsicratia, l'une de es femmes, d'une force & d'un courage bien u-dessus de son sexe. Ce jour-là elle montoit n cheval Persan, & avoit endossé tout le har ois d'un homme d'armes. Elle suivit toujours e Roi, & supporta sans se plaindre toute la atigue de la longue course qu'il leur fallut aire, ayant soin d'aider elle-même son mal eureux époux dans les pas difficiles, & pous ant ses soins jusqu'à panser son cheval dans les nomens où l'on étoit forcé de prendre du re os. Cette courageuse femme ne se dédit point e ses généreux efforts jusqu'à ce qu'elle vit Mithridate n'avoir plus rien à craindre des re herches de ses ennemis.

J.

JACQUET DE LA GUERRE, (Elisabeth-Claude) joignoit à beaucoup d'esprit un goût ingulier & un talent décidé pour la musique; elle de l'Opéra de Céphale & Procris est de sa omposition, & l'on a d'elle beaucoup de pieces étachées qui étoient très-estimées des Connois eurs avant les diverses révolutions que cet art ublime a éprouvées en France depuis trente ns. Cette illustre Musicienne décéda en 1729, gée de soixante ans.

JAPONNOISES, (les Femmes) s'appliquent ux sciences avec la même ardeur que les

hommes, vivent dans une grande retraite & y
acquierent une infinité de connoissances que le
goût de la dissipation & de la frivolité rendent
ailleurs si rares. Dans l'enfance, les premieres
leçons qu'on leur donne sont sur l'honneur &
l'obéissance. On leur apprend ensuite leur langue, c'est-à-dire, à parler correctement & à
bien lire & bien écrire. Au sortir de cette seconde éducation, leurs études roulent sur les
mysteres de leur religion, l'histoire de leur
pays, les principes de la morale, l'éloquence,
la poésie, la peinture, & généralement tous les
beaux-arts, selon le goût & l'aptitude des sujets.

JARDINS, (Marie-Catherine Des) née à
Alençon vers l'an 1640, femme en premieres
noces de M. de Villedieu, & en secondes, du
Marquis de la Chaste, donna, dès sa plus tendre jeunesse, des preuves de son esprit, de la
fécondité de son imagination, & d'une heureuse disposition pour le talent de la poésie.
Cette Dame a beaucoup écrit, en vers & en
prose, & même composé des Tragédies. En
général elle avoit beaucoup d'érudition, une
maniere d'écrire tendre & intéressante, beaucoup de vivacité & de coquetterie dans l'esprit,
une expression choisie, délicate & agréable. On
a beaucoup attaqué ses mœurs. Peut-être l'envie
& la jalousie ont-elles aidé à exagérer les excès
de galanterie que des écrivains caustiques lui
ont reprochés. Cette illustre Savante finit ses
jours & ses travaux littéraires en 1683, à Clin-
chemore dans le Maine, âgée d'environ qua-
rante-trois ans.

JEANNE, Comtesse de Montfort, fille de
Louis de Flandres, Comte de Nevers, &

emme de Jean IV, Duc de Bretagne, fut élevée de bonne heure à manier les armes, à connoître les meilleures manœuvres de la guerre,
à poursuivre & combattre les animaux les plus
féroces & les plus dangereux, à savoir résister
aux plus rudes fatigues. Cette mâle éducation
lui servit beaucoup lorsqu'elle entreprit de relever la maison de son mari des désastres & des
pertes qu'elle avoit essuyés. Devenue veuve,
& chargée de la tutelle de son fils, Jeanne attaqua tous ceux qui avoient usurpé ses propriétés légitimes, sur-tout le Comté de Bretagne,
& après avoir remporté sur eux plusieurs victoires & sur mer & sur terre, rentra triomphante dans tous les anciens fiefs de la Maison
de Bretagne. Elle fit principalement admirer sa
valeur héroïque à Hennebon, où elle s'étoit
renfermée pour défendre elle-même cette place.
Le Comte de Blois, qui en faisoit le siége,
ayant ordonné un assaut, cette hardie Princesse,
après avoir donné de bons ordres pour le soutenir, sortit par un endroit que les assiégeans
avoient négligé d'investir, &, suivie seulement
de soixante hommes choisis, alla brûler les
tentes, les provisions, & tout ce qui se trouvoit dans le camp ennemi. Quelques jours après,
ayant été au-devant d'un secours de cinq cens
chevaux qui lui arrivoit, elle se mit à la tête,
força les lignes des François, rentra dans Hennebon, & avec ce nouveau renfort, se vit en
état d'attendre que les Anglois vinsient l'aider
à faire entièrement lever le siége.

JEANNE D'ARC, connue sous le nom de
Pucelle a'Orleans, jeune paysane, née de parens pauvres, au commencement du quinzieme

fiecle, à Dom Remi, près Vaucouleurs, en Lorraine. Tout le monde fait les particularités de cette étonnante fille, & par quelles actions de valeur & d'intrépidité elle empêcha la Couronne de France de paffer au pouvoir des Anglois. Elle expira jeune encore fur un bûcher qui fut attifé par le fanatifme. Les Anglois eux-mêmes ne purent s'empêcher d'honorer de leurs larmes la fin tragique de cette incomparable héroïne.

JEANNE I. de ce nom, Reine de Jérufalem, de Naples & de Sicile, Ducheffe de la Pouille & de Calabre, fur la fin du quatorzieme fiecle, Princeffe de beaucoup d'efprit, & très-favante, aimoit les Gens de Lettres, & en avoit toujours un grand nombre à fa Cour ; mariée jufqu'à quatre fois, fa vie fut traverfée par beaucoup de difgraces.

JEANNE II. du nom, niece de la précédente, & fille de Charles III, Duc de Duras, meurtrier de Jeanne I, fut une Princeffe d'un courage extraordinaire. Elle commanda en perfonne au fiege de Naples, & prit cette ville en 1425.

JEANNE, Reine de France, femme de Philippe IV. dit le Bel, orna fon fiecle par l'éclat de fes vertus, par fon grand courage & fon goût pour les fciences. En 1297, le Comte de Bar fit une irruption en Champagne. Jeanne y courut à la tête d'une petite armée, & fut, par l'habileté de fes manœuvres réduire le Comte, fans prefque coup férir, à fe rendre prifonnier de guerre. En 1303, cette illuftre Reine fonda le College de Navarre, & elle mourut l'année fuivante, regrettée des Savans & de toute la

rance, n'étant encore âgée que de trente-
rois ans.

JEANNE DE BOURBON, née à Vincennes
; Février 1337, de Pierre I. Duc de Bour-
on, & d'Ysabeau de Valois, fut mariée avec
Charles V. dit le Sage, le 8 Avril 1350. Jeanne,
ne des plus belles Princesses de l'Europe, mé-
ita, par des qualités plus solides encore que la
eauté, l'estime & la confiance de son époux.
e Prince l'appelloit ordinairement *le Soleil de*
n Royaume, n'entreprenoit rien sans la con-
ulter, & la menoit même souvent au Parle-
ent, où il lui faisoit prendre séance à côté de
oi. Cette illustre Reine mourut à Paris, extrê-
ement regrettée, en 1377, n'ayant encore
ue quarante ans.

JEANNE, Infante & Régente de Portugal,
lle d'Alfonse V. Roi de Portugal, fut une
Princesse aussi spirituelle que sage & prudente.
es vertus & sa conduite dans l'administration
u Royaume, la firent adorer des Portugais. Sitôt
ue son neveu fut en état de gouverner lui-
même, cette illustre femme, quoiqu'elle n'eût
encore que trente-cinq ans, renonça à toutes
es grandeurs de la terre, se retira dans un monastère, & y mourut trois ans après sa retraite,
en 1490.

JEANNE DE CASTILLE, femme de Philippe, Archiduc d'Autriche, & mere de Charles-
Quint, étoit fille unique de Ferdinand, Roi
d'Espagne, & de la célebre Isabelle son épouse,
& succéda à toutes leurs Couronnes. Jamais
femme n'essuya d'aussi violens chagrins que ceux
qui accablerent cette infortunée Princesse pendant tout le cours de sa vie. Unie à un jeune

Prince adonné à toutes sortes de débauches, dès
les premieres années de son mariage, elle s'en
vit méprisée sans espoir d'aucun retour. Elle ne
l'en idolâtroit pas moins jusqu'à la jalousie la
plus extrême, & cette vive passion ne manqua
pas de la jetter dans une mélancolie si profonde, que souvent sa raison en paroissoit al-
térée. Philippe mourut de l'excès de ses débauches, à la fleur de son âge, & cette perte porta
le dernier coup à la sensibilité de Jeanne. Si-tôt
qu'il eut les yeux fermés, cette malheureuse
amante demeura long-tems son visage collé sur
celui de son époux, & il fallut user des plus
grands efforts pour l'en arracher. Pendant plusieurs jours on ne put obtenir qu'elle prît aucune nourriture. Quand il lui fallut enfin consentir que le Prince fût mis dans un cercueil,
ce ne fut qu'à condition qu'il ne sortiroit pas
de dessous ses yeux. Par-tout où elle alloit il la
suivoit, & tous les matins, avant de se mettre
en marche, elle ne manquoit jamais de faire
célébrer une messe pour le repos de l'ame de
Philippe. Quelquefois elle faisoit ouvrir le cercueil pour embrasser les tristes restes de l'objet
de sa passion, & les arrosoit de ses larmes jusqu'à ce que l'excès de sa douleur la réduisit à
perdre connoissance, & aussi-tôt qu'elle l'avoit
recouvrée, on la voyoit pleurer & gémir
avec les mêmes transports dont on l'avoit vue
agitée au premier instant de la mort de Philippe. Après avoir vécu dans ces lugubres horreurs pendant cinquante années de suite, Jeanne
expira enfin en 1555, âgée d'environ soixante-
dix ans. Il est certain que jamais femme n'a
donné un exemple aussi outré de la force de

amour conjugal. Auffi tous les hiftoriens, abufés par cet excès inoui jufqu'alors, femblent fe réunir pour dire que Jeanne avoit la raifon alié-née, & que tous ces appareils de fa douleur en étoient l'effet. Cependant, comment accorder un pareil jugement avec celui de toute la na-tion Efpagnole qui, pendant cinquante années, & durant prefque tout le regne de Charles-Quint, s'obftina à la reconnoître pour fa feule vraie Souveraine, & à exiger que fon nom fût toujours placé le premier dans tous les actes publics. Ne feroit-il pas permis de chercher à rendre plus de juftice à la mémoire de cette infortunée Princeffe? Doit-on croire que fi fa mélancolie eût été adoucie par les foins & les attentions de fon fils, fes fens ne fe feroient pas infenfiblement calmés, & fon ame n'auroit pas repris fon équilibre? Mais tout le monde fait que Charles-Quint, avide de régner feul & defpo-tiquement, fut le premier à exagérer l'aliéna-tion de l'efprit de fa malheureufe mere, & à entretenir fes douleurs dans l'efpece de prifon où il la tint confinée tant qu'elle vécut.

JEANNE D'ALBRET, Reine de Navarre, mere de l'immortel Henri IV, Princeffe égale-ment vertueufe & courageufe. L'éducation qu'elle prit elle-même le foin de donner à fon fils, eft un grand exemple de l'influence des leçons que les meres font capables de donner à leurs enfans, & des précieux fruits qui ne man-quent jamais de naître des bonnes femences qu'elles favent répandre fur eux. Jeanne aima & cultiva les fciences, honora & protégea les Savans qui, à leur tour, ont bien fait éclater leur reconnoiffance dans les brillans éloges qu'ils en ont faits. L'on eſtime encore actuellement pluſieurs ouvrages en vers & en proſe ſortis de ſa plume. Daubigné en a fait l'éloge en ces termes : « N'ayant de femme que le ſexe, l'ame en- » tiere aux choſes viriles, l'eſprit puiſſant aux » grandes affaires, le cœur invincible aux grandes » adverſités ». Cette illuſtre femme fut frappée d'une mort preſque ſubite en 1572, quelques jours avant l'horrible nuit de la S. Barthélemi.

JEANNE D'ARRAGON, femme d'Aſcagne Colonne, Prince de Tagliacozzi, fit l'admiration du ſeizieme ſiecle par ſa beauté, ſon courage & ſa grande habileté dans les affaires. Les beaux eſprits de ſon tems l'ont comblée d'éloges.

JONCOUX, (Françoiſe-Marguerite de) d'une noble famille de l'Auvergne, ſe diſtingua ſur la fin du dix-ſeptieme ſiecle, par ſa grande piété & ſon érudition. Elle avoit appris la langue Latine dans la principale vue de bien entendre les Offices Divins qu'elle récitoit, ou auxquels elle aſſiſtoit. C'eſt à cette pieuſe & ſavante fille que l'on doit les notes ſur les Lettres Provinciales de Paſcal. Elle mourut en 1715, âgée de quarante-ſept ans.

IRENE, Impératrice de Conſtantinople, ſur la fin du huitieme ſiecle, femme de Léon IV, Princeſſe très-courageuſe & d'un eſprit enrichi de beaucoup de connoiſſances, dans des tems très-difficiles gouverna l'Empire avec autant d'habileté que de prudence & de fermeté. On lui reproche d'avoir terni ces grandes qualités par une ſévérité trop cruelle. Charlemagne cependant, qui ſe connoiſſoit en vrai mérite, fit, dit-on, des démarches pour épouſer en ſecondes noces cette illuſtre femme.

ISABELLE, *ou* ELISABETH DE CASTILLE, Reine d'Espagne, & mariée à Ferdinand V, Roi d'Arragon. Belle, spirituelle, vertueuse & courageuse; cette Princesse fit les délices de son mari & de ses peuples. Elle aimoit si passionnément Ferdinand, qu'elle l'accompagnoit partout, même à la guerre, où elle le secondoit de ses avis & de ses conseils, & ce Prince avouoit lui-même, que sans ses soins & sa vigilance infatigables, il auroit échoué plus d'une fois dans ses entreprises. On la vit quelquefois à des sieges, tantôt faire l'office de munitionnaire, tantôt à la tête des troupes faire exécuter les travaux les plus hardis pour la facilité des convois. Elle descendit au tombeau couverte de gloire, le 25 Novembre 1504, âgée de cinquante-quatre ans.

ISABELLE, Infante d'Espagne, Archiduchesse Gouvernante des Pays-Bas, étoit le modele le plus accompli de toutes les vertus réunies. Ses Ministres n'entreprenoient & ne faisoient jamais rien que d'après ses ordres ou ses conseils; ses Secrétaires n'avoient d'autres fonctions que celles de copier ou d'écrire sous sa dictée : souvent elle écrivoit elle-même ses dépêches, & possédoit, outre les graces & la correction du style, tout ce qui peut entraîner la conviction de l'esprit & du cœur. A la tête des armées, elle voyoit tout par elle-même, approuvoit & corrigeoit les plans & les dispositions des Généraux. A tant d'excellentes qualités Isabelle joignoit un caractere affable, un cœur compatissant, & une affection infatigable pour tout ce qui pouvoit contribuer au bonheur des peuples. Peu d'instans avant sa mort, qu'elle vit

approcher d'un œil ferme, se souvenant qu'
son porte-feuille renfermoit plusieurs requête
qu'elle n'avoit pas examinées, elle se les fit ap
porter sur son lit, en ordonna la lecture, dict
les réponses, & se fit soutenir la main pour le
signer. Cette illustre Princesse finit ainsi ses jours
universellement pleurée & regrettée, le ....

ISABELLE-LOUISE, Infante de Portugal,
née le 6 Janvier 1669, à Lisbonne, élevée &
instruite dans les sciences divines & humaines,
par son illustre mere Marie de Savoie, possédoit
outre sa langue naturelle, le François, l'Espa
gnol, l'Italien, & les principes de la langue
Latine, la Géographie, l'Histoire, les mœurs
& les coutumes de toutes les nations. Douée
d'une merveilleuse facilité & d'une singuliere
intelligence, elle eût encore poussé plus loin
ses connoissances; mais une mort prématurée
l'enleva en 1690, à l'âge de vingt-un ans.

ISABELLE, Reine de Hongrie dans le seizieme siecle, Princesse aussi spirituelle que forte
& courageuse, se vit, après la mort de son
mari, obligée de soutenir, les armes à la main,
sa Couronne chancelante; & ce ne fut qu'après
une longue suite d'événemens heureux & malheureux, qu'elle parvint enfin à l'affermir sur
la tête de son fils.

ISGE, fille de Tsiske-Kugu, Prince du sang
impérial du Japon, se rendit célebre dans le
neuvieme siecle, par son savoir & ses talens.
Ses ouvrages sont, dit-on, actuellement encore
très-estimés dans sa nation.

ISOTTA NOGAROLE, dans le quinzieme
siecle, possédoit toutes les langues savantes,
excelloit dans la Philosophie & la Théologie,

rononça des harangues en préfence des Papes
Nicolas V & Pie II, écrivit un grand nombre
de Lettres, où la plus profonde érudition fe
trouve réunie aux graces les plus féduifantes du
ftyle, compofa enfin un Décalogue plein d'efprit fur cette queftion : « Qui avoit le plus grié-
vement péché, ou d'Adam ou d'Eve, » & y
défendit avec vivacité la caufe de fon fexe contre
Louis Fornaro, qui foutenoit celle d'Adam.
Les plus favans perfonnages de fon tems fe faifoient un honneur d'être en commerce de lettres
avec elle; plufieurs même entreprirent de longs
voyages pour avoir le plaifir de la voir & de
converfer avec elle. Le monde favant ne jouit
pas long-tems de cette célebre fille; une maladie
violente l'emporta en 1466, n'étant encore âgée
que de vingt-huit ans. Genevieve fa fœur, &
plufieurs autres Demoifelles de la même famille
& du même nom, ont aufli mérité d'être placées au rang des Dames favantes de l'Italie.

ITTIER, (   ) connue avec diftinction au commencement du dix-feptieme
fiecle par des vers fur la prife d'Ath & de Barcelone. Plufieurs célebres écrivains en ont parlé
avec éloges.

JUDITH & JAEL, femmes Juives; tout le
monde fait les traits de courage qui les ont rendues célebres dans l'Hiftoire fainte, & leur exemple prouve combien leur fexe peut être capable
de hardieffe & d'intrépidité.

JUILLI DE THOMASSIN, (Mademoifelle)
d'Arc en Barrois, adonnée dès fa jeuneffe à l'é-
tude des Belles-Lettres, a foumis au jugement
du Public les preuves de fes fuccès, dans plu-

fieurs productions qui ont été inférées dans le
Recueil des Œuvres de fon frere.

JULIA MOESA, ayeule de l'Empereur Héliogabale. Cette femme, auffi favante que vertueufe, ne mérita pas d'avoir pour petit-fils un
fujet auffi exécrable. Après l'avoir elle-même
affis fur le premier Trône du monde, elle fit
tous fes efforts, par la fageffe de fes leçons &
de fes confeils, pour le ramener à la vertu, &
réprimer fes odieux penchans; mais voyant fes
foins inutiles, & prévoyant bien que les Romains ne tarderoient pas de fecouer le joug d'un
pareil monftre, Julia s'attacha à profiter du
moins de l'afcendant qu'elle avoit fur fon efprit, pour l'engager à adopter Alexien fon cou-
fin, dont les belles qualités donnoient les plus
brillantes efpérances. Héliogabale y confentit,
& ce que fon ayeule avoit prévu étant arrivé,
Alexien fut proclamé Empereur fous le nom
d'Alexandre Sévère. Cette habile femme ne
perdit rien de fon rang, fut généralement aimée
& refpectée dans l'Empire, & à fa mort Alexandre lui fit rendre les honneurs divins.

JULIE, femme de Septime Sévère, un des
plus beaux génies de fon fiecle, s'étoit adonnée
de bonne heure à l'étude des fciences & de la
Philofophie, & y avoit fait des progrès fi marqués, qu'on la furnommoit communément la
Philofophe. Tant que fon mari vécut, elle fit
les délices de fa Cour & des Savans que fon
mérite & fon goût pour les fciences y attiroient.
Caracalla fon fils ainé, devenu Empereur après
la mort de fon pere, lui caufa par fes excès &
fon odieufe conduite, les plus noirs chagrins;
mais

mais elle fut puiſer ſa conſolation dans ſes livres
& ſes études, qui firent l'occupation continuelle du reſte de ſa vie.

JULIEN, (Marie-Louiſe-Angélique Lemire,
épouſe du ſieur) s'eſt adonnée avec le plus
grand ſuccès à l'étude des hautes ſciences, &
principalement des Mathématiques. Elle eſt auteur du *Quadricide*, ou *Paralogiſme* prouvé
dans la Quadrature du Cercle du Chevalier de
Cauſans, ouvrage qui a paru en . . . .

IWANOWNA, (Anne) Impératrice de toutes
les Ruſſies, d'un eſprit cultivé & orné de belles
connoiſſances, donna ſur le Trône l'exemple
des plus ſolides vertus réunies aux plus grands
talens, pour le gouvernement de ſes vaſtes
Etats. Elle finit ſes jours en 1740, & emporta
au tombeau les juſtes regrets de tous ſes ſujets.

K.

KARSCH, (Anne-Louiſe) née en 1722, ſur
les frontieres de la Baſſe-Siléſie, & dans la plus
grande indigence, n'ayant pu recevoir d'autre
éducation que celle d'avoir appris à lire & écrire,
a montré combien la nature eſt éloignée de refuſer à ſon ſexe une aptitude décidée pour les
talens les plus difficiles. Sans maîtres, ſans autre ſecours que la lecture de quelques livres
que le haſard laiſſoit paſſer dans ſes mains, cette
ſinguliere fille a compoſé nombre de pieces de
poëſie, dont une premiere collection a été imprimée à Berlin en 1764. Dénuée de ce goût &
de cette Philoſophie dont l'éducation & le com-

merce des Gens de Lettres peuvent feules développer & nourrir les germes, on trouve bien
des défauts dans ces pieces ; mais tous les connoiffeurs conviennent que fon genie eft vraiment
poétique, & que dans les fujets où elle paroit
vivement affectée, la chaleur de l'imagination
produit fous fes pinceaux des beautés fenfibles.
On croit qu'elle réfide à Berlin.

KEMISKI, (Marie) belle Georgienne, fe fit
beaucoup de réputation dans le dix-feptieme
fiecle par de nombreufes aventures, dans lefquelles elle donna des preuves du plus grand
courage.

KETAVANNE, Princeffe de Géorgie, illuftra fon nom dans le dix-feptieme fiecle, par fa
fermeté & la conftance plus qu'héroïque avec
laquelle elle refufa d'abjurer fa religion ; elle
égala dans fa réfiftance le courage des plus
illuftres Martyrs. Après avoir fouffert pendant
huit ans entiers des tourmens prefque continuels, elle expira enfin, dit-on, fur des char-
bons ardens, par l'ordre de fon cruel perfécu-
teur Abbas dit le Grand, Sophi de Perfe.

KHATUN, Reine de la grande Bulgarie vers
la fin du feptieme fiecle, gouverna fes Etats à
la fatisfaction de tous fes fujets, & avec autant
de bonheur que de prudence & d'habileté. Les
Arabes Mufulmans, toujours avides de conquêtes & de pillage, lui déclarerent la guerre.
Khatun auffi-tôt, fecondée d'un Roi voifin fon
allié, affemble une puiffante armée, & dans la
vue de terminer promptement cette guerre, va
au-devant des Arabes, & leur préfente la bataille qu'ils acceptent. La fortune ne feconda
pas le courage de cette intrépide Princeffe : fes

troupes furent défaites , & elle fut forcée de
recevoir la loi de ses vainqueurs.

KIANG , Impératrice de la Chine, étoit, au
rapport des historiens de cet Empire , d'une
prudence & d'une vertu peu communes. Siven-
Ouang son époux monta sur le Trône après un
interregne de quatorze ans ; mais né d'un caractere indolent , il négligeoit entièrement les
soins attachés au gouvernement de ses Etats , &
les Princes ses vassaux avoient poussé l'indépendance jusqu'à méprifer ses ordres. Il s'en inquié-
toit peu , & ne fongeoit qu'à goûter dans le fein
des plaisirs de fa Cour les douceurs du repos &
de la plus molle oisiveté. Sa généreuse épouse ,
touchée des maux qu'amenoit de jour en jour
une si honteuse inertie , après avoir long-tems
réflechi sur les moyens de l'en tirer , imagina
enfin celui-ci. Un jour que Siven-Ouang étoit
resté au lit plus tard qu'à son ordinaire , l'Impératrice se pare de ses plus beaux habits , sort
du palais sous le prétexte d'une simple promenade , & se retire chez sa mere d'où elle écrit
au Prince « qu'elle est une femme sans courage ,
» sans prudence & sans raison , qu'elle sent que
» le goût du plaisir est prêt de l'entraîner dans
» le précipice , & que dans la crainte où elle
» est que l'Empereur , par attachement pour
» elle , ne vienne à se livrer au même pen-
» chant , & que les affaires & la gloire de son
» Empire n'en souffrent , elle croit devoir quit-
» ter entièrement la Cour ». Siven-Ouang com-
prit aussi-tôt la finesse de la leçon que sa femme
vouloit lui donner , & loin de la blâmer il lui
répondit sur le champ ; « qu'il avoit toujours
» admiré ses vertus ; mais que ce dernier trait

» mettoit le comble à la paſſion qu'il avoit tou-
» jours eu pour elle; que lui ſeul étoit coupa-
» ble, qu'il la conjuroit de revenir, & qu'il lui
» juroit de changer de conduite dès le jour
» même ». Kiang, ſur ces aſſurances, n'héſita
pas d'accourir au même moment. Siven-Ouang
la reçut avec les plus grands tranſports, & on
le vit en effet depuis cette époque, s'occuper
avec la plus grande application, de tous les détails du gouvernement de ſes Etats.

KIRCH, (Marie-Marguerite Vinckelman,
ſeconde femme de Godefroi) née à Panitz, village de la haute Saxe, le 25 Février 1670,
s'adonna avec d'heureux ſuccès à l'étude des
hautes ſciences, ſe rendit très-habile dans l'Aſtronomie, & y fit des découvertes qui la firent
connoître des Savans. M. de Léibnitz, pénétré
du rare mérite de cette Dame, la préſenta à la
Cour du Roi de Pruſſe; mais, par une fatalité
inexplicable, elle y auroit vécu dans l'indigence,
ſi elle ne ſe fût aviſée de compoſer des Alma-
nachs: le débit conſidérable qu'elle en faiſoit,
lui fourniſſoit de quoi ſe ſoutenir elle & ſa famille. La mort l'enleva au monde ſavant le
29 Décembre 1720, n'étant encore âgée que
de cinquante ans. Elle laiſſa un fils qui a rendu
ſon nom célèbre dans l'Aſtronomie. Deux de
ſes filles s'occupoient auſſi avec diſtinction de
l'étude de cette ſcience.

KOERTEN, (Jeanne) femme d'Adrien
Bloek, née à Amſterdam en 1650, donna dès
ſon bas âge les marques les plus ſenſibles de
ſon goût & de ſa grande aptitude pour tous les
beaux arts. Elle étoit excellente Muſicienne,
réuſſiſſoit ſupérieurement à jetter en cire des

flatues & des fruits, à graver fur le verre, à peindre en détrempe ; mais ce qui lui acquit le plus de réputation, ce fut fa finguliere adreffe pour découper le papier, & exécuter par fes découpures tout ce que les plus habiles Graveurs peuvent produire de plus délicat & de plus fini par le fecours du burin. Pierre le Grand, Jean Guillaume Electeur Palatin, & un grand nombre d'autres Princes & de Princeffes, fe firent un plaifir fingulier de l'aller voir travailler, & ne craignirent point de payer très-chérement fes ouvrages. Les beaux arts perdirent cette illuftre femme en 1715, âgée de foixante-cinq ans.

KONIGSMARCK, (Marie-Aurore, Comteffe de) née dans le Duché de Brême, environ l'an 1660, poffédoit parfaitement les langues Latine, Françoife & Italienne, & fe diftingua par un heureux talent pour la poéfie. Elle compofa en vers François une Comédie, qui fut jouée avec applaudiffement en préfence du Roi de Suede, fur le théâtre de Stockolm.

KYLE, (Heldewige) favante Suédoife, fille de la Baronne Vendelafckitte, hérita du profond favoir & des heureux talens de fa mere, & elles firent l'une & l'autre l'admiration des plus favans hommes de leur tems.

L.

L'ABBÉ, (Louife Charly, dite) & furnommée encore *la belle Cordiere*, parce que fon mari faifoit un gros commerce de cordages, née

à Lyon en 1526, eut dans son tems beaucoup
de réputation. Elle parloit le Latin, le Grec,
l'Italien & l'Espagnol, & écrivoit aussi aisément
en ces deux dernieres langues qu'en François.
A un esprit enjoué, vif & très-cultivé, cette
femme joignoit le talent de la poésie & de la
musique, & tous les beaux esprits de son tems
en faisoient les plus grands éloges. Elle excelloit si bien à monter & manier un cheval, que
le peuple de Lyon, quand il la voyoit passer,
ne l'appelloit pas autrement que le Capitaine
Loys. On dit même qu'au siege de Perpignan,
où la curiosité l'avoit conduite, elle donna des
preuves d'un courage au-dessus de son sexe. La
meilleure piece des Œuvres de sa composition
est un Dialogue en prose qui a pour titre: *Débuts de folie & d'amour*. Elle finit ses jours
dans sa patrie en 1566, ayant à peine quarante ans.

LACEDÉMONIENNES, (les) étoient plus
chastes & plus retenues, même étant femmes,
que ne le font actuellement nos filles le mieux
élevées, & recevoient cependant leur éducation parmi les jeunes hommes. Elles portoient
des habits ouverts & fort lestes; mais elles
s'estimoient, dit Platon, mieux couvertes de
leur vertu qu'elles ne pouvoient l'être de leurs
vêtemens. La nouvelle de la bataille de Leuctres
étant arrivée à Sparte, la tristesse, le silence, les
larmes désignerent aussi-tôt toutes celles des
femmes Lacédémoniennes qui attendoient qu'on
leur apprît le sort de leurs maris, de leurs fils,
ou de leurs freres. Dès qu'il fut rendu public,
on vit celles dont les maris, les fils, les peres
ou les freres avoient été tués, courir avec em-

preſſement aux Temples rendre graces aux Dieux de leur gloire & de leur bonheur.

Un Ambaſſadeur de Perſe ayant demandé à la femme de Léonidas, pourquoi à Lacédémone on honoroit tant les femmes : « C'eſt, répondit-elle, parce que ce ſont les femmes ſeules qui » font les hommes ».

Ariſtagoras de Milet vint à Sparte ſolliciter le Roi Cléomenes de faire la guerre aux Perſes pour faire une diverſion en faveur des Ioniens, qui vouloient ſe ſouſtraire à leur domination. Il offrit une grande ſomme pour prix de ce ſervice. Cléomenes refuſoit ; mais Ariſtagoras augmenta ſes offres à tant de repriſes, qu'elles montoient ſur la fin de cette entrevue à une ſomme exceſſive. Gorgo, fille de Cléomenes, étoit préſente, & craignant que ſon pere ne ſe laiſſât ſéduire, elle prit la parole avec vivacité & lui dit : « O mon pere, chaſſez vîte cet » étranger, j'ai peur qu'il ne vienne à bout de » vous corrompre ».

Cette même fille, voyant dans une autre circonſtance le même Ariſtagoras qui ſe faiſoit chauſſer par un eſclave, s'écria, en s'adreſſant à ſon pere : « Cet étranger eſt donc privé de » l'uſage de ſes mains » ?

Un autre étranger marchant d'un air efféminé, voulut s'approcher de cette fiere Lacédémonienne : « Lâche, lui dit-elle en le repouſſant » lourdement, retire-toi ; on voit à ta démarche » que tu ne vaux pas une ſemme ».

On rapportoit un jeune homme nommé Acrotate, tout couvert de bleſſures, & ſes Domeſtiques le croyant près d'expirer, jettoient de grands cris : « Ne vous tairez-vous pas, leur dit

» Girtias sa grand-mere qui étoit présente ; il
» a fait voir de quel sang il étoit. Au lieu de
» verser des larmes inutiles, il faut s'occuper à
» le panser, & tâcher de le rappeller à la vie ».
Cette même femme, apprenant quelques années après, que le même Acrotate avoit été
tué en Créte dans une bataille, dit, sans en paroître émue : « Puisqu'il combattoit nos enne-
» mis, il falloit qu'il en fût tué ou qu'il les
» tuât. J'aime mieux qu'il soit mort digne de
» moi, digne de ses ancêtres, digne de son pays,
» que si, par une lâcheté, il eût joui d'une plus
» longue vie ».

Une Lacédémonienne, mere de cinq fils qui
servoient ensemble dans la même armée, à la
nouvelle d'une bataille qui devoit s'être donnée,
courut à l'entrée de la ville pour être plutôt
informée du succès. Elle interrogea le premier
soldat qu'elle vit paroître, & cet homme ne la
croyant occupée que du sort de ses enfans, lui
dit qu'ils avoient tous été tués en combat-
tant vaillamment. « Méchant esclave, lui dit
» cette femme, est-ce là ce que je te demande !
» Comment vont les affaires de la patrie ! Nous
» avons la victoire, répondit le soldat. Eh bien !
» s'écria-t-elle, que les Dieux soient loués, je
» suis consolée de la mort de mes fils ».

Une autre Lacédémonienne s'occupant d'en-
sevelir son fils mort dans un combat, une
vieille vint l'interrompre, en s'écriant : « O
» mere ! quel malheur ! Par Castor & Pollux,
» reprit la généreuse mere, dites quel bonheur !
» je ne l'avois mis au monde que pour qu'il
» servît sa patrie ».

Une Ionienne se glorifiant devant une Lacédémonienne d'un très-bel ouvrage de tapisserie qu'elle avoit fait, celle-ci lui montra quatre fils qu'elle avoit élevés, & qui jouissoient déja d'une grande réputation. « Voilà, lui dit-elle, de quels » ouvrages une femme d'honneur doit se glori- » fier ». Excellente leçon pour les femmes, & qui prouve combien chez les anciens peuples la saine éducation des hommes dépendoit de la vertu des meres.

Une femme de Lacédémone voyoit son fils revenu d'une bataille avec une blessure au pied qui le faisoit souffrir si fort qu'il ne pouvoit s'empêcher de jetter des cris perçans. Elle lui dit : «Pense à la vertu, mon fils, tu résisteras à tes » douleurs, & tu cesseras des cris inutiles ».

Une mere donnant un bouclier à son fils qui partoit pour sa premiere campagne, ne lui dit que ces mots : « Reviens avec, ou que l'on t'ap- » porte dessus ». (On sait qu'à la guerre on emportoit les morts sur leurs boucliers).

Une autre donnant à son fils le bouclier de son pere, lui dit : « Ton pere l'a conservé pour » toi ; conserve-le de même pour ton fils, ou » meurs ».

Une mere apprenant que dans un combat son fils avoit péri en brave soldat, s'écria : « Il étoit » mon fils ! »

Un Lacédémonien partant pour aller faire ses premieres armes, se plaignoit à sa mere que son épée étoit trop courte : « Tu feras un pas » de plus, lui dit cette brave femme ».

Une fille pauvre, à qui l'on demandoit ce qu'elle auroit en dot, répondit d'un ton fier : « La chasteté Lacédémonienne ».

LAFONTAINE, (Jeanne) née à Bourges,

Q v

florissoit au commencement du seizieme siecle, & s'y distingua par son savoir & d'agréables ouvrages de poésie. Elle mit en vers François la Thézéide de Boccace.

LAFORCE, (Charlotte-Rose de Caumont de) née en 1650, très-maltraitée de la fortune, sut s'en dédommager par l'étude des Belles-Lettres, & en cultivant le talent naturel qu'elle avoit pour la poésie. Cette Demoiselle a composé plusieurs ouvrages de fiction, où les graces du style sont réunies à la fécondité d'une heureuse imagination. On estime beaucoup dans ses Œuvres une Epitre qu'elle adressa à Madame de Maintenon.

LAGARDE, (Thomassin de) est connue dans la République des Lettres par deux volumes de sa composition qui ont paru en 1725.

LAGORCE, (Marguerite de Beauvoir du Roure, Marquise de) a composé plusieurs poëmes qui ont été couronnés à l'Académie des Jeux Floraux, & lui ont mérité l'honneur d'y être agrégée.

LALA, fille née à Cysique, ville de l'Asie mineure, célebre à Rome environ 84 ans avant le commencement de l'Ere chrétienne, par son pinceau & par l'adresse avec laquelle elle travailloit l'ivoire, excelloit sur-tout pour les portraits des femmes, & ses ouvrages étoient si parfaits, si recherchés, qu'ils se payoient fort cher. On lui érigea à Rome une statue qui existe encore, & que l'on voit dans le palais du Prince Justiniani.

LAMBERT, (Anne-Thérese de Maguenat de Courcelles, Marquise de) annonça de bonne heure les plus heureuses dispositions pour l'étude des Belles-Lettres. Sa mere s'étant mariée en secondes noces à M. de Bachaumont, ce Savant qui s'étoit déja fait une si grande réputation par la beauté & la délicatesse de son génie, frappé des talens naissans de sa belle-fille, ne voulut pas qu'elle eût d'autre maître que lui. Sous de si bonnes leçons, Mademoiselle de Courcelles fit des progrès si rapides que, très-jeune encore, elle étoit en état de lire seule les meilleurs auteurs, & d'en faire des extraits. Elle a composé des *Avis à son fils & à sa fille*, & plusieurs autres ouvrages qui ont été applaudis. Le style en est agréable & d'une grande pureté, si l'on excepte quelques fautes échappées à la vivacité des idées d'une femme de beaucoup d'esprit. Cette illustre Dame poussa loin sa carriere, & la finit à Paris le 12 Juillet 1753, âgée de quatre-vingt-six ans, généralement regrettée, autant pour les belles qualités de son ame que pour celles de son esprit.

LAMBESC, (Antoinette de Cadenet, Dame de) contemporaine de la belle Laure de Sade, jouit d'une grande réputation dans son tems, pour son mérite & son esprit. Elle étoit une des Dames qui composoient la Cour d'amour à Avignon, lorsque les Papes y faisoient leur résidence.

LAMBRUN, (Marguerite) a mérité, par l'élévation de son ame & son grand courage, d'être placée au rang des femmes fortes. Elle étoit Ecossoise, & attachée avec son mari au service de l'infortunée Marie Stuard. Après la mort cruelle de cette Princesse, Lambrun ne put survivre à cet atroce événement, & mourut consumé de douleur. Marguerite, déchirée par

O vj.

324 L A

cette double perte, & ne se voyant plus rien qui dût l'attacher à la vie; forma la résolution de venger tout-à-la-fois & son époux & sa maîtresse. Pleine de cette résolution, elle se travestit en homme, se rend à Londres, y prend le nom de Sparch, & ne sortoit jamais sans deux pistolets chargés qu'elle portoit dans ses poches, & qu'elle destinoit l'un pour tuer Elisabeth, l'autre pour s'ôter la vie à elle-même aussi-tôt qu'elle auroit commis cet horrible attentat. Un jour qu'elle avoit percé la foule pour s'approcher de la Reine qui se promenoit alors dans ses jardins, un de ses pistolets tomba; des Gardes s'en apperçurent, & elle fut aussi-tôt soupçonnée & arrêtée. Elisabeth entendant la rumeur & informée du sujet, voulut interroger elle-même le prétendu Sparch, & allant aussi-tôt lui, lui demanda son nom, son pays, sa qualité. Marguerite, aveuglée autant par le désespoir que par le sentiment de son crime, répondit sans s'émouvoir: « Je suis Ecossoise: » mon nom est Marguerite Lambrun. J'ai été » plusieurs années au service de la Reine Marie, » que vous avez si injustement fait mourir, & » par sa mort cruelle vous avez causé celle de » mon mari, qui n'a pu survivre à une maîtresse » qui nous étoit si chere. Je ne crains point » maintenant de vous l'avouer à vous-même: » je ne m'étois rendue ici, travestie comme » vous le voyez, qu'à dessein de venger leur » mort par la vôtre. C'est à vous de juger main-» tenant si, lorsque la vengeance est excitée par » l'amour, il est rien qui puisse empêcher une » femme désespérée de s'y livrer ». Elisabeth ne parut point émue d'un tel aveu, & se contenta

e lui dire d'un ton fort tranquille : « Vous
avez cru sans doute vous acquitter d'un devoir. Mais quel pensez-vous doit être maintenant le mien ? Me demandez-vous cela,
répartit fiérement Marguerite, en qualité de
Reine, ou en celle de Juge ? En qualité de
Reine, répondit Elisabeth. Eh bien, Madame, dit Marguerite, la Reine doit m'accorder ma grace. Quelle assurance lui donnerez-
vous, reprit Elisabeth, que vous ne récidi-
verez pas ? Madame, répliqua Marguerite,
la grace que l'on accorde avec tant de précaution n'est plus une grace ; ainsi vous ferez
mieux d'agir comme Juge contre moi ». Elisabeth étonnée de tant de fermeté, se tourna
devant les Seigneurs qui la suivoient, & leur
dit : « Il y a trente ans que je suis Reine ; mais
personne ne m'a jamais donné une leçon qui
m'ait fait tant d'impression ». Cette scene singuliere se termina par la grace de Marguerite,
qu'Elisabeth eut la générosité d'accorder malgré
les représentations de toute sa Cour. Marguerite, pénétrée à son tour de la grandeur d'ame
de la Reine, eut la prudence de la supplier de
l'éloigner, & de la faire reconduire en France ;
ce qui lui fut encore accordé.

LAMIE, fille Athénienne, & maîtresse de
Ptolomée I. Roi d'Egypte, joignoit aux attraits
de la plus parfaite beauté, un génie supérieur
& orné des plus belles connoissances. Démétrius Polyocertes ayant vaincu Ptolomée dans
un combat naval, près de Chypre, Lamie y fut
faite prisonniere ; & quoiqu'elle fût déja très-
âgée, le vainqueur, épris de ses charmes, ne
négligea rien pour se l'attacher. La beauté &

l'esprit de cette fille étoient en si grande vénération chez les Athéniens & les Thébains,
qu'ils éleverent en son honneur un temple magnifique qu'ils consacrerent sous le nom de Vénus
Lamie.

LANDA, (Catherine) née à Plaisance, d'une
famille noble, fut un des ornemens du seizieme
siecle, par sa beauté, son esprit & son érudition. En relation avec Bembe, qui en a parlé
dans ses ouvrages avec de grands éloges, elle
lui écrivit en 1526 une lettre que ce Savant
nous a conservée, & qui se trouve parmi ses
Œuvres.

LANNOI, (Julienne Cornélie de) née dans
le bourg de Gertruidemberg, en Hollande, a
remporté le 15 Mai 1775, le Prix d'une médaille d'or de vingt ducats, qui lui a été décerné
par l'assemblée annuelle d'une Société d'Amateurs de la Poésie, résidente à Leyde.

LANSPERG, (Herrade de) Abbesse d'Oem-
bourg en Alsace, florissoit au commencement
du douzieme siecle. Plusieurs Ecrivains en ont
parlé comme d'une des plus savantes femmes
de son tems. Jean Bufée dit avoir vu d'elle, en
manuscrit, un ouvrage de piété écrit en Latin,
dont le titre étoit *Hortus deliciarum*.

LA POPELINIERE, (   ) femme
d'un Fermier Général de ce nom, grand ami
des Muses, s'est fait connoitre avec distinction
par son esprit, son savoir & ses talens. On assure que *l'Extrait du Systême* de M. Rameau,
& *l'Histoire de la Succession d'Espagne*, citée
du Comte Offieri, sont dûs à la plume de cette
Dame.

LA SABLIERE, (Magdeleine-Henriette Hes-

selin, époufe d'Antoine de Rambouillet de)
née avec le plus grand goût pour les fciences,
fon hôtel devint le rendez-vous des plus beaux
efprits de fon tems, & elle y donna même afyle
pendant vingt ans au célebre Lafontaine, qui
l'a immortalifée dans fes vers. Cette illuftre
Dame defcendit au tombeau en 1694, âgée de
cinquante-huit ans.

LASSAI, (Reine de Mardaillan de Lefparre,
Marquife de) mérite d'être placée au rang des
femmes qui ont honoré leur fexe & l'humanité.
Non contente d'avoir donné des preuves de fa
fenfibilité pour les malheureux, en fondant plufieurs lits pour eux à l'hôpital de la Charité à
Paris, différentes Paroiffes de cette Capitale fe
font encore fouvent reffenties des attendriffe-
mens de fon cœur généreux. Celle de Saint Sul-
pice en fut abondamment fecourue dans des
tems de calamité, & le Pafteur de cette Eglife
en a confacré la mémoire dans une infcription
gravée fur le marbre. Cette vertueufe Dame
finit fes jours pleine de bonnes œuvres, le 5.
Janvier 1763.

LASTHENIE, de la ville de Mantinée, fuivit, avec Axiotée, déguifée fous des habits
d'homme, les leçons de Platon, & fon grand
favoir lui attira l'admiration des plus grands
Philofophes de fon fiecle. Denys dit à fon fujet,
en parlant du célebre Philofophe Speufippe :
« Nous fommes à même d'apprendre la Philo-
» fophie d'une femme de Mantinée, qui a été
» fon écoliere ». Diogene Laërce & Clément
d'Alexandrie fe récrient fouvent avec éloges fur
l'étonnante érudition & les excellentes mœurs
de la vertueufe Lafthénie.

LA SUZE, (Henriette de Coligny, Comtesse de) fille du Maréchal de Coligny, avoit toutes les graces de son sexe, & l'ame forte & vigoureuse de son illustre pere. Née avec beaucoup de goût pour les sciences & le talent le plus décidé pour la poésie, elle a composé plusieurs ouvrages en vers & en prose, qui sont encore actuellement estimés. Ses Elégies sur-tout, sont ceux qui lui font le plus d'honneur. Elle termina sa carriere le 10 Mars 1673.

LATOUR, (   ) femme d'un Gentilhomme de ce nom, Gouverneur pour la France sur la fin du dernier siecle, dans l'Acadie, actuellement la Nouvelle-Ecosse. Chariniai, autre Gouverneur François dans la même Province, par des motifs de haine & de jalousie contre Latour, entreprit, à la faveur d'ordres qu'il avoit surpris, de le déposséder de vive force de son Gouvernement. Il prit un moment où Latour, avec une partie de sa garnison, étoit allé à plusieurs journées de là s'approvisionner de vivres & de fourrages, & fit avancer ses troupes pour investir le fort & s'en emparer. Un événement si imprévu répandit l'allarme & inquiéta étrangement la femme de Latour, qui ne se voyoit pour se défendre qu'un très-petit nombre de soldats. Cette brave femme, cependant, revenue bientôt de son premier étonnement, prit le parti de résister du mieux qu'elle le pourroit, & en effet, se comporta si bien, que pendant les trois premiers jours du siege qu'il lui fallut soutenir, les assiégeans furent toujours repoussés avec perte. Le quatrieme jour cette brave femme ayant appris que les ennemis se préparoient à escalader les murs,

monta sur les remparts à la tête de sa petite
troupe, & rusa si bien, que par ses manœuvres,
non-seulement elle repoussa encore les assaillans, mais elle leur donna à croire par la vivacité de ses mouvemens, qu'ils avoient affaire à
beaucoup plus de monde qu'ils ne l'avoient
pensé. Malgré ces efforts de courage & de génie, la place se trouvant tout-à-la-fois dépourvue de munitions, de vivres & de combattans,
il fallut songer à capituler, & Charnisai, sans
se faire prier long-tems, en offrit lui-même les
conditions les plus honorables ; mais, par la
plus atroce perfidie, voyant le petit nombre
d'hommes auquel il avoit eu affaire, & combien il avoit été la dupe des artifices que la
Dame avoit employés pour lui en imposer, il
se dédit tout-à-coup de la capitulation, déclara
la petite garnison prise à discrétion, & fit pen-
dre tous les soldats à l'exception d'un seul,
qu'il obligea d'être le bourreau des autres. Il
poussa l'infamie jusqu'à faire assister Madame
Latour à cette horrible expédition.

LA VALLIERE, (   ) si connue par
sa beauté, par sa passion pour Louis XIV, &
enfin par sa retraite chez les Religieuses Car-
mélites, sut allier les austérités de la regle
qu'elle avoit embrassée, avec le goût qu'elle
avoit pour l'étude. Cette illustre Recluse a
donné au Public des *Réflexions sur la miséri-*
corde de Dieu, écrites avec énergie, & dont
la correction du style annonce combien son esprit avoit été cultivé par la lecture des meilleurs
auteurs. Elle mourut le 6 Juin 1710, âgée de
soixante-six ans.

L'AUDENOT, (Louise) dite de Saint-Jacques,

étoit fille d'un Médecin du Roi, homme très
favant. Elle avoit été inftruite avec beaucou
de fuccès dans les fciences, mais fon goût por
la retraite la détermina à embraffer la vie reli
gieufe, & elle choifit pour s'y confacrer l'Ab
baye Royale de Montmartre. Son inclinatio
pour l'étude la fuivit dans le cloître, & elle
compofa plufieurs ouvrages de piété. Elle mou
rut le 27 Mai 1636.

LAURE, fille favante qui floriffoit fur la fi
du quinzieme fiecle, étoit de la ville de Brel
cia, dans la Lombardie. Les écrivains de fo
tems l'ont beaucoup célébrée. L'on a d'elle de
Lettres écrites en Latin au célebre Dominicai
Jérôme Savonarole.

LAURE-BASSI, de la ville de Bologne e
Italie, fe rendit fi favante dans l'art d'Hippo
crate, que fa patrie lui déféra le 12 Mai 1732
le dégré de Docteur en Médecine, en préfenc
du Sénat, du Cardinal Lambertini, depu
Benoît XIV, du Cardinal de Polignac, de deu
Evêques, de la principale Nobleffe, & de tou
les Docteurs de l'Univerfité. Elle a profeffé pen
dant quarante-cinq ans la Phyfique expérimen
tale, & étoit auffi diftinguée par fes vaftes con
noiffances dans la Littérature Grecque, Latine
Françoife & Italienne, que par fes vertus & fa
charité finguliere envers les pauvres. Cette il
luftre femme eft morte âgée de foixante-cin
ans le 20 Février 1778.

LAURE DE NOVE, furnommée *la belle Pro
vençale*, orna le quatorzieme fiecle par fa beauté
finguliere, fon efprit, fon favoir, fes talens &
fes vertus. Pétrarque fut épris pour elle de la
plus vive paffion, & la célébra dans fes poéfies

rançois I. compofa lui-même, en forme d'épi-
phe, l'éloge de cette célebre fille. La Parque
oupa le fil de fes jours en 1348. Elle n'avoit
ncore que trente-quatre ans.

LAURENCIN, (Madame la Comieffe de)
es environs de Lyon, a compofé des Epîtres
t des Idylles pleines de graces & de fentimens.
es chef-d'œuvres, d'une plume intéreffante &
cile, ont été couronnés fucceffivement à
ouen, par l'Académie de l'Immaculée Con-
eption. Le Public a vu avec plaifir une Epître
n vers de cette Dame à une de fes amies, fur
a néceffité aux meres d'allaiter elles-mêmes
eurs enfans.

LAUTIER, (Anne de) Dame de Champ-
audouin, vivoit dans le feizieme fiecle, & y
érita un rang diftingué parmi les femmes fa-
antes. Elle poffédoit fupérieurement la langue
atine, & excelloit dans les Mathématiques.
n'avoit d'ailleurs aucune des hautes fciences
ui lui fût étrangere. Cette Dame a compofé en
ers & en profe, & a mérité des applaudiffe-
ens.

LAVAGGI, (Anne) Religieufe dans le Mo-
aftere de Sainte Catherine, à Palerme, ayant
orté dans fa retraite le goût le plus paffionné
our l'étude & des talens décidés pour la poé-
e, fit imprimer de fon vivant plufieurs de fes
uvrages, & à fa mort on trouva en manufcrit
ans fes papiers une explication de l'Apoca-
ypfe, qu'à l'exemple de l'immortel Newton,
lle avoit ofé tenter. Elle finit fes jours le 17
évrier 1704, âgée de foixante-treize ans.

LEBRIXA, (Françoife de) fille d'un céle-
re auteur Efpagnol de ce nom, excelloit dans

la Rhétorique , & lorfque fon pere , qui é
étoit Profeffeur dans l'Univerfité d'Alcala, n
pouvoit donner fes leçons publiques, cette fa
vante fille le fuppléoit, & ne manquoit pas d'ob
tenir les applaudiffemens de tout fon auditoir.

LEBRUN , (Vigier, époufe de M.
de l'Académie de Saint-Luc , quoique jeune en
core , a fait de fi grands progrès dans l'art de la
Peinture , que fes ouvrages font actuelleme
recherchés à très-grand prix , de tous les ama
teurs & connoiffeurs. Le 24 Janvier 1778, il
fe rencontra dans une vente qui fe faifoit à l'hô
tel d'Aligre , deux petites têtes d'étude fortie
du pinceau de cette jeune Dame ; elles exci
terent dans toute l'affemblée une fi grande ad
miration, qu'elles furent pouffées & adjugée
à quinze cens livres. Madame Lebrun join
dit-on, à un talent auffi décidé, la figure la plu
intéreffante & l'ame la plus accomplié. Ell
peint avec un égal fuccès les portraits à l'huil
& au paftel.

LE CAMUS, (   ) femme d'u
Confeiller d'Etat de ce nom , a été très-connue
fur le Parnaffe François par plufieurs pieces de
poéfies , où fon génie, fon érudition & fon ta
lent font également admirés.

LÉÈNE, ou LÉŒNA, Courtifanne d'Athènes,
qui vivoir vers la foixante-fixieme Olympiade.
Harmodius & Ariftogiton ayant formé une conf
piration contre le tyran Hypparque, fils de Pi
fiftrate, ils en confierent le fecret à Léœna
Hyppias, frere d'Hypparque, en fut averti, fit
arrêter & mettre à la queftion cette fille pour
lui faire déclarer les noms des conjurés. Léœna
eut la force de réfifter à la douleur de la tor

re, & ne découvrit rien. Sortie de cette
cruelle épreuve, & s'attendant bien qu'on lui
feroit subir de nouveaux tourmens, elle eut le
courage de se couper la langue avec ses dents,
pour ne plus être exposée à trahir son secret.
Une action si généreuse remplit d'étonnement
& d'admiration tous les Athéniens, & lorsqu'ils eurent recouvré leur liberté, ils s'empressèrent de donner à la mémoire de cette généreuse fille un témoignage de leur reconnoissance. Ils élevèrent en son honneur une statue
qui représentoit une lionne sans langue.

LEFEBVRE, (Anne) fille de l'illustre Savant de ce nom, Professeur de Belles-Lettres
à Saumur, & femme du célebre Dacier, née
sur la fin de l'année 1651, fit paroître dès son
bas âge de si heureuses dispositions pour l'étude
des sciences, que son pere n'hésita point de
l'appliquer avec le plus grand soin à les cultiver, & en peu de tems il la mit en état de
lire sans secours Phedre & Térence. M. Lefebvre, transporté d'un progrès si rapide, la fit
passer à l'étude de la langue Grecque, dans laquelle cette studieuse fille devint bientôt également habile, lisant Anacréon, Callimaque,
Aristophane & les Tragiques Grecs, avec autant de facilité & d'intelligence que son pere
lui-même l'auroit pu faire. Pour se distraire de
ces premiers travaux, Mademoiselle Lefebvre
apprit l'Italien, & ne tarda pas d'être en état
de lire les Poëtes de cette nation. A l'âge de
vingt-un ans, ayant eu le malheur de perdre
cet illustre pere, elle vint s'établir à Paris, où
sa réputation l'avoit déja devancée, & s'y consacra entièrement à l'étude. Unie par les liens

de l'hymen à M. Dacier, fa paffion pour l
Belles-Lettres n'en devint que plus ardem
dans la fociété d'un époux fi digne d'une tel
époufe. Pendant plus de quarante années qu
vécurent enfemble, ils s'occuperent à l'envi
travaux littéraires qui les ont couverts de
plus grande gloire. Madame Dacier joignoit
fes heureux talens les plus excellentes quali
du cœur. Tous ceux qui la connoiffoient n
pouvoient fe laffer d'admirer fa fermeté & fo
courage, l'égalité de fon ame dans tous les év
nemens de fa vie, fa piété, fa bonté, fa fagel
fa modeftie, fa charité ardente pour les pa
vres. Les Lettres perdirent cette illuftre S
vante le 17 Août 1720, âgée d'environ foixan
dix ans, & elle en fut univerfellement regret
tée. Ses ouvrages font trop connus pour qu
foit néceffaire de les annoncer ici.

LENCLOS, (Anne, dite Ninon de) née
Paris en 1615 de parens nobles. Son per
homme d'efprit & de plaifirs, lui infinua d
bonne heure les principes de la morale d'E
picure, & Ninon naturellement favorifée d
beaucoup d'efprit, d'un caractere porté à l
gaieté, goûta fes leçons, & toute fa vie e
fit la regle de fa conduite. Dès l'âge de ci
ans, elle avoit déja lû & médité les ou
vrages de Montagne & de Charron. L'on peu
juger, à de tels préludes, combien, avec u
goût décidé pour apprendre, la jeune Ninc
fut fe perfectionner dans tout ce qu'embraffen
les Belles-Lettres. Excellente Muficienne, &
douée d'une belle voix, elle chantoit ave
toutes les graces poffibles, touchoit fupérieu
rement le claveffin, & jouoit très-bien de pl

...urs autres instrumens. D'une figure & d'une ...lle très-avantageuses, peu de personnes de ...n sexe ont mieux dansé qu'elle. Orpheline ...s l'âge de quinze ans, Ninon s'étoit, pour ...si dire, donnée elle-même cette foule de ta-...ns divers. Sûre de plaire & de se procurer ...e haute fortune par un établissement, elle ...eséra sa liberté, &, tant qu'elle vécut, vou-...t rester maîtresse de disposer de son cœur en ...eur de ceux de ses adorateurs qui lui plai-...ient; mais elle mit dans cette singuliere fa-...m de penser une sorte de vertu connue d'elle ...ule, & soutenue de tant de décence, que ...ut ce qu'il y avoit dans les deux sexes de ...us grand, de plus illustre & de plus savant à ...Cour & à la Ville, briguoit l'honneur d'être ...mis à sa société. Le Grand Condé, le Duc ...e la Rochefoucault, les Coligni, les Villar-...au, les Sévigné, le Maréchal d'Albert, Jean ...nier, la Châtre, furent de ce nombre. Scar-...n, Saint-Evremont, Moliere, Fontenelle, ...bbé Gédoyn, la consultoient sur leurs ou-...ages. La célebre Madame de Maintenon en-...tenoit avec elle une correspondance de let-...es, & fit même des instances pour l'attirer & ...xer auprès d'elle. Mademoiselle Lenclos des-...endit au tombeau en 1706, âgée de quatre-...ngt-dix ans, ayant conservé jusques dans les ...erniers momens de sa vieillesse, la vigueur de ...n génie, l'estime & l'amour de tous ceux qui ...approchoient ou la connoissoient.

...LÉONTIUM, célebre par ses succès dans ...étude des sciences, & sur-tout de la Philoso-...hie d'Epicure, osa écrire contre Théophraste, ...n des plus zélés partisans de la secte d'Aris-

tote , & Cicéron loue beaucoup cet ouvrage.
Une entreprise si hardie lui suscita beaucoup
d'ennemis , & c'est peut-être à leur ressentiment qu'elle a dû la honteuse réputation d'avoir
exercé le métier de courtisanne.

LESBIENNE, (une jeune fille) sauva par
son courage la ville de Lesbos. Les Turcs qui
l'assiégeoient ayant renversé une grande partie
des murailles , ceux qui les défendoient prirent
l'épouvante & s'enfuirent. L'on parloit déja de
se rendre , lorsque cette fille , reprochant à ses
concitoyens leur lâcheté , court avec intrépidité sur la breche , ranime quelques fuyards
& s'expose la première aux traits des ennemis.
A ce spectacle , les Lesbiens sentent tout-à-
coup renaître leur courage & leurs forces,
courent seconder cette vaillante Amazone, &
redoublent leurs efforts ; avec la fureur du désespoir , font un grand carnage des Turcs, renversent leurs bataillons , forcent en un mot
toute l'armée de lever le siege & de s'embarquer dans le plus grand désordre.

LESCAILLE , (Catherine) surnommée la
Sapho Hollandoise , née en 1649 de Jacques
Lescailles , Imprimeur , honoré par l'Empereur
Léopold d'une couronne poétique , surpassa son
pere par l'élégance & la beauté de sa composition dans l'art des vers. Elle composa même
des Tragédies. Toutes ses Œuvres ont été re-
cueillies & publiées en 1728. Cette illustre
fille termina sa carriere en 1711 , âgée de
soixante-deux ans.

L'ETOILE. (Madame   ) Il parut il y
a quelques années une Idylle de sa composition , qui avoit remporté le prix à l'Académie
de

de l'Immaculée Conception de Rouen ; elle annonça fon génie & fon heureux talent dans l'art des vers.

L'EVEQUE, (Louife Cavelier, époufe de M.) née à Rouen en 1703. Divers ouvrages de fa compofition, en vers & en profe, lui ont mérité un rang parmi les femmes qui fe font diftinguées par des productions littéraires. Elle joignoit à fes heureux talens une belle figure & toutes les graces qui font de l'appanage de fon fexe. Elle décéda le 18 Mai 1745.

LEVIS, (Demoifelle   ) floriffoit fous le regne de Philippe-Augufte, & s'y diftingua par fon talent pour la poéfie en langue Provençale. Elle fut, dit-on, l'objet d'une partie des agréables chanfons de Savari de Mauléon.

LEZE. (   ) Des lettres de Julie à Ovide, publiées fous fon nom, ont fait connoître avec quel fuccès elle s'étoit adonnée à l'étude de la belle Latinité.

L'HÉRITIER DE VILLANDON, (Marie-Jeanne) fille d'un pere très-connu dans la République des Lettres, & niece de l'illuftre Perrault, de l'Académie Françoife, s'adonna de bonne heure à l'étude des fciences, & y réuffit. Divers ouvrages en profe & en vers lui ont mérité beaucoup d'éloges. L'Académie des Jeux Floraux, où elle avoit remporté plufieurs prix, fe l'affocia en 1696, & celle des Ricovrati de Padoue lui fit le même honneur en 1697. Cette favante Demoifelle finit fes jours en 1734, âgée de foixante-dix ans, ayant illuftré fon nom autant par fes talens & fes écrits, que par la douceur de fes mœurs, la nobleffe & la candeur de fes fentimens. L'ingénieux roman Anglois

P

qui a pour titre, *la Tour ténébreuse*, est sorti
de sa plume.

LIBOREL, (　　　　) donna sur la fin du
dix-septieme siecle, de petits ouvrages de sa
composition, écrits avec autant de génie que
de délicatesse, & qui annoncent qu'elle avoit
l'esprit cultivé & orné de belles connoissances.

LIBUSSA, femme de Primislas, Prince de
Bohême, dans le commencement du septieme
siecle, célebre par ses vertus, son esprit & son
courage, gouverna seule long-tems ses Etats
avec une grande habileté, & autant par sa politique que par la force de ses armes, sut faire
respecter sa puissance par tous ses voisins.

LICINIA. (les Filles de la Maison) Cicéron
& Quintilien en font beaucoup d'éloges, & en
parlent comme de personnes très-éloquentes &
très-versées dans les Belles-Lettres.

LIENCOURT, (Jeanne de Schomberg, Duchesse de) se fit un grand nom parmi les femmes
savantes du dix-septieme siecle. Elle excelloit
dans l'art des vers, & son érudition la faisoit
rechercher des Savans de son tems. L'on a de
cette Dame d'excellentes maximes pour l'éducation chrétienne des enfans de qualité. Sa piété
lui fit supprimer ses autres ouvrages. Elle décéda en 1674. Il y eut dans le seizieme siecle
une autre Dame du même nom, célébrée par
M. de Vertron, pour avoir réussi en poésie dans
les genres tendres & héroïques.

LINTOT, (Catherine Caillot, Dame de) a
été un des ornemens du dix-huitieme siecle, par
son grand savoir. Les ouvrages de fiction qui
sont sortis de sa plume, réunissent aux avantages d'une noble & heureuse imagination, tou-

tes les graces du style particulieres à son sexe.

LIVIE-DRUSILLE, femme de l'Empereur Auguste, déploya sur le Trône les plus excellentes qualités de l'esprit & du cœur. Au caractere le plus doux & le plus affable, elle joignoit un génie supérieur, une connoissance approfondie de toutes les sciences, & une politique fine & éclairée, qui contribua beaucoup aux heureux succès de son mari, à la modération, à la douceur, à la bienfaisance qui distinguerent les dernieres années de son regne. Auguste, lassé de sévir contre les mécontens qui, chaque jour formoient de nouvelles conspirations contre lui, fut surpris par Livie dans un moment, où croyant être seul, il déploroit l'amertume cruelle de sa situation. Livie se présentant alors, lui dit ces mots : « Daigneras-tu » écouter les conseils d'une femme ? Fais ce » que font les Médecins. Quand une recette ne » leur réussit point sur un malade, souvent ils » en essayent une toute opposée. Jusqu'ici ta » sévérité ne t'a point servi : essaye actuellement » la douceur & la clémence. Commence par » Cinna. Il est convaincu. Eh bien ! pardonne- » lui, & je suis certaine, non-seulement que » tu le désarmeras, mais qu'il deviendra ton » ami ». Auguste goûta cet avis. Il fit venir Cinna. Après lui avoir rappellé tout ce qu'il avoit fait pour lui, & découvert des complots de sa noire ingratitude, il finit par lui dire qu'il lui pardonnoit, & qu'il vouloit même encore le combler de tant de biens & de tant d'honneurs, qu'il le forceroit d'avouer n'avoir jamais eu d'ami plus sincere qu'Auguste, Empereur. Cinna, terrassé en effet & désarmé par un procédé fi généreux, devint, dès cet inftant, le plus zélé partifan d'Augufte. A commencer de cette époque, perfonne, dans Rome, ne fongea plus à confpirer contre ce Prince.

LIVRON. (les Femmes de) En 1574, Louis de Saint-Lary-Bellegarde fut envoyé avec des troupes contre les Huguenots du Dauphiné. Il attaqua la petite ville de Livron, & fut repouffé aux trois premiers affauts qu'il donna. Henri III. parut lui-même à ce fiege, accompagné de tous les Seigneurs de fa Cour. Il n'y avoit cependant que peu d'habitans pour foutenir ce fiege ; mais les femmes s'étoient réunies pour y fuppléer. Il y en eut qui, pour marquer leur mépris & infulter aux affiégeans, eurent la finguliere hardieffe de fe montrer fur la breche filant leurs quenouilles. Ces femmes enfin foutinrent prefque feules les derniers efforts qui fe firent contre la place, & repousferent les affaillans avec tant de vigueur, qu'elles les contraignirent d'abandonner le fiege.

LOMBARDA, (Donna) Dame Toulouzaine, étoit belle, aimable & favante, mais brilloit encore plus par la beauté de fon imagination & un heureux talent pour la poéfie. Il refte d'elle en manufcrits, dans la bibliotheque du Vatican, plufieurs pieces qu'elle avoit compofées à la louange de Bernard Arnoult, frere d'un Comte d'Armagnac.

LOISEAU, (Mademoifelle) née à Paris, a donné dans plufieurs jolies Cantatilles de fa compofition, & dans une agréable Epitre à Eglé, des preuves intéreffantes de fon talent dans l'art des vers, de fon érudition, & de fon goût pour les Belles-Lettres.

LONGUEVILLE, (Anne-Géneviève de Bourbon, Duchesse de) née à Vincennes le 29 Août
1619, annonça dès son enfance une heureuse
aptitude pour les sciences, & en avançant en
âge, son goût seconda de si avantageuses dispositions. Mariée en 1642 au Duc de Longueville,
elle accompagna ce Prince à Munster, où il
avoit été envoyé en qualité de premier Pléni-
potentiaire, & y fit briller toutes les belles
qualités de son esprit. De retour en France,
les troubles qui agiterent le Royaume pendant
toute la minorité de Louis XIV, lui fournirent
beaucoup d'occasions d'exercer la supériorité
de son génie, & même, en plusieurs, de donner des preuves d'un courage au-dessus de son
sexe. Quoiqu'elle eût été fermement attachée
au parti des Princes, elle sut mériter jusqu'à la
fin de ses jours l'estime & les graces de Louis
XIV. Cette illustre femme descendit au tombeau le 15 Avril 1679, âgée de près de soixante
ans.

LONGWIC, (Jacqueline de) mariée en 1530
à Louis de Bourbon, Duc de Montpensier,
II. du nom, fut, au rapport de M. de Thou,
une femme d'un génie supérieur, d'un jugement solide, d'une pénétration peu commune.
Catherine de Médicis eut beaucoup de confiance
en elle, & dut en partie à ses sages conseils le
choix qu'elle fit de Michel l'Hospital, pour remplir la place de Chancelier de France. Cette
Dame décéda en 1561.

LOTA DE CORDOUE, (Elisabeth) Dame
Espagnole, qui florissoit dans le seizieme siecle, savoit les langues Latine, Grecque & Hébraïque, & étoit si profonde Théologienne &

fi verfée dans la Philofophie, que plufieurs Uni-
verfités fe firent un honneur de fe l'aggréger.

LOUISE DE SAVOIE, Ducheffe d'Angou-
lème, mere de François I, mérite à bien jufte
titre un des premiers rangs parmi les femmes
les plus illuftres. Née avec le goût des fciences,
elle les cultiva de bonne heure, & y fit les
plus heureux progrès. Reftée veuve très-jeune
encore, elle fe livra entiérement à l'étude &
à l'éducation de fes enfans, qu'elle prit la pe
d'inftruire elle-même. Celle de François I. ft
feule pour faire fon éloge. Lorfque ce Prince
partit pour la conquête du Milanois, perfua
des talens fupérieurs de fa mere, il lui conft
la régence de fes Etats, & elle s'y compor
avec la plus grande habileté. Apprenant la cr
route de fon fils à Pavie, & fa captivité, cet
tendre mere fut faifie d'une fi vive douleur,
que l'on craignit pendant plufieurs jours pour
la vie : mais ayant enfin rappellé fes efprits &
fon courage, on la vit veiller avec la plus grande
fermeté à la fureté du Royaume. Déployant
enfuite toutes les reffources du génie, elle parvint à une paix honorable entre François &
Charles Quint, dont le traité fut figné le 3 Août
1529. La mort enleva à la France éplorée cette
illuftre Princeffe en 1531 ; elle n'étoit encore
âgée que de cinquante-cinq ans.

LOUISE-MARIE DE GONZAGUE, femme
de Cafimir V, Roi de Pologne, une des plus
courageufes & des plus fpirituelles femmes de
fon tems, porta fur le Trône toutes les vertus
& les belles qualités qui conftituent le véritable héroïfme. Propre à manier les affaires publiques, c'étoit au flambeau de fon rare génie

ne Casimir préparoit toutes les matieres qui devoient être agitées dans les assemblées de la Nation. Plusieurs fois même elle se montra dans les Dietes, & y fit par ses talens réussir les projets qu'elle avoit conçus. Dégoûtée du Trône, elle se préparoit à en descendre, lorsque la mort la surprit en 1697, n'étant encore âgée que de...

LOUVENCOURT. (Marie de) belle, spirituelle, savante, elle chantoit avec le meilleur goût, jouoit très-bien du théorbe, & excelloit dans toutes les parties de la musique. A tant de talens se réunissoit encore celui de la poésie. Plusieurs Cantates très-estimées qui ont été mises en musique par Clérambault & d'autres grands Maitres, lui ont mérité de justes éloges. Modeste, d'un caractere doux, d'une conversation agréable, cette illustre fille faisoit les délices de tous ceux qui la connoissoient. Elle mourut très regrettée en 1712, n'ayant encore que trente-deux ans.

LOYNE, (   ) fille d'un Président au Parlement de Metz, s'est fait connoître par de petites pieces de poésie qui annonçoient son esprit, son goût & son érudition.

LOYNES, (Antoinette) née à Paris, & femme de Jean Morel, Gentilhomme Provençal, mérita dans le seizieme siecle un rang parmi les femmes illustres. Elle a donné plusieurs petits poëmes de sa composition qui ont été imprimés, joints au Tombeau de la Reine de Navarre.

LUBERT, (   ) fille d'un Président au Parlement de Paris, a enrichi les Amateurs de Contes de Fées, de nombre de petits

ouvrages de fiction agréablement écrits & d'une
heureuse imagination.

LUCHÉSINI, (Laure Guidiccioni) étoit de
Sienne, parente de Jean Guidiccioni, célèbre
Poëte Italien, & florissoit au commencement
du dix-septieme siecle. Son goût pour les sciences
& ses talens littéraires lui mériterent l'estime
& les éloges des plus savans hommes de ce
tems. Elle excelloit sur-tout dans la poésie, où
elle imita la maniere simple & noble de Pétrarque. Parmi les ouvrages de sa composition,
il se trouve trois Pastorales estimées : *la Satyr,*
le désespoir de Philène, & *le Jeu de l'Aveugle.*

LUCRECE, Dame Romaine, d'une illustre
famille, & l'une des plus belles & des plus
vertueuses femmes de son tems. Ayant été dés-
honorée par Sextus, fils de Tarquin le Superbe,
elle fit assembler tous ses parens, & après leur
avoir exposé l'outrage qui animoit son désespoir,
s'enfonça en leur présence un poignard dans le
sein, puis, le retirant, le leur présenta, en les
conjurant dans les termes les plus touchans,
de venger son honneur & son sang.

LUPICINE, surnommée *Flavia Ælia, Maria*
Ephemia, étoit une esclave que Justin, I. du
nom, acheta, qu'il eut long-tems pour conca-
bine, & qu'il épousa enfin, sitôt qu'il eut été
proclamé Empereur. La beauté de cette femme
fut sans doute la premiere cause de cette haute
fortune ; mais son esprit & ses talens, quoiqu'enveloppés sous les dehors d'une éducation
grossiere, lui frayerent le chemin du Trône, &
lorsqu'elle y fut assise, lui gagnerent la confiance & l'amour du peuple Romain. Quoique

d'un caractere naturellement doux, quoiqu'elle eût l'ame auffi compatiffante que bienfaifante, la féverité de fes mœurs répandoit fur tout fon extérieur un ton de fermeté qui en impofoit, & la faifoit généralement craindre & refpecter. Juftinien, qui fuccéda à Juftin, n'ofa jamais, tant que Lupicine vécut, déclarer fon mariage avec Théodora, appréhendant de déplaire par cette alliance, à la vertueufe Impératrice de qui il tenoit fon élévation.

LUSSAN, (Marguerite de) née à Paris en 1583, donna dès fa jeuneffe les plus flatteufes efperances. Une facilité merveilleufe pour retenir tout ce qu'elle entendoit dire, une envie démefurée d'apprendre & de favoir, annoncerent ce qu'elle devoit être un jour. Le Prince Thomas de Savoie s'intéreffa, dit-on, à fon éducation, & n'épargna rien pour feconder fes heureufes difpofitions. Mademoifelle de Luffan y répondit par de fi rapides fuccès, qu'elle fut en état de s'adonner de bonne heure à la compofition, & fes premiers effais furent très-favorablement accueillis du Public. Jufqu'à l'âge de foixante-quinze ans qui fut, en 1758, le terme de fa glorieufe carriere, fa plume ne ceffa point d'être occupée, & il en eft forti un grand nombre d'ouvrages qui lui ont mérité une place diftinguée parmi les femmes qui ont fait honneur à la Littérature Françoife. A l'heureufe fécondité d'une imagination vive & noble, elle réuniffoit toutes les graces du ftyle, une grande érudition, & du talent pour la poéfie.

LYSSE, (Catherine) à la tête de plufieurs femmes courageufes, défendit la ville d'Amiens, & fe fignala par des prodiges de valeur. (Quel-

P y

ques efforts que nous ayons faits, il ne nous
pas été poflible d'obtenir les détails de ce trai
remarquable de la force & du courage poflibles
des femmes).

M.

MACAULAY, (Ladi Catherine) née en Angleterre, eft auteur de l'Hiftoire d'Angleterre
fous les regnes des trois Stuart. Cette Dame a
dans cet ouvrage, d'ailleurs plein de mérite,
développé un fi grand fond d'efprit républicain,
qu'elle s'eft fait autant de profélytes que l'Angleterre peut compter d'anti-royaliftes. Elle
jouit maintenant de la gloire bien rare de s'être
vue, de fon vivant, élever une ftatue. Ce monument, qui doit un jour fervir pour fon maufolée, a été érigé par T. Wilfon, Docteur en
Théologie, comme un témoignage de la haute
eftime que lui infpire le mérite de cette Dame,
& fe voit aujourd'hui dans l'Eglife de faint
Etienne Walbrock, l'une des Paroiffes de la
Cité de Londres, & dont le Patriote Wilfon eft
Recteur. Madame Macaulay y eft repréfentée
en Mufe de l'Hiftoire, dans une attitude extrêmement aifée. De fa main droite elle tient une
plume dont elle paroit s'être fervie pour haîr
quelques lignes que l'on voit tracées fur un
rouleau qu'elle tient de la main gauche. Son bras
eft appuyé fur les cinq volumes de fon Hiftoire
d'Angleterre.

MACEDONIA, Dame Sicilienne, s'acquit
beaucoup de réputation au commencement du

dix-septieme siecle, par son courage. Ayant appris, un jour, que son frere étoit attendu par des scélérats qui avoient ordre de l'assassiner, cette brave fille le suivit sans qu'il s'en apperçut, armée seulement d'une demi-pique. Dès qu'elle découvrit les assassins, elle devança son frere, & fondit sur ces misérables. Le frere la joignant aussi-tôt, leurs lâches adversaires, aux premiers coups qui leur furent portés par cette intrépide fille, prirent la fuite. Un autre jour, voyant de loin un jeune homme sans armes qu'un soldat armé maltraitoit, elle courut aussi-tôt vers eux, & adressant la parole à une foule de gens oisifs qui s'amusoient de ce spectacle : « Lâches, s'écria-t-elle, il faut donc que ce soit une femme qui aille secourir ce jeune homme, & réprimer la brutalité de ce soldat ! » En disant ces mots elle continuoit de s'élancer sur le lieu où la scene se passoit ; mais les spectateurs, piqués de ce reproche, & confus de l'exemple que cette généreuse femme leur donnoit, se hâterent de lui épargner la peine de châtier elle-même le soldat, & de débarrasser le jeune homme.

MAGDELEINE DE FRANCE, Princesse de Vianne, cinquieme fille de Charles VII. & de Marie d'Anjou, une des plus belles, des plus sages, & des plus spirituelles femmes de son tems. Mariée en premieres noces, mais qui ne furent point consommées, à Vladisles V, Roi de Hongrie, & en secondes à Gaston de Foix, Roi de Navarre, & restée veuve de celui-ci, huit années après leur mariage, elle s'appliqua avec une attention singuliere, à l'éducation de ses enfans, & par son habileté étant parvenue à faire ceſſer les diſſenſions qui déchiroient alors la Navarre, laiſſa ce Royaume floriſſant à Catherine ſa fille. Elle décéda en 1495.

MAGDELEINE DE SAVOIE, vivoit dans le ſeizieme ſiecle, & s'y fit une grande réputation par les belles qualités de ſon eſprit & de ſon cœur. Les Hiſtoriens & les Savans de ſon tems ont parlé avec beaucoup d'éloges de ſes vertus, de ſes talens & de ſon courage.

MAINE, (Marie-Anne-Bénédictine de Bourbon, Ducheſſe du) petite-fille du Grand Condé, née en 1676, donna, dès ſon enfance, de grandes idées de ſon génie & de ſon goût pour les ſciences & les beaux-arts. Mariée au Duc du Maine, fils légitimé de Louis XIV, on la vit déployer toutes les reſſources du génie pour relever & honorer la naiſſance de ſon mari. Elle réuſſit, en le faiſant appeller à la ſucceſſion à la Couronne; mais cette Princeſſe eut enſuite la mortification de voir détruire ſon ouvrage, du tems de la Régence. Revenue des diſgraces & des chagrins que cet événement lui cauſa, Madame la Ducheſſe du Maine ſe livra entiérement à l'étude des Belles-Lettres, qu'elle cultiva & protégea juſqu'à ſa mort, arrivée en 1753. Elle étoit alors dans la ſoixante-dix-ſeptieme année de ſon âge.

MALATESTA, (Babriſta) fille de Gui, Prince d'Urbin, & femme de Galeas Malateſta, excella dans la Philoſophie & la Théologie, & étoit très-éloquente. On a d'elle, outre des Lettres fort ſavantes & écrites d'un ſtyle élégant & correct, deux ouvrages fort eſtimés. Le premier traite de la fragilité de la condition humaine, & le ſecond, de la véritable Religion.

Cette illustre Savante eut une fille nommée Elisabeth, qu'elle rendit par ses soins héritiere de ses vertus, de son esprit & de ses talens.

MALATESTA, (Genevieve) d'une des plus anciennes Maisons de l'Italie. Ses vertus & sa science la firent estimer & rechercher des plus célebres personnages de son tems. On desiroit avec avidité d'être admis à converser avec elle, & ceux qui avoient le bonheur de l'être, ne la quittoient qu'enchantés de son esprit & de sa sagesse. Elle vivoit vers le milieu du quatorzieme siecle.

MALATESTA, (Paule) femme de François de Gonzagues, I. du nom, Marquis de Mantoue, au commencement du quinzieme siecle, se rendit très-illustre par sa beauté, ses grandes vertus & sa rare érudition. Elle fut mere de cinq filles, de l'éducation desquelles elle s'occupa elle-même avec tant de soins & de succès, qu'elles furent toutes cinq très-célebres par leurs vertus, leurs sciences & leurs talens.

MALEGUZZI, (Véronique) née à Reggio en Lombardie, vivoit vers le milieu du seizieme siecle. Le Guasco en fait de grands éloges. Elle soutint deux fois des thèses publiques. Elle avoit dédié la premiere à Marguerite Farneze, Duchesse de Parme, & le Cardinal Charles Rossildt lui fit l'honneur d'y argumenter contre elle. Le Prince de Toscane assista à la seconde, qu'elle avoit dédiée à la Reine de France. Cette savante fille réussissoit aussi dans la poésie.

MALENFANT, (   ) femme d'un Président de ce nom, s'est fait connoitre par plusieurs pieces fugitives de poésie qui annonçoient & son érudition & son talent dans l'art des vers.

MALESPINI, (Marquise de) vivoit dans le commencement du quatorzieme siecle, & en fut un des ornemens. Belle, spirituelle & très-vertueuse, les plus savans hommes de son tems lui prodiguerent leurs éloges. Albert de Sisteron, célebre Poëte Provençal, composa à son honneur les plus agréables pieces de poésie.

MALIPIERA, (Olympie) née à Venise vers le milieu du seizieme siecle, se fit un nom par son talent pour la poésie en langue Italienne. On trouve beaucoup de pieces de sa composition dans le Recueil des poésies Italiennes du dix-septieme siecle.

MALTHOISES, (les Femmes) se distinguerent par leur bravoure & leur intrépidite au siege de Malthe, en 1565. Non contentes de préparer le bithume, les eaux bouillantes, les matieres enflammées que l'on jettoit sur les ennemis, elles monterent en grand nombre sur les murs, & lancerent sur les Musulmans des pierres, des traits, & d'autres machines meurtrieres. Elles seconderent enfin si bien les braves Chevaliers qui défendoient cette place, que les Turcs furent obligés d'en lever le siege, après y avoir perdu trente mille hommes de leurs meilleures troupes.

MALVASIA, (Isabelle) née à Bologne, y florissoit vers la fin du seizieme siecle, & s'y distingua par son talent pour la poésie. Le Guaico parle de cette savante femme avec beaucoup d'éloges.

MAMMÉE-JULIE, mere de l'Empereur Severe-Alexandre, célebre par ses vertus, son esprit, son érudition & son courage. Son fils, tant qu'il vécut, ne fit rien qu'il ne la consultât, & il se trouva toujours bien de ses conseils. Cette digne mere l'avoit élevé avec les plus grands soins, & étoit si avide de lui donner d'habiles maîtres, qu'elle fit les plus grands efforts pour attacher auprès de lui le célebre Origene. N'ayant pu y parvenir, elle en obtint au moins plusieurs conférences sur la Religion. Cette illustre femme périt malheureusement avec son fils dans une sédition excitée par Maximin, l'an de Jésus-Christ 235.

MAMMÉE, ou MAMIE, Reine des Sarrasins, vivoit vers la fin du quatrieme siecle de l'Ere chrétienne. Ayant été mariée fort jeune, elle perdit son mari peu d'années après son mariage. Cette Princesse n'hésita point de prendre alors en main les rênes du Gouvernement, & elle les mania seule avec autant d'habileté que de prudence & de courage. Toujours la premiere à la tête de ses armées, elle fit la guerre aux Romains avec tant d'intelligence & de succès, qu'elle en devint la terreur, & après avoir porté le fer & le feu dans leurs Provinces, elle réduisit Valens, alors Empereur, à lui demander la paix. Quoique payenne, cette héroïne sut non-seulement tolérer, mais même protéger les Chrétiens qui s'établissoient dans ses Etats. Quand elle vit sa puissance bien affermie & respectée de tous ses voisins, alors elle ne s'occupa plus qu'à rendre ses sujets heureux & à leur faire goûter tous les avantages de la paix. Elle les gouverna avec autant de sagesse que de douceur, rebâtit & repeupla toutes les parties de fon Royaume qui avoient été le plus expofées aux malheurs & aux ravages de la guerre. On ignore l'époque précife de la mort de cette célebre femme.

MANIBAN, (de) femme d'un Préfident à Mortier du Parlement de Touloufe, fut, au rapport de M. de Vertron, une femme douée d'une grande beauté ; mais encore plus diftinguée par fon efprit & fon favoir. M. de Vifé, dans fon *Mercure de Juillet* 1686, a auffi fait l'éloge de cette Dame.

MARCELLE, Dame Romaine. Saint Jérôme, étant à Rome, fit connoiffance avec cette Dame, & comme elle étoit très-favante, il fe fit un plaifir d'avoir avec elle de fréquentes conférences fur l'Ecriture fainte. Marcelle, perfectionnée par d'auffi fublimes leçons, fut confultée de toutes parts. Ses réponfes étoient toujours accompagnées de la plus grande humilité, mais dictées par la fageffe la plus éclairée. Cette fainte & favante femme fut le fléau des Origéniftes, & contribua beaucoup à leur condamnation. Elle finit fes jours vers l'an 409.

MARCHAND, (Françoife le) fille de M. Duché, de l'Académie des Infcriptions & Belles-Lettres, avoit beaucoup d'efprit, un goût particulier pour l'étude des fciences, & toutes les qualités qui rendent une femme aimable & la font eftimer. Elle a compofé plufieurs ouvrages en différens genres ; mais elle fe contentoit de les lire dans une fociété de gens d'efprit qui s'affembloient chez elle, & fa modeftie l'empêcha toujours de les rendre publics. Un feul, qui a pour titre *Boca*, fut comme arraché de fes mains, & parut de son vivant; mais à force de prieres, elle obtint que ce ne seroit pas sous son nom. Cette ingénieuse fiction est écrite avec autant de sagesse que d'agrémens, & la fable n'y sert que d'enveloppe aux traits admirables de morale qui s'y présentent en foule, & qui y sont rendues avec les graces les plus séduisantes.

MARCHEBRUSE, (de Chabot de) étoit de la très-ancienne Maison de Chabot du Poitou, & florissoit au commencement du quatorzieme siecle. Très-instruite dans les Belles-Lettres, elle avoit beaucoup de talent pour la poésie, & versifioit également bien en Provençal .& dans plusieurs autres langues. Etant venue s'établir à Avignon, elle y tenoit, ce que l'on appelloit dans ces tems-là une Cour ouverte d'amour, où tous les Poëtes, les Gentilshommes & les Dames du pays se rassembloient pour l'entendre decider & juger les causes d'amour qui étoient portées à son Tribunal. Cette Dame jouissoit d'une réputation si distinguée, que quiconque, entre les Poëtes, pouvoit obtenir d'elle une Chanson, un Sonnet, ou quelqu'autre piece de sa composition, s'estimoit très-heureux, & le tenoit à grand honneur.

MARCH██ (Marthe) née à Naples, passa fort jeune à Rome, où elle soutenoit toute sa famille avec un talent particulier qu'elle avoit pour faire des savonettes. Née avec un goût très-vif pour l'étude, elle sut dérober à ses occupations méchaniques des loisirs pour apprendre le Latin, le Grec & l'Hebreu, & parvint à posséder ces langues supérieurement. Elle cultiva aussi la poésie avec succès; mais ses

études & ses veilles lui occasionnerent une maladie qui l'enleva en 1646, quoiqu'elle ne fût
encore âgée que de quarante-six ans.

MARCIA, fille de Marcus Varron, possédoit
supérieurement le talent de la Peinture, &
étoit d'une vertu si scrupuleuse qu'elle ne voulut
jamais peindre que des femmes.

MARCIA-PROBA, femme de Guithelin, Roi
des anciens Bretons, ayant perdu son mari fort
jeune, prit en main les rênes du Gouvernement, & s'occupa à faire des loix sages & capables de concourir au plus grand bonheur de
ses sujets. Ces loix furent nommées de son
nom, *leges Marciana*, loix Marciennes. Elles
furent depuis traduites en Latin par Gildas le
Sage, & en Saxon par le Roi Aldofrede.

MARESCOTTI, (Marguerite) née à Sienne
sur la fin du seizieme siecle. Etienne Guasco
parle avec éloges de cette Dame, & loue
beaucoup sa beauté, son mérité & ses ouvrages.

MARGOT, célebre joueuse de paume, se
distingua par ce singulier talent au commencement du quinzieme siecle. Pasquier dit qu'elle
jouoit de l'avant & de l'arriere main mieux
qu'aucun jeune homme.

MARGUERITE DE PROVENCE, Reine de
France, femme de Louis IX ... célebre par
ses grandes vertus, sa beauté, son esprit & son
courage, suivit son mari en Afrique, & partagea avec lui toutes les fatigues & toutes les disgraces de son entreprise. Ses soins, ses trésors
étoient prodigués pour le soulagement des indigens & des malades. Elle accoucha à Damiette
en 1250, d'un fils qu'elle fit nommer Tristan,
pour marquer les tristes circonstances de l'épo-

que de fa naiſſance. Trois jours avant, avant
reçu la nouvelle que Louis avoit été fait priſonnier, conſternée, troublée, croyant voir à tout
moment les Sarraſins entrer dans ſa chambre,
elle ſe fit garder jours & nuits par un Chevalier
âgé de quatre-vingts ans, après lui avoir fait
promettre qu'il lui couperoit la tète au premier
moment où les ennemis entreroient dans la
ville. Le jour même qu'elle accoucha, on vint
lui dire que les troupes Piſanes & Génoiſes ne
vouloient plus ſervir, parce qu'elles n'étoient
point payées. Marguerite fait venir aux pieds
de ſon lit les principaux Officiers, & leur parle
avec tant de fermeté & de nobleſſe, que la ſé-
dition ceſſa au même inſtant. Cette illuſtre femme
termina ſa glorieuſe carriere à Paris en 1285,
âgée de ſoixante-ſeize ans, univerſellement regrettée des François, & même de pluſieurs Princes étrangers, qui, pluſieurs fois, l'avoient priſe
pour arbitre de leurs différends.

MARGUERITE D'ECOSSE, femme de
Louis XI, Roi de France, joignoit au plus heureux génie beaucoup de goût pour les ſciences,
& ſavoit honorer les Savans par la protection
ſinguliere qu'ils étoient aſſurés de trouver auprès
d'elle. Paſſant un jour par la ſalle des Gardes,
elle y apperçut Alain Chartier qui dormoit pro-
fondement, & s'en étant approchée douce-
ment, le baiſa. Quelqu'un lui ayant demandé
la raiſon d'un tel tranſport, elle lui dit : « Ce
» n'eſt point l'homme que j'ai baiſé, mais ſeu-
» lement la bouche de laquelle j'ai eu tant de
» fois le plaiſir d'entendre ſortir de ſi belles
» choſes ». La mort enleva cette aimable Prin-

ceffe en 1444, n'étant encore âgée que de vingt-
fix ans.

MARGUERITE DE WALDEMAR, Reine de
Dannemarck, dans le quatorzieme fiécle, furnommée la Sémiramis du Nord, & Princeffe auffi
fpirituelle que courageufe. Devenue veuve, gouverna les États de fon fils avec la plus grande
habileté, & ce fils étant mort pendant fa régence, elle régna feule. En guerre avec Albert
Roi de Suede, Marguerite le défit dans une
bataille rangée, où éclaterent fa prodigieufe intelligence, fa prudence & fa valeur. Albert &
fon fils ayant été faits prifonniers dans cette
action, Marguerite les força de lui remettre la
Couronne de Suede. Elle régna trente fix ans
fur le Dannemarck, la Norwege & la Suede,
& laiffa à fa mort ces trois Royaumes dans un
état tranquille & floriffant. Son génie, fa profonde politique & fon courage l'éleverent, fans
contredit, au-deffus des plus grands Rois.

MARGUERITE D'ANJOU, fille de René Roi
de Sicile, réunit en elle le rare affemblage des
plus héroïques vertus. Mariée à Henri VI. Roi
d'Angleterre, ce Royaume étoit alors divifé en
deux partis acharnés à fe détruire. L'un, de la
rofe rouge, qui tenoit pour Henri; l'autre, de
la rofe blanche, qui tenoit pour Edouard. L'armée de Henri défaite près de Northampton,
& lui-même fait prifonnier, il eft enfermé
dans la tour de Londres. Ce revers affreux,
n'abbat point le grand courage de Marguerite,
mais lui donne au contraire du reffort. Elle
déploie auffi-tôt toutes les reffources de fon
génie, leve promptement d'autres troupes,

& à leur tête, défait à son tour l'armée rebelle, détruit plusieurs des principaux chefs,
& par une double victoire parvient à sortir son
malheureux époux de sa prison & à le rétablir
sur le Trône. Elle ne jouit pas long-tems du
fruit de ces heureux exploits. Le parti de la
rose blanche reprit de nouvelles forces, & par
une suite d'événemens malheureux, réduisit
Henri & Marguerite à se réfugier en Ecosse.
Marguerite ayant tout perdu, hors son courage
& l'espérance, passe en France, y sollicite des
secours qu'elle obtient, & rentre à leur tête
dans ses Etats ; mais le sort des armes devoit
encore lui être contraire. Sa nouvelle armée est
entiérement dissipée, & l'infortunée Marguerite
se voit réduite à chercher son salut dans la fuite,
seule, & portant son fils unique entre ses bras.
Arrivée, à travers mille périls, sur les bords
de la mer, elle a l'intrépidité de se jetter dans
une simple barque de pêcheur, qui la transporte
en France. Elle y fait tant encore, par ses
prieres & par ses larmes, qu'elle obtient de
nouveaux secours, avec lesquels, rentrée en
Angleterre, elle continue de s'exposer aux hasards des batailles. La fortune la traita plus
cruellement que jamais : dès une premiere
charge toute son armée plie & s'abandonne à
une déroute totale. A cet horrible spectacle,
Marguerite épuisée de fatigues & de douleur,
tomba évanouie, & ce fut dans cet état que les
troupes victorieuses d'Edouard la rencontre-
rent, la firent prisonniere & la mirent sur un
chariot pour être transportée à la tour de Londres. Son fils, après l'avoir défendue avec le
plus grand courage, forcé de céder au nombre,

fut également pris & conduit à Edouard. Dès
que cet homme atroce vit ce jeune Prince près
de lui, il le frappa au visage de son gantelet,
& à cette espece de signal, quelques Seigneurs
du parti du cruel vainqueur se jetterent sur
l'infortuné Prince de Galles & le percerent de
coups. Marguerite resta pendant quatre ans entiers dans sa prison, & n'en sortit que pour
être rendue à Louis XI, qui se trouva assez de
générosité pour exiger sa delivrance & en faire
même une des conditions du traité de Pecqu-
gni, en 1475 ; mais avant de quitter l'Angleterre, la malheureuse Princesse avoit pour ainsi
dire subi toutes les horreurs de la mort de son
mari & de celle de ses parens & de tous ses
fideles serviteurs, que le féroce Edouard avoit
successivement immolés à la sûreté de son usur-
pation. Il ne restoit plus à Marguerite que la
stérile gloire d'avoir soutenu dans douze batailles rangées les droits les plus légitimes &
les plus sacrés. Consumée de chagrins & de
douleurs, elle mourut en 1482, bien digne de
l'admiration & des regrets de tout l'univers.

MARGUERITE D'ORLEANS *ou* DE VALOIS,
sœur du Roi de France François I, & femme
en premiere noces de Charles, dernier Duc
d'Alençon. Cette Princesse, née avec d'heureuses dispositions, répondit aux soins particuliers que son illustre mere Louise de Savoie
prit elle-même de son éducation. Initiée sous
un si bon guide dans toutes les sciences, Marguerite les pénétra avec autant de goût que de
succès. Tendrement aimée de son frere, elle
apprend qu'il est tombé malade à Madrid. Sur
le champ elle y court pour en prendre soin,

pendant fon féjour auprès de lui, n'oublie rien non-feulement pour aſſurer ſa guériſon, mais encore pour le confoler de fa difgrace, & préparer les moyens de la faire promptement ceſſer. François I, de retour en France, maria cette tendre ſœur, en fecondes noces, à Henri d'Albret, & de ce mariage fortit l'illuſtre Jeanne d'Albret, qui fut mere de l'immortel Henri IV. Marguerite aima les Savans & fe plut à leur faire du bien. Elle compofoit agréablement en vers & en profe, dans le goût de fon fiecle, & pluſieurs de ſes ouvrages ſont encore eſtimés. Cette illuſtre Princeſſe finit ſes jours en 1549.

MARGUERITE, Ducheſſe de Florence, de Parme & de Plaiſance, fille naturelle de l'Empereur Charles-Quint, & Gouvernante des Pays-Bas, fut un des ornemens de fon fiecle par fa vertu, fa piété, fon favoir, fa force & ſon courage. Elle gouverna les Pays-Bas dans des tems très-difficiles, avec autant de fageſſe que d'habileté. La chaſſe étoit fon exercice favori, & elle y furpaſſoit les hommes les plus hardis & les plus vigoureux.

MARGUERITE D'AUTRICHE, Ducheſſe de Savoie, fille de l'Empereur Maximilien I, paſſa dans fon tems pour une Princeſſe de beaucoup d'efprit, très-favante & d'un courage au-deſſus de fon fexe. Elle écrivit elle-même les Mémoires de fa vie & de fes infortunes, & compoſa divers autres ouvrages en profe & en vers. Les plus favans hommes de fon fiecle en ont parlé avec beaucoup d'éloges. Cette Princeſſe mourut à Malines en 1532, âgée de cinquante-deux ans.

MARGUERITE D'ANGLETERRE, fille d'É-
douard Roi d'Angleterre, qui avoit été chassé
de ses Etats par Canut, fut mariée en 1070
à Malcône Roi d'Ecosse, & autant par ses vertus & son heureux caractere que par son esprit
& ses connoissances, sut tellement gagner le
cœur & la confiance de son époux, qu'il n'hésita pas de partager avec elle les soins du gouvernement de ses Etats. Loin d'en abuser, cette
vertueuse Princesse ne fit usage de son autorité
que pour rendre ses peuples heureux par la
diminution des impôts, dont à son avénement
elle les avoit trouvés surchargés, & ses richesses
ne lui servirent qu'à soulager l'indigence par des
bienfaits sagement distribués. Elle fut adorée
de ses sujets, & mourut très-regrettée en 1093.

MARGUERITE DE FRANCE, fille de François I, née avec les plus heureuses dispositions
pour les sciences, les cultiva sous les yeux &
sous les conseils de son auguste pere, & à son
exemple répandit ses bienfaits sur les Savans.
Mariée en 1559 à Emanuel Philibert Duc de
Savoie, ce Prince & ses sujets rendirent unanimement toute la justice qui étoit dûe aux
vertus & aux excellentes qualités de cette Princesse. Elle savoit, outre plusieurs langues étrangeres, le Latin & le Grec, & joignoit à ces
connoissances la sagesse la plus éminente. La
mort l'enleva en 1574, âgée de quarante-neuf
ans, universellement regrettée.

MARGUERITE DE VALOIS, premiere femme
de Henri IV. Roi de France, Princesse de beaucoup d'esprit & d'érudition, se faisoit un plaisir
singulier de rassembler à sa Cour les Savans les
plus célebres. Son divorce avec Henri IV. fut

ur effet de fa complaifance ; elle n'y confentit ue dans la feule vue du bien de l'Etat, & onvaincue qu'elle étoit incapable de lui don-ir un héritier de fa Couronne. Cette célèbre emme a écrit les Mémoires de fa vie, & com-ol un grand nombre d'ouvrages en vers & n profe, dont plufieurs font encore actuelle-ment eftimés. Elle termina fa carriere à Paris en 1615.

MARGUERITE D'YORCK, Princeffe du fang oyal d'Angleterre, & mere du Cardinal Polus, fut celebre par fa grande piété, fon érudition, fes talens & fa fin tragique. Gouvernante & premiere Dame d'Honneur de Marie Princeffe de Galles, fille de Henri VIII. & de Cathe-rine d'Arragon ; elle avoit exercé ces emplois avec une fupériorité de génie & de talens qui lui avoient mérité beaucoup d'éloges ; mais fon attachement pour la Religion Catholique, la retraite & les démarches de fon fils, allume-rent dans le cœur de Henri une fi forte fureur de vengeance, qu'il fit, fous les plus frivoles prétextes, mourir dans les fupplices cette il-luftre femme à l'âge de foixante-dix ans.

MARGUERITE-PALEOLOGUE, Ducheffe de Mantoue, Marquife de Montferrat, de la race Impériale des Paleologue, fut dans fon tems l'une des plus belles femmes de l'Italie ; mais fes vertus, fon efprit, les excellentes qualités de fon cœur & fa fcience, la diftinguerent en-core plus. Mariée en 1532 à Fréderic de Gon-zague i, Duc de Mantoue, elle vécut avec lui pendant neuf ans, dans la plus parfaite union. La mort le lui ayant enlevé, elle déclara qu'elle ne fe remarieroit jamais, & borna tous fes foins

Q

à l'éducation de fa famille & au gouvernement
de fes Etats. Ennemie zélée du vice & du
crime, elle commença par purger toutes fes
terres des vagabonds & des libertins qui s'y
rencontroient, & fit punir rigoureufement tous
les malfaiteurs. Par cette févérité & fes attentions infatigables, les Tribunaux devinrent
bientôt les protecteurs affurés de l'innocence
& les fauve-gardes des foibles. Son palais eſt
en tout tems le refuge des pauvres & des malheureux : elle protégeoit les uns dans la dif-
cuffion de leurs intérêts, foulageoit les autres
dans leurs befoins, & faifoit enfin régner par-
tout l'abondance & la juſtice. Cette illuſtre &
vertueufe Princeffe mourut en 1565, regretée
& pleurée de tous fes fujets.

MARGUERITE & FONCIE, Religieufes Bé-
nédictines à Marfigny, étoient nieces de Pierre
le Vénérable, Abbé de Cluny. Leur goût les
porta à faire une étude particuliere de la Médecine, & elles employoient à l'utilité des pauvres les grandes connoiffances qu'elles y avoient
acquifes. Leur oncle même, dans une maladie
très-dangereufe qu'il effuya, ne dut la vie qu'à
leurs lumieres. Dans le douzieme fiecle, l'étude
de la Médecine étoit très-recommandée dans
les couvens de filles. On voit dans les Lettres
d'Abailard, « que l'Infirmiere du Paraclet, dont
» Héloïfe étoit Abbeffe, étoit obligée de favoir
» la Médecine, pour être en état de pourvoir
» la maifon de bons médicamens & favoir en
» faire utilement ufage, & qu'il falloit même
» qu'elle fût faigner pour éviter de recourir aux
» Chirurgiens du dehors ».

MARIE, dite de France, & ainfi nommée,

...on qu'elle fût du sang des Rois, mais simplement parce qu'elle étoit née en France, vivoit
vers le milieu du treizieme siecle, & s'y fit
connoître avec une grande distinction par plusieurs traductions d'ouvrages Anglois, & sur-
tout par une traduction en vers François, des
fables d'Ésope. Le Président Fauchet, Duverdier, Lacroix-Dumaine, André Duchesne, &
Mademoiselle Scuderi en ont parlé avec beaucoup d'éloges.

MARIE, (Donna) Portugaise. Sambaji, Roi
de Visapour, dans les Indes Orientales, fit en
1683, une descente dans l'Isle de Goa, & forma
le siege de la Capitale. Il avoit élevé une redoute
sur laquelle il avoit fait placer une batterie qui
incommodoit fort la ville. Marie, déja connue par
sa valeur, entreprit, à la tête d'une troupe choisie, de s'emparer de cette redoute, & y réussit
après avoir taillé en pieces tous ceux qui y
étoient logés. Profitant ensuite de cet avantage,
elle se jetta avec tant de furie sur le camp ennemi, que les Indiens effrayés se débanderent
aussi-tôt, & coururent en fuyant vers le rivage
se rembarquer au plus vite. Depuis ce vaillant
exploit, cette Héroïne eut toujours le rang & la
paye de Capitaine, & jouissoit de la plus grande
distinction chez ses compatriotes. Ce n'étoit pas
dans les armées qu'elle avoit donné les premieres preuves de son grand courage. Un Gentilhomme qui l'avoit abusée sous une promesse
de mariage, l'ayant quittée & étant passé aux
Indes, Marie l'y avoit suivi déguisée en homme,
& l'ayant enfin rencontré, lui avoit demandé
raison de son outrage, lui donnant généreuse-

ment à choisir du piflolet ou de l'épée. On dit
que le Gentilhomme prit prudemment le parti
de l'appaifer, en lui offrant de l'époufer auffi-
tôt qu'elle le voudroit, ce qu'elle eut la fierté
de refufer alors, dédaignant de s'affocier à un
lâche ; & ce fut après cette aventure qu'elle
s'engagea au fervice de fa patrie.

MARIE-ADELAIDE DE SAVOIE, née en
1685, & mariée en 1697 au Duc de Bourgogne, depuis Dauphin de France, réunit en
elle, par fa beauté, fon efprit & les excellentes qualités de fon cœur, toutes les graces
& tous les talens qui peuvent orner la femme
la plus accomplie. Une mort prématurée la fur-
prit en 1712, dans la vingt-fixieme année de
fon âge, & au moment où elle annonçoit à
la France fes plus beaux jours. « Je fens,
» difoit-elle, quelque tems avant fa maladie,
» que mon cœur grandit à mefure que la for-
» tune m'éleve ». Un inftant avant d'expirer,
elle fit approcher fes Dames, & difoit à la
Ducheffe de Guife : « Adieu, ma belle Du-
» cheffe. Aujourd'hui Dauphine, & demain,
» rien !

MARIE II. D'ANGLETERRE, fille aînée de
Jacques II, appellée au Trône d'Angleterre en
1689, par le droit de fa naiffance, fe montra
très-favante dans l'art du gouvernement ; mariée à Guillaume-Henri de Naffau, Prince d'O-
range, elle partagea avec lui la fuprématie &
l'autorité, de l'aveu même du Parlement. Les
fuccès de fon regne lui acquirent beaucoup de
gloire & de célébrité. Cette Princeffe accorda
une protection particuliere aux fciences & aux

me ; mais une mort prématurée l'enleva à fes peuples en 1695, n'étant encore âgée que de trente-trois ans.

MARIE D'ANJOU, Reine de France, née le 14 Octobre 1404, de Louis II. du nom, Roi de Sicile & Duc d'Anjou, & d'Yolande d'Aragon, fut mariée à Charles VII, alors Duc de Ponthieu, & depuis Roi de France. Cette Princeffe réuniffoit en elle les plus excellentes qualités du cœur & de l'efprit, un courage & une fermeté au-deffus des plus grands revers. Lorfque Charles monta fur le Trône, les Anglois inondoient la France, les peuples étoient découragés par une longue fuite de malheurs. Les Grands du Royaume, par les plus lâches infidélités, ne s'occupoient qu'à favorifer les entreprifes & les armes de l'Angleterre. Dans ces tems déplorables, où Charles fe contentoit de régner fur fes maitreffes, Marie fut fe fervir du pouvoir que fa piété, fa douceur & fon efprit lui donnoient fur les cœurs. On la voyoit fans ceffe occupée à appaifer les murmures des mécontens, à ranimer le courage abattu des peuples, à réveiller l'honneur & la vertu chez les Grands, & à leur rappeller leurs fermens & leurs devoirs. Lorfque Charles s'oublia au point de vouloir abandonner à fes ennemis leurs conquêtes, ce fut cette généreufe femme qui, la premiere, le diffuada d'un fi honteux projet, & ranima dans fon cœur les fentimens qu'il devoit avoir pour la gloire de fa Couronne & l'honneur du nom François. Tant de mérites fembloient devoir rappeller vers Marie toute la tendreffe de fon trop volage époux ; mais il ne put toujours lui accorder que de l'eftime.

Après la mort de ce Prince, Marie ne se dé....
pas un seul instant de l'attachement qu'el....
avoit eu pour lui, & elle en donna les pre....
ves les plus sensibles dans les nombreuses f....
dations qu'elle fit, & dont l'ame du feu R....
son Seigneur étoit toujours l'objet. Elle de....
cendit au tombeau le 29 Novembre 1463, re....
grettée de tous les François.

MARIE D'AUTRICHE, Reine de Hongr....
& de Bohême, sœur des Empereurs Ferd....
nand I. & Charles-Quint, étoit une Princ....
très-courageuse & douée des plus grands talens
pour le gouvernement. Devenue veuve, el....
revint dans sa patrie, & Charles-Quint l....
confia en 1531, la régence des Pays Bas. Mar....
s'y montra aussi propre à manier les affaires les
plus difficiles pendant la paix, qu'à les cond....
avec courage & prudence pendant la guerr....
Tandis que Charles assiégeoit Metz, Marie, à
la tête d'une armée, faisoit une diversion dans
la Picardie, & s'y comporta avec beaucoup
d'intelligence. Elle aimoit beaucoup la chasse,
& étoit infatigable dans ses exercices.

MARIE DE BRABANT, Reine de France,
étoit fille de Henri III. du nom, & sœur de
Jean, Duc de Brabant. Son rare mérite & sa
beauté la firent rechercher par Philippe le
Hardi, Roi de France, & il l'épousa en secondes noces à Vincennes, vers la fin du mois
d'Août 1274. Fille d'un des plus beaux esprits
de son siecle, Marie sembloit avoir hérité de sa
science & de son talent pour la poésie, & elle
continua de les cultiver à la Cour de France,
où le goût des Belles-Lettres avoit déja commencé à paroitre sous le regne de S. Louis par

e Philippe ; ſes bienfaits attirerent de toutes
parts un grand nombre de Savans & de beaux
eſprits. De ce nombre fut Adenez Le Roi, &
on croit même que Marie l'aida beaucoup à
compoſer le roman de Cléomades, qui eſt le
meilleur de ſes ouvrages. Avec tant de talens
& de belles qualités, cette Princeſſe n'eut pas
de peine à gagner le cœur & la confiance de
ſon mari ; auſſi eut-elle, tant qu'elle vécut,
beaucoup de part au gouvernement du Royaume. Philippe étant mort, elle conſacra le reſte
de ſes jours à la retraite & à l'étude, & finit
ſa glorieuſe carriere le 12 Janvier 1321.

MARIE DE CHATILLON, Reine de Naples
dans le quatorzieme ſiecle, fut admiree de tous
ſes contemporains pour ſon eſprit, l'intelligence ſuperieure, & la politique adroite avec
leſquelles elle ſut gouverner ſes Etats. Cette
habile Princeſſe eut une longue guerre à ſoutenir, & s'y diſtingua autant par ſon courage
que par ſa prudence ; mais malgré les dépenſes
que cette guerre lui occaſionna, l'on trouva à
ſa mort, dans ſes coffres, deux cens mille
écus d'or.

MARIE-CHRISTINE-VICTOIRE DE BA-
VIERE, femme de Louis, Dauphin de France,
fils de Louis XIV, Princeſſe de beaucoup d'eſprit, aima & protégea ſinguliérement les
ſciences & les arts. Elle mourut univerſellement regrettée, en 1690, n'étant âgée que de
trente ans.

MARIE DE L'INCARNATION, Religieuſe
Urſuline, jouiſſoit dans le dix-ſeptieme ſiecle
d'une grande réputation pour ſa piété, ſon eſprit, ſon érudition & ſon courage. Appellée à

la converfion des filles fauvages du Canada,
elle paffa à Québec, & y établit un Monaftere
de fon Ordre. Parmi divers ouvrages qui font
fortis de fa plume, fon *École Chrétienne* eft
eftimée. Elle mourut en 1672.

MARIE DE MÉDICIS, Reine de France,
feconde femme de Henri le Grand, Princeffe
de beaucoup d'efprit, aimoit les fciences &
protegeoit les Savans. Régente du Royaume
pendant la minorité de fon fils Louis XIII,
elle montra beaucoup d'habileté pour le gouvernement des peuples & le maniement des
affaires les plus difficiles; mais l'abus énorme
que le Maréchal d'Ancre & fa femme firent de
fa trop aveugle confiance, jetta beaucoup de
blâme fur fa conduite, éloigna d'elle fon propre fils, & eut enfin des fuites qui lui rendirent les dernieres années de fa vie très-dés-
gréables. Elle finit fes jours à Cologne en
1682, âgée de foixante-huit ans. C'eft elle
qui a fait bâtir à Paris le fuperbe palais du
Luxembourg & le monaftere des Filles du
Calvaire.

MARIE DE POUZZOL, née d'une honnête
famille du Royaume de Naples, étonna le quatorzieme fiecle par fon courage furnaturel &
fon goût pour la profeffion militaire. D'une
jolie figure, grande, bien faite, & d'une force
extraordinaire, dès l'enfance elle marquoit une
averfion décidée pour les quenouilles, les fu-
feaux, les aiguilles, & tous les inftrumens des
occupations ordinaires de fon fexe. Au contraire, elle avoit un plaifir fingulier à manier
des arcs, des fleches, des dards, des piques,
des épées, des boucliers & des cafques. La

vaux pénibles, les exercices violens, & sur-
tout les militaires, occupèrent fa première jeu-
nelle, & elle s'accoutuma de bonne heure à
fouffrir la faim, la foif, le froid, le chaud &
les veilles, mangeant très-peu, ne buvant jamais de vin, dormant fouvent à terre, fans
autre couflin que fon bouclier. Ce fut par les
efforts d'une telle vie qu'elle acquit l'heureux
avantage du tempéramment le plus robufte, &
celui de ne paroitre jamais lafle dans les fatigues les plus exceffives. Avec de pareilles difpofitions, on juge aifément que Marie brigua
des emplois militaires fitôt qu'elle fe vit maîtreffe de fes actions. Elle s'y diftingua d'abord
en plufieurs occafions par fa valeur ; mais à
mefure qu'elle avança en grades, elle fe fit connoitre pour exceller dans le commandement
d'une troupe. Elle favoit l'animer par fon exemple, marchant toujours la première aux ennemis & ne fe retirant que la derniere, confer-
vant toujours fa troupe, ou ce qui en reftoit,
en bon ordre ; fachant encore, dans les occafions les plus difficiles, trouver dans les reffources de fon génie d'heureufes rufes, des ftra-
tagèmes habilement combinés pour amener un
coup de main à la plus heureufe réuffite. La réputation que cette finguliere Amazone s'étoit
acquife, attiroit tous les jours à Pouzzol des
étrangers curieux, les uns de la voir, les autres
de mefurer leurs forces avec elle. Pétrarque,
qui vivoit de fon tems, dit qu'un jour il la vit
combattre fucceffivement contre plufieurs braves gens, & les mettre tous hors de combat.
Cette Héroïne mourut au lit d'honneur d'une

bleffure qu'elle reçut dans une bataille où elle avoit fignalé fon intrépidité.

MARIE-JOSEPHE DE SAXE , Dauphine de France, fut, tant qu'elle vécut, un modèle accompli de toutes les vertus réunies. « Sage » dans le Confeil, a dit de cette Princeffe un » illuftre Orateur, active dans les affaires, » douce de cette chaleur & de cette patience » que donnent le defir d'être utile & l'oubli » de foi-même , elle joignoit à ces avantages » cette difcrétion fage & éclairée qui fait pré- » parer & confommer les fuccès ». Dès fes premières années , pleine de goût pour les arts utiles & agréables , elle avoit acquis l'intelli- gence de plufieurs langues , & devenue mere d'une famille nombreufe , elle fut faire les plus brillans emplois de ces heureux talens. Inceſ- famment occupée de l'éducation de fes enfans, conjointement avec leur augufte pere ; pour pouvoir les fuivre dans tous leurs progrès, elle ne craignit point de s'inftruire dans plufieurs fciences trop ordinairement ignorées de fon fexe. Affidue à tous leurs exercices, elle leur donnoit elle-même l'exemple du travail, & en recueillant chaque jour le fruit de fes foins, fa tendreffe en devenoit plus active. Tout fem- bloit, à cette délicieufe époque, fixer le bon- heur de fa vie ; mais une lente & funefte ma- ladie lui ayant enlevé l'illuftre époux qu'elle aimoit autant qu'elle en étoit aimée, fon ame ne put réfifter à ce terrible coup. Toute entiere à fa jufte douleur, enfevelie dans la folitude la plus lugubre , elle paffa quinze mois entiers dans des gémiffemens continuels, & l'excès de ſes triſles regrets la rejoignit dans la nuit du tombeau au digne objet de ſa vive paſſion , le 15 Mars 1767, n'étant encore âgée que de trente-cinq ans quatre mois & neuf jours.

MARIE-LOUISE-GABRIELLE DE SAVOIE, première femme de Philippe V. Roi d'Eſpagne. « Les Eſpagnols, dit M. de Voltaire, aimoient « dans Philippe le choix qu'ils avoient fait, & « dans ſa femme, fille du Duc de Savoie, le « ſoin qu'elle prenoit de leur plaire, une intré- « pidité au-deſſus de ſon ſexe, & une conſtance « agiſſante dans les revers ». Philippe ayant pris le parti de ſe rendre en Italie pour s'y met- tre à la tête de ſes armées, les Eſpagnols de- manderent unanimement que leur jeune Reine, quoique n'ayant pas encore alors quatorze ans, fût nommée Régente pendant l'abſence de ſon mari. En vain elle voulut s'y oppoſer : il lui fallut ſe rendre aux vœux de ſes peuples & à ceux de ſon beau-pere & de ſon pere, qui étoient bien connus dans toute l'Europe pour les plus éclairés appréciateurs du mérite & des talens. Marie-Louiſe, dès ſes premiers débuts, ſe comporta avec une ſagacité & une prudence ſans exemple, & tant qu'elle tint les rênes du Gouvernement, les mania avec tant de ſageſſe, de dextérité & d'application, qu'elle réunit les ſuffrages de toute la nation Eſpagnole, & l'ad- miration de toute la Cour de France. Au milieu des cruels revers qui, plus d'une fois, la mi- rent & ſon mari, à la veille d'être forcés de deſcendre du Trône & de perdre leurs Cou- ronnes, Marie-Louiſe alloit elle-même de ville en ville animer les cœurs, exciter le zele, & recevoir les dons que lui apportoient les peuples. Elle fournit ainfi à fon mari, à une feule époque, plus de deux cens mille écus en trois femaines. Philippe ne jouit pas long-tems de tant de vertus réunies. L'Efpagne perdit cette illuftre Princeffe le 14 Avril 1714; elle n'étoit encore âgée que de vingt-fix ans.

MARIE STUART, fille de Jacques V. Roi d'Ecoffe, & de Marie de Lorraine, née le 15 Décembre 1542, perdit fon pere huit jours après fa naiffance, & le remplaça fur le Trône. La Reine fa mere, fœur du Duc de Guife & du Cardinal de Lorraine, préfida à fon éducation jufqu'à l'âge de fix ans qu'elle l'envoya en France, où, par fes ordres, elle fut élevée & inftruite avec les plus grands foins. Marie, à un efprit vif, à une mémoire facile, joignit une pénétration finguliere qui lui fit faire en peu de tems les plus rapides progrès. A douze ans, outre fa langue naturelle, elle favoit le François, l'Anglois, l'Italien, l'Efpagnol & le Latin, & elle prononça même en cette derniere langue, en préfence du Roi & de toute la Cour, un difcours très-éloquent, où elle foutint que la carriere des fciences étoit ouverte aux femmes auffi-bien qu'aux hommes. De fi heureufes difpofitions étoient encore relevées par les avantages d'une rare beauté, par les graces d'un port noble & majeftueux, une ame élevée, un courage & une fermeté au deffus de fon fexe, un cœur généreux & bienfaifant. Mariée à François II. Roi de France, ce Prince mourut quinze mois après leur mariage, fans laiffer de poftérité. Marie Stuart ne voyant pas de plus glorieufe retraite pour elle que le Trône de fes ancêtres, repaffa en Ecoffe, où fes fujets la re-

...urent avec les plus grands tranſports de joie:
Eliſabeth régnoit alors ſur l'Angleterre, & ne put
voir ſans la plus vive jalouſie tant de belles qualités réunies dans la perſonne de Marie, jointes
d'ailleurs à des droits légitimes ſur ſon propre
Trône. Cette funeſte paſſion ne tarda pas d'em-
braſer le cœur d'Eliſabeth, & de lui inſpirer le
noir projet de perdre cette illuſtre rivale. Le
zéle ardent de Marie pour la Religion de ſes
peres, & la perfide ambition de pluſieurs Seigneurs Ecoſſois, avides de s'emparer du Gouvernement, & peut-être quelques légeres foi-
bleſſes qui, dans l'exemple d'Eliſabeth elle-
même, devoient trouver des excuſes, ſecon-
derent de ſi lâches deſſeins. Ces indignes Seigneurs, abuſant de la trop aveugle confiance
de leur Souveraine, eurent la coupable & funeſte adreſſe d'engager Marie dans différentes
démarches qui aliénerent d'elle la plus grande
partie de ſes peuples, & donnerent lieu aux
plus atroces complots contre ſa perſonne. Victime enfin des noirs artifices de ſon implacable
ennemie, & des cruelles manœuvres de ſes
agens, à la honte éternelle de tous les Poten-
tats contemporains, qui virent tranquillement
ourdir une ſi affreuſe tragédie, cette Reine infortunée périt ſous le glaive d'un bourreau le
mercredi 8 Février 1587, n'étant encore âgée
que d'environ quarante-quatre ans. En vain Eliſabeth s'efforça de jetter un voile ſur les horreurs d'un ſi déteſtable forfait : malgré ſes efforts, malgré l'impudence de l'ingrat Bucha-
nan, ſon complice, la vérité s'eſt fait jour.
Pluſieurs hiſtoriens, Anglois & François, ont
mis l'innocence de Marie dans la plus grande

évidence, & dégagé fa mémoire de toutes le
impoſtures dont on s'étoit ſervi pour la flétrir.

MARILLAC, (Louiſe de) Religieuſe à
l'Abbaye Royale de Poiſſi, s'étoit adonnée dans
ſa retraite à l'étude des langues ſavantes. On a
d'elle une traduction des Pſeaumes appellés
Pénitentiaux, qu'elle avoit dédiée à Jeannet
Gondy ſa Prieure. Cette ſavante Recluſe décéd
en 1629.

MARINELLA, (Lucrece) Dame Vénitienne
de beaucoup d'eſprit, & d'une grande érudition, vivoit vers la fin du ſeizieme ſiecle. Parmi
divers ouvrages qu'elle a compoſés, on en voit
un qui a pour titre : *la Nobleſſe & l'Excellence
des Femmes, avec les défauts & les imperfec-
tions des Hommes.*

MARIONI, (Aquilina) née à Gubbio, floriſſoit vers l'an 1440, excelloit dans la poéſie
& avoit réuſſi dans l'étude des hautes ſciences
avec une ſagacité & une pénétration peu communes. Bonaventure Tondi, Moine Olivetin,
en parle avec éloges dans ſon *Exemplare di
gloria.*

MAROZZIE, *ou* MAROSIE, Dame Romaine,
jouiſſoit d'une grande réputation dans le dixieme
ſiecle, pour ſon eſprit, ſon érudition, ſa beauté
& ſon courage. Très-puiſſante alors dans Rome,
elle attaqua le temporel des Papes, & oſa im-
poſer à pluſieurs des loix auxquelles il eſt aiſé
de croire qu'ils réſiſterent. Marozzie en fit dé-
poſer quelques uns, & entreprit de leur donner des ſucceſſeurs. L'Hiſtoire Eccléſiaſtique du
dixieme ſiecle fait de grands reproches à la
mémoire de cette femme.

MARQUEST, (Anne de) Religieuſe du Mo-

...stere de Poissi, de l'Ordre de Saint Dominique, parloit avec une singuliere facilité les langues Grecque & Latine, & faisoit de très-bons vers. Elle fut célébrée par Ronsard, Dorat, & d'autres Poëtes de ce tems. Ses Œuvres furent publiées en 1561, avec une Préface composée par Marie de Fortia, Religieuse du même Monastere, & qui avoit été l'amie particuliere de cette savante Recluse.

MARTIA, fille de Caton d'Utique, & sœur de la célebre Porcie, femme de Brutus, s'immortalisa par l'attachement qu'elle eut pour son mari, qu'elle ne cessa de regretter & pleurer quand elle l'eut perdu. Quelqu'un surpris de l'abondance de ses larmes & de la durée de sa douleur, lui demandant quand ses pleurs cesseroient de couler: Avec ma vie, répondit-elle.

MARULLE, sous Mahomet II, dans le quinzieme siecle. Les Turcs commandés par le Bacha Soliman, assiégeoient Lemnos, & dans une de leurs attaques, parvinrent à s'emparer d'une des portes. Le Gouverneur fut tué dans cette action. Sa fille, nommée Marulle, étoit sur les murailles spectatrice de cette action; mais, brûlant de joindre ses efforts à ceux de ses braves concitoyens. Dès qu'elle apperçut son pere couvert de sang & renversé, transportée de fureur, elle descendit, s'elança comme un trait jusqu'à l'endroit où son pere expiroit, ramassa son épée & son bouclier, & ainsi armée se jetta comme un éclair sur les Turcs, avec cette intrépidité qu'inspirent à une ame forte l'amour patriotique joint au désespoir de la tendresse filiale. Ses concitoyens, ranimés tout-à-coup par son exemple, redoublerent d'efforts, & parvinrent

enfin à culbuter à leur tour leurs ennemis, &
en les poursuivant en firent un grand carnage.
Soliman, effrayé lui-même de cette subite révolution, s'empreſſa de faire battre la retraite,
& dès la nuit ſuivante ſe rembarqua avec ſes
troupes. Lemnos ſe trouva ainſi délivrée par
l'héroïſme de cette courageuſe & tendre fille.

MASQUIERES, (Françoiſe) née avec d'heureuſes diſpoſitions, s'adonna à l'étude des Belles-
Lettres, & ſe diſtingua ſur-tout par ſon goût
& ſon talent pour la poéſie. Ses ouvrages poétiques ont été recueillis & lui font honneur.
Elle décéda en 1728.

MASSIMI, (Pétronille Paolini, Marquiſe de)
orna le dix-huitieme ſiecle par ſon génie & ſes
talens littéraires. Elle faiſoit ſon principal ſéjour
à Rome, & étoit une des Muſes de l'Académie
des Arcades, où elle étoit ſurnommée *Fidalma
Parthenide*. On trouve des pieces de ſa compoſition dans pluſieurs recueils. Le Corſignani
& Muratori en parlent avec éloges.

MATHILDE, Comteſſe de Toſcane, ſi connue dans ſon ſiecle par ſon courage & par ſon
étroite liaiſon avec le Pape Grégoire VII. On
la vit plus d'une fois à la tête des armées du
Saint-Siege pour ſoutenir les querelles de ce
Pape avec l'Empereur Henri IV. On voit ſur
le tombeau de cette Comteſſe, exprimés en
bas-relief, une partie de ſes plus fameux exploits. Elle fit don de tous ſes biens au Saint-
Siege, & finit ſes jours en 1115, âgée de
ſoixante-ſeize ans.

MATRAINI, (Claire Cantarini) d'une famille noble de Luques, vivoit dans le ſeizieme
ſiecle, & y mérita d'être placée au rang des

eilleurs Poëtes de l'Italie. Elle étoit très-inftruite de la Philofophie de Platon, & très-
erfée dans la Théologie. On trouve dans toutes
es poéfies des penfées vives & lumineufes, un
ftile pur, foutenu, plein de force, d'énergie &
d'élégance. Dans le nombre de fes ouvrages,
on rencontre des Méditations Chrétiennes en-
tremêlées de très-beaux morceaux de poéfie,
& une Lettre adreffée à Frédéric Matraini fon
fils, où les plus excellentes leçons de morale
fe trouvent raffemblées. Cette favante femme
fut eftimée, recherchée & louée par les plus
grands & les plus doctes perfonnages de fon
tems.

MAUPIN, (   ) née à Paris en
1674, fe diftingua fur le Théâtre de l'Opéra
par fa belle voix & les graces de fon chant.
Elevée dans une Académie, elle y avoit pris
le goût des exercices qui s'y enfeignent, & fur-
tout celui des armes, & s'y étoit rendue très-
adroite. Souvent elle s'habilloit en homme, &
fe plaifoit à marcher fous ce déguifement. Un
jour ayant rencontré un nommé Dumefnil,
Acteur de l'Opéra, dont elle avoit lieu de fe
plaindre, elle l'aborda & le preffa de mettre
l'épée à la main. Dumefnil refufa, & la Maupin punit fa lâcheté par quelques coups de
canne. Se trouvant un autre jour à un bal que
Monfieur, frere de Louis XIV, donnoit au
Palais Royal, cette fille voulut, fous fon déguifement, plaifanter avec une jeune Dame:
trois jeunes gens attachés à cette Dame s'of-
fenferent des libertés que prenoit le prétendu
Cavalier, & propoferent à celui-ci de defcendre dans la place: la Maupin ne fe fit pas prier,

mit l'épée à la main, & bleſſa ſucceſſivement
ſes trois adverſaires. D'auſſi grand ſang froid
après cette action, que ſi elle revenoit d'une promenade, elle rentra dans la ſalle & ſe fit connoître à Monſieur, qui voulut bien la mettre
à l'abri des pourſuites que cette affaire pouvoit
occaſionner.

MAUVIA, Reine des Sarraſins dans le quatrieme ſiecle; ſon courage & ſa ſcience dans
l'art militaire lui firent un grand nom. Sous
l'empire de Valence elle déſola la Paleſtine &
l'Arabie. Devenue enſuite l'alliée des Romains,
cette vaillante femme les ſecourut contre les
Gots, commandant toujours en perſonne ſes
armées.

MAYOLLE, (　　Comteſſe de) née avec
beaucoup de goût pour l'étude, elle traduiſit
en François un ouvrage Italien qui a pour titre:
la République de Naples.

MAZEL, (　　　　) s'adonna à l'étude
des Belles-Lettres, & fit connoître ſon talent
pour la poéſie dans de jolies pieces fugitives de
ſa compoſition, qui paſſerent avec applaudiſſement ſous les yeux du Public. M. de Vertron
en a fait l'éloge dans ſa Pandore.

MELANIE, Dame Romaine, de l'illuſtre
Maiſon des Antoine, rendit dans le quatrieme
ſiecle de ſignalés ſervices à la Religion Chrétienne, par ſon eſprit, ſon érudition, ſon zele
& ſon grand courage.

MELISSA, diſciple de Pythagore, écrivit
dans ſon tems ſur la couleur qui convenoit à
d'honnêtes femmes dans les étoffes qu'elles
employoient pour leurs vêtemens.

MENOU, (Mademoiſelle) a donné au Publie en 1758, *l'Assemblée de Cythere*, traduite de l'Italien d'Algarotti, ouvrage dans lequel elle n'a laissé à regretter aucune des beautés de l'original.

MERIAN, (Marie-Sibille) née à Francfort le 2 Avril 1627, & décédée dans sa patrie en 1717, excelloit dans l'art de peindre les fleurs & les insectes, & joignoit à beaucoup d'érudition de grandes connoissances de l'Histoire Naturelle. Elle a donné sur cette partie des notes très-estimées.

MILET, (Marie) fille d'un Laboureur du village de Bécourt en Picardie. Pendant les troubles qui déchirerent la France sous le regne de Henri III, un Capitaine nommé Dupont choisit le village de Bécourt pour y établir le quartier d'hiver de sa compagnie. La maison de Milet se trouvant la plus commode, il y logea. Milet avoit trois filles extrèmement belles & sages. Dupont les vit & fut d'abord épris de l'aînée. Peu de jours après il la demanda en mariage. Milet lui répondit qu'il ne marieroit jamais ses filles qu'à des gens de même condition qu'elles. Dupont irrité de cette réponse, eut la brutalité de maltraiter cet homme vertueux, qui fut forcé de prendre la fuite. Marie étoit accourue au bruit ; mais les soldats de Dupont la saisirent, la livrerent à leur chef, l'aiderent à la deshonorer, & après qu'il en eut joui, eurent la barbarie de l'accabler eux-mêmes de nouveaux outrages. Ils terminerent cette scene d'horreurs en l'obligeant à se mettre à table avec eux. A peine y fut-elle que, saisissant un moment où Dupont tournoit la tête pour parler à quelqu'un, elle se saisit de son couteau, & le lui plongea dans le cœur. Marie se sauva sans perdre de tems, laissant ses bourreaux dans le premier étonnement de cette courageuse action, & courut joindre son père & sa mere pour déposer dans leur sein sa cruelle situation. A peine elle en avoit fait le récit, qu'elle voit arriver les soldats de Dupont. Craignant alors d'exposer son pere & sa mere à devenir les victimes de leur rage, elle court au-devant d'eux. Ils la saisissent, l'attachent à un arbre, & après avoir épuisé de nouveau sur elle les plus indignes traitemens, ils la tuent à coups d'arquebuses. L'infortuné Milet, plongé dans le plus affreux désespoir, alla sur le champ dans tous les villages voisins implorer du secours pour tirer vengeance de tant d'atrocités réunies, & dès la même nuit tomba, à la tête d'une multitude de paysans armés, sur les soldats, & les immola tous à sa juste fureur.

MILTON, (les trois Filles de) Poëte Anglois, auteur du *Paradis perdu*, furent toutes trois instruites par leur célebre pere dans les hautes sciences, & avec tant de succès, qu'elles eurent une très-grande part aux ouvrages qu'il composa. Comme il étoit devenu aveugle, ces savantes filles lui lisoient les auteurs qu'il avoit besoin de consulter, en langues Latine, Grecque, Hébraïque, Siriaque, Chaldéenne & Arabe.

MIRAMION, (Marie Bonneau Dame de) orna le dix-septieme siecle par sa piété & les nombreux établissemens que son zele & son ardente charité lui firent entreprendre pour le

ulagement & l'affiſtance des pauvres. Elle mourut dans le cours de ces bonnes œuvres en 1696,
âge de 66 ans. L'Abbé de Choiſy a écrit ſa vie.

MIRAUMONT, (Marquiſe de) s'acquit beaucoup de réputation par ſon courage &
ſon intrépidité, ſous le regne de Henri III,
pendant les funeſtes troubles de la Ligue. Cette
Dame étoit toujours à cheval, ſuivie de ſoixante
braves Gentilshommes, & à la tête de cette
Troupe elle ſe diſtingua dans différentes occa-
ſions par pluſieurs exploits remarquables.

MIRTYLLE, femme Grecque, poſſédoit ſupérieurement le talent de la poéſie, & en donna, dit-on, des leçons à Pindare qui devint le
plus célèbre des Poëtes Lyriques de la Grece.

MODESTA - DI POZZO - DI ZORZZI, né à
Veniſe dans le ſeizieme ſiecle, ſe fit une grande
réputation parmi les Savans, par beaucoup
d'ouvrages en vers, & quelques paſtorales de
ſa compoſition. Elle écrivit auſſi ſur la ſupériorité de ſon ſexe.

MOLZA, (Tarquinie) fille de François-Ma-
rius Molza, Poëte Italien, fut inſtruite dans les
ſciences par ſon pere, & y fit les plus rapides
progrès. Une vertu ſolide, un caractere heureux étoient chez elle relevés & embellis par la
beauté & les graces ſéduiſantes de ſa figure. Elle
ſavoit à fond le latin, le grec, l'hébreu & pluſieurs langues étrangeres. Le Taſſe, Guarini
& pluſieurs autres Savans de ſon tems la con-
ſultoient ſur leurs ouvrages, avant de les rendre publics. Cette illuſtre Savante jouit de la
plus haute conſidération à la Cour d'Alfonſe II,
Duc de Férare, & à Rome où le Sénat l'honora, en 1600, du droit & des priviléges de

Bourgeoisie , pour elle & pour toute sa famille.

MONDONVILLE , (Jeanne de) fille d'un Conseiller au Parlement de Toulouse , & mariée en 1646. à .. ... Deturles, Seigneur de Mondonville , ayant , jeune encore , perdu son mari, se consacra entièrement aux œuvres de piété & de charité. Après avoir commencé à tenir chez elle des Ecoles gratuites pour l'enseignement des enfans des pauvres , elle employa ses biens à fonder une Congrégation de filles qu'elle destinoit à perpétuer les bonnes œuvres. Cette pieuse Dame souffrit pour cet établissement de grandes contradictions , & victime des persécutions, finit ses jours dans une espèce de prison , en 1704.

MONTAIGU , (Miladi) sans doute la même dont on a des Lettres très estimées, qui a figuré avec tant de distinction dans l'ambassade de son mari à Constantinople , & qui, enfin , jouissoit de la plus grande considération chez les plus beaux esprits de sa nation , a fait des Logogues de ville & de cour qui portent les noms des six jours de la semaine. Chaque jour sert de titre à un joli Roman écrit avec beaucoup de graces & de la plus heureuse imagination. L'on espère être plus instruit par la suite sur les talens & les productions de cette illustre Dame.

MONTBART , (   ) jeune Dame qui annonce des talens supérieurs dans la belle litérature , actuellement établie à Breslau, en Silésie , vient de donner au Public, sous les presses de Berlin , un Traité de l'éducation des filles, qui a pour titre *Sophie*. L'Auteur périodique de qui nous en tenons l'annonce , ne

...aux agrémens du style de cet ouvrage, à la ...atche des réflexions, & la douce chaleur ... sentiment qui le caractérisent, on croiroit ... ce sont les mains légères des graces qui ... écrit sous la dictée de la saine raison. Cette ...ême Dame avoit déjà donné, à Berlin, ses ...ttres, pièces fugitives de sa composition qui ...avoient mérité beaucoup d'éloges.

MONTBRUN, (   ) d'une famille ...ès-ancienne & très-distinguée, du Dauphiné, ...est fait connoître dans la République des Let-...es, par divers ouvrages cités avec éloges dans ...e cabinet des Grands, par M. Pontier.

MONTEGUT, (Jeanne Séglat de) née à ...oulouse le 25 Octobre 1709, d'une famille ...ble, annonça, dès l'enfance, son amour pour ...es Lettres, apprit seule & sans les secours ordi-...aires des Maîtres, le Latin, l'Anglois, l'Italien ... l'Espagnol, & exerça avec applaudissement ...eureux talent qu'elle avoit pour la poésie. ...lusieurs de ses ouvrages furent couronnés aux ...eux Floraux, & lui méritèrent même l'hon-...eur d'être reçue de cette Académie. Elle y prit ...ance à côté de Mademoiselle Catellan son ...mie. A des mœurs douces, Madame de Mon-...gut joignoit une grande égalité d'esprit, d'hu-...eur & de conduite. Ses Œuvres en vers & en ...rose ont été imprimées en deux volumes, en ...769.

MONTENAI, (Georgette de) Dame de la ...our de Jeanne d'Albret, Reine de Navarre, se ...stingua dans son siècle par ses vertus, son es-...rit & sa science. L'on a d'elle des Emblèmes ...hrétiens qui lui firent honneur lorsqu'ils pa-...urent.

MONTENCLOS, (Madame de) étoit [...]
devant Auteur du Journal des Dames qu'[...]
enrichissoit souvent de ses propres producti[...]
en vers & en prose. Quoi qu'elle ait dic[...]
nué cet ouvrage, on voit encore avec le pl[...]
grand plaisir paroître de tems en tems des tr[...]
de son agreable muse.

MONTFERRAT, (Anne d'A'ençon, M[...]
quise de) fut un des ornemens du seizieme[...]
cle par ses vertus, sa pieté & son éru[...]
L'étude & la lecture des meilleurs Aut[...]
firent toute sa vie son amusement le plus ch[...]
Si quelqu'homme distingué dans les Lettres [...]
trouvoit dans l'indigence, il étoit assuré [...]
bienfaits de cette Princesse, si-tôt qu'il en e[...]
connu. Devenue veuve, en 15:8, elle gouver[...]
le Marquisat de Montferrat, & tous ses v[...]
domaines, avec une intelligence & une dex[...]
rité qui la faisoient généralement admirer [...]
respecter. Ses heureux sujets comblés de [...]
attentions & de ses bienfaits, la regardoi[...]
comme leur mere, & lui marquerent t[...]
qu'elle vécut l'estime singuliere qu'ils faisoi[...]
de son rare mérite.

MONTMORT, (Madame de) connue p[...]
une Comédie de sa composition, qui a po[...]
titre *Héraclite & Démocrite*, & quelques agr[...]
bles ouvrages de fiction, avoit beaucoup d'éru[...]
dition & le rare talent de s'exprimer en Itali[...]
avec autant d'aisance & de pureté que dans [...]
langue naturelle.

MONTPELLIER, (les femmes de) au si[...]
de Montpellier, en 1622, les femmes de [...]
ville s'élevant au-dessus de la foiblesse de le[...]
sexe, voulurent partager avec leurs maris [...]

tou[...]

tous leurs concitoyens les dangers de la défense de cette place. Cent vingt des plus courageuses s'armerent de fusils & d'epées, & s'étant formées en peu de tems aux exercices, elles ne voulurent être commandées que par les plus braves d'entre elles. Tant que le siege dura, ces nouvelles Amazones prouverent bien par leurs exploits qu'une éducation vigoureuse rend capable des plus grandes choses.

MONTPENSIER, (Anne-Marie-Louise d'Orleans, appellée Mademoiselle de) Princesse de beaucoup d'esprit & de savoir, & d'un courage au-dessus de son sexe, a composé des Mémoires très-curieux & d'autres ouvrages estimés. Elle finit sa carriere en 1693, âgée de 66 ans.

MORATA, (Olympia Fulvia) née à Ferrare, en 1526, enseigna publiquement en Allemagne, où elle avoit suivi Grunthler son mari, les langues Grecque & Latine, & fit par sa grande erudition l'admiration de tous les Savans de son tems. On a d'elle des vers grecs & latins très-estimés. Ses Œuvres ont été imprimées plusieurs fois. Ses longues veilles, des chagrins domestiques, & les suites d'une fausse couche la mirent au tombeau, en 1555, n'étant encore que dans la trentiéme année de son âge, mais déja célèbre dans toute l'Europe, par sa vertu, ses mœurs & sa science.

MOREL, (Lucrece, Diane & Camille) trois sœurs qui florissoient sous le régne de Henri III, possederent toutes trois les langues Grecque, Latine, Italienne & Espagnole, & les parloient avec la plus grande facilité. Quoique l'on ne connoisse d'elles aucun ouvrage, les éloges

R

qu'en ont faits les Savans leurs contemporains,
femblent devoir fuffire pour leur donner place
parmi les femmes illuftres.

MORELLI , (Julienne) Religieufe de l'Ordre de Saint Dominique , à Saint Praxede d'A-
vignon , étonna le dix-feptieme fiecle par fa
prodigieufe érudition. A l'âge de douze ans,
elle foutint à Lyon , fur la Philofophie , des
thèfes publiques qu'elle avoit dédiées à Marguerite d'Autriche , Reine d'Efpagne. On a affuré
qu'elle parloit quatorze langues avec la plus
grande facilité , qu'elle excelloit dans la mufique , & qu'elle étoit très verfée dans la fcience
de la Jurifprudence.

MORELLI-FERNANDEZ , plus connue fous
le nom de Corilla Olimpia , née à Piftoja , s'eft
rendue fi célèbre par fes poéfies & les prix
qu'elle a remportés en différentes Académies,
que le Sénat de Rome l'a fait infcrire dans le
Livre de la Nobleffe Romaine , & le Pape a
permis qu'on lui décernât au Capitole les honneurs du triomphe Littéraire. Nous regrettons
bien de n'être pas plus amplement inftruits fur
ce qui concerne la vie & les talens de cette
illuftre Dame.

MORUS , (Marguerite) fille du célèbre
Chancellier de ce nom. Henri VIII s'étant fe-
paré de l'Eglife Romaine , voulut entraîner dans
fon Schifme fon Chancellier Morus ; mais ce
grand homme refta ferme dans fa foi , & les
volontés de fon Maitre ne furent point capables
de l'ébranler. Ses ennemis trouverent dans fa
généreufe fermeté des moyens de le perdre ils
imaginerent tant de chefs d'accufation contre
lui , que Henri le fit enfermer dans la Tour de

Londres, & nomma des Commissaires pour y
instruire son procès, lui faisant cependant insi-
nuer par ses émissaires, qu'il y auroit grace pour
lui si il vouloit embrasser la Réforme. Mórus
avoit une fille, nommée Marguerite, dont il
avoit lui-même cultivé l'esprit & formé les
mœurs, & qui avoit répondu à ses soins, au-
delà même de ses espérances. Cette généreuse
fille, plus attendrie des risques que couroit la
foi de son pere, que de ceux dont son corps
usé de vieillesse étoit menacé, trouva moyen
de s'introduire dans la prison & d'y avoir une
entrevue avec Morus. Elle y déploya tout ce
que sa tendresse, son zele & son esprit purent
lui inspirer de plus fort pour le déterminer à
préférer de mourir dans la Religion de ses ancêtres, à toutes les flatteuses amorces qui lui
seroient présentées pour la lui faire abandonner.
Morus, en effet, ne fut que plus affermi, &
ayant enfin été condamné à perdre la tête, il
entendit la lecture de son arrêt, & reçut le
coup de la mort avec la plus héroïque intrépidité. Lorsqu'on le conduisoit au supplice, sa
tendre fille se porta sur son passage, osa, à la
vue de tout le peuple, l'embrasser & l'arroser
de ses larmes, & après l'exécution ramasser de
ses propres mains son corps, pour lui rendre les
devoirs de la sepulture. Elle acheta en même-
tems du Bourreau la tête de ce généreux Mar-
tyr, la fit enchasser dans de l'argent, & tant
qu'elle vécut, en fit un des objets de sa vénération. Accusée publiquement de garder cette
tête comme une relique, & d'avoir conservé les
ecrits séditieux de son pere, Marguerite fut
mise dans les fers; mais elle parut devant ses

Juges avec une noble fierté, plaida elle-même
sa cause avec tant d'éloquence, & fut imprimer
mer tant d'admiration & de respect, qu'elle fortit
tit victorieuse de cette nouvelle épreuve. Depuis
puis ce tems, quoique mariée à Guillaume Ropers
pers, elle mena la vie la plus retirée, & en
partagea tous les instans entre ses devoirs, l'étude
tude, & le douloureux souvenir de son vénérable
ble pere.

MOUGNE, (Roberte) savante Françoise, de
la Religion Prétendue Reformée, fit imprimer,
en 1616, un ouvrage de sa composition qui a
pour titre, *le Cabinet de la Veuve Chrétienne*,
contenant des Prieres & des Méditations sur divers
vers sujets de l'Ecriture Sainte.

MOUSSART, ( ) s'est fait connoître
tre dans la République des Lettres par plusieurs
piéces fugitives, où il regne, avec beaucoup
de facilité, un goût formé par la connoissance
des meilleurs modéles de la Grece & de Rome.

MOTTEVILLE, (Françoise Berthaud,
Dame de) née en 1615, fut attachée à la Reine
Anne d'Autriche, en qualité d'une des Dames
de son Palais. Elle a composé divers Mémoires
res estimés, pour servir à l'histoire intéressante
de cette Princesse, & une Relation de la mort
tragique de Charles premier, Roi d'Angleterre.
Cette illustre femme poussa sa carriere jusqu'à
l'âge de 74 ans, & la finit en 1689. Les agrémens
mens de son esprit & de son caractere lui
avoient concilié la confiance intime de la Veuve
de Charles premier, & l'estime de tous les Savans
vans ses contemporains.

MUSNIER, (Anne) femme célèbre dans notre
tre histoire, par son courage & sa fidélité envers

on Prince. Trois hommes, dans une allée des Jardins du Comte de Champagne, s'entretenoient d'un complot qu'ils avoient fait d'assassiner ce Prince. Anne Musnier, cachée derriere un arbre avoit entendu toute leur conversation. Les voyant sortis, transportée de frayeur que ce ne fut pour aller du même pas exécuter leur attentat, & désespérée de ne pouvoir les devancer pour aller avertir assez promptement; elle s'avise de les appeller comme ayant quelque chose à leur dire. Ces hommes reviennent en effet sur leurs pas, mais à peine les voit-elle à sa portée qu'elle s'élance sur le premier & lui porte un coup de couteau qui l'étend mort à ses pieds. A l'instant les deux autres se jettent sur cette femme, mais elle se défend contre eux, quoique blessée de plusieurs coups, jusqu'à ce qu'enfin il arrive à ses cris du monde à son secours. Cette généreuse femme, toute hors d'elle-même, eût à peine la force d'annoncer le crime de ces scélérats, & de crier que l'on se saisît d'eux. On les fouilla sur le champ, & on trouva sur eux des indices assurés de leur horrible dessein, qu'ils avouerent ensuite dans les tortures. Le Comte de Champagne récompensa l'héroïque action de Anne Musnier, en l'ennoblissant, ainsi que son mari & leurs descendans.

MUSSASA, femme du Royaume de Congo, en Afrique. Dungy, son pere, Chef de sa Tribu, étant mort vers le commencement du dix-septieme siecle, Mussasa se chargea de le remplacer dans le Commandement & le Gouvernement de la Tribu. Elevée dès son enfance dans les exercices de la guerre, elle avoit donné à fa Nation des preuves fi éclatantes de fon intelligence & de fon intrépidité, qu'elle fut unanimement élue, & chacun lui promit de marcher fous fes ordres aux entreprifes les plus périlleufes. On la vit toujours depuis, vêtue en homme, à la tête des Troupes, fe porter la premiere dans les combats, & elle ne fe retiroit jamais que la derniere.

MYIA, fille ou difciple de Pythagore, étoit très-favante, & avoit beaucoup écrit; mais fes ouvrages ne nous font point parvenus. On voit feulement dans les Œuvres de Pythagore une lettre de Myia à une de fes amies, fur l'attention qu'il faut apporter dans le choix des nourrices.

MYRO, née à Byfance, femme d'Amphilochus, célèbre Grammairien, & mere d'Homere, Poëte Tragique, eft beaucoup louée dans Athénée. Elle excelloit dans l'Elégie & dans l'Epopée. Les Grecs l'avoient mife au rang de leurs plus célèbres Poëtes.

N.

NANTHILDE, femme de Dagobert I, Roi de France, Princeffe de beaucoup d'efprit & très-inftruite, gouverna le Royaume avec autant d'habileté que de prudence, pendant la minorité de Clovis II. fon fils.

NEMOURS, (Marie d'Orléans, Ducheffe de) née en 1625, fe diftingua dans le dix-feptieme fiecle par fon efprit & fon favoir, une fermeté & un courage extraordinaires. Elle a compofé des Mémoires écrits avec une finesse & une vérité qui les font encore actuellement estimer. Cette illustre Princesse finit ses jours en 1707, regrettée des Savans dont elle avoit toute sa vie recherché la société.

NIGRIS, (Paule-Antoinette) une des plus spirituelles femmes du seizieme siecle, étoit attachée à la Congrégation des Angéliques, instituées pour retirer du vice, par de pieuses exhortations, les femmes débauchées. Pendant plusieurs années, Paule-Antoinette s'y distingua par les plus grands succès. Toujours son éloquence & la douce persuasion qui couloit de ses levres, faisoient rentrer dans les sentiers de la vertu les femmes auprès desquelles son zele la conduisoit. Des démêlés qu'elle eut avec les Directeurs de sa Congrégation, lui susciterent des ennemis & des persécutions qui firent cesser ses travaux. Livrée alors entierement à l'étude, elle écrivit dans sa retraite des Lettres trèsédifiantes qui ont été rendues publiques. Elle mourut le 4 Avril 1555.

NISHIDALL. (femme du Lord) En 1716, il y eut en Angleterre une proscription contre plusieurs Seigneurs & Gentilshommes attachés à la Maison de Stuart. Le Lord Nishidall étoit du nombre : il fut arrêté & enfermé dans la tour de Londres, où on instruisit aussitôt son procès. Sa femme, effrayée du sort qui le menaçoit, demanda & obtint la permission de le voir ; elle se rend à la tour, soutenue par deux femmes-de-chambre, & la tête voilée d'un grand mouchoir. A peine est-elle dans la chambre de son mari, elle quitte promptement tous ses habits, l'en revêt & prend les siens.

Nishifdall, ainſi traveſti, appuyé ſur les mêmes
femmes qui avoient-accompagné ſon épouſe,
paſſe toutes les portes, & ſort ſans que les
Gardes marquent la moindre défiance. Arrivé
ſur le bord de la Tamiſe, il y trouve une barque
qui l'attendoit & le conduit à un vaiſſeau qui
ſur le champ partoit pour les Côtes de France.
L'évaſion du Lord fut bientôt découverte ; mais
dès que le Roi d'Angleterre en fut informé, il
fut ſi touché de cette généreuſe action, qu'il
envoya ordre de mettre en liberté la tendre &
courageuſe femme de l'heureux fugitif.

NITOCRIS, Princeſſe des Aſſyriens, ſurpaſſa
par ſon courage & la grande habileté avec laquelle elle ſut gouverner ſes Etats, tous les
héros qui l'avoient précédée ſur le même Trône.
Menacée d'être aſſiégée dans Babylone, elle fit
détourner le cours de l'Euphrate, afin d'empêcher les ennemis de profiter de l'impétuo-
ſité de ce fleuve pour pénétrer dans la ville.
Débarraſſée de cette guerre, Nitocris fit conſ-
truire un ſuperbe pont ſur ce même fleuve,
quoiqu'on eût juſqu'alors regardé cette entrepriſe comme impoſſible, à cauſe de l'extrème
rapidité du courant de ſes eaux.

NOGAROLE. Pluſieurs Dames de ce nom ont
illuſtré la ville de Vérone leur patrie. La première dont on a connoiſſance floriſſoit dans le
quinzieme ſiecle, & fut louée par les plus ſavans hommes de ſon tems, pour ſa rare érudition. Nous l'avons déja fait connoître dans cette
Notice ſous le nom d'*Iſotta*. La ſeconde, ſurnommée *Angéle*, ou *Angélique*, étoit très-
ſavante dans preſque tous les beaux-arts, &
excelloit ſur-tout dans la poéſie. Deux autres

sœurs du même nom, surnommées *Genevieve & Laure*, brillerent dans leur tems par leur éloquence & leur science. Enfin François-Augustin della Chieta, dans son *Traité des Dames savantes*, parle encore d'une Julie Nogarole, Religieuse à Sainte Claire de Vérone, qui excelloit dans la Philosophie & dans la connoissance des divines Ecritures. •

NOSSIDE, née dans la Locride, étoit contemporaine & émule de Sapho. Elle mérita d'être placée parmi les neuf femmes Poëtes les plus celebres de la Grece. Il ne reste d'elle que de légers fragmens de ses ouvrages.

NOVELLA, fille de Jean André, célebre Jurisconsulte, Professeur en Droit Canon à Boulogne, fit l'admiration du quatorzieme siecle par son esprit, son éloquence & sa grande érudition. Son pere l'avoit instruite avec tant de succès dans la science de la Jurisprudence, que quand il ne pouvoit donner ses leçons publiques, cette savante fille le suppléoit, & ne manquoit jamais d'obtenir l'applaudissement unanime de tout son auditoire.

NOUR-MAS-HAL, femme de Géhanguir, grand Empereur du Mogol, fut célebre dans le dix-septieme siecle par son esprit & ses talens supérieurs pour le gouvernement & le maniement des affaires les plus difficiles de son Empire. Elle savoit le Persan, l'Indien & l'Arabe, & s'exprimoit dans ces différentes langues avec la plus grande facilité. Gehanguir avoit la plus grande confiance en elle, & lui laissoit manier avec lui les rênes de tout l'Empire. Nour-mashal, loin d'en abuser, se concilia l'amour & la vénération de tous ses sujets. Gehanguir, dans

R v

une guerre qu'il eut à soutenir contre Moha-
bet-Kan, l'un de ses tributaires, fut fait prisonnier dans un combat, & ses troupes furent
défaites. Nour à l'instant leve promptement
d'autres troupes, prodigue ses trésors pour ôter
au rebelle ses plus puissans alliés, & par une
suite d'heureux évenemens, parvient enfin à
tirer son mari des mains de son vainqueur. Depuis cette époque, elle sut si bien contenir
Mohabet dans le devoir & la soumission, qu'il
n'osa plus, tant qu'il vécut, entreprendre rien
contre son maître.

NOUVELLON, (L'Héritier de) digne
sœur de Mademoiselle L'Héritier de Villandon,
cultiva les Belles-Lettres avec beaucoup de
succès, & s'y distingua sur-tout par un vrai
talent pour la poésie.

NULLYN, Dame Génoise de beaucoup d'esprit. Etant entrée en 1759 dans la centième
année de son âge, M. de Voltaire lui envoya ce
quatrain :

> Nos grands-peres vous virent belle,
> Par votre esprit vous plaisez à cent ans;
> Vous méritiez d'épouser Fontenelle,
> Et d'être sa veuve long-tems.

O.

OCCELLO, disciple de Pythagore, se distingua parmi les plus savantes femmes de la Grece.
Il reste encore d'elle un *Traité sur la nature
de l'Univers.*

OCTAVIE, sœur d'Auguste & femme de Marc Antoine. Cléopatre devenue maitresse absolue de l'esprit & du cœur d'Antoine, n'oublia rien pour porter son trop aveugle amant à outrager par les plus humilians affronts la vertueuse Octavie. Celle-ci, au lieu de chercher à s'en venger, ne s'attachoit qu'à appaiser & son frere & le peuple Romain qui, indignés, prenoient hautement son parti. « Il n'étoit, leur disoit-elle, ni de la bienséance ni de la dignité du nom Romain, d'entrer dans de pareils démêlés, où il n'étoit question que de querelles de femmes, qui ne méritoient pas que l'on y prit si grande part ». Tant de générosité ne put ramener Antoine. Cléopatre, redoubla de ruses & d'artifices jusqu'à ce qu'elle fût parvenue à faire répudier son infortunée rivale. Après la mort tragique d'Antoine, Octavie s'attacha à l'éducation de ses enfans, & en fit sa principale occupation. Marcellus étoit celui qu'elle chérissoit le plus, parce qu'il paroissoit doué des plus excellentes qualités du cœur & de l'esprit. Auguste même l'avoit déja désigné son successeur à l'Empire. Une mort prématurée enleva ce jeune Prince. Octavie s'abandonna à la plus vive douleur, & rien ne put l'en distraire tant qu'elle vécut. Un jour Auguste la pria de se trouver à la lecture que Virgile devoit lui faire du sixieme Livre de l'Enéide. Lorsque ce célebre Poëte en fut à ces vers *Si fata aspera rumpas, tu Marcellus eris, &c. &c.* Octavie tomba évanouie, & resta si long tems sans donner signe de vie, qu'Auguste & tous les affiftans la croyant expirée fondoient en larmes. Revenue à elle, les premieres paroles qu'elle prononça furent pour demander à l'Empereur qu'il fît compter à Virgile dix grands sesterces pour chaque vers de ce passage, qui en contient vingt-un. Cette illustre femme descendit au tombeau l'an de Rome 746.

ODEAU, (Françoise) Religieuse à l'Abbaye Royale de Poissi, vivoit vers le milieu du seizieme siecle, & mérita par son érudition d'être placée au rang des Dames savantes de la France. Elle traduisit du Latin en François des Sermons & des Méditations de saint Bernard, Abbé de Clairvaux, qu'elle dédia à Jeanne de Gondi, sa Prieure.

OGINE, ou OGIVE, Reine de France, fille d'Edouard I, Roi d'Angleterre, & troisieme femme de Charles le Simple, Roi de France, fut, disent les Historiens, une femme d'un grand mérite & d'un génie supérieur. Son mari ayant été fait prisonnier par le Comte de Vermandois, Ogine, après avoir pourvu à la sûreté du Royaume & à celle de son fils, fit les plus grands efforts pour retirer Charles des mains du Comte; mais ce Prince étant mort pendant sa captivité, elle fut du moins par son courage & par l'habileté de sa conduite, conserver sa Couronne à son fils.

OLEGA, femme de Igor, un des premiers Czars de Moscovie. Cette Princesse ayant appris que son mari, qu'elle aimoit éperduement & dont elle étoit adorée, avoit été tué dans un combat, au lieu de s'abandonner à une stérile douleur, ne s'occupa que des moyens de tirer la plus prompte vengeance de ses meurtriers.

Les peuples avec lesquels la Ruffie étoit alors
en guerre lui ayant envoyé des Ambaffadeurs
pour lui propofer avec la paix un de leurs
Princes pour nouvel époux, ils furent par fon
ordre précipités dans un puits qu'elle fit auffi-
tôt combler de terre. Elle marcha enfuite à la
tête d'une armée formidable, contre ces mêmes
peuples, en fit dans plufieurs combats un carnage affreux, & le fer & le feu à la main, ne
fe repofa que lorfqu'elle vit fa vengeance fatif-
faite par leur entiere deftruction. Cette guerre
ainfi finie, Oléga rentra dans fes Etats, & ne
s'occupa plus que de l'éducation de fon fils &
du bonheur de fes peuples. Ce fut fous fon
regne que la Religion Chrétienne s'établit en
Ruffie, & elle fit exprès le voyage de Conftantinople pour y puifer elle-même des loix capables de civilifer fes fujets & de les tirer de
la barbarie dans laquelle ils vivoient. Cette
héroïne finit fes jours vers la fin du dixieme
fiecle, & fes peuples reconnoiffans de l'amour
dont elle avoit été animée pour eux, & la re-
gardant comme une fainte, inftituerent en fon
honneur une fête qui fe célebre encore actuellement fous le nom d'Hélene qu'elle avoit pris
à fon baptême.

OLYMPE DE SÉGUR, époufe du Marquis
de Berbrier, fils d'un Premier Préfident au Parlement de Bordeaux, donna dans fon fiecle un
beau modele de la force de l'amour conjugal.
Son mari ayant été conflitué prifonnier dans le
château Trompette, elle obtint la permiffion
de le voir. Auffi-tôt qu'elle fe vit feule dans fa
chambre, elle lui perfuada de prendre fes ha-

bits & fa coéffure, & fous ce déguifemen
d'entreprendre hardiment de paffer les portes.
La nuit commençoit à tomber, & la circonf-
tance fervit fi bien Berbrier, qu'il fortit du
château fans être reconnu des fentinelles. Sa
génèreufe femme étoit reftée prifonniere à fa
place ; mais dès que fa belle action fut fue,
elle obtint, avec fa liberté, la grace de fon
mari.

ORMOI, (Madame la Préfidente de) a donné
au Public, en 1776, l'*Hiftoire d'Emilie*, ou
le danger des paffions, ouvrage qui lui fait
honneur.

ORVAL, (Anne-Eléonore de Béthune d')
Abbeffe du Monaftère de Notre-Dame du Val
de Gif, Diocéfe de Paris, née avec un goût
décidé pour l'étude, le cultiva dans le filence
du cloître & fe fit admirer par fon érudition.
On a d'elle, entr'autres ouvrages de fa compofition, des *Réflexions fur les Evangiles*, &
*l'idée de la perfection chrétienne & religieufe,
pour une retraite de dix jours*. Cette pieufe &
favante Dame mourut le 28 Novembre 1735,
âgée de foixante-feize ans.

OSEMBRAI, (　　　　　) femme d'un
Préfident au Parlement de Paris, fut, au rapport de M. de Vertron, une Dame très-favante,
& il en fait l'éloge dans fa *Pandore*.

OSTERWIK, (Marie) naquit le 20 Août
1630 à Nooddorp, village du diftrict de la ville
de Delft. Dès fa premiere jeuneffe, fe fentant
beaucoup de goût pour l'art de la Peinture,
elle choifit pour fon maître Jean de Héem,
célebre fur-tout par fon habileté à peindre les

eurs , & elle parvint à se distinguer si supérieurement dans ce genre, que plusieurs Princes souverains & tous les riches amateurs s'empresserent de mettre de grands prix à ses ouvrages. Les beaux-arts la perdirent le 12 Novembre 1693, âgée de soixante-trois ans.

P.

PADILLA, (Louise) Comtesse d'Aranda, Dame Espagnole, brilla dans le dix-septieme siecle par son esprit & son amour pour l'étude des Belles-Lettres. Jean de Lastanova, dans sa Préface du Traité de Gratien, l'appelle le Phénix de son siecle.

PADILLA, (Maria Pacheco, femme du Comte D. Juan) d'une des plus nobles familles de Castille. D. Juan Padilla s'étant mis à la tête des Castillans révoltés contre Charles-Quint, se trouva, lorsqu'il eut assemblé une armée, fort embarrassé pour la soudoyer. Dona Maria sa femme, animée d'une audace supérieure, proposa de s'emparer de beaucoup de richesses que renfermoit la Cathédrale de Tolede. Son avis fut goûté ; mais pour ne pas scandaliser le peuple & lui persuader que la nécessité seule portoit les révoltés à une pareille extrêmité , elle imagina un singulier expédient. Ce fut de se rendre processionnellement à l'Eglise avec tous les chefs du parti, en habits de deuil. Là , à genoux, & se frappant à coups redoublés la poitrine, ils de-

manderent pardon aux Saints de l'action qu'ils
alloient commettre en dépouillant leurs autels.
Le ftratagême eut tout l'effet que les mécontens en attendoient ; perfonne ne s'oppofa à
leur entreprife. D. Juan , avec ce fecours , fe
vit en état de tenir la campagne & rempot
divers avantages fur les troupes de Charles-
Quint ; mais le fort des armes ceffant tout-à-
coup de lui être favorable, fon armée fut défaite. Il chercha en vain la mort fur le champ
de bataille ; bleffé, démonté & fait prifonnier,
dès le lendemain il fut condamné à perdre
la tête & exécuté. Sa veuve , quoiqu'accablée
de la plus vive douleur, n'abandonna pas un
inftant la caufe dont il avoit été la victime,
& brûlant de plus du defir de la vengeance,
elle entreprit de réunir fur elle tout l'afcendant que fon mari avoit fu prendre fur les
mécontens. Elle les raffembla , leva des foldats , & en peu de tems , toujours à l'aide des
richeffes que l'on avoit enlevées de la Cathédrale de Tolede, fe trouva en état de tenir
la campagne. Ses troupes portoient, par fon
ordre , des crucifix au lieu de drapeaux , &
le fils du malheureux Padilla , quoiqu'encore
enfant , marchoit à leur tête, précédé d'une
enfeigne fur laquelle étoit peint le fupplice de
fon pere. Inveftie dans Tolede par les troupes
de Charles-Quint, elle fe défendit avec intrépidité , & battit en plufieurs reprifes les Im-
périaux. Le peuple cependant , épuifé de fatigues , rentra en lui-même , & vit combien
une plus longue réfiftance pouvoit lui devenir
funefte ; fa fureur fe calma donc par dégrés , &

our mériter sa grace, il commença par chasser de ses murs l'intrépide Dona Maria. Le
Clergé de Toléde se croyant en droit d'échauffer la populace, ne manqua pas de lui persuader que Dona Maria étoit non-seulement coupable des plus grands sacrileges ; mais qu'elle
étoit encore sorciere, & possédée de l'esprit
infernal. Cette généreuse femme, sans s'étonner, se jetta dans la citadelle avec ceux qui lui
étoient attachés, & s'y défendit encore pendant quatre mois entiers. Réduite enfin aux
plus dangereuses extrémités, elle eut, à la faveur d'un déguisement, l'adresse d'échapper à
ses ennemis, & de se réfugier en Portugal, où
elle mourut toujours occupée & de sa douleur,
& de ses desirs de vengeance.

PALAVICINE, (Argentine) florissoit au commencement du seizieme siecle. Le Pere Hilarion de Coste en fait l'éloge & dit qu'elle aima
les Lettres & protégea les Savans.

PAMPHILE, savante Egyptienne sous l'empire de Néron, étoit femme de Socratides &
fille du célebre Soterides, qui lui dédia ses
Commentaires. Diogene Laërce & Aulugelle
la citent souvent, & ne l'appellent que la Savante d'Epidaure. Elle composa plusieurs Traités & une Histoire mêlée, divisée en trente-
trois Livres.

PANTHEE, femme d'Abradate, Prince Egyp-
tien, se signala dans son siecle par l'héroïsme de
sa tendresse. Panthée avoit été prisonniere de
Cyrus, qui l'avoit traitée avec une générosité
singuliere. Depuis cette époque Abradate &
elle étoient intimement attachés à ce Prince.
Cyrus, en guerre avec Crœsus, & se disposant

à lui livrer bataille , confia à Abradate le com.... qui
mandement de ses chariots armés de faulx.... le |
Abradate se préparant pour le combat , allai.... |
endoffer sa cuiraffe qui n'étoit que de lin pique....de
lorfque Panthée vint lui préfenter une armure....qui
complette , d'une richeffe extraordinaire & d.... o:
travail le plus exquis , qu'elle avoit fait faire à de
fon infçu , pour lui ménager le plaifir de la fur....av
prife. En la lui préfentant , la tendre Panthée....pp
ne put s'empêcher de verfer des larmes ; mais....li:
fitôt qu'elle vit Abradate couvert de cette ar.... l
mure , cette généreufe femme ranimant tout.... i
à-coup fes efprits , l'exhorta à fe fignaler d'une
maniere digne de leur naiffance & de la reconnoiffance qu'ils devoient à Cyrus. « O Jupiter!
» s'écria Abradate , en levant les yeux au Ciel,
» fais que je paroiffe en cette occafion digne
» époux de Panthée , digne ami de notre géné-
» reux bienfaiteur ». En achevant ces mots, il
monta avec vivacité fur fon char. Abradate fi
des prodiges de valeur ; mais au milieu du
combat il fut tué. Sitôt qu'on en eut annoncé la
funefte nouvelle à Panthée, elle fe fit apporter
le corps de fon cher époux , & appuyant fa tête
fur fes genoux , les yeux fixés fur ce trifte objet , l'arrofoit de fes larmes , jettant les cris les
plus douloureux. Cyrus accourut auffi-tôt , &
après avoir employé tous fes efforts pour lui
infpirer quelques confolations , il donna des
ordres pour rendre à ce jeune Héros des honneurs extraordinaires ; mais à peine fe fut-il
retiré , que Panthée fuccombant à fon défefpoir,
fe plongea un poignard dans le fein , & expira
fur le corps de fon mari , le tenant embraffé.
On les mit tous deux dans un même tombeau,

qui fut élevé fur le lieu même où venoit de
fe paſſer cette triſte ſcene.

PARTHENAI, (Anne de) femme d'Antoine
de Pons, Comte de Marenne, fut, par ſon efprit, ſon favoir & ſes talens, un des plus beaux
ornemens de la Cour de Renée de France, fille
de Louis XII. & Ducheſſe de Ferrare. Elle
avoit une belle voix & favoit à fond la muſique,
parloit aiſément Grec & Latin, & étoit très-
inſtruite dans la Philoſophie & dans la Théologie, & n'avoit pas de plus amuſante récréation que celle de s'entretenir avec des Savans.

PARTHENAI, (Catherine de) niece de la
précédente, & une des plus belles, des plus
ſpirituelles & des plus courageuſes femmes de
ſon ſiecle. Devenue veuve du Vicomte de Rohan, en 1585, elle voulut être elle même l'inf-
titutrice de ſes enfans dont l'aîné fut le fameux
Duc de Rohan, qui ſe fit depuis une ſi grande
réputation dans le parti Calviniſte. A l'âge de
ſoixante-quatorze ans, Catherine s'étant renfermée dans la Rochelle aſſiégée par Louis XIII
elle y ſoutint les incommodités du ſiege avec
une fermeté héroïque, & lorſque cette ville fut
réduite à capituler, cette généreuſe femme,
bravant la mauvaiſe fortune de ſon parti, refuſa
d'être compriſe dans la capitulation, & préféra
d'être conduite priſonniere de guerre au château de Niort. Elle a compoſé divers ouvrages
en vers & en proſe.

PARTHENAI, (Anne & Catherine de) filles
de la précédente. Anne élevée & inſtruite par
ſa mere, hérita de ſes talens & de ſon courage.
Catherine s'immortaliſa par ſa vertu. C'eſt elle
qui fit à Henri IV cette belle réponſe : « Je

» fuis trop peu pour être votre femme , & trop
» pour être votre maitreffe ».

PASCAL , (Françoife) née à Lyon , s'adonna
dès fa jeuneffe à l'étude des Belles-Lettres, &
fe diftingua dans cette carriere. L'on a, d'elle
une Tragédie qui a pour titre , *Endymion & le
Vieillard amoureux*, Comédie en un Acte & en
vers de huit fyllabes.

PASCAL , (Françoife Gilberte) femme du
fieur Florent Perrier, annonça, dès fon bas-
âge, les plus heureufes difpofitions pour l'étude des fciences, & fon illuftre pere les cultiva
lui-même avec le plus grand foin. Elle poffédoit
plufieurs langues favantes, & s'en fervit pour
s'occuper de l'étude de la Philofophie & de la
Théologie. Cette Savante Dame a compofé divers ouvrages, & écrit la vie de Blaife Pafcal,
fon frere.

PASCAL , (Jacqueline) autre fœur du célèbre Pafcal , fe montra de bonne heure bien digne
de lui tenir de fi près , & partagea avec fuccès
les foins que leur pere prit, lui-même, de l'é-
ducation de tous fes enfans. Jacqueline, dès l'â-
ge de douze ans , faifoit des vers qui lui méritoient les éloges des meilleurs connoiffeurs. A
peine avoit-elle atteint quinze ans , qu'elle remporta le prix de Poéfie de l'Académie de Caën.
Méprifant de fi heureux talens , cette illuftre
fille embraffa la vie Religieufe dans l'Abbaye de
Port-Royal-des-Champs, où elle fut connue fous
le nom de Sainte Euphémie. Elle y compofa
des Cantiques fpirituels, & mourut en 1661,
âgée de trente-fix ans.

PASSOW, (Madame   ) Savante Danoife,
a enrichi le Théâtre de Coppenhague de plu-

P A 05

leurs Comédies de fa compofition, très-eftimées.

PATIN, (Madeleine Hommets, femme du célebre Guy) douée d'un goût fingulier pour l'étude, en fit fon occupation la plus affidue, & a compofé des Réflexions Morales & Chrétiennes, écrites avec beaucoup d'énergie & pleines des fentimens de vertu & de piété dont elle étoit animée.

PATIN, (Charlotte & Gabrielle) filles de la précédente, répondirent aux heureux avantages de leur naiffance, par leur goût pour l'étude, & leurs fuccès dans les Belles-Lettres. Charlotte a compofé en vers & en profe. Sa Harangue latine, fur la levée du Siége de Vienne, eft écrite avec autant de pureté que d'élégance. Divers ouvrages font auffi fortis de la plume de Gabrielle, & on eftime fur-tout fon Panégyrique de Louis XIV, & fa très-favante differtation fur le phœnix d'une médaille de Caracalla. Elles étoient, ainfi que leur mere, de l'Académie des Ricovrati de Padoue.

PAULE, fi connue dans le quatrieme fiecle par fa piété, fa vafte érudition & fon grand zele pour la Religion Chrétienne. S. Jérôme a écrit fa Vie, & la repréfente comme une femme au-deffus des plus grands éloges.

PAULINE. Seneque, fon mari, ayant été condamné à mort par Néron, prit le parti de fe faire ouvrir les veines, dans la vue de fe procurer du moins une fin douce & tranquille. Pauline lui étoit fi tendrement attachée que, ne voulant point lui furvivre elle fe fit ouvrir auffi les fiennes, & voulut que ce fut avec la même lancette qui avoit fervi à ouvrir celles de

l'infortuné profcrit. Néron , tout cruel qu'il
étoit , averti affez à tems de la généreufe réfolution de Pauline , envoya promptement d'habiles Chirurgiens pour arrêter fon fang & han-
der fes plaies , & donna les ordres les plus précis pour qu'elle fût gardée à vue , & exactement foignée jufqu'à fon entiere guérifon. On
parvint en effet à la fauver , & à l'empêcher
d'attenter de nouveau à fes jours : mais , tant
qu'elle vécut , il lui refta un fond de triftefle que
rien ne put diffiper. Souvent, dans les tranfports de fa douleur , on l'entendoit fe plaindre
des efforts que l'on avoit faits pour l'empêcher
de s'affocier au fort de fon époux.

PELERIN, (Catherine) née à Capoue, excella dans les Sciences & dans la Poéfie Italienne. Le P. Hilarion de Cofte en fait un grand
éloge.

PEREZ , (Dona Juana Coelo, femme de
Antoine) Miniftre de Philippe II , Roi d'Efpagne, Dona Gregoria, & Dona Lucia , leurs
filles , fe diftinguerent toutes trois par leur
efprit & leur favoir , & mériterent d'être placées au rang des femmes Savantes de l'Efpagne. Elles floriffoient fur la fin du feizieme
fiecle.

PERICTIONE , femme très - favante , de la
Secte de Pythagore, & mere de Platon. Strobée
dit qu'elle avoit compofé deux excellens Traités fur la Philofophie.

PERNETTE DU GUILLET , née à Lyon,
dans le feizieme fiecle, belle , vive , fpirituelle
& vertueufe ; inftruite dans les Langues favantes, cultivant la Poéfie , & d'une rare érudition , écrivoit en Latin, en Italien & en Efpa-

ol, auffi correctement qu'en François ; ex-
elloit dans la Mufique, jouoit fupérieurement
e plufieurs inftrumens, & ne compofoit aucun
uvrage qu'elle ne le dédiât aux Dames Lyo-
oifes. Elle étoit contemporaine & amie de
ouife-Labbé.

PÉRONET, (Antoinette) a donné une
reuve de fon érudition & de la correction de
on ftyle, dans l'Epitre qu'elle a mife au-devant
e l'Inftitution de la Vie Humaine, qu'elle a
raduite du Grec en François, & donnée au
ublic en 1750.

PERSIENNES. Chez les Perfes, les femmes
étoient élevées dans une grande retenue. La modeftie dans les difcours, la décence dans le
maintien étoient au nombre des vertus les plus
recommandables de leur fexe. Les hommes les
admettoient dans tous leurs feftins ; mais auffi-
tôt que le vin commençoit à les échauffer, elles
fe retiroient dans leurs appartemens, & cé-
doient volontiers la place à des femmes qui
n'exigeoient ni attentions, ni refpect. Dans la
guerre d'Aftiages, Roi des Médes, contre Cyrus, les Médes étant fur le point d'entrer dans
Perfépolis, pêle-mêle avec les Perfes qui s'y
retiroient en-fuyant, les femmes Perfiennes
coururent toutes en foule, au-devant, les unes,
de leurs maris ou de leurs peres, les autres,
de leurs freres ou de leurs fils, &, fe déchirant
le fein, leur crierent ; « où fuyez-vous, les
» plus lâches des hommes ? pouvez-vous pen-
» fer que votre lâcheté vous puiffe tenir en fû-
» reté dans l'enceinte de nos murs ? Ce peu de
mots arrêta fubitement les Perfes, & ils retournerent au combat avec tant d'acharnement

& de furie, que les Mèdes, culbutés à leu
tour, furent tous, ou taillés en pieces, o
obligés de chercher leur falut dans la fuite. Cy
rus, pour conferver la mémoire de cet événe
ment, inftitua que toutes les fois que les Roi
de Perfe, au retour d'une guerre, entreroie
dans Perfépolis, ils feroient diftribuer une pie
ce d'argent à chaque femme de la ville. Ce
ufage fubfifta long-tems, & lorfque Alexandr
eût conquis la Perfe, étant entré deux fois dan
Perfépolis, il fit, à chaque fois, diftribuer cette
efpece de tribut aux femmes Perfiennes, &
voulut même que celles qui fe trouveroien
enceintes reçuffent le double.

PÉTRONILLE D'ARRAGON, mariée e
1137, dès l'âge de deux ans, à Raimond B
renger, quatrieme du nom, Comte de Barce
lonne, fut une Princeffe habile & douée de
plus grands talens pour le gouvernement de
Peuples & le maniement des affaires. A pein
fon éducation étoit-elle cenfée finie, que Rai
mond n'eût plus que le titre de Prince d'Arra
gon; Pétronille fe mit, de fon confentement,
à la tête l'adminiftration de fes Etats, & l'e
xerça tant qu'elle vécut. Elle mourut en 1173.

PHILA, fille de Antipater, une des plu
illuftres femme de fon fiecle. Sa beauté ne fai
foit pas fon feul mérite: l'éclat en étoit relevé
par la douceur & la modeftie qui brilloient en
elle, par la bonté qui regnoit dans toutes fe
actions, par une inclination perfévérante à obli
ger tous ceux à qui fa protection pouvoit être
utile. Capable, par fon génie fupérieur de con
cevoir les plus grands projets, fa prudence lui
en affuroit toujours le fuccès. Quoique jeune

encore,

encore, tant qu'elle resta auprès de son pere, l'un des plus profonds politiques de son tems, n'entreprenoit rien sans la consulter. Elle eut deux maris, Cratère, & Démétrius, fils d'Antigone, tous deux des principaux Capitaines d'Alexandre. Phila n'usoit de son crédit auprès d'eux que pour faire du bien aux Officiers & à leurs enfans, & cette conduite l'avoit rendue si chere aux troupes, que s'il s'élevoit quelque sédition dans les Armées, la seule présence de Phila suffisoit pour la dissiper.

PHILIPS, (Catherine) Dame Angloise, fut célebre dans le dix-septieme siecle, par ses Poésies & ses ouvrages. Sa traduction, en Anglois, de la Tragédie de Pompée, de Corneille, lui fit beaucoup d'honneur lorsqu'elle parut. Les Lettres perdirent cette illustre femme, en 1664.

PHILOTIS, Esclave Romaine, rendit à la République un signalé service. Envoyée par le Sénat avec d'autres Esclaves vêtues en riches citoyennes, dans le Camp des Fidenates, Philotis commença par engager les principaux Officiers à boire avec elle, & ses compagnes en firent de même avec les subalternes. Les uns & les autres burent tant de vin qu'ils s'enivrerent & furent forcés ensuite de s'abandonner au plus profond sommeil. Dès que Philotis les vit tous en cet état, elle donna le signal dont elle étoit convenue. Les Romains, qui n'attendoient que ce moment, entrerent dans le camp des Fidenates & s'en rendirent maîtres, après avoir égorgé tout ce qui ne put s'échapper par la fuite. En reconnoissance de cet heureux succès, Philotis & ses compagnes furent affranchies par l'ordre du Sénat, qui leur permit aussi de

S

porter tant qu'elles vivroient, l'habillement de
citoyennes. Il fut institué une fête en même
de cet événement.

PHINTYS, fille de Callicrates, & de la Secte
de Pythagore. Strobée nous a conservé un frag-
ment d'un de ses ouvrages Philosophiques qui
pour titre, *de Temperantiâ Mulierum.*

PHOCION, (la Femme de) se trouvant un
jour avec une riche Dame d'Yonie, qui lui
montroit avec beaucoup d'intérêt ses bijoux &
ses pierreries, & lui faisoit de pompeuses énu-
mérations de toutes ses richesses, elle lui dit
du ton de la plus noble simplicité : « Pour moi,
» Madame, mes ornemens & mes biens, c'est
» mon mari qui, depuis vingt ans, n'a cessé chaque
» année d'être élu Général des Athéniens ».

Ce même Phocion ayant été injustement condamné à mort à l'âge de plus de quatre-vingts
ans, les Athéniens ordonnèrent que son corps
seroit porté hors du territoire de l'Attique, &
défendirent de fournir du bois, ni même du
feu pour servir à honorer d'un bûcher ses fu-
nérailles. Il ne fut possible de lui rendre ces
derniers devoirs que sur les terres de Mégare.
Une femme distinguée de ce pays y assista avec
ses suivantes, fit élever à ce grand homme un
cénotaphe sur le lieu même où son corps avoit
été consumé, & après y avoir fait les effusions
d'usage, elle emporta elle-même dans sa robe
les ossemens qu'elle avoit recueillis avec grand
soin. Arrivée de nuit chez elle, elle les déposa
sous son foyer, en proférant ces paroles :
« Cher & sacré foyer ! je te confie & mets en
» dépôt dans ton sein ces précieux restes d'un
» homme de bien ; conserve-les fidèlement

» pour les rendre un jour au tombeau de ſes
» ancetres, quand les Athéniens ſeront deve-
» nus plus ſages & plus juſtes ».

PICARDET, (Anne) Dame de Moulieres &
Deſſartines, floriſſoit au commencement du
dix ſeptieme ſiecle, & étoit diſtinguée autant
par ſes éminentes vertus que par ſes ſuccès
dans l'art des vers. Elle a compoſé des Cantiques ſpirituels, des Odes, des Sonnets &
d'autres ouvrages qui ont paru en 1618.

PIOMBINO, (Anne-Marie-Ardoni-Ludoviſi,
Princeſſe de) fut une des plus ſavantes femmes
de l'Italie dans le dix-ſeptieme ſiecle. Très-
jeune encore, elle avoit déja donné au Public
un volume de poéſie Italienne de ſa compoſition.

PISAN, (Catherine) fille de Thomas Piſan,
fameux Aſtrologue, & parvenu par ce talent à
la plus haute faveur auprès de Charles V, Roi
de France. Catherine avoit été amenée très-
jeune en France. A meſure qu'elle avançoit en
âge, elle s'acquit une ſi grande réputation pour
ſa beauté, ſon eſprit & la faveur dont ſon pere
jouiſſoit, qu'elle fut de très-bonne heure recherchée en mariage. Le mérite d'un jeune
Gentilhomme de Picardie décida de la préférence, & Catherine lui fut accordée, quoiqu'elle n'eût encore que quinze ans. Neuf ans
après ſon mariage, ayant perdu cet époux ; dégagée alors de ſes liens, cette jeune femme ſe
livra entiérement à l'étude, & compoſa pluſieurs ouvrages qui lui acquirent, avec une
grande célébrité, l'eſtime particuliere de pluſieurs grands Princes. M. Le Bœuf a écrit la
vie de cette illuſtre femme. Elle ſavoit à fond
le Latin & le Grec, & poſſédoit pluſieurs autres

langues. Le savant Claude Joly, Chantre à l'Eglise de Paris, a mis dans le nombre de Livres faits pour l'institution des Princes, à *Trésor de la Cité des Dames* & *le Chemin de long-étude*, qui font partie des ouvrages de cette Dame. Elle eut un fils, *Jean Castel*, qui se distingua aussi dans les Belles-Lettres.

PITHIAS, fille d'Aristote. On lui attribue des Sentences qui suffisent pour la rendre digne d'un tel pere, & faire connoitre combien elle avoit répondu aux soins que ce célebre Philosophe avoit dû prendre de son éducation.

PLACIDIE, fille de Théodose le Grand, & sœur d'Arcadius & d'Honorius, femme de l'Empereur Constance, passa dans son tems pour une femme de beaucoup d'esprit, d'une grande érudition, d'un caractere ferme & courageux. Dans des tems très-difficiles, Placidie gouverna l'Empire pendant la minorité de son fils, avec autant d'habileté que de sagesse. Elle mourut en 450.

PLATBUISSON, (   ) femme d'esprit, d'un grand savoir, & du plus agréable caractere, composoit avec facilité en vers & en prose. Mademoiselle Scuderi & plusieurs Savans du dix-septieme siecle en ont parlé avec éloges.

PLISSON, (Mademoiselle   ) née à Chartres, a rendu publiques les preuves de son heureux talent pour la poésie, dans une Ode sur la naissance de M. le Duc de Bourgogne, & des Stances sur celle de M. le Duc d'Aquitaine.

PLOTINE, femme de l'Empereur Trajan, se distingua dans son siecle par de grands ta-

...ns & la singuliere bonté de son cœur. Aussi ...rtueuse que prudente, elle sut se faire éga-...ment admirer & aimer & de sa Cour & de ...s peuples. Touchée de l'excès des impôts ...ont toutes les Provinces de l'Empire étoient ...rchargées, par ses vives sollicitations autant ...e par ses sages conseils, elle détermina Trajan ...les diminuer. Après sa mort, Adrien lui fit ...tir à Nimes un temple dont on voit encore ...s restes.

Po, (Thérese de) savante Napolitaine. Plu-...eurs pieces de sa composition, qui annoncent ...n esprit & son érudition, ont été insérées ...ans le cabinet de Madame la Marquise de Vil-...na, ci-devant Vice-Reine de Naples.

POLLA, (Argentaria) femme du célebre ...cète Lucain, cultiva les sciences & s'adonna ...la poésie avec de brillans succès. Elle corrigea ...lle-même la Pharsale après la mort de son ...ri.

POMPONIA-GRÆCINA, Dame Romaine, ...toit liée de la plus étroite amitié avec Julie, ...lle de Drusus, & niece de l'Empereur Claude. ...ette Princesse, dont la vertu & la beauté fai-...oient ombrage à Messaline, fut mise à mort par ...es ordres cruels de cette abominable femme. ...omponia, au désespoir de la fin tragique de ...on illustre amie, s'abandonna à la plus vive ...ouleur, & pendant quarante années qu'elle lui ...survécut, passa tous les instans de sa vie dans le ...euil & la tristesse. Eloignée de tous les plai-...firs, elle se refusoit à toute espece d'amuse-...mens, même les plus innocens. Modele d'amitié ...bien admirable & bien rare !

PONTHIEU, (Adélaïde ou Adéle de) s'acquit dans son siecle beaucoup de réputation par sa beauté, son esprit, & les excellentes qualités de son cœur. Injustement condamnée par son pere, arrachée à son mari, vendue à un Soudan, & ramenée triomphante dans sa patrie, cette illustre femme a fourni dans l'assemblage de ces singuliers événemens, le sujet d'une tragédie & d'un roman estimés.

PORCACCHI, (Blanche Aurora) femme d'un des plus savans hommes de la Toscane, soutint, par son goût pour les Belles-Lettres, la gloire de son nom.

PORCIE, fille de Caton & femme de Brutus, se montra dans tout le cours de sa vie, par ses vertus & son courage, bien digne de l'un & de l'autre. Brutus s'étant mis à la tête d'une conjuration contre Cézar, apportoit la plus grande attention pour conserver en public un air calme & tranquille; mais rentré chez lui, il n'étoit plus le même. Absorbé dans ses réflexions, il laissoit appercevoir qu'il avoit l'ame agitée de vives inquiétudes. Porcie le soupçonna occupé de quelque grand dessein, ou dévoré par des chagrins cuisans qu'il vouloit lui cacher. Hors d'elle-même, & transportée du désir de partager les peines d'un mari qu'elle adoroit & dont elle étoit passionément aimée, elle résolut de tout employer pour tirer son secret; mais avant de faire aucune démarche, Porcie voulut essayer jusqu'où elle étoit capable de porter le courage & la fermeté. Elle prit le petit couteau qui lui servoit à rogner & polir ses ongles, & se l'enfonça dans la cuisse. Aussitôt le sang coula en abondance, & les douleurs aiguës qui succéderent lui causerent une fievre iolente. Brutus, averti de son état, accourut promptement, & Porcie, faisant alors retirer tout son monde, tint à son mari ce discours : Brutus, je suis fille de Caton, & je vous ai été donnée non pour partager, simplement comme une maîtresse, votre lit & votre table, mais pour entrer en société de tout ce qui peut vous être agréable ou fâcheux. Votre conduite à mon égard a jusqu'ici été irréprochable, mais, moi, que ferai-je pour vous ? par où vous prouverai-je ma reconnoissance de tous vos bons procédés, si je ne vous aide pas à supporter le fardeau des inquiétudes & des chagrins dont depuis quelque tems je vous vois tourmenté ; si je ne peux les adoucir par l'intérêt & par tous les soins que me dicte le plus tendre attachement ? Je sais que communément les femmes ne passent pas pour être bien capables de garder un secret ; mais, Brutus ! la bonne éducation & une société vertueuse peuvent tout sur le caractere & sur les mœurs. Eh ! qui peut à plus juste titre se glorifier de ces précieux avantages que la fille de Caton & la femme de Brutus ? Jusqu'ici je n'avois point encore essayé mes forces contre la douleur ; mais maintenant, je viens, cher époux, de me convaincre que la plus vive ne triompheroit pas de mon courage ». En achevant ces mots, elle découvrit la blessure qu'elle s'étoit faite, & rendit compte à son mari du motif & du desir inquiet qui l'avoit animée. Brutus, consterné, mais ravi en même tems d'admiration, levant les mains au Ciel, demanda aux Dieux de pouvoir, par le succès de la grande entreprise qu'il méditoit, parvenir à être regardé d'eux, & de l'univers entier, comme le digne époux de Porcie. Après avoir ordonné les secours que l'état de cette généreuse femme demandoit, il lui confia sans réserve tout le projet dont il étoit occupé, & jusqu'à son exécution, il n'eut pas à se repentir de la confiance qu'il avoit mise en elle. Après la mort de Cézar, qui fut l'effet de la conjuration, Brutus fut obligé de quitter l'Italie pour aller commander les forces des mécontens. Porcie fit les plus grands efforts pour le suivre, & ne put l'obtenir. Apprenant enfin que le parti opposé à son mari triomphoit, elle ne prévit que trop la cruelle catastrophe à laquelle elle devoit s'attendre, & dès cet instant tomba dans une maladie de langueur qui la mit au tombeau l'an de Rome 712.

PORETTE, (Marguerite) vivoit dans le treizieme siecle, & s'y fit beaucoup de réputation par son esprit & son érudition; mais ayant dans un de ses ouvrages exposé une doctrine qui parut dangereuse, cette femme fut victime de la barbarie de son siecle, & ses erreurs furent punies par le supplice du feu.

POTAR DU LU, (Marie-Thérese) a donné en différens tems plusieurs ouvrages en vers. Dès l'âge de dix-sept ans elle composa une Ode anacréontique en douze strophes, qui réunit, lorsqu'elle parut, les applaudissemens de tous les connoisseurs.

PRAXILLE, femme de la ville de Sicyone, excelloit dans la poésie. On a conservé des vers de sa composition qui se trouvent dans le recueil de ceux d'Anyte. La supériorité de son talent la fit placer au rang des plus célebres Poëtes riques de la Grece. Elle paſſe pour avoir imaginé une meſure de vers qui, de ſon nom, fut appellée *Praxiléene.* On lui érigea de ſon vivant, une ſtatue faite de la main du célebre Lyſippe. Elle vivoit 492 ans avant l'Ere Chrétienne.

PREMONTVAL, (Marie-Anne-Victoire Pigeon d'Oſangis, épouſe de M.) née à Paris en 1724, actuellement Lectrice de la Princeſſe de Pruſſe, épouſe du Prince Henri. Adonnée à l'étude des ſciences, & pleine de goût pour les Belles-Lettres, cette Dame a rencontré, pour s'y perfectionner, des ſecours bien avantageux dans la ſociété de ſon mari, homme auſſi célebre par la place qu'il occupe à l'Académie de Berlin, que par la quantité d'excellens ouvrages dont il a enrichi la Littérature. En 1750, Madame de Prémontval donna au Public *le Méchaniſte Philoſophe,* ou *Mémoires concernant la vie de Jean Pigeon,* ouvrage qui lui a mérité beaucoup d'éloges.

PRINCE DE BEAUMONT, (Madame le) née à Rouen le 26 Avril 1711. Douée d'un talent particulier pour élever, inſtruire & former des Demoiſelles de condition, cette Dame en a donné des principes très-éclairés & très-ſages dans pluſieurs ouvrages de ſa compoſition, que le Public a reçus avec tant de ſatisfaction & d'avidité, qu'il n'y a aujourd'hui aucune mere de famille qui ne les ait entre les mains & à qui ils ne ſervent de guides. Cette illuſtre Bienfaitrice de l'humanité, attirée par de riches Maiſons d'Angleterre, eſt actuellement à Londres, où ſes leçons & ſes ſuccès lui méritent la plus grande conſidération.

S v

PRINGI, (   ) a mérité, au rapport de plusieurs Ecrivains, un rang distingué parmi les femmes savantes du dix-septieme siecle, & a composé divers ouvrages estimés.

PROPERTIA-DI-ROSSI, excella dans la Peinture & la Sculpture vers la fin du quatorzieme siecle. La perfection de ses talens dans ces deux genres mit de grands prix à ses ouvrages, & les fit rechercher de tous les amateurs & connoisseurs.

PUIMIROL, (   ) se distingua dans le dix-septieme siecle par son esprit, son érudition, & un talent décidé pour la poésie. On a recueilli & imprimé ses Œuvres à Toulouse.

PUISIEUX, (Magdeleine Darsant, épouse de M. de) annonça, très-jeune encore, les plus heureuses dispositions pour l'étude, unies au plus grand goût pour les Belles-Lettres, & les cultiva avec tant de succès, que les premiers essais de sa plume passerent à très-juste titre pour des chefs-d'œuvre. Elle a composé plusieurs ouvrages de morale qui sont écrits avec la plus grande pureté ; on y trouve par-tout les principes de la plus saine vertu présentés avec autant d'agrément que de goût & d'érudition. Cette Dame s'est aussi fait connoître par quelques ouvrages de fiction qui ont été très-bien accueillis du Public.

PULCHERIE, sœur de Théodose le jeune, a mérité les éloges de tous les Historiens de son tems, pour son esprit, ses vertus & son érudition. Théodose, Prince indolent, inappliqué & voluptueux, connoissant les grands talens de sa sœur, ne craignit point de se l'associer à l'Empire, & même de lui faire conférer

ie titre d'Augufte. Cette célebre fille , quoiqu'encore jeune , fut, autant par la profondeur
& l'habileté de fa politique, que par la force
& le fuccès de fes armes , garantir fon Empire
ce l'invafion des Barbares, repouffer les Perfes
& les réduire à demander la paix , dompter les
rebelles qui , à la mort d'Honorius , voulurent
s'emparer du Trône d'Occident. Le Concile de
Chalcédoine fut affemblé par fes foins , & cette
Princeffe y fut comblée des louanges que méritoient fes actions héroïques & fon zele pour la
Religion. Pulchérie aimoit , cultivoit & protégeoit fingulièrement les fciences. Elle finit fes
jours en 454 , âgée de cinquante-fix ans.

PULCI, (Antonia) femme de Bernard Pulci,
célebre Poëte Italien, excella comme lui dans
la poéfie. Elle vivoit vers le milieu du quinzieme fiecle.

Q.

QUIQUERAN, (Clermonde de) née à Arles
en Provence. Belle, fpirituelle & favante, Hu-
gues de Sancyre, célebre Troubadour, en fit
l'objet de fes plus agréables Chanfons.

QUITILLI DE LA MIRANDE, (Lucrece)
Demoifelle Italienne, floriffoit dans le feizieme
fiecle. Née avec d'heureufes difpofitions pour
la Peinture, elle les cultiva de bonne heure &
les perfectionna fous les leçons des plus grands
maitres , & fur-tout d'Alexandre, difciple de
Bronzine. Devenue très-célebre dans cet art,

ſes ouvrrges ſont encore actuellement en grande
eſtime parmi les connoiſſeurs.

R.

Rambouillet, (Julie d'Angennes, Marquiſe de) & depuis Ducheſſe de Montauzier,
née avec les plus heureuſes diſpoſitions pour
l'étude des Belles-Lettres, les cultiva avec de
rapides ſuccès, ſous les yeux de ſon illuſtre
mere, qui réuniſſoit au goût le plus éclairé,
les plus brillantes qualités-de l'eſprit & du
cœur. Le mérite de ces illuſtres Dames rendit
leur hôtel le rendez-vous de tout ce qu'il y
avoit de plus ſavant & de plus diſtingué à la
Cour & à la Ville. Une foule de gens choiſis
& recommandables par la ſcience, les talens
& la politeſſe, s'empreſſoient d'y aller tous les
jours former une Cour qui étoit l'image reſ-
ſemblante de celle que les Poëtes donnent aux
Muſes. « Les Grands, dit l'Auteur de la Vie
» du Duc de Montauzier, y alloient goûter
» cette noble ſimplicité, cette liberté honnête
» qui ſe trouvent ſi difficilement dans les Palais
» des Rois. Les Savans accouroient de tous les
» pays & de toutes les nations, y puiſer ce
» goût exquis & délicat qui appartient à la vraie
» ſcience, & ſans lequel elle n'offre à l'exté-
» rieur rien que de rebutant. Les Dames y ve-
» noient apprendre combien la ſcience & le
» goût des Belles-Lettres pouvoient ajouter
» aux avantages périſſables dont leur ſexe ſe

» glorifie. Les jeunes gens trouvoient à s'y for-
» mer à ces manieres aimables qui diftinguent
» le François de toutes les autres nations de
» l'univers. Tous enfin s'y rendoient comme à
» une école de vertu, & tous convenoient
» qu'elle s'y faifoit voir avec fes attraits les
» plus touchans ». Tant de mérites & de belles
qualités réunies, attachoient un grand nombre
d'adorateurs auprès de Mademoiselle d'Angennes. M. de Salle, après avoir foupiré pour
elle pendant treize ans entiers, fut enfin le feul
heureux, & encore il ne fallut pas moins que
la protection de la Reine mere & du Cardinal
Mazarin, pour déterminer cette Demoifelle à
facrifier fa liberté, qu'elle chériffoit comme le
plus précieux tréfor de fa vie. Les titres & les
honneurs du haut rang vinrent l'accueillir dans
l'état du mariage. M. de Salle fut fait Duc de
Montauzier & Gouverneur de M. le Dauphin,
& fa femme fut nommée Dame d'Honneur de
la Reine femme de Louis XIV. Après avoir
vécu vingt-fix ans avec fon époux dans l'union
la plus parfaite, cette illuftre Dame mourut
comblée d'honneurs à   le

RAMIER, (   ) de la ville de
Marfeille, Demoifelle de beaucoup d'efprit,
s'eft fait connoître dans la République des Lettres, par des traductions en vers François, de
plufieurs Odes d'Horace.

RAMSAI, (Marie) Dame Angloife, femme
de Thomas Ramfai, qui fut Lord-Maire de
Londres. Cette Dame, devenue veuve fans enfans, & maîtreffe de très-grands biens, employa fes richeffes à faire un grand nombre de
fondations à Cambridge, à Oxfort, & à Half-

tadt, en faveur de pauvres étudians. Elle font
auffi dans ces mêmes villes des écoles gratuites
pour l'inftruction des enfans des pauvres, &
dans les hôpitaux des places pour des foldats
bleffés ou eftropiés, & pour des pauvres veu-
ves. Elle plaça dans les fonds publics diverfes
fommes dont elle délégua les revenus, partie
pour foulager les pauvres prifonniers, partie
pour délivrer chaque année un certain nombre
de ceux qui étoient détenus dans les prifons
pour dettes. Enfin, non contente de tant
de bonnes œuvres, Madame Ramfai laiffa
encore des fonds confidérables pour marier
tous les ans des filles pauvres, & foulager,
dans plufieurs Paroiffes de la campagne, les
indigens qui auroient befoin d'être affiftés.

RANDAN, (Fulvie Pic de la Mirande, Comteffe de) fille de Galeas Pic, Prince de la Mirande, & d'Hyppolite de Gonzague, fut un
des ornemens de la Cour de Henri III. Veuve
à vingt-deux ans de Charles de la Rochefoucault, elle refta conftamment pendant quarante-
cinq ans entiers dans l'état du veuvage, & les
employa à l'éducation de fes enfans, à l'étude
des Belles-Lettres, & à la pratique des plus
hautes vertus. Henri, rendant juftice à fon rare
mérite, la nomma Dame d'Honneur de la Reine
Louife fa femme, & Madame de Randan fut
dans cette place le modele & l'admiration de
toutes les Dames de la Cour. Elle finit fes
jours le 14 Septembre 1607.

RASILLI, (Marie de) d'une noble & ancienne famille de la Touraine, s'adonna avec
le plus heureux fuccès à l'étude des Belles-
Lettres, & fut très-renommée dans le dix-

septieme siecle , par son esprit, son érudition & ses talens litteraires. Cette Dame excelloit sur-tout dans la poésie, & a composé divers ouvrages pleins d'élégance & de naturel. En société avec les plus beaux esprits de son tems , ils l'avoient surnommée Calliope, parce qu'elle se plaisoit dans ses compositions à traiter de préférence des sujets héroïques. Louis XIV. l'avoit gratifiée de 2000 liv. de pension. Cette illustre Dame poussa sa carriere jusqu'à l'âge de quatre-vingt-trois ans, & la finit à Paris en 1707. .

REBECCA, femme Juive & très-savante, composa en Allemand un ouvrage de morale qui a pour titre, *la Nourrice de Rébecca*. Il fut imprimé en 1718.

RENÉE DE FRANCE , Duchesse de Ferrare, fille de Louis XII. Roi de France, née à Blois le 25 Octobre 1510. Pleine d'esprit , d'amour pour l'étude & de goût pour les sciences & les beaux-arts, sa Cour brilloit par l'affluence continuelle des personnes les plus spirituelles & les plus savantes de son tems , qu'elle savoit y attirer autant par son propre mérite que par ses bienfaits. Elle possédoit à fond les langues Grecque & Latine, les Mathématiques, & même l'Astronomie, & excelloit encore dans la connoissance de l'Histoire & de la Théologie. Après la mort du Duc son époux, cette Princesse revint en France, où elle brilla également par son génie & l'étendue de ses connoissances : elle y attira même auprès d'elle le célèbre Marot , en qualité de son Secrétaire. Les malheurs des tems lui fournirent plusieurs occasions de faire paroître sa fermeté & son courage. Le Duc de Guife l'ayant fait fommer de rendre quelques mécontens à qui elle avoit donné afyle, elle lui répondit fiérement qu'elle ne les rendroit point, & que s'il s'avifoit d'ufer de violence, il n'avoit qu'à s'attendre à la trouver la premiere fur les murs de fon château pour lui en défendre les approches. Cette illuftre Princeffe finit fes jours à Montargis en 1575, âgée de foixante-cinq ans.

RENOTTE, (Mademoifelle   ) née à Méziere fur Meufe, s'eft rendue par goût très-habile dans le maniement & l'exercice des armes. Son pere, l'un des principaux Officiers de la Compagnie de l'Arquebufe de Méziere, l'ayant menée avec lui en 1774, au prix général de Province, qui fe rendoit cette année à Saint-Quentin, elle remporta, en préfence d'une foule de fpectateurs, le fecond prix, & par un cri général, elle y fut furnommée l'*Amazonne de Meziere*.

RETS, (Ducheffe de) fut un des ornemens du feizieme fiecle, par fon goût pour les Lettres & fon application continuelle à les cultiver. Cette Dame parloit les langues favantes avec autant de pureté que de graces, & fut beaucoup louée par les favans fes contemporains.

RIBEÏRA, (Catherine) Dame Efpagnole, mérita dans le dix-feptieme fiecle, un rang diftingué parmi les femmes illuftres de fa nation, par fon efprit, fon érudition, & de finguliers talens pour la poéfie. Elle a compofé plufieurs ouvrages en vers très-eftimés.

RICART, (   ) vivoit à la fin du dix-feptieme fiecle & paffoit pour une fille auſſi ſpirituelle que ſavante. On connoît d'elle une Epitre en vers très-ingénieuſe, adreſſée à la Reine d'Eſpagne.

RICCOBONI, (Madame   ) eſt auteur de pluſieurs ingénieux ouvrages de fiction que l'on ne peut lire ſans le plus grand intérêt; elle a auſſi compoſé des Comédies qui ont eu du ſuccès.

RICHEBOURG, (Lagarde de) eſt auteur de pluſieurs traductions d'ouvrages Eſpagnols, qui annoncent qu'elle joignoit à beaucoup d'eſprit une grande connoiſſance de la langue dans laquelle elle avoit puiſé le fond de ſes travaux littéraires.

RIOS, (Françoiſe de Los) Demoiſelle Eſpagnole, âgée ſeulement de douze ans, traduiſit du Latin en Eſpagnol, la Vie d'Angele de Foligni, & cette traduction parut imprimée en 1618.

RIEZ, (Mabille de) d'une famille noble de Provence, floriſſoit vers la fin du douzieme ſiecle, & s'y rendit célebre par ſon eſprit & ſon ſavoir. Elle fut l'objet des plus belles Chanſons de Raimond Jourdan, Vicomte de Saint-Antoine, célebre Troubadour. Il brûloit pour elle du plus ardent amour; mais Mabille, trop vertueuſe pour manquer à la fidélité conjugale, refuſa conſtamment de répondre à ſa paſſion. Raimond déſeſpéré, partit pour aller chercher la mort dans les périls de la guerre. Quelque tems après ſon départ, le bruit courut qu'il avoit été tué. A cette nouvelle Mabille ne put retenir les mouvemens de ſon cœur; ſaiſie de la plus vive douleur, elle mourut inconſolable.

Raimond de retour , apprenant la perte de l'objet de fa tendreffe , aprés s'être livré aux plus trilles regrets, fit faire en marbre la llatue coloffale de fa Dame, & la plaça dans l'Eglife du Monallere de Montmajour, où il fe fit Religieux.

ROBERT, (Marie-Anne de Roumier, femme de M.) annonça dès fon jeune àge, d'heureufes difpofitions pour l'étude des Belles-Lettres, & M. de Fontenelle s'occupa fouvent à les cultiver par fes leçons & fes confeils. Elle a compofé divers ouvrages de fiction , dans lefquels on remarque une imagination féconde, une raifon qui frappe, un ton de fentiment qui intéreffe. Son ftyle eft fimple & naturel, mais énergique, & par-tout les penfées font rendues avec beaucoup de graces.

ROCHECHOUART , (Marie-Gabrielle de) Abbeffe de Fontevrault. Tous les avantages dont fon fexe fe glorifie lui furent prodigués par la nature, & fon génie fe trouva propre pour toutes les fciences. Elle fut fe rendre familieres les langues Grecque, Latine, Italienne & Efpagnole. L'ancienne & la nouvelle Philofophie , la Théologie & l'Ecriture fainte n'eurent pour elle rien d'abftrait & de difficile. Ses heures de récréation fe paffoient à lire Homere & Platon dans les textes originaux. Cette vafte érudition & fon rare mérite la firent connoître, admirer & louer dans tout le monde favant. Cette Dame laiffa un grand nombre d'ouvrages de fa compofition en manufcrits : mais ils n'ont pas été rendus publics ; il n'a paru d'elle qu'un *Difcours fur la politeffe* , qui a été reçu vec les plus grands applaudiſſemens. La mort enleva cette illuſtre Savante en 1704, âgée de cinquante-neuf ans.

ROCHEFOUCAUD, (Silvie-Pic de la Mirande, Comteſſe de la) ſœur de l'illuſtre Comteſſe de Randan, fut mariée à François, Prince de Mar-illac, Comte de la Rochefoucaud. Belle, ſpi-rituelle, aimant & cultivant les ſciences, elle fut célébrée par les plus beaux eſprits de ſon tems. Aux avantages les plus brillans de l'eſ-prit & du corps, elle joignoit encore ceux de la modeſtie & de la piété. Joachim Dubellai, lorſqu'elle mourut, compoſa ſon épitaphe & l'orna des plus grands éloges.

ROCHEGUILHEM, (de la) ſe fit connoître avec diſtinction dans le dix-ſeptieme ſiecle, par divers ouvrages ingénieux de fic-tion. On y trouve un grand fond d'eſprit & beaucoup de connoiſſances de l'hiſtoire, du ca-ractere & des mœurs des nations chez leſquelles elle avoit puiſé ſes ſujets. On y admire également-ment un choix qui caractériſe l'auteur, & fait aiſément juger qu'elle avoit l'ame élevée & le cœur pénétré des principes de toutes les vertus les plus recommandables.

ROCHOIS, (Marie le) née à Caen, environ l'an 1650, fit long-tems les délices du Public ſur le Théatre de l'Opéra, par la beauté de ſa voix & l'expreſſion ſupérieure de ſon jeu. La probité la plus exacte, la candeur la plus pure, & ſur-tout l'exercice conſtant de toutes les vertus morales, la diſtinguerent pendant toute ſa vie, qui fut terminée en 1728.

ROHAN, (Anne) fille de René de Rohan & de Catherine de Parthenai, dans le dix-ſeptieme

fiecle. Auffi célebre par fes vertus & fa piété,
que par fa grande érudition & fon courage,
elle foutint avec une fermeté héroïque toutes
les incommodités du fiege de la Rochelle , &
lors de la reddition de cette place, refufa, à
l'exemple de fa mere , d'être comprife dans la
capitulation. La langue Hébraïque lui étoit fi
familiere , qu'elle ne lifoit jamais la Bible &
les Pfeaumes que dans leur texte original. Elle
compofa un excellent Poëme fur la mort de
Henri IV. Tant que cette célebre Dame vécut,
elle fut en commerce avec les plus favans perfonnages de fon tems , & fur-tout avec Mademoifelle Schurmann , MM. Spanheim & Sau-
maife. Elle mourut à Paris le 20 Septembre
1646 , âgée de foixante-deux ans.

ROHAN , (Marie - Eléonore de) fut très-
connue daus le dix-feptieme fiecle , par fes
vertus , fa piété & fon érudition. Religieufe
dans l'Ordre de Saint Benoît , elle employa les
loifirs que lui laiffoient fes exercices fpirituels,
à compofer fur des fujets édifians , divers ouvrages qui font encore actuellement eftimés.
Elle finit fes jours en 1681 , âgée de cinquante-
trois ans.

ROLAND , (   ) réuniffoit aux graces
de la plus jolie figure , un efprit cultivé par
une application fuivie à l'étude des Belles-
Lettres. Elle excelloit dans la poéfie, & remporta plufieurs prix dans différentes Académies.
A ces talens cette Dame joignoit encore celui
de la mufique, qu'elle poffédoit à fond. M. de
Vertron en parle avec beaucoup d'éloges.

ROMIEU , (Marie de) Demoifelle du Viva-
rais , fut très-renommée dans le feizieme fiecle,

R O

& célébrée par les plus beaux esprits de son tems. Outre quelques ouvrages en vers de sa composition, qui ont été recueillis, elle a écrit sur les avantages de son sexe, qu'elle prétend surpasser le masculin, *en la candeur & la bonne foi.*

ROPERS, (Marie) fille de Guillaume Ropers & de l'illustre Marguerite Morus, se rendit très-célebre dans sa nation, par ses vertus, son esprit, & sa grande érudition. Instruite dans les sciences par sa mere, elle fut la compagne assidue de ses études. Egalement savante dans les langues Latine & Grecque, elle traduisit en Anglois un ouvrage Latin de son ayeul Thomas Morus, & l'Histoire Ecclésiastique d'Eusebe.

ROQUE MONTROUSSE, (   ) née à Carpentras dans le dix-septieme siecle, mérita par son érudition & un talent décidé pour la poésie, un rang distingué parmi les femmes illustres. Elle excelloit dans toutes les parties qu'embrassent les Belles-Lettres, & possédoit à fond la Géométrie. Cette Dame a beaucoup traduit d'ouvrages François en vers Latins, & plusieurs Odes d'Horace en vers François. En relation intime avec Madame Deshoullieres & plusieurs Savans du même tems, elle en étoit singuliérement estimée.

ROSSI, (Properce de) Dame Italienne, dont les talens pour la peinture & la sculpture réunirent les éloges des plus célebres Artistes. Elle florissoit dans le siecle dernier.

ROSWITH, *ou* ROSWITA, Religieuse du Monastere de Grandersheim, sur la fin du dixieme siecle, illustre par sa naissance, ses vertus &

fa fcience, compofa plufieurs Poëmes héroïques
& fix Comedies Latines, dans le ftyle de Te-
rence, qui font très-eftimées, & dont les exem-
plaires font devenus très-rares.

ROXELLANE, femme de Soliman II, Empereur des Turcs, fut connue dans le feizieme
fiecle par fon efprit fupérieur & un courage
au-deffus de fon fexe. Il fuffit pour fon éloge de
dire qu'elle eut beaucoup de part aux plus glorieux événemens du regne de fon mari.

ROYERES, (Marie-Anne) fille d'un Gentilhomme Proteftant, vivoit dans le dix-feptieme fiecle. Ayant abjuré fes erreurs, fon efprit
& fa fcience fe firent avantageufement connoître
dans des Lettres édifiantes qu'elle écrivit à fa
fœur, qui étoit reftée attachée à la Religion Pro-
. teftante.

ROZÉE, née à Leyde dans le dix-feptieme
fiecle, excella dans un nouveau genre de peinture qu'elle avoit imaginé & qui eft mort avec
elle. Au lieu de couleurs & de pinceau, elle
n'employoit que de la foie qu'elle affembloit &
appliquoit avec une adreffe & une jufteffe in-
concevables. Tous les ouvrages qui font fortis
de fes mains font extrêmement eftimés & recherchés.

ROZERES, (Ifabelle de) née en Efpagne
dans le feizieme fiecle, étoit douée d'une éloquence naturelle & d'une érudition peu commune. Elle prononça dans la grande Eglife de
Barcelone des difcours qui furent très-applaudis.
S'étant rendue à Rome fous Paul III, cette favante fille y convertit des Juifs par la force de
fes raifonnemens & l'énergie de fes preuves.
Dans des affemblées nombreufes de Cardinaux

& d'Evêques, elle tint des conférences sur les
écrits de Jean Scot, & y fit généralement admirer la profondeur de sa science.

RUTILIE, Dame Romaine, a été beaucoup
louée par Séneque & Cicéron, pour sa vertu,
son esprit & sa science. Elle étoit mere du célebre Orateur Caïus Aurelius Cotta, & en avoit
elle-même formé & l'esprit & les mœurs.

S.

SABINE, Impératrice Romaine, étoit petite
niece de Trajan qui, n'ayant point d'enfans,
l'avoit adoptée pour sa fille, & la maria à
Adrien, qui lui succéda depuis à l'Empire.
Belle, sage, modeste, d'un esprit cultivé &
orné, ennemie de tous les amusemens frivoles,
& toujours prête à répandre ses bienfaits en
faveur du vrai mérite, cette Princesse fut un
rare modele de la réunion de toutes les vertus;
mais Adrien, d'un caractere tout opposé, sitôt
que Trajan fut mort, oublia tout ce qu'il devoit à Sabine, la méprisa, & finit par la per-
sécuter cruellement.

SABUCO, (Dona Oliva de Nantès) née à Al-
cara en Espagne, florissoit sous le regne de Philippe II, & étonna son siecle par son savoir &
ses précieuses découvertes en Physique & en
Médecine. Elle entreprit de détruire tous les
systêmes anciens sur la nutrition des corps, pré-
tendit qu'elle n'étoit opérée que par le suc blanc
qui passe du cerveau dans tous les nerfs, & at-
tribua aux vices de cette rosée vitale presque

xoutes les infirmités. Cette favante femme pré-
céda Defcartes dans l'opinion qui établit dans
le cerveau l'unique domicile de l'ame raifon-
nable. L'on a d'elle plufieurs ouvrages marqués
au coin du plus rare génie.

SACHON, (Gabrielle) née à Sémur en Ar-
xois en 1631, d'une ancienne famille ; indif-
crétement engagée dans la vie religieufe, chez
les Jacobines de la même ville, peu d'années
après fa profeffion elle réclama contre fes
vœux, & obtint en Cour de Rome un refcrit
qui l'en releva. Retirée auprès de fa mere, elle
s'y confacra entiérement à l'étude des Belles-
Lettres. Sa vie étoit fi folitaire & fi continuellement occupée, qu'elle ne connoiffoit d'autre
récréation que celle d'employer fes momens de
repos à inftruire de jeunes enfans. Cette favante
fille compofa divers ouvrages, dans l'un defquels elle foutint que « l'autorité, la liberté &
» la fcience, qui rendent les hommes fi impor-
» tans dans le monde, ne leur font pas fi inclu-
» fivement propres, que les femmes ne puiffent
» pas avoir part aux mêmes avantages, & que
» fi elles en font privées, c'eft plutôt un effet
» de la coutume qu'une marque de leur incapa-
» cité naturelle ».

SAINT-ANDRÉ, (   ) a mérité les
éloges du Public, par fon talent décidé pour la
poéfie. Elle a fait en vers la defcription de la
Chapelle de Sceaux & celle de l'hiver de Ver-
failles, deux pieces qui furent beaucoup goûtées dans leur tems.

SAINT-CHAMONT, (Madame la Marquife
de) née Mademoifelle Mazarelli, a fait connoître de la maniere la plus diftinguée, fon goût

&

& fes talens pour la belle Littérature , par différentes pieces de Théâtre qui ont été accueil-
lies du Public , & par plufieurs ouvrages qui
ont concouru pour les prix de l'Académie Françoife , fur-tout par un éloge de Defcartes , qui
a balancé le prix au jugement unanime de tous
les Académiciens.

SAINT-HÉLENE , (Comteffe de) connue fous le nom de *Mademoifelle de Longuevue*,
mérita , par les graces de fon efprit & fon érudition , les éloges de plufieurs Savans du dix-
feptieme fiecle , & fur-tout de M. de Vertron.

SAINT-MARTIN , (   ) s'adonna
à l'étude des Belles-Lettres , & s'y diftingua
par des fuccès. Elle avoit commencé un ouvrage de fiction qui refta imparfait , la mort
l'ayant enlevée au milieu de ce travail. Les trois
premieres parties , qu'elle avoit dédiées à Madame la Dauphine , annoncent que cette Dame
avoit beaucoup de talent pour ce genre de compofition.

SAINT-MAYOLLE , (Comteffe de) traduifit dans le fiecle dernier , d'Italien en François , un ouvrage qui a pour titre, *la République
de Naples* , & M. de Vertron l'a placée au rang
des Femmes illuftres de fon tems.

SAINT-ONGE , (Génevieve Gillot , femme
de M. de) fut élevée par Madame Gillot fa
mere , & fit , fous fes leçons , les plus heureux
progrès. Elle a compofé en vers & en profe
plufieurs ouvrages eftimés qui lui ont affigné un
rang diftingué parmi les Femmes illuftres. Cette
Dame finit fa carriere en 1718 , âgée de foixante-huit ans. Les Opéra de Didon & de Circé
font d'elle.

T

SAINT-PHALIER, (Françoise-Thérese Aumerle de) douée des graces d'une belle figure, d'un esprit cultivé & orné par l'étude des Belles-Lettres, a composé plusieurs ouvrages en prose & en vers, qui ont été goûtés du Public. Une mort prématurée l'enleva en 1757, elle n'étoit encore âgée que de trente-quatre à trente-cinq ans.

SAINT-QUENTIN, (   ) fille d'un savant Avocat au Parlement, étoit très-versée dans la Philosophie de Descartes, & donna au Public un Traité de sa composition qui fit beaucoup de bruit lorsqu'il parut, *sur la possibilité de l'immortalité corporelle.* M. de Vertron, dans des vers qu'il fit à la louange de cette Savante, la jugeoit digne de l'immortalité.

SAINT-VAAST, (   ) a donné au Public l'esprit des Poëtes & des Orateurs modernes, & l'Eloge de Sulli. A de pareilles productions, il est aisé de juger de son érudition & de ses talens.

SALAMANQUE. (les Femmes de) Annibal assiégeant cette ville, les habitans, réduits aux dernieres extrêmités, se rendirent, & pour toutes conditions, eurent la permission d'en sortir, eux & leurs femmes, sans pouvoir emporter autre chose que leurs vêtemens. Les femmes, profitant de la forme de leurs habillemens, se chargerent d'armes, qu'elles cacherent de leur mieux sous leurs robes. Arrivés tous à un endroit désigné pour attendre les derniers ordres du vainqueur, une partie des gardes se débanda pour aller prendre leur part du pillage de la ville. Les femmes voyent que le reste est insuffisant pour leur résister; alors elles s'empressent de dévoiler leur projet : elles présentent à leurs maris une partie des armes dont elles s'étoient chargées, & les exhortent à s'en servir pour leur libération commune. A l'instant, hommes & femmes, tous se jettent avec furie sur ce qui restoit de gardes autour d'eux : ils furent bientôt détruits ou dissipés, & à la faveur de cette action désespérée, tous ces malheureux expatriés eurent le tems de se sauver dans des montagnes inaccessibles, où l'amour de la liberté leur aida à supporter la privation des commodités de la vie. Quelque tems après ils osèrent envoyer vers Annibal des députés pour solliciter l'adoucissement de leur disgrace. Annibal se trouva assez généreux pour leur pardonner leur révolte; il ne dédaigna pas même de faire publiquement l'éloge de la bravoure que les femmes avoient montrée dans cette occasion, & il chargea les députés de leur dire qu'en leur faveur, non-seulement il vouloit bien oublier ce qui s'étoit passé, mais qu'il leur permettoit encore, & à leurs maris, de rentrer dans Salamanque & d'y reprendre leurs habitations.

SALIEZ, (Antoinette de Salvian de) née à Alby vers le milieu du dix-septieme siecle, a été, par son génie & son goût pour les sciences, un des ornemens de la République des Lettres, & divers ouvrages sont sortis de sa plume. Dès 1689, elle fut aggrégée à l'Académie des Ricovrati de Padoue. A l'exemple de Sapho, sa maison étoit ouverte à tous les Gens de Lettres, & il s'y tenoit des assemblées où l'on discouroit sur toutes sortes de sciences. Cette illustre femme mourut très-regrettée dans un âge fort avancé au mois de Juin 1730.

SALIZ , (Madame) née à Alby , étoit aggrégée à l'Académie des Ricovrati de Padoue. En 1704 elle érigea dans sa patrie une Académie des Vertus , sous le titre de *Société des Chevaliers & des Chevalieres de bonne foi.*

SALONE. (les Femmes de) Cette ville tenoit pour César. Pompée voulant s'en emparer , la fit assiéger par un de ses Lieutenans. Les Saloniens se défendirent jusqu'à la derniere extrémité , & manquant de cordages pour le service de leurs machines , ils employerent jusqu'aux cheveux de leurs femmes pour y suppléer. Dénués enfin de toute espece de ressources , sans vivres , sans munitions , & sans aucun espoir d'être secourus , ils prirent la résolution désespérée de faire monter sur les murs tous leurs enfans & leurs femmes vêtues en hommes , en les conjurant tous d'observer la meilleure contenance qu'ils le pourroient dans les postes où le salut de la ville obligeoit de les exposer. Cette disposition commença par en imposer aux assiégeans , & bientôt après tous les hommes animés de la fureur du désespoir ayant fait une sortie générale , ils se firent jour par-tout , & ces vigoureux efforts répandirent une terreur si générale parmi les ennemis , qu'ils n'eurent rien de plus pressé que de regagner en fuyant leurs navires & de s'y rembarquer au plus vite, abandonnant avec le siege , tous leurs attirails de guerre & les munitions de toute espece qui se trouvoient dans leur camp.

SALONINE, (Cornelia) femme de l'Empereur Gallien , très-renommée dans le troisieme fiecle de l'Ere Chrétienne, par fon efprit & fon érudition, étoit très-verfée dans la Philofophie de Platon, qu'elle avoit étudiée fous les leçons de Plotin.

SALTON, (Ladi) gémiffant de voir qu'en Angleterre & en Irlande on ignoroit l'art de la fabrique & du blanchiment des toiles, eut la générofité de s'expatrier pour aller en Flandre & en Hollande apprendre elle-même ces deux effentielles parties, & fitôt qu'elle eut acquis ces connoiffances, elle revint comme triomphante les communiquer à fes compatriotes, qui depuis en ont avantageufement profité.

SANCIE DE NAVARRE, femme de Gonzales, Comte de Caftille, & fœur du Roi de Léon. Cette Princeffe apprenant que fon mari avoit été, par une lâche trahifon, arrêté dans la ville de Léon, & renfermé dans une étroite prifon par ordre de fon frere, partit fur le champ pour s'y rendre fecrétement, accompagnée d'un nombre choifi de ferviteurs zélés & courageux. Arrivée près de Léon, elle quitte fes habits, & endoffe ceux d'une pélerine. Sous ce déguifement, Sancie fe préfente à la porte de la prifon, fous des prétextes intéreffans qu'elle imagine, & qu'elle appuie d'une fomme d'argent qui la fit écouter des Géoliers, elle obtient de voir Gonzales. Renfermée avec lui dans fa chambre, elle lui fait fans perdre de tems prendre tout fon habillement de Pélerine, à la faveur duquel il a le bonheur de fortir fans être reconnu, laiffant fa généreufe femme prifonniere à fa place. A quelques pas de la prifon il trouva deux Chevaliers qui l'attendoient, & le conduifirent où étoit le gros de l'efcorte que

T iij

Sancie avoit amenée. Ainſi réunis, ils gagnerent
en grande hâte les Etats du Comte. Dès le lendemain les Géoliers reconnurent le ſtratagème
dont ils avoient été les dupes, & ne purent ſe
diſpenſer d'être les premiers à dénoncer leur
faute. Le Roi de Léon, outré de colere, ordonna de lui amener ſur le champ la priſonniere, pour l'interroger lui-même avant de décider de ſa punition. Il n'eut pas de peine à
reconnoître ſa propre ſœur. Après les premiers
tranſports de ſa vivacité, la voix du ſang ſe fit
entendre. Pénétré de l'héroïſme de cette tendre
femme, il l'embraſſa, la combla de préſens, &
la renvoya avec pompe à Gonzales, avec lequel
il ſe réconcilia.

SANSÉVÉRINA, (Aurora) Ducheſſe de Lo-
renzana, & femme de Nicolas Gaëtan, fut un
des ornemens de Naples ſa patrie, par ſon eſprit, ſon ſavoir & ſes talens. On trouve dans
différens recueils pluſieurs pieces de poéſie,
de ſa compoſition, très-ingénieuſes.

SAPHO, native de Mytilene. Ses poéſies,
pleines d'ame & de chaleur, la firent ſurnom-
mer par les Grecs la dixieme Muſe. De tous
les ouvrages qu'elle compoſa, il n'exiſte plus
qu'une Hymne à Vénus, une Ode, & quelques
fragmens qui font bien regretter la perte du
reſte. Sapho raſſembloit chez elle tous les beaux
génies de ſa patrie pour y diſſerter ſur les Belles-
Lettres & ſur les ſciences, & c'eſt à elle, plutôt qu'au nommé Academus, qu'il faut rapporter la premiere origine des Académies. Cette
célebre fille floriſſoit environ ſix cens ans avant
l'Ere Chrétienne. Elle eut pour diſciples les
femmes les plus célebres de la Grece. Anaxa-

gore de Milet, Gongyre à Colophon, Eunice à Salamine, Damophile à Lesbos, dans la Locride Thélézille & une jeune Erine.

SARROCCHIA, (Helena) de la ville de Naples, fut admirée dans son siecle par son esprit, son érudition & son grand talent pour la poésie. Elle composa sous le titre de *Scanderberg*, un Poëme qui fut tellement goûté lorsqu'il parut, qu'on le comparoît à tout ce que Boyardo & le Tasse avoient produit de plus digne d'éloges. Les Savans ses contemporains l'ont beaucoup louée.

SAUVAGE, (   ) est annoncée dans l'Histoire littéraire des Femmes savantes, pour une Demoiselle de beaucoup d'esprit & qui a souvent disputé les prix proposés par l'Académie des Jeux floraux de la ville de Toulouse.

SCALA, (Alexandra) née à Florence, fille & femme de Savans, vivoit dans le quinzieme siecle, & honora son sexe. Elle savoit le Grec & le Latin, & composa en vers & en prose dans ces deux langues. Politien en parle & en fait beaucoup d'éloges.

SCHAH-IREDDOR, nom qui signifie en Arabe *arbre de perles*, fut femme de Nodgemeddin-Ayoud, célebre Soudan d'Egypte dans le treizieme siecle. Elle étoit Turque de nation, & de l'état de simple concubine étoit parvenue au Trône. Outre qu'elle étoit douée d'un génie supérieur & d'une extrême beauté, il n'étoit gueres d'hommes de son tems qu'elle ne surpassât en fermeté & en courage. Son mari étant mort au moment où il venoit de défaire l'armée des Croisés & de faire prisonnier Saint

Louis, les Mamelus lui donnerent pour successeur Touran-Schal; mais peu de tems après,
mécontens de lui, ils le massacrerent & ele-
verent à sa place Schah-Ireddor. Cette vaillante
femme répondit à la confiance de ses peuples,
& soutenoit sa couronne avec beaucoup de
gloire; mais les troubles dont l'Empire étoit
agité firent naître des soulevemens & des ré-
voltes dans lesquels elle périt victime de la
féroce inconstance de ses sujets.

SCHURMANN, (Anne-Marie de) d'une famille noble d'Allemagne. Cette Demoiselle,
née avec un genie supérieur & les plus heureuses dispositions pour les sciences & les beaux-
arts, s'adonna avec les plus rapides succès à la
musique, à la peinture, à la sculpture & à la
gravure; se rendit familieres les langues Latine,
Grecque & Hébraïque, & celles qui ont rapport avec cette derniere, parloit très-bien,
outre l'Allemand, qui étoit sa langue naturelle,
le François, l'Anglois & l'Italien : enfin, s'étoit
rendue très-savante dans les Mathématiques, la
Géographie, la Philosophie, & même la Théologie. A tant de talens & d'érudition, Mademoiselle de Schurmann joignoit une si grande
modestie que, retirée à Utrecht avec sa mere,
elle y seroit restée inconnue si Rivet, Vossius,
Spanheim, Saumaise, Huygens, & d'autres
Savans, ne l'eussent fait connoître. Toutes les
personnes les plus celebres de son tems, dans
les deux sexes, se firent honneur d'être en commerce de lettres avec elle, & celles du plus
haut rang recherchoient les occasions de la voir
& de l'entretenir. Outre plusieurs ouvrages de

fa compofition, on a de cette Savante une dif-fertation en Latin fur cette queftion, *Si les femmes doivent étudier*. Cette illuftre Demoi-ielle finit fes jours le 5 Mai 1678.

SCUDERI, (Magdeleine de) née au Havre en 1607. Son efprit, fon érudition & fa bril-lante imagination la firent furnommer la *Sa-pho de fon fiecle*, & rechercher de toutes les Académies où les perfonnes de fon fexe peu-vent être admifes. Elle remporta en 1671 le premier prix d'éloquence fondé à l'Académie Françoife. Les ouvrages en vers & en profe qu'elle a compofés font en très-grand nombre, & tous marqués au coin du plus heureux gé-nie. Cette illuftre Savante poufla fa carriere juf-qu'à l'âge de quatre-vingt-quatorze ans, & la termina en 1701. Eftimée & recherchée pen-dant fa vie par les plus grands hommes, Louis XIV, le Cardinal Mazarin & le Chancelier Duprat l'avoient gratifiée de penfions confidé-rables.

SCUDERI, ( ) belle-fœur de la précédente, fe montra, par fon goût pour les fciences, bien digne d'un nom qui étoit alors fi célebre. Plufieurs lettres d'elle qui ont été inférées parmi celles du Comte de Buffi, font connoître quelles étoient & fon érudition &. la délicateffe de fa plume.

SÉGUIER, (Anne) femme en premieres noces de François Duprat, Baron de Thiers, & en fecondes de M. de la Vergne, fut très-renommée dans le dix-feptieme fiecle pour fa grande vertu, fa piété & fon favoir. L'on a d'elle des Poéfies chrétiennes, précédées d'un Dialogue en profe, dont les Interlocuteurs

T v

font la Vertu, l'Honneur, le Plaifir, la Fortune & la Mort.

SEMIAMIRE, Dame Romaine, fut choifie
par Héliogabale pour préfider à un confeil, tout
compofé de perfonnes de fon fexe, que cet
Empereur vouloit établir pour connoître feul
des caufes des femmes, & les juger.

SÉMIRAMIS, Reine des Affyriens, fi renommée pour l'élévation de fon ame, fa fcience
& fes talens, étendit beaucoup & par de glorieux exploits, les limites de fes Etats, fit bâtir
les murs & les fameux jardins de Babylone,
qui ont long-tems paffé pour une des merveilles du monde. Un jour étant à s'habiller,
elle reçut la nouvelle d'un foulévement dans
une des Provinces de fon Empire : elle abandonne à l'inftant tout ce qui devoit fervir à fa
parure, & jure de ne s'en point occuper qu'elle
n'ait foumis & puni les rébelles. Elle demande fes armes, monte à cheval, fe rend avec
des forces fuffifantes dans la Province coupable ; en peu de jours rétablit l'ordre par-tout,
& rentre vengée & triomphante dans fon palais. Cette célebre Princeffe fut après fa mort
honorée par les Affyriens comme une Divinité.

SEMPRONIA, Dame Romaine, d'une fa-
-mille très-diftinguée par les grands hommes
qu'elle avoit produits. Née l'une des plus belles
femmes de fon tems, inftruite dans les langues
Grecque & Latine, excellant dans la poéfie,
la mufique & la danfe, poffédant fupérieurement l'art d'écrire & de narrer avec graces,
heureufe en mari & en enfans ; cette femme
fouilla de fi précieux avantages en entrant dans
la conjuration de Catilina. Livrée, dès qu'elle

y fut entrée, à tout ce qu'il y avoit de plus corrompu dans Rome, Sempronia ne se fit plus connoître que par les désordres de sa vie, & fut même bientôt accoutumer son front à n'en point rougir, & plier son esprit à savoir monter ses propos dans les sociétés où elle étoit recherchée, tantôt sur le ton modeste, & tantôt sur celui de la galanterie & de la licence, suivant le goût des personnes auxquelles elle cherchoit à plaire. L'enjouement & les graces assaisonnoient si heureusement ses discours, & jusqu'à ses gestes les plus indifférens, qu'elle étoit sûre de captiver tous ceux qui l'entendoient & la voyoient. Qualités, dit Rollin, que l'on érige presque toujours en vertus, & qui, comme on le voit par cet exemple, ne sont que trop souvent compagnes des vices les plus honteux & des plus grands crimes. C'est le second exemple que nous rapportons de la honte & du mépris que ne peut tôt ou tard éviter une femme qui se livre inconsidérément à des sociétés dangereuses, où sa vertu ne manque jamais de rencontrer les plus funestes écueils.

SENAUX, (Marguerite de) d'une noble origine, s'illustra dans le seizieme siecle par sa grande piété & son zele pour l'instruction des pauvres. C'est à elle que l'on doit l'institution des Filles dites de Saint Thomas, qui se sont rendues & se rendent encore actuellement si utiles pour l'éducation gratuite des jeunes filles.

SENNAICTAIRE, (Magdeleine de) veuve de Gui de Saint-Exuperi, Seigneur de Miremont en Limousin, vivoit dans le seizieme siecle. Sa vertu & son grand courage lui acquirent une grande réputation. Cette Dame, d'après les circonftances de ces tems déplorables, entretenoit une compagnie de cinquante braves jeunes gens à la tête defquels elle faifoit des courfes jufques dans la baffe Auvergne. En 1575, Montal, Lieutenant de Roi du Limofin, irrité de ce que cette vaillante femme avoit défait deux compagnies de fes gens d'armes, obtint des ordres pour aller avec 1500 hommes d'infanterie & 200 de cavalerie affiéger Miremont. Avant de montrer toutes fes forces, il détacha en avant 50 hommes avec ordre d'infulter tout ce qui fe rencontreroit autour du château. La rufe réuffit. La Dame de Sennaictaire ne fut pas plutôt avertie qu'ils paroiffoient, qu'elle courut deffus avec fa troupe, & en tailla en pieces une grande partie ; mais lorfquelle voulut rentrer, elle vit avec furprife fon château invefti. Auffi-tôt cette courageufe femme, prompte à prendre un parti, courut à Turenne, d'où elle amena quatre compagnies d'arquebufiers à cheval. Montal, inftruit par fes coureurs qu'elle revenoit avec ce renfort, fe pofta entre deux montagnes pour lui fermer le paffage ; mais l'héroïne fe précipitant avec furie fur cet obftacle, dès le premier choc l'infortuné Général reçut un coup mortel. Les troupes royales, effrayées d'une telle intrépidité, ne fongerent plus qu'à fuir, & dès le même jour la Dame de Sennectaire rentra triomphante dans Miremont.

SENNECTAIRE, (   ) Demoifelle d'une noble origine, s'adonna de bonne heure à l'étude des Belles-Lettres, & s'y diftingua par des fuccès qui lui mériterent un rang parmi les femmes favantes du dix-feptieme fiecle. Elle a compofé divers ouvrages de fiction.

SERINI, ( ) fille du célebre & malheureux Comte de ce nom, que l'Empereur Léopold avoit facrifié fur un échafaud à la fureté de fes prétentions fur la Hongrie, veuve du Prince de Ragotski, & femme en fecondes noces de Tékéli, Roi de Hongrie. Tékéli obligé de fortir de fes Etats, & d'errer dans des Provinces éloignées, fous la protection des Turcs, connoiffant le génie & le courage de fa femme, l'avoit laiffée dans la fortereffe de Montgatz, où il avoit raffemblé fes plus précieux effets, fes archives & fes enfans. Serini, jaloufe de répondre à la confiance de fon époux, épuifa pendant deux ans entiers tout ce que la fermeté la plus héroïque put employer pour défendre cette place contre tous les efforts de la puiffance de Léopold; mais vaincue enfin par la plus affreufe famine, elle fut forcée de fubir le fort du refte de la Hongrie, & d'abandonner au vainqueur ces derniers débris de fa Couronne. Toute l'Europe retentit long-tems des juftes éloges qu'avoit mérités dans cette glorieufe défenfe l'infortunée Sérini.

SERMENT, (Louife-Anaftafie) Demoifelle du Dauphiné, née avec un goût décidé pour les fciences; s'appliqua avec le plus heureux fuccès à l'étude des langues anciennes, & compofa en vers & en profe divers ouvrages eftimés. L'Académie des Ricovrati de Padoue fe l'aggrégea. M. Quinault & plufieurs autres Savans fes contemporains, la confultoient fur leurs ouvrages avant de les mettre au jour;

& avoient la plus grande confiance en fes ju-
gemens. La mort enleva cette favante fille à
Paris en 1692. .

SERVATON, (Anne) Fille d'Honneur de la
Reine Germaine de Foix, cultiva les fciences
& fe diftingua dans cette carriere. On a de fes
Lettres au Duc d'Albe, dont elle étoit paffionnément aimée.

SÉVIGNÉ, (Marie de Rabutin, Marquife
de) née le 5 Février 1626. Favorifée par la
nature de toutes les graces & de toutes les plus
belles qualités de l'efprit & du corps, a immor-
talifé fon nom par des Lettres écrites avec une
délicateffe, un enjouement & une naïveté qui,
dans tous les tems, ferviront de modele à toutes
les perfonnes qui oferont après elle s'exercer
dans ce genre. Dans la célebre difpute de Def-
préaux & de Perrault, elle difoit, pour les accorder : « Les anciens font plus beaux, mais
» nous fommes plus jolis ». Cette illuftre Dame
defcendit dans le tombeau en 1696, âgée de
foixante-dix ans.

SEÏDAR, Régente de Perfe pendant la minorité de Magdeddulat fon fils, fut une des plus
fpirituelles, des plus habiles & des plus courageufes femmes qui aient jamais exifté. Après
avoir, pendant fa régence, gouverné la Perfe
avec beaucoup de gloire, au moment où fon
fils fut en âge de régner elle lui remit les rênes
du Gouvernement; mais ce jeune Prince, mal
confeillé, commença par refufer les avis de fa
mere & lui retirer toute efpece d'autorité &
de crédit dans fes Etats. Seïdar, irritée d'une
telle ingratitude, fe retira ; mais ce fut pour
revenir bientôt à la tête d'une puiffante armée,

demander raifon à fon fils de fes outrages. Elle
le combattit, remporta une victoire complette,
le fit prifonnier & remonta fur le Trône, qu'elle
continua d'honorer par fes vertus & fes talens.
Toujours généreufe & magnanime, Seïdar
voyant Magdeddulat avantageufement changé,
lui rendit fa liberté & fa Couronne, fe réfer-
vant cependant une autorité prépondérante
dans l'adminiftraticn des affaires. Tant qu'elle
vécut la Perfe fut paifible au dedans & au dehors, & à fa mort elle la laiffa dans l'état le
plus floriffant.

SEYMOUR, (Anne, Marguerite & Jeanne)
trois fœurs d'une des premieres familles d'Angleterre, & toutes les trois connues & généralement eftimées dans le feizieme fiecle, pour
leur efprit, leur érudition & leurs talens poétiques. Elles compoferent entr'elles cent quatre
Diftiques Latins fur la mort de Marguerite de
Navarre, fœur de François I, & ils furent tellement goûtés & applaudis, qu'à peine eurent-
ils paru, on les traduifit en François, en Grec
& en Italien, fous le titre de *Tombeau de Mar-*
guerite de Valois, Reine de Navarre.

SFORCE, (Catherine) fille naturelle de Ga-
léas-Marie Sforce, Duc de Milan, & femme
en premieres noces de Jérême Riario, Prince
de Forli, vivoit dans le quinzieme fiecle, & y
tint un rang diftingué parmi les plus célebres
héroïnes. Son mari ayant été affaffiné par fes
fuiets révoltés, elle-même fut arrêtée & confinée avec fes enfans dans une étroite prifon.
Malgré ces malheureufes circonftances, la fortereffe de Rimini tenoit encore pour fes Princes
légitimes, & fe défendoit vigoureufement. Les

rebelles s'adrefferent à Catherine, & après avoir effayé de l'intimider par leurs menaces, la prefferent de donner fes ordres pour la reddition de cette place ; mais elle eut l'adreffe de leur perfuader qu'elle en donneroit en vain, fi elle n'alloit elle-même les faire exécuter. Les rebelles donnerent dans le piege, & confentirent que Catherine fe rendit à Rimini. A peine y fut-elle arrivée, que fon premier foin fut de faire défarmer tous ceux qui pouvoient être foupçonnés de favorifer le parti de fes ennemis. Lorfque cette habile femme fe vit fans crainte de ce côté, elle profita de la courageufe réfolution des habitans qui lui étoient fideles, pour défendre la place avec une nouvelle ardeur. Les révoltés la menacerent de faire égorger fes enfans ; elle fe contenta de leur répondre qu'elle étoit encore en âge d'en avoir d'autres. Enfin, ayant peu après reçu de puiffans fecours, que le Duc de Milan fon oncle lui envoyoit, non-feulement elle fit lever le fiege de Rimini, mais elle rentra fucceffivement dans tous les domaines que la révolte lui avoit enlevés, & rétablit la paix & la tranquillité dans tous fes Etats. Catherine époufa depuis Jean de Médicis, pere de Côme dit le Grand ; mais l'ambition du Duc de Valentinois, bâtard d'Alexandre VI, ne tarda pas de répandre fur fa vie de nouvelles amertumes. Ce Prince forma le deffein d'envahir les Etats de l'infortunée Sforce. Il commença par affiéger Forli. Catherine courut s'y renfermer & fe défendit avec la plus grande vigueur. Réduite aux dernieres extrêmités, il lui fallut céder à la force, & fe rendre prifonniere de guerre. Con-

duite au château Saint-Ange, elle y resta déte-
nue jufqu'à ce que l'ufurpateur eût entiérement
achevé la conquête de fes Etats. Alors on lui
rendit la liberté, & elle eut le chagrin de voir
réunir tous fes domaines au Saint Siége, fans
pouvoir s'oppofer à l'injuftice & venger fes
droits légitimes. Confumée de douleur, elle finit
fes triftes jours au commencement du feizieme
fiecle.

SFORCE, (Ifabelle de) orna le feizieme
fiecle par fon efprit, fon érudition, & fon goût
pour les Belles-Lettres. Plufieurs Savans en ont
parlé avec éloges.

SIBILLE DE CLEVES, s'illuftra dans le feizieme fiecle, par fes vertus & par fon courage.
L'Electeur de Saxe fon mari ayant été fait prifonnier par Charles-Quint, en 1547, Charles
voulut de fuite s'emparer de la ville de Wirtemberg, où les Electeurs de Saxe faifoient ordinairement leur réfidence; mais Sibille eut le
tems de fe jetter dans la place, réfolue de la
défendre jufqu'à la derniere extrêmité. Charles
connut bientôt aux vigoureufes difpofitions de
cette courageufe femme, qu'il échoueroit in-
failliblement dans l'entreprife du fiege qu'il
avoit déja formé, & pour s'en éviter la honte,
il eut recours au plus atroce ftratagême. Connoiffant la tendreffe de Sibille pour fon mari,
& la piété de fes enfans pour leur infortuné
pere, dans un confeil de guerre qui eut la lâcheté de s'affembler à fes ordres, pour juger
fans autre forme un des premiers Princes de
l'Empire, il fit condamner fon augufte prifonnier à avoir la tête tranchée. La nouvelle de

cet effrayant forfait n'eut pas été plutôt porté
à Sibille , qu'oubliant alors tout ce que son
courage lui avoit jusques-là donné de succès ,
elle n'eut rien de plus pressé que de se soumettre aux plus humilians sacrifices , plutôt que
d'exposer plus long-tems les jours de son époux.
Elle se hâta de les racheter en ouvrant les
portes de Wirtemberg , & donnant son consentement aux échanges que son avide persécuteur
lui faisoit offrir.

SIBILLE DE SCÈVES, Demoiselle Lyon-
noise , vivoit vers le milieu du dix-septieme siecle , & s'y fit connoitre par des poésies très-
ingénieuses.

SIBUT , (   ) née à Lyon, Demoiselle de beaucoup d'esprit, & connue par plusieurs pieces de poésie.

SICAMBRES. (les Femmes des) Les Sicambres, une des tribus des Francs, commençoient
dans une bataille à plier & à fuir : leurs femmes
s'avancent , les arrêtent , & découvrant leurs
seins leur disent : « Où courez-vous tous , frap-
» pez, lâches, frappez, & tuez-nous plutôt que
» de nous exposer aux opprobres de l'esclavage».
Ce spectacle, ces reproches raniment le courage & la fierté des Sicambres. Ils se rallient,
le combat recommence ; ils renversent & dé-
font entiérement leurs ennemis qui se croyoient
déja victorieux.

SIENNOISES, (les femmes)pendant le siége
de Sienne , sous Charles - Quint , trois mille
femmes courageuses se rassemblerent armées &
voulurent faire un corps séparé pour partager
les travaux & les périls de la défense. Il faut

roir dans les Mémoires de Montluc les éloges que fait ce grand Capitaine de la valeur & de l'intrépidité de ces braves Amazones.

SIGÉE, (Louise, ou Aloisia Sigea) vivoit dans le seizieme siecle, & fut instruite dans les sciences par D. Diego Sigée, son pere, homme très savant. Il lui apprit lui-même le François, le Latin, le Grec, l'Hébreu, le Syriaque & l'Arabe, & elle écrivit en ces cinq dernieres langues au Pape Paul III. une lettre pleine de la plus profonde érudition. Appellée pour son rare mérite à la Cour de Portugal, Louise y composa plusieurs ouvrages, mais la mort termina trop tôt une si brillante carriere, & enleva cette savante fille à la fleur de son âge. Une de ses sœurs, nommée Angéle, étoit aussi très-savante, & parloit avec beaucoup de facilité le Grec & le Latin.

SIKO, *ou* SUIKO, Impératrice du Japon, sur la fin du sixieme siecle, régna seule, avec beaucoup de gloire, pendant trente-six ans, & mourut très-âgée.

SIÉLY, (Françoise-Marguerite de) Dame de Montmirail, & femme de Philippes-Emanuel de Gondi, fut un des ornemens de son siecle, par ses vertus, son esprit, sa pénétration & son savoir. Il n'y avoit, dit le P. Hilarion de Coste, point de difficultés dans la Morale & même dans la Théologie qu'elle ne pénétrât. Les plus savans hommes la consultoient & se trouvoient toujours bien de ses avis. Cette illustre Dame finit ses jours en 1625.

SIMIANE, (de) née avec beaucoup d'esprit & d'heureuses dispositions, plusieurs talens agréables, & sur-tout celui de la

Poésie, lui méritèrent dans son siècle beaucoup d'éloges.

SINGER, (Elisabeth) femme de Thomas Rowe, savant Anglois, & l'une des plus belles, des plus vertueuses, & des plus savantes femmes de l'Angleterre, dès l'âge de douze ans avoit commencé à faire admirer son talent décidé pour la Poésie. Elle possédoit supérieurement plusieurs langues savantes, & les parloit avec la plus grande aisance. Les ouvrages de sa composition, en Vers & en Prose, sont en grand nombre, remplis de feu, d'imagination, d'images vives & hardies, & d'un style majestueux & correct. On n'y trouve rien qui ne respire la vertu & les bonnes mœurs. Cette illustre femme finit sa carriere en 1737, âgée de 63 ans.

SINGU-KO-GU, Impératrice du Japon, vers l'an 202 de l'Ere Chrétienne, après la mort de Tsiuu-Ai, son mari, prit en mains les rênes de l'Empire, & régna avec la plus grande gloire, pendant l'espace de 70 ans. Cette Princesse mourut âgée de 100 ans, & les Japonois reconnoissans des glorieux exploits & des signalés bienfaits de son long régne, la placerent au rang de leurs Divinités.

SITTI-MAONI-GIOERIDA, née en Mésopotamie, dans le seizieme siecle, d'une famille noble & distinguée, s'étoit, dès ses plus jeunes ans, appliquée à l'étude des langues & de tout ce qui pouvoit lui orner & éclairer l'esprit. Pietro de la Valle, Gentilhomme Romain, & célebre voyageur, ayant entendu vanter sa beauté, son génie & ses talens, se rendit assidu auprès d'elle, &, assez heureux pour lui plaire, l'obtint en mariage. Pietro, toujours curieux de voyager, l'emmena avec lui en Perfe. Ils furent dans leur route plufieurs fois attaqués par des Brigands. Sitti Maoni montra, les armes à la main, qu'elle avoit autant de courage que d'efprit & de beauté. A Jipahan, elle fit ufage de fon érudition pour inftruire & éclairer les Chrétiens qu'elle y rencontra. Sur le point de s'embarquer pour fe rendre à Rome, n'étant encore âgée que de 23 ans, une maladie violente la mit au tombeau. Pietro, plongé dans la plus vive douleur, fit enfermer dans un cercueil, avec les précautions néceffaires, les triftes reftes de fa chere époufe. Auffitôt arrivé à Rome, il lui fit faire des obféques magnifiques, & fit placer dans la chapelle où elles furent célebrées, des infcriptions en Italien, en François, en Efpagnol, en Portugais, en Chaldéen, en Perfan, en Turc, en Arménien, en Latin, en Grec ancien, en Grec vulgaire, & en Arabe, parce que fa chere Sitti Maoni, favoit toutes ces langues, & les parloit avec autant de facilité que de graces.

SKITTE, (la Barone Vendela) Suédoife, poffédoit parfaitement, outre fa langue naturelle, le Latin, le François, l'Allemand & le Grec. L'on a d'elle beaucoup de Lettres & de Difcours qu'elle avoit, ou compofés, ou traduits d'autres langues, en Latin. Les lettres la perdirent en 1629, âgée de 21 ans. Heldina & Anne Skitte, fes fœurs, paffoient auffi, dans le même-tems pour être très-favantes.

SOMMERSET, (Elifabeth de) Ducheffe de

Powis, gouvernante du Prince de Galles, fils de Jacques II, Roi d'Angleterre, femme aussi spirituelle que vertueuse & courageuse. Cette Dame, dans des affaires très épineuses, donna de grandes preuves d'une pénétration singulière, & d'une habileté surprenante. Son pere ayant été proscrit & constitué prisonnier en Angleterre, elle vendit jusqu'à ses pierreries pour l'aller secourir, & solliciter sa liberté. Arrêtée, elle-même, & renfermée dans la Tour de Londres, elle déconcerta tellement ses ennemis & ses accusateurs, par la force de son éloquence, que ses Juges ne purent refuser de reconnoître & de prononcer son innocence.

SOPHA, fille de Jacques, Iduméen, se signala par son courage au Siége de Jérusalem, sous Titus. Elle commandoit en chef, dans la Ville assiégée, cinq mille hommes de sa nation.

SOPHIE-BRAHÉ, sœur du célebre Tycho-Brahé, brilla, sur la fin du seizieme siecle, & dans les commencemens du dix-septieme, par son esprit & son grand goût pour les sciences. Elle excelloit dans les Mathématiques & l'Astronomie, & composoit avec facilité de très-bons vers latins.

SOPHIE, femme de l'Empereur Justin II, & niece de Théodora, femme de Justinien, Princesse spirituelle, instruite dans les sciences, & très-courageuse, suppléa à la foiblesse & à l'incapacité de son mari, & déploya sur le Trône, dans l'administration de l'Empire & le maniment des affaires les plus difficiles, les grandes connoissances qu'elle avoit acquises, autant par ſes études particulieres , que par le commerce des grands hommes qu'elle avoit ſu fixer à ſa Cour.

SOPHRONIE , Dame Romaine , imita l'héroïſme de la vertueuſe Lucrece. Son mari ayant eu la lâcheté de conſentir que l'Empereur Maxence eut avec elle un commerce criminel , Sophronie demanda quelques inſtans pour ſe parer , & , ſous ce prétexte , étant entrée dans la chambre , elle s'enfonça une épée dans le ſein , & expira au même inſtant.

SOREL , ou SAUREAU (Agnès) ſurnommée la belle Agnès , fut , par ſon eſprit & ſa grande beauté , charmer Charles VII, Roi de France : mais cette fille , en s'abandonnant à la paſſion du Prince , s'occupa en même-tems de ce que ſon amant devoit à ſa gloire & à la conſervation de ſes Etats. Ce fut en partie par ſes conſeils , & par les reproches piquans qu'elle lui fit ſur ſon indolence , qu'il ſe détermina enfin à faire les derniers efforts pour chaſſer les Anglois de ſon Royaume. Dans la crainte qu'il ne fît quelques nouvelles fautes dont ſes ennemis puſſent profiter , Agnès ne le quittoit pas , & campoit même près de lui , lorſqu'il étoit en campagne. Elle décéda en 1450. François premier appercevant un jour le portrait de cette femme , ſur le champ crayonna au bas ces quatre vers.

> Plus de loüange & d'honneur tu mérite,
> La cauſe étant de France recouvrer,
> Que ce que peut, dedans un Cloître, ouvrer
> Cloſe Nonain, ou bien dévot Hermite.

SPARETHRA , femme de Amorge , Roi des

Saces. Son mari ayant perdu une bataille contre Cyrus, y fut fait prisonnier. Cette courageuse Princesse, sans perdre de tems, rassemble 30000 hommes & 20000 femmes, se met
à leur tête, attaque l'Armée victorieuse, & la
défait entiérement. Le beau-frere de Cyrus &
ses trois fils furent faits prisonniers dans cette
action. Avant de poursuivre ses avantages, le
premier soin de Sparethra fut d'échanger promptement ces quatre Seigneurs contre son mari.

SPILENBERGUE, (Iréne de) née à Venise, contemporaine du Titien, excelloit dans la
peinture, & avoit si bien saisi la maniere de ce
grand Maître, que souvent on se méprenoit à
ses ouvrages, & on les croyoit de ce célebre
Peintre.

STAAL, (de Launai de) née sans
biens, mais tombée par un hasard heureux, à
l'âge de deux ans, entre les mains de deux
Dames Desgrieux, dont l'une étoit Prieure de
Saint Louis à Rouen, elle y reçut la plus belle
éducation. N'ayant encore que 16 ou 17 ans,
Mademoiselle Delaunai eut le malheur de perdre ses deux généreuses protectrices. Réduite
par cette perte à l'état le plus fâcheux, M.
l'Abbé de Vertot, & M. de Malézieux l'aiderent à en sortir, & la firent entrer chez Madame la Duchesse du Maine. Son esprit, son
érudition, son talent pour la Poésie, percerent
bien-tôt dans une Cour qui étoit devenue le
rendez-vous général des plus beaux esprits.
Mademoiselle de Launai y fut goûtée, s'y fit
d'illustres amis, mérita la plus intime confiance
de son Auguste Maîtresse, & dût autant à la
protection de cette Princesse, qu'à son propre
mérite,

mérite, fon mariage avec M. de Staal qui fut depuis élevé au grade de Maréchal-de-Camp. Cette Dame a écrit fes Mémoires, & la nette-té, la pureté de ftyle, la maniere noble & na-turelle avec lefquelles ils font rédigés, & les Anecdotes curieufes dont ils font remplis, les rendent très-intéreffans. L'on a encore de cette Dame quelques autres ouvrages en Profe & en Vers. Elle termina fa carriere à Paris, en 1750.

STROZZI, (Laurence) Religieufe de l'Or-dre de Saint Dominique, vivoit dans le feizie-me fiecle, s'adonna de bonne heure à l'étude des Belles-Lettres, apprit les langues Latine & Grecque, & fut très-renommée pour fon heu-reux talent dans l'art des vers. Elle compofa pour toutes les Fêtes de l'Eglife beaucoup d'Hymnes & d'Odes latines que Georges Pa-villon, Avocat au Parlement de Paris, a traduit en François. Cette favante reclufe finit fes jours en 1591, âgée de 77 ans.

STROZZI, (Madeleine) Demcifelle née à Florence, vivoit dans le dix-feptieme fiecle, & fut, ainfi que la précédente, Religieufe de l'Ordre de Saint Dominique. Son efprit, fa fcience & fes vertus la firent avantageufement connoitre, & elle compofa plufieurs ouvrages fur des fujets édifians.

SUCCA, (Marie de) née dans le feizieme fiecle, fille d'un célebre Jurifconfulte de ce nom, douée d'heureufes difpofitions pour les fciences, excelloit dès fon enfance dans les parties les plus difficiles de l'Arithmétique, & étonnoit par fes progrès dans la Mufique vocale & inftrumentale. Elle s'adonna enfuite

V

à l'étude de la langue Latine, & en peu de tems s'y rendit très-favante. Quoique comblée par de fi heureux fuccès de la plus brillante réputation, elle embraffa la vie Religieufe ; mais fon goût pour les Belles-Lettres la fuivit dans le Cloître, & elle y écrivit en Latin quelques ouvrages fur des fujets édifians.

SULPICIE, Dame Romaine, qui floriffoit vers l'an 50 de l'Ere Chrétienne, femme auffi favante que vertueufe, apprit la premiere aux Dames Romaines à difputer de gloire avec celles de la Grece qui s'etoient acquis de la réputation par leurs favantes productions. Cette Dame avoit compofé beaucoup d'ouvrages en vers, mais il ne nous en refte qu'un Poéme latin contre Domitien, fur l'expulfion des Philofophes. Il fuffit pour faire connoître quels étoient les talens fupérieurs de cette femme, l'élévation & les graces de fon génie. Martial en parle avec de grands éloges.

SULPITIE, fille de Sulpitius Paterculus, & femme de Fulvius Flaccus, eut la gloire d'être folemnellement reconnue pour la plus vertueufe femme de Rome, ayant été choifie, l'an 638 ou 39 de Rome, parmi dix des plus irréprochables de fes concitoyennes, pour placer & dédier une ftatue que l'on érigeoit & confacroit à Vénus, fous le nom de *Verticordia*.

SYBILLE, (la Princeffe) Ducheffe de Normandie. Son mari ayant été bleffé d'une fieche empoifonnée, les Médecins déclarerent qu'il ne pouvoit guérir qu'en faifant promptement fucer fa bleffure. « Mourons donc, s'écria ce » généreux Prince ; je ne ferai jamais affez cruel » & affez injufte pour fouffrir que quelqu'un s'ex-

pofe à mourir pour moi. Sybille avoit entendu
l'arrêt prononcé par le Médecin, & fans s'effrayer du danger, faifit cette occafion de fatif-
faire fa tendreffe en donnant à fon fexe l'exemple le plus héroïque du courage de l'amour
conjugal. Elle prit le tems que fon mari étoit
profondément endormi, découvrit fa plaie, la
fuça, & en lui fauvant la vie, perdit la fienne.

T.

TAI-TSONG, Impératrice de la Chine vers
le milieu du feptieme fiecle, fe fit connoître &
admirer par les plus belles qualités du cœur &
de l'efprit, & compofa un ouvrage divifé en
trente chapitres, fur la conduite que les femmes
devoient tenir dans les divers états de la fociété.
Elle mourut jeune encore & extrêmement regrettée de fon mari & de tous les peuples de
fon Empire.

TANAQUILLE, dans les premiers fiecles de
Rome fut beaucoup célébrée pour fon génie &
fes vertus. Tarquinius & Sextus Hoftilius lui
durent la Couronne qu'ils porterent, & dans
toutes leurs entreprifes fe conduifirent toujours par fes confeils. Sa mémoire fut pendant
plufieurs fiecles dans la plus grande vénération.
On confervoit à Rome très-précieufement les
ouvrages qu'elle avoit filés, fa ceinture & une
robe royale qu'elle avoit tiffue elle-même pour
Hoftilius. Ce fut elle qui, la premiere, fit de
fes propres mains de ces tuniques fans coûture,
que l'on donnoit aux jeunes garçons lorfqu'on

leur accordoit la robe virile, & aux jeunes filles lorfqu'on les marioit.

TANCFELDT, (Elifabeth) d'une illuftre famille d'Angleterre, jouiffoit dans le quinzieme fiecle d'une brillante réputation qu'elle dut à fon génie & à l'étendue de fa fcience. Elle parloit, outre fa langue naturelle, le Latin, le Grec & l'Hébreu. Cette favante Dame mourut à Londres en 1639, âgée de foixante ans.

TAURELLA, (Hyppolite) femme de Balthazard Caftillon, floriffoit fous le Pontificat de Léon X. Elle fut enlevée très-jeune au monde favant, dont elle étoit un des plus brillans ornemens. Sachant à fond les langues Grecque & Latine, elle compofoit dans cette derniere avec une prodigieufe facilité.

TÉLÉZILLE, femme de la ville d'Argos, d'une illuftre origine, encouragea fes concitoyennes à prendre les armes pour défendre leur ville, que Cléomene, Roi de Sparte, tenoit affiégée, & fe diftingua à leur tête par de courageux exploits. Sa grande bravoure, un heureux talent pour la poéfie, & les belles qualités de fon ame lui mériterent de fon vivant l'honneur de voir fa ftatue érigée dans la principale Place publique d'Argos.

TENCIN, (Claudine-Alexandrine Guerin de) Chanoineffe du Chapitre Royal de Neuville-les-Dames, née en 1681, douée des graces qui appartiennent à fon fexe, avoit l'efprit orné de toutes les connoiffances que peut donner l'étude des Belles-Lettres. D'un cœur excellent, d'un caractere uni, d'une converfation qui enchantoit, fa fociété fut recherchée de tous ceux qui pouvoient par leur érudition ou leurs talens, prétendre à y être admis. Les personnes les plus distinguées de la Cour, & les étrangers du plus haut rang, recherchoient avec avidité les moyens de s'y introduire. De société, dit-on, avec M. de Pontdevele son neveu, homme de beaucoup d'esprit, elle composa divers ouvrages de fiction qui ont été beaucoup applaudis. Son siege de Calais, sur-tout, ne sera jamais oublié. Cette Dame finit ses jours à Paris le 4 Décembre 1749, âgée de soixante-huit ans.

TERBOUCHE. ( ) On n'est point pour le présent en état de caractériser le genre de son talent ; mais l'Académie Royale de Peinture, en admettant cette Dame dans son sein, a prononcé sur la supériorité des succès de son pinceau.

THALESTRIS. Alexandre passant par l'Hircanie, Thalestris, Reine des Amazones, vint à la rencontre du Prince, à la tête de trois cens femmes d'armes bien montées & équipées. En l'abordant elle lui dit qu'instruite de ses grands exploits & de sa valeur personnelle, elle étoit venue exprès pour le voir & lui offrir tous les services & tous les secours qui étoient en sa puissance. Alexandre la remercia. Alors Thalestris lui ajouta, qu'elle le trouvoit si beau, si jeune & si vigoureux, que se flattant elle-même d'avoir également ces qualités en partage, elle étoit d'avis qu'ils habitassent ensemble quelque tems, afin qu'il pût naître du plus vaillant homme & de la plus courageuse femme qu'il y eût au monde, une créature qui étonnât à son tour l'univers par ses grandes actions. Alexandre fut si flatté de la proposition, qu'il retint cette merveilleuse femme treize jours entiers dans son camp, & il n'oublia rien pour lui faire, par les plus galantes fêtes, les honneurs du séjour.

THARGELIE, femme très-célebre de la ville de Milet, l'une des plus belles personnes de la Grece, ajoutoit aux charmes de sa figure l'avantage d'une vaste érudition, qui la mit au nombre des plus savans Philosophes de la Grece. Lorsqu'Artaxercès entreprit la conquête de la Grece, Thargélie le servit beaucoup par l'habileté des ressources de son génie, & lui gagna un grand nombre de partisans. Se plaisant beaucoup à voyager, & ne manquant jamais de se faire des adorateurs par-tout où elle passoit, un Roi de Thessalie parvint à la fixer, & l'épousa. Elle régna pendant trente ans sur les Thessaliens.

THÉANO, fille de Brontin de Crotone, & femme de Pythagore, étoit si savante, qu'après la mort de son mari elle tint, conjointement avec ses fils, une école de Philosophie, & s'y fit admirer par sa grande érudition. Douée d'un heureux talent pour la poésie, elle avoit composé un Poëme entier en vers héxametres; mais cet ouvrage n'a point passé jusqu'à nous.

THÉMISTO, savante femme de la Grece, s'attacha à la secte d'Epicure, & tint un rang distingué parmi ses disciples. Lactance dit que c'étoit la seule femme vraie Philosophe qu'il eût connue.

THÉMISTOCLEA, sœur de Pythagore, passoit dans son siecle pour avoir eu grande part à plusieurs ouvrages de son frere.

THÉODELINDE DE BAVIERE, Reine de

Lombardie , Princeſſe ornée des plus belles qualités de l'eſprit & du corps. Authare, Roi des Lombards, frappé de tout ce que la renommée en publioit, la regarda dès-lors comme le plus précieux tréſor qu'il pût acquérir. Il commença par envoyer, ſous de feints prétextes, des Ambaſſadeurs en Baviere, avec des ordres ſecrets d'obſerver ſcrupuleuſement ſi tout ce qui lui étoit revenu de la beauté, de l'eſprit & des vaſtes connoiſſances de Théodelinde n'étoit pas exagéré. Les Ambaſſadeurs, de retour, ajouterent encore à tout ce que la renommée publioit. Non content de ces précautions , Authare voulut s'aſſurer par lui-même, & ſe rendit en perſonne à la Cour de Baviere. Sitôt qu'il vit la Princeſſe & qu'il eut été admis à converſer avec elle, ſa paſſion ne put plus ſe contenir ; il la demanda en mariage & l'obtint. Les noces furent célébrées avec la plus grande magnificence. Le premier uſage que fit Théodelinde de ſon eſprit & de ſes charmes, fut d'entreprendre la converſion de ſon mari, & elle le détermina à embraſſer la Religion Chrétienne. Authare fut obligé de ſoutenir une guerre contre Childebert , qui lui diſputoit la Lombardie. Avant de partir pour aller ſe mettre à la tête de ſon armée , il confia à ſa femme la régence de ſes Etats, & elle montra dans ſon adminiſtration tant de vertus & de talens, qu'elle réunit l'applaudiſſement unanime & la vénération de tous ſes peuples. Son mari mourut dans le cours de cette guerre. Elle ſe préparoit à ſe retirer en Baviere auprès de ſon pere ; mais les Lombards s'oppoſerent à fon deffein , & lui déférerent la Couronne, confentant même qu'elle la partageât avec tel Prince qu'il lui plairoit de choifir. Théodelinde, pénétrée de cette marque fi fenfible de l'amour de fes fujets, fe rendit à leurs vœux, & choifit pour nouvel époux Agifulphe, Duc de Turin, qui étoit le Prince le plus accompli de fon fiecle; il ne lui manquoit que les lumieres de la vraie Religion , & fon époufe les fit bientôt paffer dans fon ame par de folides inftruction̄s. Dans cette nouvelle union . Théodelinde devint de plus en plus chere à fes fujets par la douceur & la fageffe de fon gouvernement, par toutes les qualités du cœur & de l'efprit qui captivent les Grands, attirent la confiance, la reconnoif-fance & l'amour des peuples. Cette illuftre Prin-ceffe finit fa glorieufe carriere au commence-ment du feptieme fiecle , univerfellement re-grettée.

THÉODORA, adonnée à la Philofophie pé-ripatéticienne étoit , au rapport de Photius, excellente Grammairienne, & faifoit de très-bons vers.

THEODORA , femme de l'Empereur Jufti-nien , mérita la plus entiere confiance & l'a-mour conftant de fon mari, par l'élévation de fon ame , fon érudition , & les vaftes connoif-fances qui brilloient dans tous fes difcours. Un jour le peuple de Conftantinople s'étant fou-levé , Juftinien ne fe voyoit d'autre reffource que la fuite, pour fe dérober à fa fureur ; mais Théodora , plus courageufe, l'arrêta, & lui dit: » il n'eft pas néceffaire de vivre, mais il l'eft à » un Prince de ne pas fe déshonorer. Un Sou-

» verain traînant une vie honteufe en exil ne
» vaut pas un homme mort. Le Trône eft un
» glorieux tombeau ».

THÉODORA, Impératrice de Conftantinople
dans le deuxieme fiecle , montra pendant le
peu de tems qu'elle vécut fur le Trône, les
plus grandes vertus réunies aux plus heureux
talens pour le gouvernement.

THÉODORA, Impératrice de l'Orient , gouverna l'Empire pendant la minorité de fon fils
Michel III , avec une fageffe & une habileté
qui lui mériterent les plus grands éloges.

THÉOXÉNA , veuve d'un Prince Theffalien,
époufa Poris , Prince des Œniens , dans la vue
de l'aider à élever & inftruire une famille nombreufe qu'il avoit eue d'une premiere femme
qu'elle avoit beaucoup aimée. Philippe de Macédoine ayant envahi la Theffalie , profcrivit &
condamna à la mort un grand nombre de Thef-
faliens qui faifoient ombrage à fa tyrannie. Poris
& fes enfans furent enveloppés dans cette prof-
cription. Théoxéna, au défefpoir , jura qu'elle
égorgeroit plutôt de fa propre main ces enfans,
que de les laiffer paffer dans celles du tyran.
Poris, effrayé d'une réfolution fi violente, entreprit de fe réfugier à Athènes avec toute fa
famille ; mais le vaiffeau qui l'y tranfportoit fe
trouvant pourfuivi par ceux de Philippe, fut
forcé par les vents contraires , de rentrer dans
le même port d'où il étoit parti. Théoxéna,
voyant alors qu'il n'y avoit plus aucun moyen
d'échapper , animée de fureur , préfente à fes
enfans des épées nues & des coupes remplies
de liqueurs empoifonnées , & les exhorte à fe
fouftraire, par la plus prompte mort , aux bar-

bares traitemens qui leur étoient deftinés. Adref-
fant la parole à l'aîné : « Et toi, mon fils, lui
» dit-elle, qui es le plus âgé, prends ce fer &
» montre l'exemple à tes freres & fœurs, en
» choififfant le genre de mort le plus coura-
» geux ». A ces mots aucun de tous ces enfans
n'héfite : chacun court, les uns aux épées &
aux poignards qu'ils s'enfoncent dans le fein,
les autres aux coupes empoifonnées. Demi-
morts, cette intrépide femme les fit jetter à la
mer, & fiere de les avoir ainfi fouftraits aux
fureurs du tyran, elle s'adreffe auffi-tôt à fon
mari, & lui dit, en l'embraffant : « Allons,
» mon ami, fuivons ces chers enfans ; jouiffons
. avec e de la même fépulture ». A peine
eut-elle fini ces mots que, fe tenant embraffés,
ils fe précipiterent tous les deux dans la mer.

THERESE, (Sainte) née d'une famille très-
illuftre à Avila en Efpagne, fe confacra à l'âge
de vingt-un ans à la vie religieufe chez les Car-
mélites. Son zele & fa piété réunis à un génie
ardent, lui firent entreprendre de réformer fon
Ordre, & fes fuccès furent auffi heureux que
rapides. A fa mort elle comptoit quatorze Monafteres d'hommes & feize de filles qui avoient
embraffé fa réforme. Malgré les foins & les
fatigues de cette entreprife, elle écrivit beaucoup, & l'on admire dans fes écrits l'élégance,
la beauté du ftyle, & l'énergie avec laquelle
elle a exprimé ce qu'elle penfoit. M. Arnaud
d'Andilli les a traduits en François. Cette favante & fainte fille termina fa laborieufe carriere le 4 Octobre 1582, âgée de foixante-
fept ans.

THESTA, fœur de Denis le Tyran, & femme

de Polixene. Ce dernier s'étant engagé dans une conspiration des Syracusains, qui avoit pour but de détrôner son beau-frere, l'entreprise échoua, & il n'eut que le tems de fuir avec la plus grande précipitation pour se retirer en Sicile & s'y mettre à l'abri des poursuites du tyran. Denis, au désespoir de voir Polixene échappé à sa vengeance, fit venir Thesta, & enflammé de colere, lui reprocha durement qu'elle ne l'avoit point informé de la fuite de son mari. Thesta, sans s'étonner, lui répondit avec une noble & courageuse fierté : « Si j'a-
» vois su la fuite de mon mari, me croyez-
» vous une femme assez lâche & d'un cœur
» assez bas, pour n'avoir pas eu le courage de
» partager & son malheur & les dangers qu'il
» a courus dans cette fuite ? Non, je ne l'ai
» pas sue, & si je l'avois suivi, croyez que je
» me trouverois plus honorée d'être connue
» par-tout pour la femme de Polixene exilé &
» proscrit, que de l'être ici pour la sœur du
» tyran ». Les Syracusains furent si pénétrés de l'héroïque vertu de cette généreuse femme, qu'après la destruction de la tyrannie, ils lui conserverent pendant toute sa vie le même rang, les mêmes honneurs, & le même revenu dont elle avoit joui sous le regne de son frere. Lorsqu'elle mourut, tout le peuple accompagna son convoi, publiant ses louanges & bénissant sa mémoire.

THOMYRIS, Reine des Massagetes, furieuse d'avoir perdu son fils dans une bataille où Cyrus avec qui elle étoit en guerre fut vainqueur, ne se donna point de repos qu'elle n'eût vengé cette perte. Par d'habiles manœuvres ayant su

engager fon ennemi dans des défilés où il ne
pouvoit déployer toutes fes forces, elle tomba
fur lui avec tant d'impétuofité & de bravoure,
que Cyrus lui-même y perdit la vie & fon armée fut entiérement défaite. Thomyris fe fit
apporter fur le champ de bataille la tête de
Cyrus encore palpitante, & la plongeant elle-
même dans un vafe qu'elle avoit exprès fait
emplir de fang humain, lui adreffa ces mots :
» Éteins enfin, cruel, ta foif infatiable dans
» ce fang, dont tu as été toute ta vie fi altéré ».

TIMARETTE, fille de Micon le Mineur,
eft la premiere perfonne de fon fexe qui fe foit
illuftrée par le pinceau. Une Diane peinte de
fa main tenoit dans le fameux temple d'Epheze
un rang diftingué parmi les chefs-d'œuvre des
plus célebres Peintres.

TINTORET, (Marie) fille du célebre Peintre de ce nom, peignoit avec beaucoup de délicateffe & de génie, poffédoit la mufique dans
la plus grande perfection, & jouoit fupérieurement de plufieurs inftrumens. Une mort prématurée l'enleva aux beaux-arts en 1590. Elle
n'étoit encore âgée que de trente ans.

TIRGATAO, femme d'Hécatœus, Roi des
Sindes, peuples de la petite Scythie, empri-
fonnée par ordre de fon mari, qui s'étoit épris
des charmes de la fille de Statyrus, Roi du Bof-
phore, eut l'adreffe-de s'échapper de fa prifon,
& de trouver les moyens de lever une armée,
à la tête de laquelle elle contraignit Hécatœus
& Statyrus réunis, de recevoir les loix qu'il
lui plut leur impofer.

TISHEM, (Catherine) Dame Angloife,
mere de James Gratérus, favant Humanifte, &

l'une des plus savantes femmes du seizieme
siecle. La langue Grecque lui étoit si familiere,
qu'en lisant Galien, sans aucune préparation,
elle en faisoit tout couramment la traduction.
Cette Dame savoit également bien le Latin,
l'Italien & le François.

TORNABONI, (Lucrece) Dame née à Florence, & femme de Pierre de Médicis, fit
l'admiration de son siecle, par ses vertus, son
esprit & son savoir. Elle traduisit en vers Italiens une grande partie de la Bible.

TOTT, (Brigitte) Dame Danoise, d'une
très-illustre origine, orna le dix-septieme siecle.
Elle traduisit en langue Danoise les ouvrages
de plusieurs des plus célebres auteurs de l'antiquité. Sophie & Marie Belowe, l'une mere,
l'autre tante de Brigitte Tott, savoient les langues Latine, Grecque, Italienne, Françoise,
Allemande, Angloise & Hollandoise, & étoient
très-versées dans la science de l'Histoire & des
Généalogies. Elisabeth Tott, niece & éleve de
Brigitte, étoit aussi très-savante, & composa
quelques ouvrages qui annonçoient d'heureux
talens; mais la mort l'enleva qu'elle n'avoit encore que vingt ans.

TOUR, (Claudine de la) fille aînée de
François de la Tour, II. du nom, Vicomte de
Turenne, étonna le seizieme siecle par son
courage & ses exploits. Dans le tems de la révolte des Huguenots, à la tête de plusieurs
compagnies de gens de guerre, qu'elle avoit
assemblés à ses frais, cette Dame fit lever aux
rebelles le siege qu'ils avoient mis devant Tour-
non. Charles IX. la plaça en qualité de Dame

d'Honneur auprès de sa sœur, premiere femme de Henri IV.

TRILLO, (Catherine) née à Antiguerra en Espagne, se distingua dans le seizieme siecle par son érudition. Elle instruisit elle-même dans la science de la Jurisprudence son fils, qui devint sous ses leçons un très-habile Jurisconsulte.

TRIMOILLE, (Gabrielle de Bourbon, Vicomtesse de Thouars, Dame de la) tient un rang distingué parmi les Dames Françoises que leurs vertus, leur savoir & leurs talens ont illustrées. Cette Dame composa plusieurs ouvrages qui font de sûrs garans de sa sagesse & de la piété qui l'animoient.

TRIVULCE, (Damigelle) d'une illustre origine, jeune encore, prononça publiquement, à Milan, dans l'ancienne langue des Romains, en présence du Pape & de plusieurs Princes & Prélats, des discours où la plus sublime éloquence se trouvoit réunie à une profonde érudition.

TULLIA, fille de Cicéron, étoit passionément chéie de son pere qui l'avoit élevée avec une tendresse singuliere, & instruite dans les sciences avec les plus grands soins. Elle mourut quarante-quatre ans avant le commencement de l'Ere Chrétienne, & les éloges & les regrets de son pere, consignés dans plusieurs de ses immortels écrits, suffisent pour décider les droits mérités de cette illustre femme à la célébrité.

TZAO-TA-KOU, femme Chinoise, qui florissoit environ 89 ans avant l'Ere Chrétienne, tandis que toute l'Europe commençoit à tom-

ber dans la barbarie, fe diftinguoit dans fa patrie par fa fcience & fes talens. Douée de
bea coup d'efprit, d'une pénétration furprenante, & fur-tout d'une mémoire à laquelle
rien n'échappoit, cette femme s'étoit appliquée à l'étude, dès fa jeuneffe, & étoit devenue extrêmement favante. Elle fe diftingua fur-
tout dans un genre où peu de femmes ont cher-
ché à exceller, c'eft-à-dire dans l'Art Ora-
toire; fes pieces d'Eloquence qui fe font con-
fervées, fe font encore lire aujourd'hui, dans fa
nation, avec admiration.

TZING-TSÉ, Princeffe Chinoife, douée
d'un génie fupérieur, de beaucoup de jugement & du courage le plus intrépide, gémiffant de voir fon pays victime de la tyrannie
de fes Gouverneurs, entreprit de le tirer de
la cruelle oppreffion qu'il enduroit. Après s'ê-
tre affurée du concours de plufieurs Provinces
voifines, également intéreffées à recouvrer leur
liberté, elle leva des troupes & affigna à fes
alliés un rendez-vous où ils vinrent la joindre
avec celles qu'ils avoient auffi affemblées.
Comme ils ignoroient qui devoit être le Général de cette Armée combinée, ils furent, en
arrivant, fort furpris lorfqu'ils virent Tzing-
Tfé fe préfenter pour les commander. Cependant, la fageffe avec laquelle elle leur parla de
fes difpofitions, & le courage qu'elle fit paroître, les déterminerent à fe ranger fous fon
commandement. Cette Héroïne marcha auffi-
tôt à leur tête, joignit l'Armée de l'Empereur
qui s'étoit affemblée au premier bruit de ces
mouvemens, gagna fur elle une victoire complette, attaqua & prit un grand nombre de

villes, & se fit proclamer Reine de toutes ses conquêtes. L'Empereur, honteux de se voir ainsi dépouiller par une femme, eût bientôt rassemblé une nouvelle armée, & en donna le commandement à Ma-Yven qui passoit pour l'Officier le plus expérimenté de son Empire. Ce Général trouva Tzing-Tsé disposée à le recevoir. Les deux Armées engagerent la bataille avec une égale ardeur, & la Princesse combattit avec une bravoure qui étonna Ma-Yven, lui-même. Par-tout il la voyoit le sabre à la main, animant ses troupes & leur donnant l'exemple. Tout plioit devant elle, & l'action dura tout le jour sans que les troupes impériales eussent pu remporter aucun avantage. Mais, aux approches de la nuit, les Alliés de Tzing-Tsé l'ayant subitement abandonnée, ses propres troupes qui voyoient qu'elles ne pourroient résister seules, se débanderent pour chercher leur salut dans la fuite. Alors la Princesse se vit forcée par cette double lâcheté de songer aussi à se retirer, & elle eut le bonheur de gagner un asyle où elle fut à l'abri des poursuites du vainqueur.

V.

VAÈZ, *ou* VAZIA, Dame Portugaise, attachée à la Cour de Marie de Portugal, savoit la langue Latine & la parloit avec autant d'élégance que de graces & de facilité. Plusieurs Savans de son tems ont parlé avec éloges de sa science & de ses talens.

VALASCA, Princeffe de Bohême, conçut
l'étrange projet d'affranchir fon fexe de la domination des hommes, de les expulfer entierement de leur pays, & de former une vraie
République d'Amazones. Elle propofa ce fingulier projet aux plus courageufes des femmes
qu'elle connoiffoit. Elles le goûterent & con-
vinrent de s'unir toutes pour l'exécuter. Le
grand génie de Valafca joint au courage le plus
intrépide, donna d'abord quelque fuccès à cette
entreprife ; mais les hommes honteux & confus de fe voir ainfi chaffer & expatrier, unirent le défefpoir à la force, & dans une action
où ils eurent l'avantage le plus complet, Valafca fut tuée, difent les uns, ou, felon d'autres, fut faite prifonniere. La nouvelle République, privée de fon chef, ne tarda pas de
fe diffiper ; toutes les femmes furent forcées de
rentrer dans l'ordre auquel elles avoient fi fo-
lement confpiré de fe fouftraire. Il ne leur refta
que la gloire d'avoir fu, par une noble audace, montrer aux hommes l'intelligence, la
conduite, la tempérance, le courage & la force dont elles étoient capables.

VALERIA, Dame Romaine, fœur de Mef-
fala, ayant, encore très-jeune, perdu Servius,
fon mari, on lui demanda au bout de plufieurs
années pourquoi elle ne fe remarioit pas.
» C'eft, répondit-elle, parce que Servius eft
» toujours, & ne ceffera pas, tant que je vi-
» vrai, d'être mon mari ».

VALENTINE, de Milan, femme de Louis,
Duc d'Orléans, & frere de Charles VI, Roi
de France, mérita d'être placée au rang des
Héroïnes de l'amour conjugal. Louis ayant été

affaſſiné par les ordres du Duc de Bourgogne, le 23 Novembre 1407, Valentine en conçut une vive douleur que rien ne fut capable d'apaiſer, & qui la conduiſit au tombeau deux ans après ce cruel événement.

VALLAYER, ( ) favoriſée par la nature de toutes les graces qui font l'ornement de ſon ſexe, elle a ſu y joindre les plus brillans ſuccès dans l'étude des beaux Arts, & ſe diſtingue ſur-tout dans celui de la peinture, par l'élégance & la correction de ſon pinceau. En 1775 cette Demoiſelle fit préſenter à l'Académie Françoiſe les portraits de Fleuri & de la Bruyere, peints par elle-même, & qui manquoient dans la Collection de l'Académie. Cette illuſtre Compagnie chargea M. d'Alembert de lui en faire ſes remercimens, &, pour lui marquer ſa reconnoiſſance, de la prier d'accepter ſes entrées à toutes ſes aſſemblées.

VANDA, Reine de Pologne, monta ſur le Trône après la mort de Cracus, ſon pere, & de ſes freres, vers l'an 700 de notre Ere. Sa vertu, ſa beauté, ſon eſprit & ſes talens pour le gouvernement, la firent adorer de ſes ſujets, aimer & reſpecter de tous ſes voiſins. Indifférente ſur les plaiſirs qui accompagnent l'hymen, & jalouſe de conſerver ſon cœur libre, elle refuſa conſtamment toutes les alliances qui lui furent propoſées. Ritagore, Prince puiſſant, & recommandable d'ailleurs par ſa bravoure & les plus excellentes qualités de l'eſprit & du cœur, fut un des plus ardens à ſolliciter le don de ſa main, mais il ne put l'obtenir. De déſeſpoir, il arma contre la Pologne. Vanda, à la tête d'une Armée, marcha au

devant de lui. Il fe donna en peu de tems deux
batailles fanglantes où la Princeffe , le fabre à
la main , & toujours aux premiers rangs , anima fi bien fes troupes par fon exemple que
Ritagore , battu par-tout , fut réduit à fuir avec
celles de fes troupes qui purent échapper au
carnage ou à l'efclavage. Ce Prince doublement
honteux & accablé , & de fa défaite , &
de l'injufte caufe qui lui avoit mis les armes à
la main , fe donna la mort.

VANDEUVRE, (   ) fille d'un Briga-
dier des Armées du Roi du même nom , fe
fit connoître avec diftinction , dans le dix-
feptieme fiecle , par fon goût pour l'étude , &
fes brillans fuccès dans la carriere des Belles-
Lettres. Un de fes contemporains a dit d'elle ,
qu'elle étoit une des Graces par fa beauté , une
des Mufes par l'élégance & le fublime de fes
vers , & une Syrene par les brillans accens de
fa voix. On ne connoît de cette Dame qu'un
Sonnet à la gloire de Louis XIV. Ses autres
ouvrages n'ont pas fans doute été recueillis.

VATRI , (Louife-Marguerite Buttet , femme
de M.) joignoit aux charmes d'une belle figure ,
les plus eftimables qualités du cœur , & un
efprit orné des connoiffances les plus agrébles ,
& compofoit avec autant de facilité que de graces. Continuellement malade pendant les trente
dernieres années de fa vie , elle ne pouvoit
malheureufement s'occuper que de petites pieces fugitives pour l'amufement de la fociété
qui s'affembloit chez elle. Cette Dame finit fes
jours à Paris en 1752 , regrettée de tous ceux
qui l'avoient connue.

VAUX , (Anne de) née dans la Flandre Efpagnole, se distingua sur la fin du seizieme siecle par son goût pour la profession des armes & sa grande valeur. Déguisée sous des habits d'homme, elle s'engagea d'abord dans un Régiment d'infanterie, & y servit avec tant de distinction que le Baron de Merci qui en étoit Colonel, n'hésita pas de l'élever au grade de Lieutenant. A la suite de diverses actions qui se passerent en France & où elle fit toujours remarquer sa bravoure singuliere, cette courageuse fille se trouva à la defense du Fauxbourg S. Antoine, à Paris, & y fut blessée de trois coups de feu. Après sa guérison, retournant en Flandres avec sa troupe, elle fut attaquée par un parti François, & forcée de se rendre à discrétion : en la dépouillant, son sexe fut reconnu. On la conduisit à Nancy où commandoit le Maréchal de Senneterre qui lui offrit une Compagnie dans un Régiment de France, avec promesse de prendre des mesures pour lui assurer le secret sur son sexe. Anne le remercia, en lui disant qu'elle étoit incapable de servir contre son Prince. Le Maréchal, bien loin de blâmer une si généreuse fidélité, lui rendit la liberté, lui accorda des passe-ports, & lui donna de quoi s'en retourner dans sa patrie. Anne de Vaux, si-tôt qu'elle fût arrivée à Bruxelles, y embrassa la vie Religieuse dans l'Abbaye de Marquette.

VÉGA, (Isabelle de) femme de ..... Vasconcellos, Officier Portugais. Vers le commencement du dix-septieme siecle, le Roi de Cambaïe voulant chasser les Portuguais de ses Etats, sollicita le secours des Turcs. Soliman, Bacha d'Egypte, lui fut envoyé avec une flotte

confidérable. Arrivé dans l'Inde il trouva le
Roi de Cambaie occupé à faire le siège de Diu.
Soliman fit débarquer les troupes, & alors les
attaques furent poussées avec la plus grande
vigueur. Les Portugais se défendirent avec toute
l'intrépidité possible ; mais beaucoup inférieurs
en nombre aux assaillans, ils étoient près de
succomber à leurs fatigues, lorsque leurs femmes eurent la générosité de s'offrir d'elles-mêmes pour les seconder. Vasconcellos, trem-
blant depuis le commencement du siége sur le
sort de son épouse qu'il aimoit éperduement,
ne cessoit tous les jours de la conjurer de se
retirer à Goa, dans la maison de son pere, où
elle seroit à l'abri de tous les hasards de la
guerre. Rien ne put déterminer Isabelle à se
séparer de son époux, dans un tems sur-tout
où elle voyoit sa vie exposée à des dangers continuels. Cette tendre & généreuse femme, au
contraire, voyant qu'on employoit tous les
jours pour les travaux un grand nombre d'hommes qui affoiblissoit celui des combattans, imagina que si les femmes vouloient partager ces
mêmes travaux, il en résulteroit beaucoup plus
de forces pour la défense de la Place. Elle
communiqua son idée à la femme d'un Médecin, nommé Fernandès, dont elle connoissoit
la résolution. Celle-ci la goûta, &, toutes deux,
sur le champ coururent dans la ville pour exciter leurs concitoyennes à seconder un si noble projet. En peu de tems il s'en offrit un
très grand nombre, à la tête desquelles Isabelle
& Anne se présenterent sur les remparts, &
annoncerent qu'elles y venoient pour se charger de l'exécution de tous les travaux auxquels,

ou leurs maris, ou leurs fils, ou leurs freres
étoient employés. Les hommes, tranſportés
d'admiration, leur céderent la place, & auſſi-
tôt ces nouvelles Archidamies ſe livrerent avec
une ardeur incroyable aux plus rudes & aux
plus périlleux ouvrages. Les troupes, de leur
côté, n'ayant plus à s'occuper que de l'exercice de leurs armes, s'y compórterent avec
tant de bravoure que le Roi de Cambaïe, &
Soliman, après deux mois entiers de vains
efforts, furent obligés de lever le ſiége. Tant
qu'il dura on vit Iſabelle & Anne viſiter pendant la nuit tous les poſtes qu'occupoient les
femmes, & y donner les ordres qui convenoient aux circonſtanees. On les vit même
auſſi pluſieurs fois, dans le plus grand feu,
animer les combattans par leurs conſeils &
leurs exhortations. Anne Fernandès vit tuer à
ſes côtés un de ſes fils. Inébranlable dans ſon
poſte, elle ne le quitta point qu'après le combat, pour ramaſſer le corps de ce fils, & l'en-
ſevelir de ſes propres mains. Quelques années
après, le Roi de Cambaïe entreprit une ſeconde fois le ſiege de Diu, mais ce fut avec auſſi
peu de ſuccès que la premiere, & les femmes
Portugaiſes s'y diſtinguerent encore par des
prodiges de valeur. Après la levée de ce ſecond ſiége, Jean de Caſtro, Gouverneur de la
Place, voulant en faire promptement réparer
les fortifications, envoya à Goa pour y em-
prunter les ſommes qui lui étoient néceſſaires.
Les femmes l'ayant ſu, ſe dépouillerent à l'envi
de leurs pierreries, & de tous leurs bijoux en
or & en argent, les vendirent, lui en porterent le prix, & par cette nouvelle généroſité

mirent l'heureux Gouverneur en état de suffire
à la dépense de ces réparations , & de mettre
promptement sa Place à l'abri de nouvelles in-
sultes.

VELSER , (Marguerite) femme du célèbre
Conrard Peutinger , brilla, dans le seizieme siecle , par sa grande érudition. Elle excelloit dans
la Critique.

VERCHERE , (　　　　　de) Dame de la
Paroisse de ce nom , près des Isles de Richelieu , en Canada. Un jour que cette Dame se
trouvoit seule dans son Château avec quelques
Domestiques , on vint l'avertir qu'une troupe
de Sauvages étoit aux pieds des murs & paroissoit dans le dessein de les escalader. Sur le
champ elle fit prendre des fusils à ce petit
nombre de Domestiques , & leur fit faire une
décharge si à propos qu'elle écarta , dès ce premier début , ces brigands. Ils reparurent cependant bien-tôt , & Madame Verchere ma-
nœuvrant toujours avec la plus grande intrépidité , les repoussa toujours. Sa contenance assurée & l'habileté avec laquelle elle multiplioit
les mouvemens de sa petite troupe , déconcer-
terent enfin ces Sauvages , & les forcerent de
se retirer , après deux jours entiers d'inutiles
efforts. Quelques années après , un parti de
ces mêmes Sauvages , mais beaucoup plus nombreux que le premier , forma encore une entreprise sur le même Château , & prit le moment où tous ceux qui l'habitoient étoient répandus dans la campagne , occupés à différens
travaux. A mesure que ces Sauvages avan-
çoient , trouvant ces travailleurs dispersés &
sans défense , ils les saisissoient tous, les uns

après les autres, & les garottoient. Ils s'avan-
cerent enfuite vers le Château. La Dame Ve-
chere étoit abfente ; mais fa fille, âgée de feize
ans, s'en trouvoit alors à deux cents pas. Au
premier cri qu'elle entendit, elle courut pour
rentrer. Les Sauvages la pourfuivirent, & l'un
deux l'atteignit comme elle mettoit le pied fur
le feuil de la porte ; mais n'ayant pu faifir que
fon fichu, elle eût la préfence d'efprit de le
détacher, & de s'échapper, s'étant trouvé affez
de force pour fermer à l'inftant la porte fur
elle. Il ne fe trouvoit dans tout le Château
qu'un feul Soldat, deux ou trois Valets, &
plufieurs femmes qui, à la vue de leurs maris
que l'on emmenoit prifonniers, jettoient des
cris perçans. La jeune Demoifelle ne perdit pas
un feul inftant. Elle commença par ordonner
à toutes les femmes de s'éloigner & de fe tai-
re, & fe dépouillant avec la plus grande vivacité de fa coeffure & de fes habits, elle fe
vêtit en homme. Alors elle commanda au Soldat de mettre le feu au canon qui, depuis la
premiere furprife, étoit toujours chargé, pour
avertir le voifinage, en cas d'accident. Enfuite
fe montrant de deffus les murs avec ce même
Soldat & fes Valets, ils tirerent plufieurs coups
de fufils fur les Sauvages qui, à chaque décharge, ne manquoient pas, fuivant leur coutume, de s'éloigner. Avant qu'ils revinffent, la
jeune Héroïne couroit avec fon Soldat & fes
Valets changer d'habits & recharger toutes les
armes qu'ils avoient pu raffembler, puis repa-
roiffans tout-à-coup, & tirans toujours jufte &
à propos, les Sauvages fe perfuaderent enfin
qu'il y avoit beaucoup de monde dans le Château.

teau. Voyant d'ailleurs arriver les fecours qui avoient été avertis par le bruit du canon, ils n'eurent rien de plus preffé que d'abandonner leurs prifonniers, & de gagner les bois pour fe fauver au plus vite, laiffant fur la place plufieurs des leurs tués ou bleffés.

VERDIER, (   ) Demoifelle de la ville de Touloufe, connue par plufieurs pieces de Poéfies qui annoncent qu'elle étoit douée d'un heureux talent.

VERTILLAC, (Madame la Comteffe de) eft Auteur d'une Differtation fur le ftyle, imprimée dans les Œuvres de M. Rémond de Saint Marc.

VETURIE, fi célébrée dans l'Hiftoire Romaine, fe rendit avec Volumnie, fa belle-fille, & plufieurs Dames Romaines dans le camp de Coriolan, fon fils, pour l'engager à s'éloigner de Rome qu'il tenoit affiégée. Dès que Coriolan eut entendu le difcours pathétique de fa tendre mere, tranfporté, il s'écria : « O Patrie ! je fuis vaincu. Tu as défarmé ma colere, en employant pour me fléchir les prieres de ma mere : c'eft à elle feule que j'accorde le pardon de l'injure que tu m'as faite ». Auffi-tôt il leva le fiège & s'écarta du territoire de Rome. Dans l'endroit même où cette généreufe femme avoit fu triompher de fon fils, les Romains éleverent un autel qu'ils dédierent à la Fortune des Dames.

VICTORINE, ou VICTORIA, Dame Romaine qui vivoit du tems de l'Empereur Aurélien, s'illuftra par fes vertus & fon grand courage. Elle poffédoit à un tel point la confiance

X

des légions , qu'elles l'avoient furnommée *la mere des armées.*

VIDAMPIERE , (Madame la Comteſſe de) a donné au Public un Recueil de ſes Œuvres, en vers & en profe ; l'eſprit, le ſentiment & les graces du ſtyle y regnent avec beaucoup de diſtinction.

VIEN , (Madame) a mérité par ſes brillans ſuccès dans l'art de peindre la miniature , les oiſeaux & les fleurs , d'être aggregée à l'Académie Royale de Peinture, où elle partage avec ſon illuſtre époux l'admiration & les juſtes éloges des amateurs des beaux-arts.

VIEUX , (de) Demoiſelle de beaucoup d'eſprit & fort ſavante. M. Patru , de l'Académie Françoiſe, lui adreſſa pluſieurs Lettres très-ingénieuſes ſous le nom d'*Olinde* , & M. de Vertron fait un éloge très-flatteur de ſon mérite & de ſes talens.

VIGNOLI , (Marie Porcie) Religieuſe de l'Ordre de Saint Dominique , fit l'admiration du dix-ſeptieme ſiécle, par ſa vaſte érudition & ſon talent pour la poéſie Italienne. Elle a compoſé en vers & en profe beaucoup d'ouvrages qui ont été recueillis & imprimés.

VILLARS , (Gigault de Bellefond, Marquiſe de) mere de Louis Hector , Maréchal, Duc de Villars , Dame de beaucoup d'eſprit & d'un grand ſavoir. Pendant ſon ſéjour à Madrid , où elle avoit accompagné ſon mari, Ambaſſadeur à cette Cour, elle écrivit des lettres à ſes amies, & ſur-tout à Madame de Coulange, où elle peignoit dans un ſtyle auſſi agréable que correct , quels étoient de ſon tems les

mœurs, les ufages & les étiquettes de la Cour
d'Efpagne. Elle y a encore fidélement décrit
tout ce qui fe paffa lors du mariage de Charles II. avec Marie-Louife d'Orléans, fille de
Monfieur, frere de Louis XIV.

VILLEGAS, (Anne de) Dame Caftillane,
parloit & écrivoit avec une égale facilité, &
poffédoit plufieurs langues favantes & étrangeres.

VILLENEUVE, (Gabrielle-Suzanne Barbot
de) s'eft fait connoître dans la carriere des
Belles-Lettres, par un heureux talent pour les
ouvrages de fiction. Elle en a compofé plufieurs où, fous les emblèmes de la Fable, on
trouve les plus intéreffantes leçons de morale.
En commerce avec beaucoup de Savans, M. de
Crébillon pere lui fut fur-tout finguliérement
attaché tant qu'il vécut. Les Lettres la perdirent le 29 Décembre 1755.

VILLENEUVE, (Suzanne de) femme de
Pompée de Graffe, Baron de Moans, qui avoit
fignalé fon zele pour fon Prince. Devenue
veuve de ce Seigneur, elle défendit avec intrépidité fon château de Moans contre Charles Emanuel Duc de Savoie, & ne le rendit qu'après
trois jours de tranchée ouverte, & à la condition qu'il n'y feroit rien démoli.

VIOLANTE D'ACÉO, Demoifelle Portugaife,
jouit dans le dix-feptieme fiécle d'une brillante
reputation, pour fon efprit, fon érudition, &
fon talent pour la poéfie. Elle compofa, n'ayant
encore que quinze ans, une Tragédie fous le
titre d'*Engracia*, qui fut jouée à la Cour & y
reçut de grands applaudiffemens. Ce fuccès flat-
teur ne l'empêcha pas de fe confacrer à la vie

religieuse dans un couvent de l'Ordre de Saint Dominique ; mais son goût pour les Belles-Lettres la suivit dans le cloître, & elle y composa divers ouvrages de poésie qui ont été recueillis & imprimés.

ULRIQUE-ELEONORE DE BAVIERE, Reine de Suede, seconde fille de Charles XI, née le 3 Février 1688, gouverna la Suede avec la plus grande habileté & la plus haute sagesse, pendant les longues & malheureuses guerres que Charles XII. son frere entreprit. A la mort de ce Prince, appellée au Trône par sa naissance & la voix unanime des peuples, elle associa depuis à sa Couronne le Prince de Hesse, du consentement de tous les Ordres de son Royaume. Cette illustre Princesse fut pendant tout le cours de son regne, par son zele infatigable & les ressources de son génie supérieur, rétablir dans tous ses Etats le calme de la paix, & avec elle, les arts, le commerce & l'abondance. Elle descendit dans le tombeau en 1751, pleurée de tous ses sujets, qui ne la nommoient pas autrement que leur mere.

ULUN, mere de Genghis-Kan, Empereur de Tartarie, & conquérant de l'Asie, gouverna les Tartares pendant la minorité de son fils, avec une prudence & une habileté qui la firent admirer, estimer & respecter de tous ses voisins. Quelques Princes tributaires de son empire voulant s'affranchir de leur dépendance, assemblerent une armée de trente mille hommes, & vinrent fondre sur ses Etats. Genghis-Kan, assisté de sa mere, qui commanda en personne une partie de son armée, s'avança à la rencontre des rebelles, & les ayant joints, leur livra bataille. La mêlée fut rude & sanglante ; mais la Princesse & son fils se comporterent avec tant de bravoure, qu'ils remporterent la victoire la plus complette.

UNCY, ( ) s'est fait connoître dans la Littérature par des Contes moraux bien écrits & d'une heureuse imagination, qui ont paru en 1763.

VOSSIUS, (Cornelie) fille de Gérard-Jean Vossius, mourut fort jeune, & savoit néanmoins déja dans la plus rare perfection, le Latin, le François, l'Espagnol & l'Italien, dessinoit avec beaucoup de goût, manioit très-bien le pinceau, & savoit à fond la musique.

URBIN, (Baptista Malatesta, Duchesse d') arriere petite-fille de Baptista Malatesta, dont il a été parlé dans cette Notice, se distingua par toutes les vertus & tous les talens qui conduisent à la célébrité. Très-instruite dans les Lettres divines & humaines, elle protégeoit les Savans, & répandoit sur eux ses bienfaits. Passant à Rome, elle y fut admise à saluer le Pape Pie II, & lui fit en Latin un si beau discours, que le Souverain Pontife assura qu'il n'avoit jamais rien entendu de si éloquent & de si ingénieux. La mort enleva cette illustre Dame en 1470, extrêmement regrettée du Prince son époux & des Savans.

URSINE, femme de Gui Torelli, premier Comte de Guastalle, fit l'admiration de son siécle par ses vertus héroïques. Pendant l'absence de Gui, Guastalle fut assiegée par les Vénitiens. Ursine, à la tête de sa garnison, fit la plus belle défense. Par-tout on la voyoit, les armes à la main, donner ses ordres avec toute l'intelligence & toute la bravoure du Militaire le plus confommé. Conduifant elle-même les forties, elle n'en revenoit jamais qu'il n'y eût eu grand carnage des afiégeans; elle en tua même, dit-on, plufieurs de fa main.

URSINS, (Claude-Jouvenel des) Religieufe à l'Abbaye Royale de Poifli, fut connue dans le feizieme fiecle, par fes vertus, fa piété, & fon goût pour les fciences. L'on ne connoît d'elle qu'un Traité d'inftructions, & des Exhortations pour les Religieufes fur leurs devoirs.

URSINS, (la Princeffe des) née la Trémoille, veuve en premieres noces du Prince de Chalais Taleirand, & en fecondes du Duc de Bracciano, Chef de la Maifon des Urfins, & Grand d'Efpagne. Cette Dame ayant été choifie par Louis XIV. pour foutenir par fon génie, fes connoiffances & fes talens, les commencemens les plus épineux du regne de Philippe V. en Efpagne, & de fa jeune époufe Marie-Louife-Gabrielle de Savoie, elle fe diftingua dans ce délicat emploi par les plus grands fuccès. En relation directe avec Louis XIV, fes Miniftres & Madame de Maintenon, elle juftifia par toute fa conduite la confiance que l'on avoit en elle. N'ayant pu cependant, dans l'exercice d'un miniftere auffi difficile, éviter de fe faire des envieux & des ennemis, furtout en Efpagne, auffi-tôt que la Princeffe de Parme y parut pour remplacer fur le Trône Marie-Louife-Gabrielle de Savoie, Madame des Urfins tomba dans la difgrace, & fe vit réduite à fe retirer en Italie. Au bout de quelques années elle mourut à Rome, où elle avoit fixé fa réfidence.

WHARTON, (Anne) née dans la Province d'Oxford, s'eſt rendue très-célebre par la beauté de ſon génie & un heureux talent pour la poéſie. Elle a laiſſé pluſieurs ouvrages de ſa compoſition qui ont été recueillis & publiés, & qui ont réuni les ſuffrages des Gens de Lettres.

WHETLEY, (Philis) jeune Négreſſe tranſportée d'Afrique à Boſton en 1761, âgée alors de ſept à huit ans, fut achetée par le ſieur Whetley. Aidée des ſeuls ſecours qu'elle put trouver dans la famille de ſon maître, elle parvint à entendre, parler & écrire la langue Angloiſe. Quelques livres qui tomberent enſuite entre ſes mains, acheverent de développer ſon génie & ſon goût, & inſenſiblement elle eſt parvenue à compoſer avec une facilité ſinguliere nombre de morceaux de poéſie ſur les vérités les plus ſublimes de la Morale & de la Religion. Ceux qui les ont lus aſſurent que la beauté de l'expreſſion y égale la profondeur des penſées & la force du ſentiment. Cette jeune perſonne née dans un climat malheureux, ſans éducation, ſans guide, portant encore les chaînes de l'eſclavage, & aſſujettie aux ſervices pénibles & humilians de cet état, déploie cependant des talens qui ont tant de peine à ſe produire dans les régions les plus policées, & dans les ſujets le plus ſoigneuſement cultivés. Cette étonnante fille a demandé & obtenu des livres pour apprendre la langue Latine, & elle s'en occupé avec avidité dans ſes momens de loiſir. Le Recueil de ſes premieres Poéſies a été imprimé à Londres en 1773.

WINCHELSEA, (Anne, Comteſſe de) Dame d'Honneur de la Ducheſſe d'Yorck, ſeconde femme de Charles II, Roi d'Angleterre, femme d'un grand génie, douée de beaucoup de talens & sur-tout celui de la poésie. Dans les ouvrages de sa composition qui ont été rendus publics, on estime beaucoup son Poëme sur la rate. Elle termina sa carriere en 1720.

WOLTERS, (Henriette) née en Hollande, excelloit dans la Peinture en miniature. La perfection de son talent la fit successivement rechercher par Frédéric I, Roi de Prusse, & le Czar Pierre, qui lui offrirent des sommes considérables pour l'attirer chez eux; mais cette illustre Artiste préféra la liberté & la noble indépendance dont elle étoit assurée de jouir dans sa patrie.

Y.

YOTO, femme Arabe, fut prise en guerre, par les Portugais, vers le commencement du seizieme siécle. Aben-Chamot qui l'aimoit passionnément la fit assurer qu'il la tireroit de sa captivité, & attendoit en effet avec impatience une occasion favorable à son dessein. Yoto, après avoir attendu quelque-tems, impatiente de ne recevoir aucunes nouvelles de celui qui devoit être son Libérateur, demanda, sous le prétexte de traiter de sa rançon, la permission de le faire venir, & de lui parler. Si-tôt qu'elle le vit, elle lui tint ce discours. « Cavalier, » que l'on estime si brave, souviens-toi de tout » ce que tu m'a promis lorsque tu m'entrete- » nois de ton amour. Délivres-moi au plutôt,

» & fi notre malheur veut que tu périſſes dans
» cette entreprife , fois aſſuré que je te ſuivrai
» bien-tôt ». Aben-Chamot ne prend pas le
tems d'en écouter davantage ; tranſporté d'une
noble fureur , il court rejoindre ſes Compa-
gnons d'armes , pour les animer au combat ,
& bien-tôt on les voit tomber avec furie ſur
l'Armée des Portugais. Aben-Chamot fit dans
toute l'action des prodiges de valeur ; il tua de
ſa main le Général ennemi , délivra ſa chere
Yoto , & , laſſé d'égorger , rammena avec elle
beaucoup de priſonniers & de butin. La belle
Yoto récompenſa auſſi-tôt du don de ſa main
le vaillant Aben - Chamot. Peu d'années après
ce brave Capitaine fut tué dans une action
contre les Maures. Son corps fut porté à ſa
femme. Accablée de douleur , cette tendre
Amante ſe laiſſa mourir de faim , & rejoignit
bien-tôt le digne objet de ſa paſſion dans le
même tombeau où il avoit été inhumé.

YUTA , femme du premier Empereur connu
de la Chine , environ 2207 ans avant J. C. ,
illuſtre par un trait de ſa vie qui nous a été
conſervé , & qui eſt un ſur garant de l'eſprit &
du grand jugement dont cette Princeſſe étoit
douée. Yuta , ſon mari , étoit un Prince doux
& ſage : mais il fut un jour ſi irrité de la licence avec laquelle un de ſes Miniſtres l'avoit
contrarié dans une affaire , qu'il le condamna
à une peine qui devoit le conduire à la mort.
L'Impératrice , avertie auſſi-tôt , courut vîte
s'habiller avec tout ce qu'elle avoit de plus riche & de plus magnifique. Ainſi parée , elle ſe
rendit dans l'appartement de ſon mari , & l'a-
borda de l'air le plus gai. Yuta , étonné de cette

vifite extraordinaire, en demanda le fujet, &
cette généreufe femme lui dit, du ton & avec
les geftes d'un tendre intérêt : « Je viens me
» réjouir avec vous de ce que vous rencontrez
» enfin de finceres Miniftres incapables de vous
» flatter. Le plus grand bonheur des Souve-
» rains eft qu'on leur parle avec franchife, &
» ils ne doivent jamais interdire à ceux qui
» les approchent la liberté de les avertir de
» leurs devoirs ». Cette fage & adroite félici-
tation eut le plus grand effet. L'Empereur
fentit au même inftant quel en étoit le but. Il
reconnut & répara auffi-tôt la faute qu'il venoit de faire, & dans la fuite il écouta avec
douceur & reconnoiffance tous les avis que l'on
voulut lui donner.

Z.

Z A R I N E, Reine des Scythes-Saces, commanda, en perfonne, fon armée, contre celle
de Cyaxare, Roi des Médes, commandée par
Stryangée, gendre de ce Prince. Après deux
Campagnes dont les événemens avoient été
contre-balancés, Zarine perdit une bataille dé-
cifive, & tomba, elle-même, au pouvoir du
vainqueur. Stryangée, beau de figure, & un
des plus grands Capitaines de fon fiécle, ne
put voir fon illuftre prifonniere, fans fe fentir
auffi-tôt éperduement épris de fes charmes ;
mais il ne lui fut pas poffible de faire agréer
fon amour, &, défefpéré des refus de fa belle
captive, il fe donna la mort. Zarine, quoique

fenfiblement touchée de ce cruel événement, fut en profiter pour faire la paix avec Cyaxare. Auffi-tôt qu'elle fut libre, elle rentra dans fes Etats & ne s'occupa plus que du bonheur de fes Peuples. Elle fit défricher les terres incultes, s'attacha à civilifer des nations fauvages qui lui étoient foumifes, bâtit plufieurs villes & en embellit d'autres. Au milieu de toutes ces occupations, elle fut fe faire autant craindre au-dehors de fes Etats, que refpecter & aimer de tous fes fujets.

ZÉNOBIE, Reine de Palmyre, de la race des Ptolomée, & de celle de la fameufe Cléopatre, Reine d'Egypte, joignoit, à une grande beauté, un génie fupérieur, une vafte érudition & un courage héroïque. Endurcie dès fon enfance aux plus grandes fatigues, fouvent on la voyoit à pied conduifant fes armées. Elle eut beaucoup de part aux brillans fuccès d'Odenat, fon mari, tant en Perfe, que dans d'autres contrées de l'Orient où ce Prince étendit fes conquêtes. Après la mort d'Odenat, Zénobie gouverna feule fon vafte Empire & fe fit généralement admirer par fes grands talens, en politique, & dans l'Art de la Guerre. L'Empereur Aurelien l'ayant attaquée, cette courageufe Princeffe le repouffa d'abord avec fuccès, mais abattue enfin par les forces toujours renaiffantes des Romains, elle fe vit contrainte de s'enfermer dans Palmyre où fon ennemi vint bien-tôt l'affiéger. Zénobie s'y défendit avec la plus grande vigueur; mais, réduite aux plus affreufes extrémités, & obligée de fe rendre à la difcrétion du vainqueur, il l'emmena à Rome & en orna fon triomphe. Cette Héroïne

...

avoit été inftruite dans les fciences par le Rhéteur Longin, & excelloit fur-tout dans la connoiffance de l'Hiftoire dont elle avoit compofé un Abrégé.

ZINGA, Reine d'Angola, en Afrique, née vers la fin du feizieme fiécle. Cette Princeffe poffédoit toutes les qualités de l'ame qui peuvent conduire au véritable héroïfme, & joignoit à un génie fublime le jugement le plus folide. Paffionnée pour la profeffion des armes, elle n'en redoutoit ni les fatigues, ni les périls. Généreufe à l'excès, fi-tôt qu'elle avoit fait grace à un ennemi vaincu, jamais elle ne fouffroit qu'il lui fût fait le moindre tort & la moindre infulte. Ses vêtemens n'étoient compofés que de peaux des animaux féroces qu'elle avoit tués de fa propre main, & fes ornemens favoris confiftoient dans une épée dont la courroie lui traverfoit le long du corps en forme de baudrier, une hache attachée à fa ceinture, un carquois à fon côté, & un arc à la main. Son pere l'ayant un jour envoyée chez les Portugais pour y régler les conditions d'un Traité d'alliance dont il étoit convenu; dans la premiere audience qu'ils lui donnerent, le Vice-Roi eut le fot orgueil de la recevoir, affis dans un fauteuil placé fous un dais, & de ne lui faire préfenter qu'un carreau pour s'affeoir. Zinga, diffimulant fon dépit, ordonna à une des femmes de fa fuite de fe mettre à genoux, &, en appuyant fes mains fur le parquet, de fon dos lui former un fiége. Elle s'affit deffus, & ce fut dans cette attitude qu'elle traita avec le Vice-Roi qui fe donna bien de garde alors de déplaire à une fi fiere Am-

tatſadrice. L'audience finie, comme il la recon-
duiſoit, on vint dire à la Princeſſe que la femme qui lui avoit ſervi de ſiége ne vouloit point
changer de ſituation qu'elle n'en eût reçu l'ordre. Zinga, d'un ton ferme, répondit : « Allez
» lui dire que je lui défens de jamais ſe pré-
» ſenter devant moi. Une femme de ma ſorte
» ne ſe ſert jamais deux fois du même ſiége.
» D'ailleurs la vue de cette malheureuſe ne
» ſerviroit qu'à renouveller dans ma mémoire
» le manque d'égards que j'ai eſſuyé ici : je ne
» veux avoir perſonne à mon ſervice qui puiſſe
» m'en rappeller le ſouvenir ». Cette fermeté
acheva d'abaiſſer l'orgueil du Vice-Roi, qui ne
négligea rien pour faire oublier ſa premiere in-
décence à la Princeſſe d'Angola. Quelques années après, cependant, les Portugais, avides
de dépouiller le Roi d'Angola de ſes Etats,
l'engagerent dans un combat où il fut tué.
Zinga, furieuſe, raſſemble auſſi-tôt une armée
nombreuſe, ſe met à la tête, fond comme
une aigle ſur les habitations des Portugais, y
met tout à feu & à ſang, n'épargne ni femmes, ni enfans, ni vieillards, & ne ceſſe de
pourſuivre ſa vengeance qu'après avoir forcé
ceux qui lui purent échapper, à ſe renfermer
dans leurs forts, & à n'oſer plus paroître. Vic-
torieuſe & vengée, elle rentra triomphante
& ſatisfaite dans ſes Etats, & aſſurée d'avoir mis
ſes ennemis hors d'état de rien entreprendre,
elle ne s'occupa plus que du bonheur de ſes
Peuples dont elle étoit chérie & reſpectée juſqu'à l'adoration. Sa garde ordinaire étoit de
trois cents hommes & trois cents femmes,
à la tête deſquels on la voyoit toujours lorſ-

qu'elle se mettoit en campagne pour quelque
expédition militaire. Des voyageurs ont avancé
qu'elle avoit été élevée dans la Religion Catholique, & qu'elle l'avoit abjurée lorsqu'elle
rompit avec les Portugais. Il paroît du moins
certain qu'elle mourut dans le sein de la Religion Chrétienne, en 1664, âgée de plus de 83
ans.

F I N.

www.ingramcontent.com/pod-product-compliance
Lightning Source LLC
Chambersburg PA
CBHW050546270326
41926CB00012B/1937